# 成功路上闖過困難，實現夢想的人生指南

# 目錄

# CONTENTS

# 序

人生在世，到底有沒有「命運」這回事？

大部分相信有命運的人，會認為命運是由某種無形力量所主宰，他們可能盲目地祈禱、膜拜，希望人生就此轉運，也可能乾脆放棄，覺得不管努力不努力，結果都一樣；不相信命運的人，則認為人定勝天。然而，古往今來無數案例都證明，積極勇敢固然可取，但如果缺乏智慧，橫衝直撞終究會注定失敗。

這兩種人，都只對了一半：相信命運的人是對的，因為每個人都有各自專屬的命運，但命運不是掌控在別人或任何無形力量的身上，而是在自己手裡；只相信自己的人也是對的，但缺乏對命運軌跡的觀照和認知，所有努力最後可能都變成白做工，甚至替厄運雪上加霜。

對大多數人而言，命運是很神祕的，你參不透它，覺得它高深莫測，因此產生了疏離感或恐懼感；但靜下心來仔細觀察，就會發現，在深奧又複雜的表象之下，命運其實是由最簡單不過的元素所構成：現在的學歷、工作或感情，是由過去的付出或不肯付出累積而來；未來的夢想是否開花結果，要靠現在細心的觀察、規劃，並一步一步踏實執行。當

# PREAMBLE

然，世上不是所有的事都能由我們自己決定，天氣的變化、大環境的興衰、人際關係中對方的反應⋯⋯外在種種條件，的確對人生有著許多關鍵性的影響，但能夠善用智慧把握自己手上的這一份機緣，才有機會在命運的大海中乘風破浪，往正確的方向前進。

本書將告訴你，如何透過自我覺醒的過程，得到洞察人生密碼的智慧，讓你清楚看見構成命運的元素，以及這些元素產生細微變化的過程。如此，你將更能精準地了解自己的過去、現在和未來，發現其中環環相扣的奧祕，並從中找到開啟僵局、重獲新生的契機，實實在在地扭轉自己的人生，做自己命運的建築師。

# 第一章
# 學會做人

人的一舉一動，都逃不過上帝的眼睛。財富是浮雲，名譽也是浮雲。只有把人做好了才是正道。

「尋人啟事：
他既不健康，也不聰明，
沒有堅定的目光，
沒有如山的財富，
微笑起來也不迷人，
甚至不是強勢有力，
但他就是我們要尋找的
那個人。」
即便來回穿梭在耶路撒冷的大街小巷和集市廣場，睜大眼睛去尋找，你也難以找到一個眞正的好人。

—— 耶利米（Jeremiah）[001]

全世界都在呼喚那個可以拯救人類的救世主。他在哪裡？我們需要他！不用到太遠的地方去尋找，他就在這裡，就在身邊。他是你、是我、是他……怎樣才能做好自己、做好人？只要你下定了決心，世上沒有解決不了的難事；只要你開始你的夢想，一切也不會容易。

—— 大仲馬

「這就是人生，不是爲了躲避死亡的遊戲；這就是人生，總是叫人缺少勇氣面對；活得充實，活得長壽，便是我們對它的期待。」
我不希望把人畫成沒有血肉、沒有生命的鬼魂。人如果沒有身體上的那些局限，又怎麼算是人呢？

—— 愛默生

大自然用她無人能及的巧手，造出高貴的人類；並大笑金銀珠寶的廉價，責備地位的虛幻。
她用心造出一個擁有靈魂的種族，半是人半是神，狂喜道：「誰能比我造出更好的紳士來？」

—— 伊麗莎·庫克[002]

愛默生說：「在一千個孕育生命的容器裡，只有一個裝了按照正確比例混合的生命羊水。完美的人便由此誕生，他身上的每種成分都恰到好處。他的眼睛不會過於黯淡，也不會過於明亮。他靜時如同處子，動時好比狡兔。他雖能感知萬物的悲喜，心卻堅如磐石。他從不祈求上天賜予自己什麼才能，因為他的財富就是他自己。」

---

001　耶利米（Jeremiah）：《聖經》中猶大國滅國前，最黑暗時的一位先知。《聖經·舊約》中《耶利米書》、《耶利米哀歌》、《列王紀上》及《列王紀下》作者。

002　伊麗莎·庫克（Eliza Cook, 1818-1889），英國作家、詩人、婦女政治自由運動的支持者。

第歐根尼[003]大白天提著燈籠在古雅典城內尋找誠實之人，最終還是徒勞無獲。他來到人流穿梭的集市上高聲呼喊：「人啊，聽到我的呼聲，你就站出來吧！」很快，人群聚集了過來。第歐根尼卻睥睨眾人，冷冷地說道：「我尋找的是人，不是侏儒。」

各行各業的門前都貼著「招聘」廣告，尋找真正之人。

他們尋找的，是不會因為集體壓力失去獨立個性的人；是有勇氣堅守自己信念的人；是在全世界人都說「好」，他卻勇於說「不」的人。

他們尋找的，是擁有高尚情操的人，不會因為個人利益犧牲品格的人；是不會自我膨脹、麻木大意的人。

他們尋找的人超越了他所從事的工作。在他看來，把工作僅僅視為謀生的工具是對工作的輕視。他所追求的，是怎樣在工作中取得進步，獲得知識、文化和經驗，以及學習如何做人、塑造自身良好的品格。

我們生活在一個遍地機會的年代，同時對人才的需求量很大。至少在教會是這樣。僅一個宗派，就有上千份神職空缺。雖然在集市上，到處都可以看見閒著沒事的牧師，但仍有無數教會委員會踏破鐵鞋，也覓不到一個合適的人選。

因為這個人必須德、智、體均衡發展，身上不帶一點毛病，沒有任何弱點會導致工作事倍功半。他富有勇氣，天性就不存在懦弱的基因。

他讓自己全面發展，從不偏心，把精力集中在某一方面，任由人生的其他部分枯萎凋零。他思維開闊，看待事物從不片面；常識豐富，有自己的見地；不會為了所謂的生活現實浪費大學教育的寶貴機會。他喜歡實事求是，珍視自己的名聲，如同無價之寶。

他也「從不刻意克制自己，充滿了自然的生命活力，感情豐富、意志

---

003　第歐根尼（Diogenes, 約西元前 404- 約西元前 323），古希臘哲學家。

堅定；熱愛一切美好的事物，無論是自然之美還是人造之美；憎恨一切邪惡齷齪，像尊重自己一樣尊重別人」。

上帝教導人類要正直、純潔、慷慨，同時也要博學、學有一技之長並且健康勇敢。

世界需要受過全面教育的人。他感情細膩、有文化、有涵養，看待事物有洞見，思維靈動、深邃。他雙手靈巧、雙眼明亮、明察秋毫、心地善良、待人真誠、寬厚大量。

全世界都在尋找這樣的人。儘管外面有著成千上萬的求職者，然而在人生的殿堂裡，幾乎每一個部門都找不到合適的人選。因此「高薪聘用」的招人廣告在各行各業都屢見不鮮。

盧梭[004]在他著名的教育著作裡說：「人人生而平等，共同經營著『做人』這項事業。只要學會履行做人的責任，就不怕勝任不了任何一個職位。我的學生究竟適合當兵、布道還是從事法律工作，我並不關心。我們首先生而為人，其次才為社會人。如何把人做好，才是我教育學生的重點。一旦我完成了使命，我的學生不會是士兵、牧師，或者律師。他首先是一個值得尊敬的人。不管命運女神對他怎樣捉弄，他也總能找到屬於自己的位置。」

一次浸信會的大會上，某個子瘦小的神學博士站上臺階，為自己是一名浸信會教友感謝上帝。人們沒有聽清楚，要求他說大聲一點。「再大聲一點！」某人喊道。博士答：「沒辦法更大聲了，還有什麼能比加入浸信會更了不起？」比成為浸信會教友境界更高的，是修練成「人」啊！

愛默生說，德塔列朗[005]提出的問題是永恆的，比起關心別人是否富裕、是否有罪、是否不懷好意、是否有才、是否參與了某項運動、是否有

004　盧梭（Jean Jacques Rousseau, 1712-1778），法國著名啟蒙思想家、哲學家、教育家、文學家，啟蒙運動代表人物之一。

005　德塔列朗（Charles Maurice de Talleyrand-Périgord, 1754-1838），法國資產階級革命時期著名外交家。

權有勢、是否出身名門望族等問題要重要百倍。人應該努力修練自身，在身為人的每個方面都成為佼佼者。不論是德塔列朗還是整個美國、整個世界都以此為畢生的追求。

加菲爾德[006]小的時候有人問他將來想做什麼。他回答道：「首先，我要成為一個完整的人。如果沒有成功，那我做什麼都不會成功的。」

蒙田[007]說，我們要做的不是給靈魂灌輸思想，或者鍛鍊身體，而是要把自己培養成一個完整的人。

當今的世界需要充滿生命活力的人。只有像動物一樣精力充沛、體格健壯，才適應得了這個高度密集的人類文明。無病無痛不代表身體健康。如今，只有像泉水一樣噴湧而出，才能夠流入山谷，澆灌出美麗的生命之花；只有釋放出動物的本能，為生命狂喜，像獵犬奔跑在田野間，像男孩滑行在冰地上，渾身上下煥發出生命的活力，才算得上真正的健康。

一天，詩人波普[008]到畫家戈弗雷·內勒[009]爵士家做客，正巧碰到內勒的姪子，一個來自幾內亞的販奴商。內勒爵士對姪子說道：「你今天有幸同時看到兩個世界上最偉大的人。」販奴商答道：「我不知道你們有多偉大，但我不喜歡你們的長相。我只需要花十個堅尼（Guinea）就可以買到比你們強壯得多的人。」

西德尼·史密斯[010]說：「我始終相信，消化系統裡隱藏著關於生命的最大祕密。一個人是喜歡吃牛肉、羊肉、麵餅還是米湯，其性格、品行以及才情都深受影響。我常想，也許可以透過食療法或飢餓法使人變好或變壞。用這種折磨人的方法興許要比米利都的提摩太[011]的七弦琴來得更管用

---

006　加菲爾德（Garfield, 1831-1881），美國第二十任總統，唯一一位數學家出身的總統。

007　蒙田（Michel de Montaigne, 1533-1592），法國人文主義思想家、散文家。

008　波普（Alexander Pope, 1688-1744），英國詩人。

009　戈弗雷·內勒（Sir Godfrey Kneller, 1646-1723），英國宮廷畫師。

010　西德尼·史密斯（Sydney Smith, 1771-1845），英國作家。

011　米利都的提摩太（Timotheus of Miletus, 西元前 446- 西元前 357），古希臘詩人、音樂家。

些吧。」

難道還有什麼比一個健康朝氣、洋溢著生命活力的人更加光輝燦爛？

看著無數充滿希望、立志自立自強的年輕學生大學畢業後，竟變得越加弱不禁風、思維呆板、不能自立，委實可悲。他們彎腰駝背，一副病懨懨的樣子，沒有一點活力，沒有一點挺拔。「走進了那麼多擁有美好前途的年輕人，卻沒有一個真正成人的。」

身體健康與否與性格有著莫大的關係。性格暴躁易怒其實也是一種病態，此類人不可能像身體健康的人一樣活潑快樂。人對健康的嚮往是發自內心的，是對一種更高境界的追求。而對於可預防的疾病，我們本能地厭惡和抵抗。大自然同樣需要永遠處於巔峰狀態的人類。但如果沒有一個良好頭腦，四肢就算發達也難以獲得成功。

人到了一定的年齡便會遇到成長來敲門，人於是從小孩變成了大人。

當我們站在海邊觀看浪潮，就會發現其中一浪打到了最遠的岸上，退潮後好一會兒都沒有海浪可以超越它。但只消一眨眼的工夫，突然就撲來更大的浪潮，把剛才還遙遙領先的最高紀錄抹得一乾二淨，又創造出新的紀錄來。同樣，也許你暫時比其他人領先，驕傲地以為自己就是那個天之驕子，就在你自鳴得意之時，你認為最普通不過的一個人突然就超越了你，取代你成為人類浪潮中最高的浪潮。

阿佩萊斯[012]走遍全希臘，花費多年的時間研究漂亮女人，取她們身上最精緻的部位、最迷人的神態或最優美的動作，完成著名的維納斯（Venus）畫像，迷倒了全世界。我們也應該學習阿佩萊斯的創作方法，即吸取不同人的優點，而不是缺點，造就最完美的自己。自信、自然、感性、意志堅強等都是造就完美素養、登峰造極的重要元素。

012　阿佩萊斯（Apelles），古希臘畫家。

多麼完美的人啊！「他思想高尚，才華橫溢；形體可愛，作風可敬。就像天使一樣善良，像上帝一樣洞察萬物。他是完美的化身，是天地萬物的典範。」

首先，他必須先是好的木材。最扎實的木材來自最粗壯健康的樹。這樣的木材才可以製造出最堅固的船桅、最優質的鋼琴以及雕刻出最精緻的作品。因此，如何成長為一棵大樹便成了首要的任務。只要有耐心，在時光老人的澆灌下，小樹苗總有長大的一天。在成長期間，教育、紀律以及人生歷練就決定了小樹苗是否能夠成長為五育全面發展的好木材。

能夠幫助年輕人培養良好品格的，是其對人生的態度和決心。人生的旅途一開始，這兩點就足以決定他的一生是好是壞，是有價值還是碌碌無為。如果他放縱自己，自毀名譽，那麼他的整個人格都將遭到質疑。如果他一錯再錯，那麼他將失去人們對他的信任，最後身敗名裂，殘留的一點尊嚴都不復存在。

如果他在年輕的時候便許下一生都不說謊的承諾，承諾永遠堅持事實和真理，並一諾千金地遵守諾言，時刻警醒、鞭策自己，不讓自己的名聲受到任何損害；如果他始終堅持，善始善終，就會像喬治·皮博迪[013]一樣獲得無限的信用擔保，讓所有人都對他產生信心，從而成長為材質優良的原木頭。

擁有皇宮和隨從，憑藉一張地契能在整個美洲通行無阻，並壟斷了海上貿易權，但那又如何？跟一張在誹謗者面前不改顏色的臉孔，一副在揭露真相時平靜坦蕩的胸膛，一顆沒有遭到一絲玷汙的純潔心靈相比，是顯得如此渺小。真正的人不曾冤枉陷害他人，不曾在沒有天使的見證下隨便在紙上簽下自己的名字，不輕易受到誘惑，不為了個人的欲望和滿足去拿不屬於自己的東西。誠實、正直是他們生活的原則。

---

013　喬治．皮博迪（George Peabody, 1795-1869），美國 19 世紀著名銀行家，摩根財團的創始人。

他的思想是一座高聳入雲的塔樓，
地基打得牢牢的，
任憑恐懼或誘惑侵襲，
或者颶風襲擊，
都不會掉進虛榮和怨恨裡；
他的安靜不被打擾，
穩穩當當地坐在那裡，
高聳於人類的一片無垠荒地之上。

這首詩夾在比徹圖書館的一本書裡。

沒有比做好自己更讓人心滿意足，這樣的人不需要別人的幫助和指引，完全依靠自己走向人生的終點。讓．保羅．里克特說：「我已經做到我力所能及的最好程度了，沒人還能對我提出更多的要求。」

人是宇宙中唯一的高級動物。多少個世紀以來，人類不斷進化，以求達到最完美。然而，最完美的人類典範只出現在寓言故事中。

國家由什麼組成？
森嚴高聳的城牆，辛苦運來的沙土，
還是鐵壁銅牆，城池大門？
抑或是讓城裡人自豪的尖塔，
還是廣袤的海灣和巨大的港口，
富裕的海兵大笑著航行？
還是金碧輝煌的法庭？
四處彌漫著廉價的香水味；
都不是，人才是一個國家的細胞，
人的品格擊敗了獸性；
在叢林灌木、大森林中，
荊棘叢生，野獸橫行，
只有人帶著自己的使命，
手握自己的權利，
解開束縛，
打倒了暴君。

—— 威廉．瓊斯[014]

敞開你的胸懷，放寬你的視野，
做快樂、高尚的人！
承認思想的無垠，
從一無所有到與上帝為伍！

—— 揚

014　威廉．瓊斯（William Jones, 1746-1794），英國語言學家、東方學家。

講話得體，風度翩翩；
態度謙虛，待人恭敬；
心地善良，勇敢無畏。

—— 埃德溫·阿諾德[015]

015 埃德溫．阿諾德（Edwin Amold, 1832-1904），英國詩人、記者、作家。代表作：《亞洲之光》（*The Light of Asia*）。

# 第二章
# 勇敢一點

要勇於堅持自己的信念，為自己在這個世界爭得一席之地。擁有勇敢之心的人，總能得到一切幫助。

斯巴達人從來不問敵人有多少，我們只關心敵人在哪裡。

——阿吉斯二世[016]

勇敢即高貴，讓我們像羅馬人一樣，驕傲地迎接死神吧。

——莎士比亞

寧可戰死沙場，也不轉身逃跑；像赫克托爾一樣戰亡，也比披著華麗外表落荒而逃的帕里斯強。

——朗費羅

讓我面對敵人，在戰鬥中死去吧！

——貝爾德[017]

想要打敗我，沒那麼容易。

——拜倫

在危險時刻能夠拿出勇氣，戰鬥便成功了一半。

——普勞圖斯[018]

瞻前顧後的人，永遠辦不成大事。

——喬治·艾略特

命運女神垂靑勇敢者。

——德萊頓[019]

你輕輕地觸碰蕁麻，蕁麻狠狠咬你；你一把抓住了它，它卻癱軟如絲。

——亞倫·希爾[020]

人只爲勇於推開他們的人讓路。

——波威

正確的事，就放手大膽去做；除了不正當的勾當，沒有什麼是可害怕的。

——菲比·凱瑞[021]

心軟，有時候是軟弱的展現。

——洛威爾

噢，朋友，既然已經啟航，就不要害怕。要麼你趕緊回來，要麼聽天由命，坦然地面對大海。

——愛默生

在火刑臺上始終保持微笑，從容接受無法逃脫的結局，誠然是勇敢的表現。然而，眞正的光榮，卻在於改變不可改變的現實，擺脫束縛，

---

016　阿吉斯二世（Agis II），古希臘斯巴達國王。

017　貝爾德（Bayard），法國 16 世紀「無畏無暇」的騎士。

018　普勞圖斯（Plautus），古羅馬劇作家。

019　德萊頓（John Dryden, 1631-1700），英國詩人、戲劇家。

020　亞倫・希爾（Aaron Hill, 1685-1750），英國作家。

021　菲比・凱瑞（Phoebe Cary, 1824-1871），美國詩人。

自由向前奔跑。唯一的羈絆，只有做人的責任。其餘的，都讓我心中的火焰熔化吧。

——弗雷德里克·威廉·羅伯遜[022]

「鎮定！身為軍人，我們要在自己的職位上英勇作戰至死！」科林·坎貝爾[023]在巴拉克拉瓦戰役中對九十三名蘇格蘭高地人如此說道。當時俄國的裝甲兵正以橫掃之勢洶湧而來。在坎貝爾的鼓動下，士兵們齊聲答道：「是！我們要奮戰至死！」

在阿爾馬河戰役中，一位軍艦艦長喊道：「把國旗帶上！我們撤退！」正當軍隊開始撤退時，海軍上尉卻依然堅守陣地，高呼：「不許撤退！舉起我們的國旗往前衝！」法國革命領袖丹東[024]在帶領法國人抗擊敵人時也說：「我們必須勇敢、勇敢再勇敢！」

西元1789年6月23日，米拉波對帶來國王撤退命令的大臣說道：「在全法國人民的大會上，您有什麼資格代表國王講話？我們已經聽說了那些假傳聖旨的事情，你沒有資格當國王的信使。回去告訴派你到這裡來的人，說我們代表的是人民的力量，除了戰敗，什麼也不能叫我們投降。」

古羅馬元老院特地召開大會，懇求雷古拉斯[025]不要因為一個不得已許下的諾言回迦太基（Carthago）送死。雷古拉斯平靜地說道：「難道你們打定了主意要我失信？就算他們打算折磨我甚至把我殺死，也總比讓我背負言而無信的罪名要好。我儘管淪為迦太基的戰俘，但骨子裡還是一個羅馬人。我既然已經立下了回去的誓言，就必須言而有信。至於生死與否，就要看神靈對我的眷顧了。」

瑪麗一世登基後，不久就判處了克蘭默（Thomas Cranmer）死刑。儘

022　弗雷德里克·威廉·羅伯遜（Frederick William Robertson, 1816-1853），美國聖公宗主教大人。
023　科林·坎貝爾（Colin Campbell, 1792-1863），維多利亞時代的英國陸軍元帥。
024　丹東（Georges Jacques Danton, 1759-1794），法國大革命（French Revolution）時期的著名領袖、政治家。
025　雷古拉斯（Regulus），古羅馬將領，以言出必行著稱。

管他曾經在亨利八世的專政和淫威下，可悲地選擇了妥協，在面對自己的最終命運時，卻表現出可嘉的勇氣。他為自己在亨利八世發動的六次宗教變革中的懦弱表現尋求女王的寬恕。女王沒有同意。3 月 21 日，得不到原諒的克蘭默被押至牛津聖馬利亞教堂。在那裡，他複雜矛盾的個性突然獲得了抗擊軟弱的力量，平靜地聽他講話的人說道：「我終於可以結束長久以來良心的不安折磨了。我曾經因為貪生怕死，寫了許多違背事實的文章。就是這雙手寫下違背我本意的文字，既然我因此得罪，就讓它們最先接受刑罰吧。」他把手伸向大火，說道：「你們親手犯下罪惡，應該先受懲罰。」克蘭默任由雙手被火焰吞噬，「他一動不動，也不哭喊，直到生命結束。」

「假如我是男孩就好了！」14 歲的麗蓓嘉感嘆道。她在麻薩諸塞州西圖亞特的某燈塔裡，往窗外眺望，看到停泊在港口的英國軍艦。當時正值西元 1812 年，美國和英國處於交戰狀態。她的朋友莎拉·溫莎問道：「你想做男孩做什麼？」麗蓓嘉指著窗外五艘載滿士兵的大船，船上個個身穿深紅色制服，對著停泊在港口的其他船隻放火，破壞這個城市。她回答道：「他們一艘船就載了那麼多的人，再看看他們的槍！如果我是男孩，不管拿的是父親的舊獵槍，還是任何其他武器，我都一定跟他們拚了。就開叔叔的新船過去，還有那些小帆船！可是現在我只能坐在這裡乾瞪眼，一點忙都幫不上。父親和叔叔都到鄉下去了，我知道他們都在全力為戰鬥做準備，這裡卻如此安靜，連一個男人都看不到！」莎拉回答說：「噢，那是他們都埋伏起來了，等敵人一靠近，我們就能聽到槍聲和鑼鼓聲。」「那個鼓！」麗蓓嘉叫道，「那個鼓在這裡，爸爸昨晚帶回家修理了！噢，他們沒辦法敲鼓了，看到了嗎？敵人的船在靠近小帆船，他們肯定會把鼓燒毀的！那個鼓在哪裡呢？我真想跑下去找到它，我們可以躲在沙堆和灌木叢後面。」此時小帆船突然起火，兩個女孩激動萬分。她們抓住了機會，躲避過貝茨太太的視線，找到了鼓和一把舊笛子，就悄悄地溜了出去。她們迅速跑到一排小沙丘的後面，「咚咚咚咚」「唧唧呼呼」地敲起了鼓，吹起了笛子。埋伏在城裡的男人以為波士頓來救兵了，馬上振奮起來，衝上敵船攻擊敵人。當女孩用笛子吹響《洋基歌》（*Yankee Doodle*）時，英軍被鎮住了，他們停止了進攻，調轉自己的船，匆匆忙忙地划回軍艦，揚帆順著風勢逃跑了。

西元1750年的一天，陽光燦爛，北維吉尼亞州一支森林考察隊正在享用午餐。突然，一個女人尖叫了起來，聲音刺穿寂靜的森林，一陣接著一陣，驚動了考察隊的隊員。他們衝進樹叢，尋找尖叫聲的來源。一個年輕的隊員闖進了女人的視線。女人向這個只有十八歲的高壯年輕人哀求道：「先生，請幫助我！讓你的朋友放了我吧。我的兒子，我可憐的孩子，他就快淹死啦！而這些人卻不肯放開我！」其中一個人說道：「這女人瘋了，想往河裡跳，不用多久急流就能把她沖得粉身碎骨！」年輕人卻二話不說，脫掉外衣衝向河岸。他往河裡掃了一圈，發現男孩浮出水面的衣服，立即跳進了洶湧奔流的河裡。男孩的母親哭道：「謝天謝地！他會把我兒子救出來的！」所有人也都跑到岸邊來看。「噢，我的孩子！他在那裡！我的兒啊，媽媽怎麼能夠離開你！」

所有人都將眼光聚焦在年輕人身上，希望他足夠強壯，不要被河底的漩渦捲暈。河流十分湍急，湧起了點點白沫。年輕人眼看就要被沖到一塊突出的岩石上，突然又來了一股漩渦，把年輕人捲了進去。漩渦的吸力太大，他不容易擺脫。而男孩則兩次消失在人們的視線之中，甚至還差點被沖到最危險的區域。儘管如此，他還是很快又重新出現。那裡的河水流得特別急，從來都沒人敢靠近，就是划著小舟也不敢從那裡經過，免得落個粉身碎骨的下場。年輕人加倍了力氣，有三次都差點抓住了孩子，然而一陣渦流又把他們沖散。他做出最後努力，用自己強壯的右手緊緊地抓住了男孩。突然，人群中發出一片驚叫聲，年輕人和男孩被一個浪潮打下，齊齊消失在奔湧的河流裡。

「看，他們在那裡！」男孩的母親狂喜道，「他們安全了！噢，上帝！感謝上帝！」年輕人和男孩從奔騰的河流裡死裡逃生，幾分鐘後游到河岸的低處，在眾人的幫助下爬上了岸。男孩雖然神智不清，但還活著。而年輕人則累得筋疲力盡。「上帝會回報你的，」男孩的母親莊嚴地感激道，「為了你今天的義舉，他將賜予你最寶貴的禮物。而我對你的祝福也將與上帝同在。」

這個年輕人便是美國的第一任總統華盛頓。

「您風度翩翩，看上去並不像是盲勇之人。」顱相學家（Phrenology）對威靈頓說道。「是的，」威靈頓回答，「我的理智就曾告訴我，在第一場戰役的時候，我就應該撤退。」威靈頓第一次帶兵打仗是在印度，據說那是一場異常可怕的戰役。

拿破崙節節敗退，在阿爾西遇到了聯軍。一枚炮彈射到了營前，人人自危，都往後撤退，擔心會爆炸。拿破崙為了穩住軍心，策馬跑到炮彈跟前，不為所動地等候爆炸。他被炸飛了，跟馬的屍體一起滾在硝煙塵中，竟毫髮無損地站了起來。士兵鼓掌喝采，拿破崙只是很平靜地牽來了另一匹馬，徑直就朝戰鬥的最激烈的方向奔去，勇敢無畏地穿梭在葡萄彈（Grapeshot）林中。

傑克森將軍在殖民地當法官的時候，一天開庭，闖進來一個亡命之徒，凶暴地擾亂法庭。傑克森下令拿住暴徒，卻沒有一個員警敢上前去。「把治安小隊叫來。」傑克森命令道。依然沒人敢動。「好吧，那就我自己親自動手吧。」傑克森宣布「休庭 5 分鐘」後站起身，走到暴徒面前，氣勢洶洶地盯著他看。懾於法官銳利的眼神，暴徒不自禁地放下了武器。之後此人解釋道：「當時他的眼睛裡有一種力量叫我不得不屈服。」

法國總統卡諾卸任前做的最後一件事，就是派人給住在印第安納州的一位美國小女孩送去了榮譽軍團勳章。事情的緣由是這樣的：當時有幾個法國的著名人士坐在開往芝加哥的火車，準備去參加萬國博覽會。火車行駛在潘·漢德鐵路上，這位名叫珍妮·凱麗的十歲女孩正好在附近。她發現軌道著火了，知道如果不迫使火車停下，可怕的事故就會發生。於是小女孩跑到軌道中央，站在火車駕駛員看得到的地方，脫下身上穿著的紅色法蘭絨裙，來回地揮動裙子。駕駛員看到了，急忙將火車剎車。車上七百名乘客都因為珍妮的勇敢和機智而逃過一劫。幾位法國名流回國後，把事情的經過告知卡諾總統。總統於是給女孩送去了這個法國最著名社團的勳章，以表彰女孩的勇敢和善良。

在福特·多納爾森戰役中，受傷的士兵都被抬到木板車上送下山。很多人在到達聖路易前就不行了。一個藍眼睛的十九歲男孩，他的雙手和雙腳都在戰鬥中被炸碎。他躺在車上，發現沒人注意他，便說道：「他們都急著要上前線殺敵，沒有時間管我們。如果他們取得了勝利，這點傷痛又算什麼。就算我們沒有救了，我們也發自內心地感到喜悅。」

法國國王路易九世[026]在第七次十字軍東征的曼蘇拉戰役（Battle of Mansurah）中被土耳其人擒獲。他的妻子瑪格麗特王后在幾公里以外的達米埃塔生下了嬰兒。異教徒重重包圍城堡，大軍壓進，有人甚至提出了投降的建議。王后召集騎士，表示自己寧願穿著鎧甲戰死在城牆上，也不會拱手把達米埃塔讓給敵人。

王后擲地有聲的話語，
像風吹過樹林，騎士一個個震動不已；
他們在心底悄悄湧起，
一股高尚的情緒。

---

026　路易九世（Louis Ⅸ, 1214-1270），法國卡佩王朝第九任國王，被奉為中世紀的君主楷模。

拿起了長槍，舉起盾牌，他們個個誓死保衛王后，保衛城堡。達米埃塔也因此得救了。

皮洛士[027]帶領大軍達到斯巴達，打算幫助被放逐的斯巴達王族克利奧尼穆斯[028]重奪政權。他悄悄把軍隊駐紮在拉哥尼亞，認為不會遇到多少抵抗。斯巴達人得知消息後驚駭萬分，連忙召開會議，決定先把女人送到克里特島避難。斯巴達婦女集體請求阿奇達米亞王後起來表示反對。王后帶著佩劍闖入會議，告訴在場的所有男人，他們的妻子絕不苟且偷生，而要留下來和斯巴達共生死。

我們是勇士的母親、妻子，
我們絕不退縮。
用我們的頭髮彎弓射箭吧，
我們用生命爲你們築起圍牆。

說完，女人們立即趕到城牆，不眠不休地幫助丈夫和兒子挖戰壕。皮洛士第二天發動進攻，遇到頑強抵抗，最終只能從拉哥尼亞撤兵離去。

西元 1547 年，西班牙國王查理五世在米爾貝格戰役（Battle of Mühlberg）後返回斯瓦比亞，途經圖林根州。他給施瓦茲堡伯爵的遺孀凱薩琳寫了一封信，表示只要她答應以合理的價格賣糧食給他們的士兵，他將保證軍隊在經過她的領地時不打擾她的人民，也不損壞他們的財產。在快到達魯道爾施塔特的時候，阿爾瓦將軍和布倫茲維克的亨利王子以及他們的兒子派遣信使告訴伯爵夫人，他們希望跟伯爵夫人共進早餐。伯爵夫人沒有選擇，只好答應。等客人就座完畢，伯爵夫人暫告離席，得到消息說西班牙人用武力脅迫農夫，搶走他們的牛。

伯爵夫人祕密武裝侍從，關好城堡裡所有的門，回到宴會指責西班牙

---

027 皮洛士（Pyrrhus），古希臘伊庇魯斯國王。
028 克利奧尼穆斯（Cleonymus），古希臘將軍。

人出爾反爾。阿爾瓦將軍解釋道，軍隊到了一個地方，向當地百姓索取一點東西是戰爭的慣例，請伯爵夫人不必在意。凱薩琳道：「那我們就等著瞧！要麼你把牛還給我的百姓，要麼，哼，就用你們王子的血來償還！」說畢，一群全副武裝的侍衛打開門進來，把服侍賓客的僕役全部抓住。亨利王子臉色大變，隨即又突然大笑起來，稱讚伯爵夫人勇敢機智。他許諾一定讓阿爾瓦將軍下命令返還他們的牛。直到來人報信，確定西班牙的士兵執行了命令，凱薩琳才解除武裝，並感謝王子一言九鼎，沒有難為她的臣民。

如果沒有印第安女孩的捨命相助，被波瓦坦國王判處死刑的約翰·史密斯船長[029]不可能活得下來。當時，印第安人在殖民者的統治下苦苦掙扎，他們絕不可能放過身為殖民者之一的史密斯。

羅馬執政官喊道，橋就要垮啦，快回來！拉修斯和赫米紐斯紛紛飛奔回營，而豪拉提烏斯（Horatius）卻繼續逼近敵人。他是羅馬的勇士之王，勇於單挑 9,000 名敵人的英雄。托斯卡納人為羅馬人的膽量感到震驚，軍隊頓時鴉雀無聲。豪拉提烏斯趁機大聲譴責托斯卡納人的卑鄙，指責他們是入侵的背叛者。他那清晰洪亮的聲音傳到臺伯河的對岸，不僅敵軍，連羅馬軍隊的上千名士兵也都聽見了。突然，一聲巨響淹沒了豪拉提烏斯的聲音，一捆捆木頭被推進幽深的河裡，激起了千層浪。敵人反應過來，即刻齊齊發箭射擊。豪拉提烏斯舉起盾牌，敏捷地躲過了箭雨，跳進臺伯河逃生。儘管他被敵人的長矛刺中脊背，足以使他終生殘疾，他還是安全地游回了羅馬。

艾瑞克打算出海探險，在騎馬前往格陵蘭島海港的途中，他的馬突然滑了一跤摔倒在地。艾瑞克向雷德表達了自己的擔心：「我恐怕這是不好的預兆。如果出門不利，我還是不要冒險的好。」於是他又折回家去。他

029　約翰·史密斯（Captain John Smith, 1580-1631），早期英國殖民者、探險家，在維吉尼亞建立第一個永久英國殖民地。

的兒子利夫不願意改變計畫，依舊帶了 35 名船員向南航行，尋找兩三年前比阿尼船長乘坐「威金」號被暴風捲到的那個神祕海島。他們航行中遇到的第一個島是一個土地貧瘠的島嶼，那很可能就是現在的拉布拉多半島。因為島上有很多扁平的石頭，利夫於是將其稱為「石頭之城」。他率領船隊繼續航行，經過好些天，來到一個被森林覆蓋的低窪島嶼，利夫稱之為「馬克蘭島」，很有可能就是現在的新斯科舍。接著，利夫的船隊又發現了一個長滿野生葡萄的島嶼，並將其稱為「文蘭島」，是盛產葡萄的島嶼的意思。那裡現在是羅德島州紐波特城的所在地，利夫發現它的時候是在西元 1000 年。他們的航行很成功，滿載了一船美味多汁的葡萄和各種稀奇的木材凱旋回鄉。艾瑞克為此後悔不已，埋怨自己不該被所謂的凶兆嚇倒。

西元 1796 年 5 月 10 日，拿破崙當著奧地利炮兵連的面前，成功地拿下洛迪橋。據說當時有 14 架大炮（有人說是 30 架）對準拿破崙的軍隊，大炮後面更是駐紮了 6,000 名敵軍。拿破崙召集 4,000 名投彈手衝鋒陷陣，前面僅留 300 名馬槍騎兵作掩護。鼓聲一起，隱藏在街邊圍牆的主攻隊伍便要冒著槍林彈雨衝到橋前，拿下洛迪橋。葡萄彈和霰彈像冰雹一樣迎面射來，衝在最前面的軍隊就如同割稻人面前的稻穗，一排排地倒下，甚至連小分遣隊也要被迫後退，最勇敢的投彈手也被眼前的任務嚇倒。拿破崙沒有責備任何人，自己衝到最前線。他的侍從和將軍也紛紛跟隨他衝了上去。拿破崙帶領軍隊一路廝殺，不到一分鐘就踩著敵人的屍體前進了 200 碼。奧地利軍隊頓時嚇呆了，拿破崙已經帶領軍隊突破了大炮的射程，他們的大炮不再具有威脅性。突然，奇蹟般地，奧地利的大炮手們竟然棄炮逃跑了。他們的掩護軍隊也不敢向前與拿破崙正面交鋒，一個個都落荒而逃。拿破崙鋌而走險但不貿然行動。他矮小的身材和巨大的大炮形成鮮明對比，從此人們便打趣地稱他為「矮小的陸軍下士」。

聖女貞德之所以成功帶領法國軍隊阻擋了英國的入侵，其原因也在於她在組織進攻時有過人的膽識。

史蒂芬·科隆納落在敵人手裡，他們嘲笑道：「你的堡壘去哪裡啦？」史蒂芬把手放在胸口上，不卑不亢地答道：「在這裡。」

美墨戰爭[030]期間，麥克萊倫將軍（George Brinton Mcclellan）受聘到太平洋海岸考察那裡的地質情況。他從溫哥華總部出發，在一名士兵和一個僕役的陪伴下南下到哥倫比亞河。一天晚上，生活在哥倫比亞河邊的印第安族人派來信使，請他到村裡和部落的首領商討事情。從送信人的語氣中，麥克萊倫猜出會是一場鴻門宴，於是先讓兩名同伴收拾好行囊，隨時準備逃跑，然後平靜地跨上馬，往當地部落赴會去了。部落裡約有三十名首領在開會。麥克萊倫被安排坐在索爾提斯的右邊。他很熟悉切努克人的方言，所以對會上說的話都聽得一清二楚。有兩個印第安人被一群白人當賊抓獲，判處了絞刑，並已經在森林裡被處決了。索爾提斯代表村民表達了對死者的哀悼。族人義憤填膺，誓要血債血償，不報仇似乎是不可能的了。族長們沉吟良久，都沒有下定決心。雖然麥克萊倫對他們很友好，此事也與他無關，但他是白種人啊，他們已經發過誓要向任何一個白人實施報復。幾小時過去了，會議終於達成一致的決定，他們的最高首領索爾提斯正式宣布，立即處決麥克萊倫，為死去的族人報仇雪恨。

麥克萊倫一言不發，他知道辯解和請求都不會有用。他一動不動地坐著，擺出一副無所謂的樣子。他無動於衷的表現放鬆了警衛對他的戒備。對他的判決一宣布，麥克萊倫像閃電一樣行動起來。他迅速控制住索爾提斯，用左臂箍緊索爾提斯的脖子，抽出手槍頂住他的太陽穴，命令道：「撤銷剛才的判決！否則我立馬斃了你！」麥克萊倫用手指不停地撥弄扳機，嚇得索爾提斯馬上說道：「我撤銷！我撤銷！」麥克萊倫道：「我還要你承

030　美墨戰爭（Mexican-American War, 1846-1848），因墨西哥邊境問題和美國的擴張主義爆發。

諾我可以安全離開這裡！」索爾提斯馬上回答：「我答應你。」麥克萊倫知道索爾提斯是在高度恐懼中許下諾言的，他把手槍放下，鬆開索爾提斯，拿著手槍大步走出了帳篷。沒人上前來攔他，他騎馬回到自己的營地，跟隨他的兩名夥伴也準備妥當了，跨上馬逃離了村莊。麥克萊倫憑藉快速的判斷力和對印第安人的了解成功保全了自己。

西元1856年，魯弗斯·喬特[031]為幫助詹姆士·布坎南[032]競選總統，在洛威爾禮堂對將5,000多名觀眾演講。禮堂突然發生了地陷，並越陷越深。禮堂底下傳來木頭的破裂聲，如果沒有班傑明·富蘭克林·巴特勒[033]的冷靜，恐怕將引發一場可怕的踩踏事件。巴特勒要求聽眾原地不動保持安靜，他要去查看事故的原因。他發現支撐禮堂的木柱已經很脆弱了，一點掌聲都有可能致使禮堂倒塌。巴特勒故作輕鬆地回到講臺，悄悄對喬特說：「我們最多只有5分鐘了。」然而，他卻向全禮堂的人宣布，只要他們保持秩序，慢慢地走出禮堂，就不會那麼快出現危險。他接著補充道，危險的中心就在講臺底下，那裡的支柱最為脆弱，他們將等全部人都解散後才離開。因為巴特勒的冷靜，5,000多條生命保存了下來。

來自國內外的著名政治家都參加了一次時髦的酒會，他們想喝多少酒都沒有限制。美國副總統斯凱勒·科爾法克斯[034]卻拒絕了一位議員的敬酒。喝多了的議員嘲諷他道：「科爾法克斯總統居然連喝酒的膽量都沒有！」這位副總統回答道：「沒錯，我確實不敢喝。」

幾年前，格蘭特[035]拜訪休斯頓市，受到了隆重的款待。休斯頓市民除了希望能給將軍一個賓至如歸的宴會，還下定決心要展現出休斯頓與其他

---

031 魯弗斯·喬特（Rufus Choate, 1799-1859），美國知名律師及演說家，1831-1833年任美國眾議院議員。

032 詹姆士·布坎南（James Buchanan, 1791-1868），美國第十五任總統。

033 班傑明·富蘭克林·巴特勒（B.F. Butler, 1818-1893），美國律師及政治家，麻薩諸塞州的第三十三任州長。

034 斯凱勒·科爾法克斯（Schuyler Colfax, 1823-1885），1863-1869年任眾議院議長，1869-1873年任美國副總統。

035 格蘭特（Ulysses Simpson Grant, 1822-1885），美國軍事家、第十八任美國總統。

南方城市的不同，用別出心裁的宴會表達對將軍的熱情和祝福。他們為準備宴會花了不少工夫，甚至忍痛割愛拿出珍藏的美酒，供客人品嘗。當晚，上酒的時間一到，宴會經理就首先把酒端到格蘭特面前。這位將軍竟不置一詞就把酒倒掉了。全場的德克薩斯人都大吃一驚，但並沒有表現出來，而是一起學著格蘭特將軍，默默地倒掉了酒。

在法國諾楊，某下水道正在搶修，等到晚上停工，工人忘記蓋住下水道的口或者設置指示燈警告行人。到了深夜，四個人掉了進去，很久都沒人發現。等有人前來救援了，又沒有人敢下去，除了凱薩琳·瓦森。井底的人都因為吸入有毒氣體昏迷了。凱薩琳一下去就把身體蹲下，避免吸入毒氣。她用繩子綁住其中兩人，幫助他們恢復意志後協助救援隊將他們拉出去。繩子再次拋了下來，女孩綁住了第三個人，突然感到呼吸困難，趕緊就把繩子綁住她長長的鬈髮，不久就暈過去了。兩人都被迅速拉上地面，女孩一呼吸到新鮮空氣馬上就醒了過來。然而，因為她在關鍵時刻暈倒，最後一個人來不及救出來，再去拉出來的時候已經死亡了。

兩名法國軍官在滑鐵盧戰役中被派去衝鋒陷陣，敵人是一支超級強大的軍隊。其中一人看到同伴顯示出害怕的跡象，就揶揄道：「先生，我肯定你是害怕了。」另一個人回答：「是的，我很害怕。但如果你有我一半害怕，相信你已經逃跑了吧。」

威靈頓看見一個士兵雖然被嚇得臉色發白，卻依然繼續前進迎接炮彈的襲擊。他稱讚道：「這才是真正的勇敢！明明知道山裡有老虎，還有走進虎山的膽量！」

路德的一個朋友對他說：「沃爾姆斯遍地都是主教，他們會把你燒成灰的，就像對待約翰·赫斯一樣。」路德回答：「儘管他們放的火從沃爾姆斯蔓延到威騰柏格，甚至到天堂，我也照樣穿得過，完好無缺地站在他們面前。」他還說：「無論沃爾姆斯隱藏了多少惡魔，就算像屋頂上的瓦片那麼多，我也照樣去那裡。」有人警告他道：「喬治公爵不久就會派人來逮捕你。」路德答道：「如果上帝叫我離開，我二話不說馬上出發。否則，就算周圍全是喬治公爵也趕不走我。」

「我就站在這裡，不會逃跑，上帝啊，請助我一臂之力！」路德在沃爾姆斯的宗教會議上，對他的敵人如是說道。

歐洲某報採訪了南北兩派經歷過內戰的老兵，請他們描述內戰期間目睹過的最勇敢行為。湯瑪斯·希金森（Thomas Wentworth Higginson）上校講述道，有一次他們受邀到博福特家裡進餐，人人都在喝酒講三流笑話，唯獨一個看上去有點孩子氣的纖瘦男子滴酒不沾。宴會的主人不依了，要求男子要麼給大家敬酒說幾句話，要麼講個故事或者唱首歌給大家取樂。男子答道：「我不會唱歌，但我可以給大家敬酒，不過是以白開水代酒。而我要演講的題目是：我們擁有同一個母親。」在場的人都被感動了，他們為自己感到羞恥，有人甚至拉住男子的手表示感謝，認為他的行為比挺身走向大炮更有勇氣。這名男子便是著名的米諾大夫[036]。

身為貴格會的一員，如果沒有很大的勇氣，約翰·布萊特[037]怎敢去惹怒國會？多年來他都處於一片謾罵聲中，要不是足夠堅強，有雄辯之才，他也許早就遭受政治迫害了。他曾經對一個到處吹噓自己是征服者後裔的人說：「除了發動戰爭，我從沒聽說你的祖先還做過什麼。」保守黨派某貴族公子在布萊特生病時宣揚，布萊特之所以得偏頭痛，是上帝在回收賜予他的一部分天賦。布萊特病好後重返眾議院對此回應道：「也許真是那樣。不過對於那些沒有機會讓上帝收回一點智慧的人來說，也算是一種安慰吧。」

荷馬說：「一個意志堅定的年輕人初入社會，以出身牛犢不怕虎的精

---

036 米諾大夫（W.C. Minor, 1834-1920），牛津字典的重要供稿人，患有精神疾病的天才，曾在美國南北戰爭（American Civil War）期間擔任北方聯邦的軍醫。

037 約翰·布萊特（John Bright, 1811-1889），英國激進自由主義政治家、著名演說家。

神，敢在老虎口上拔牙。他驚訝地發現，原來老虎也並不可怕，尖利的獠牙也不過是用來嚇唬探險者的。」

當別人都在點頭彎腰，乞求稱讚和權力，年輕的你是否有勇氣挺直腰桿，堅守立場？當別人都打扮時髦，穿著體面，年輕的你是否有勇氣拿出過時的衣服，昂頭過街？當別人都拋棄道德，靠欺騙發財，年輕的你是否有勇氣保持純良，不為五斗米折腰？當別人都說「是」，儘管口是心非，年輕的你是否有勇氣說「不」？當別人都背信棄義，用盡手段撈名撈利，年輕的你是否有勇氣默默履行職責，無怨無悔？年輕人啊，你又是否有勇氣把最真實的自己呈現給世人，甚至包括你的缺點，都毫無隱瞞？

被世人孤立，受盡嘲笑和冷漠，誤解和打擊，責難和批評，還能夠堅持自我，其勇氣必然過人。

「我們像奴隸一樣懦弱，連堅持一次眞理的勇氣都沒有。」
「沒有人希望面對一隻朝自己狂吠的犬。」
「寧爲落難虎，不做得意犬。」
「齜牙咧嘴犬，攔路吠不止。
見君露怯意，逞凶撲身咬；
見君目堅定，夾尾回頭跑；
君取骨頭喚，舔足搖尾歡。」

滑稽的是，很多人唯唯諾諾地活著，不敢做真實的自己，竟是害怕別人的議論和取笑。

懦夫是自己造就的，
他爲了迎合別人否定自己，生怕遭人恥笑；
英雄是自己造就的，
他爲了眞理和道義堅守立場，生怕自己害怕退縮。

如果一個年輕人總是害怕說出自己內心的真實想法，那麼他將來就會連想都不敢想了。

我們附和大眾，沒有勇氣承擔自己的抉擇，亦步亦趨地學別人生活。不敢離經叛道，不敢穿不符合潮流的衣服，甚至連看病、做禮拜，都不敢嘗試別的醫院或教堂。甚至連看醫生做禮拜，都不敢遠離學校附近的醫院和教堂。無論在穿著、生活起居、雇請用人、乘坐馬車等各式各樣的事情上，我們都想跟隨主流，免得被人冠以怪人的稱號。有多少人有勇氣過自己喜歡過的生活，用自己的方法處理工作上的事務，然後指著葛蘭迪夫人[038]的鼻子說道：去你的吧！

身為大眾人物，不對大眾的偏見屈膝投降，需要勇氣。處於某種不益健康甚至敗壞道德的社會風氣之中，拒絕隨俗浮沉也需要勇氣。在議會上贊成別人所不贊成的，往往比衝鋒陷陣更叫人佩服。官場上，模稜兩可處處逢迎誰不會？最難能可貴的，是堅持自己的觀點，誓不相從。

古怪的人，往往也與眾不同。有多少女人，寧願被冠以葛蘭迪夫人的綽號，也不願失去自我的個性。我們恐懼的，往往只是恐懼本身。

聖伯夫[039]說：「無論你是誰，是天才，是人才，是受人尊敬的藝術家，還是富有同情心的詩人，都不要過於依賴自身的天賦，因為不是所有人都會欽佩你。即使你是維吉爾[040]，虔誠而又敏感的心靈歌者，還是有人會質疑你的不凡，把你看作女人氣的矯作詩人。即使你是荷馬，才華橫溢兼心靈純淨，還是有人要指責你的作品，認為它們不夠高雅。即使你是莎士比亞，還是有人要罵你是發酒瘋的野蠻人。即使你是歌德，惡意中傷你、說你是世上最自大自私的人也不在少數。」

再強壯的身體也有脆弱的地方，再勇敢的英雄也有害怕的時候。彼得

038　葛蘭迪夫人（Dame Grundy 或 Mrs. Grundy），作家湯瑪斯．莫頓（Thomas Merton）筆下的人物，是個過度注重規矩、拘泥禮節的人。

039　聖伯夫（Sainte-Beuve, 1804-1869），19 世紀法國文學批評家。

040　維吉爾（Virgil），古羅馬詩人，史詩《埃涅阿斯紀》的作者。

是條錚錚鐵漢，他在主人危急的時候奮不顧身拔劍挺身而出，卻忍受不了區區幾個女僕的嘲笑。她們在大祭司的殿堂裡指著他的鼻子叫罵，他就可以置自己誓死保護的主人於不顧。

安德魯・傑克森[041]在一次重大事件的處理上違背了總統約翰・昆西・亞當斯（John Quincy Adams）的命令。他說道：「一切都由我負責。」當時，就連國會都不敢違抗總統的意見，安德魯說的這句話很快便家喻戶曉了。

你真的想在這個世界取得什麼成就嗎？那就不要害怕承擔責任！失敗的風險不可避免，隨之而來的也只有迎面而來的批評聲和嘲笑聲。把自己置於世人嘲弄的中心自然需要很大的勇氣，但如果我們連面對自己的勇氣都沒有，又哪來勇氣去藐視世俗的偏見，開發自身的潛能，追隨自己的命運，在屬於自己的道路上修成正果，散發人性的光輝。世人沒有不喜歡英雄的，正如年輕人沒有不希望成為其中之一。他們愛聽偉人的故事，還找書來看以便加深了解。血腥暴力的小說儘管廉價低俗，但因為主人公的英勇行為，年輕的讀者依然愛不釋卷。如果我們不多出版真正英雄的故事，那麼我們的孩子就只能閱讀那些虛構的杜撰了。

千萬不要學尤賴亞・希普[042]，表現出一副卑微可憐的樣子，以乞求別人的憐憫為生。羞怯或膽怯並不是性格可愛的表現，相反，是一種病態，只會讓人感到不耐煩和厭惡。像男子漢一樣拿出勇氣來吧，體面、有尊嚴地做人。最差勁的人就是那種「強烈意識到自己的身分低微，卻故意虛張聲勢假裝清高」。

布魯諾[043]在羅馬被判火刑，臨刑前他對法官說：「宣讀判決的時候，您比我還害怕呢。」安妮・阿科斯[044]受盡嚴刑酷打，絲毫也不退縮。直到

041　安德魯・傑克森（Andrew Jackson, 1767-1845），美國第七任總統，美國第一位平民出身的總統。

042　尤賴亞・希普（Uriah Heep），狄更斯小說《大衛・科波菲爾》（David Copperfield）裡的人物。

043　布魯諾（Giordano Bruno, 1548-1600），義大利思想家、唯物主義者，因擁護哥白尼的日心說被活活燒死。

044　安妮・阿科斯（Anne Askew, 1520-1546），英國詩人、新教徒，史上記載的唯一一名被帶到倫敦塔審問

她的每一塊骨頭都被人硬生生地錯了位，她也拒絕背叛自己的信仰，只用平靜的眼神看著施刑者的臉。

「我們害怕真相，害怕命運，害怕死亡，也害怕彼此。」愛默生還說：「喪失一半的勇氣，也就喪失了一半的智慧。」病理學家告訴我們，勇氣來源於大動脈的血液循環。人在激動、生氣或者運動、打架的時候，大量的血滯留在動脈中，沒有流入靜脈。因此，脈搏越有力，人也就越大膽。

沙夫茨伯里（Shaftesbury）說：「怒火可以叫懦夫拋下一切顧慮奮身而戰。」

「我以為恐懼可以絆住你的腳步，讓你不敢跑遠。」納爾遜[045]的親人在很遠的地方找到了小納爾遜，自責地說道。這位未來的海軍司令回答：「恐懼？我不認識它。」

「過度的懷疑終將使懷疑變成現實。」——做決定其實也是一場鬥爭。

「越是不可能的事就越要實現它。」——跨出一步還有勝利的希望，瞻前顧後只有失敗的可能。

小小的牧羊童大衛，剛剛趕著羊群回家，沒有武器也沒有護衛，手裡只拿著一把小彈弓和放羊的工具，竟然殺死了巨人歌利亞[046]。歌利亞和他的巨型武器一起轟然倒地，為這天下無雙的勇敢行為奏響勝利的凱歌。

「登特，你下去看看我的馬，牠的腿好像出問題了。」格蘭特將軍和登特上校穿過戰火的中心，激烈的戰鬥迫使他們撤退。「我認為還是等我們撤退到安全的地方再查看吧，在這鬼地方停留一秒鐘都有危險。」「好

---

後被燒死的女人。

045　納爾遜（Horatio Nelson, 1758-1805），英國海軍上校，被譽為「英國皇家海軍之魂」。

046　歌利亞（Goliath），《聖經》記載，歌利亞是非利士的勇士，帶兵進攻以色列軍隊，他擁有無窮的力量，所有人看到他都要退避三舍，不敢應戰。最後，牧童大衛用投石彈弓打中歌利亞的腦袋，並割下他的首級。

吧，」格蘭特說，「既然你不願意停下來查看我就自己去看吧。」說罷，格蘭特跳下了馬，把捆住馬的電線解開，並仔細再檢查了一番，才又爬上了馬。他對登特說：「如果你真的在意你的馬，永遠都不要心存僥倖。再慢幾分鐘，牠就可能終生殘疾，一輩子就這樣毀了。」

威靈頓講述了在滑鐵盧戰場上最危險的一次戰役。戰鬥發生在一間農舍的周邊，四處都是果園，用結實的柵欄隔開。農舍所處的位置很關鍵，所以英軍得到命令無論情況多麼危險，需要付出多大的代價，都必須守住農舍。後來，槍火擦過柵欄，引起大火。火勢很快蔓延開來，築起了一道火牆包圍果園。英國來了兩輛載滿彈藥的馬車，準備支援軍火。馬匹跑到火牆前便不肯再前進了。「第一輛馬車由一個膽大包天的英國年輕人駕駛。他狠狠地鞭打馬匹，迫使牠們衝向大火。火焰猛竄出來，碰到火藥，立即引起爆炸。車、馬、人都被拋上了天空。另一輛馬車的車夫嚇呆了，不敢再向前多走一步。突然，他看到了一線機會，火藥爆炸時產生一股強氣流，把火牆衝出了一道小口。車夫立即驅車衝向缺口，就在火焰閉合的同時，人和車剛好穿過了火牆，有驚無險地闖進果園。後備支援的軍隊頓時爆發一陣震耳欲聾的歡呼。大火燒得更猛烈了。」

在弗里德蘭戰役（Battle of Friedland）中，一發炮彈從法國士兵的頭上呼嘯而過。一名年輕士兵下意識地蹲下。拿破崙見狀，微笑道：「朋友，如果那發炮彈命中注定要砸到你，你就算挖地百尺也逃不掉的。」

同盟軍在聖彼德堡前布好炸藥，點燃導火線，退到安全距離外等待爆炸，以便發動襲擊。10 秒，30 秒，1 分，10 分……時間一點一點地過去了，就是不見爆炸發生。焦慮在軍隊裡蔓延，中尉道蒂和中士里斯決定出去看看是不是導火線出問題了。他們祕密穿過樹叢，靜悄悄地走到埋藏炸藥的地方，小心翼翼地上前檢查。死亡正向他們靠近。他們找到了原因，重新一個一個地點燃了炸藥。震天動地的爆炸聲給同盟軍吹響了前進的號角，同時也為道蒂和里斯送上送葬的禮炮。

在哥本哈根戰役（Battle of Copenhagen）裡，納爾遜走在堆滿死屍、流淌鮮血的溫滑甲板上，說：「這是一場用鮮血澆淋的戰爭。我們隨時都可能不再擁有明天。但我要留在這裡，絕不逃避！我不要用我的下半輩子來後悔今天的懦弱！」在特拉法格戰役中，納爾遜中彈受傷，被擔架抬出戰場時始終掩蓋住自己的臉，不讓正在戰鬥的士兵看到他們的首領受傷倒下。

在塞拉曼加爆發了一場小規模戰役，敵軍的火力排山倒海地掃射過來，威廉·納比爾男爵帶領的軍團頓時驚慌失措，不再聽命於主帥。男爵馬上下令暫停進攻，宣布違反軍令者自行上前線受死，並強迫四個帶頭抗令的士兵走到戰火的中心。男爵很快又重新控制住軍隊。軍隊在猛烈的炮火攻擊下，像舉行閱兵典禮一般，從容地前行了 3 英里。

決定好了就行動吧！不要再思前想後，考慮再周密，沒有實施，終究只是假設。對激烈的競爭無以適從？那就腳踏實地地工作吧，你的競爭對手只有你自己。做好自己的本職工作，才有可能在這個世界占有一席之地。像男子漢一樣勇往直前，以平常心接受不幸，即使一貧如洗也自尊自愛，人生不如意事十有八九，要拿出勇氣來面對挫折。只要你選擇了勇敢面對，你會發現周圍的人都將隨著你的改變而改變。每天，會有多少故步自封不敢邁出第一步的人，因為受到了你的影響，有了開始的勇氣和動力。他們可能從此大展鴻圖，造福了社會，也成就了自身的價值，而你更是功不可沒。喬治·艾略特（George Eliot）曾說：「瞻前顧後思慮過甚的人，永遠都無法成就任何偉大的事業。」開朗勇敢的人即使夢想夭折，希望破裂，也不會自哀自憐，而是當成一次經驗教訓或者轉禍為福的契機，收拾心情更加堅強勇敢地走下去。如果他甚至做到忍辱負重，吞下牙齒還能一笑置之，那更是真英雄、好漢子！

眞理潦倒時，無榮華，無富貴，
卻能與之同分一片麵包，站在眞理一邊，
是勇敢者的高尚。
而懦夫因卑瑣的靈魂疑慮重重，
不肯輕易做出選擇，
直到眞理脫下布衣，
正義大行於世，
主人被釘上了十字架。

—— 洛厄爾

懷疑是叛徒，
製造恐懼，使我們止步不前，
錯過勝利女神的垂青。

—— 莎士比亞

湯瑪斯·莫爾[047]激烈的內心掙扎，最終還是選擇忠於原則。他做出決定後便欣然赴獄，他的妻子痛罵他愚不可及。只需簡單地宣誓兩句，像其他主教一樣，他就可以保住自由，免受陰溼骯髒的牢獄之苦。只有湯瑪斯的女兒站在了父親的一邊。她對父親的愛戰勝了恐懼，儘管連母親都拋棄父親，她依然堅守自己的立場。湯瑪斯被判處死刑，死後頭顱掛在倫敦塔上示眾。他的女兒懇求當權者賜還父親的頭顱，她要和父親葬在一起。她的願望得到許可，同時也付出了生命的代價。

華特·雷利爵士[048]在登上絞刑臺時早已身染重病，顯得蒼白無力。他向圍觀的群眾解釋，兩天前他得了瘧疾，是疾病打垮了他的身體，而不是恐懼。「如果你在我的臉上看到了虛弱，千萬不要以為那是膽怯的跡象。」說完，他掄起用來結束自己生命的斧頭，親吻其刀口，對施刑者說：「斧

047　湯瑪斯·莫爾（Thomas Moor, 1478-1535），《烏托邦》的作者，英國空想社會主義者，因拒絕宣誓亨利八世為教會首領被處死。

048　華特·雷利爵士（Walter Raleigh, 1554-1618），英國早期的美洲殖民者之一，他是政客、軍人，同時也是一位詩人、科學愛好者，還是一位探險家。

頭是多好的靈丹妙藥啊，用它來治療任何疾病都立竿見影。」

還沒到達橋梁，就擔心橋是否堅固，或者為永遠不會降臨的厄運愁眉苦臉，都是在浪費時間。想拔掉蕁麻的刺，就不要畏畏縮縮。猶豫不決、徘徊不定的人終將只會失去自己對人生的掌控權。

林肯出身貧寒，沒有了不起的朋友，也沒有錢上學讀書。然而，就在他歷經千辛萬苦終於當上律師之際，卻又賭上一切開始政治生涯。如果沒有捍衛道義的勇氣，他在當上總統後怎敢得罪貴族，頂住惡意的批評和一系列的打擊，起草解放奴隸的宣言？如果沒有維護真理的勇氣，他又怎敢在強大的輿論壓力下，冒著與多數高官對抗的危險，一如既往地支持格蘭特和斯坦頓？

林肯從不拒絕棘手的案件，只要他認為對方無罪，就算得罪當權者也在所不惜。在那個年代，如果律師幫助逃跑的奴隸打官司，結果常常會丟了飯碗。這種吃力不討好的案件沒有律師願意承接，唯獨林肯樂此不疲。因為他的正義和無畏，每當有逃奴被抓，想尋求辯護的時候，老百姓就會告訴他：「去找林肯吧，只要你是無辜的，他就願意為你辯護。」

薩蒙·蔡斯[049]剛為逃跑的女奴瑪蒂爾達做了激動人心的辯護，離開法庭時，某君驚訝地望著他說：「如此一個大好青年，竟親手斷送自己的前途。」然而，蔡斯不但沒有自毀前程，還因此踏出了重要一步，坐上俄亥俄州州長的位置。他青雲直上，很快當選俄亥俄州的參議員，然後是國家財政部的部長，美國最高法院的首席法官。

威廉·佩恩[050]因曾在貴格會會議上發過言而接受審判，法庭筆錄員對陪審團的裁決不滿意，威脅道：「我們要以上帝之名判決他，否則，你們

---

049 薩蒙·蔡斯（Salmon Portland Chase, 1808-1873），美國俄亥俄州第二十三任州長，林肯任職期間的財政部部長，美國最高法院首席法官。

050 威廉·佩恩（William Penn, 1644-1718），英國人，北美賓夕法尼亞殖民地的開拓者、政治家、社會活動家，貴格會的支持者，主張和平、民主、開放和寬容，與殖民地內的印第安人和睦相處的少數政治領袖之一。

都將因此丟掉飯碗。」佩恩也大聲道：「我們英國人不會濫用權利，同樣也不會隨便丟棄自己的權利！」經過兩天兩夜的絕食，陪審團維持原判，宣布佩恩無罪。法庭筆錄員因為他們沒有聽從自己給每人罰款40馬克。

溫德爾．菲利普斯[051]在演講的時候，任憑別人朝他扔臭雞蛋、集體哄笑甚至噓他，都絲毫不以為意。「嘲笑和羞辱在他那裡是不起作用的。」而當比徹和高福在面對聲稱要殺死他們的英國暴徒時，又何曾退縮過？是的，不管底下站著多少聽眾，不管他們是否真心來聽演講，還是故意來找碴，勇敢的人都會堅持把要講的話說完。安娜．迪金森[052]也一樣，當莫莉．瑪圭爾斯舉槍對準了她的腦袋，難道她有逃跑，離開講臺了嗎？相反，她毫不畏懼地面對來殺她的人，並憑藉過人的辯才說服殺手放下了槍。

我們的世界需要多一個像諾克斯那樣被滑膛槍指著腦袋還可以繼續傳道的人；需要多一個像加里森那樣不怕坐牢、不怕暴徒，甚至看著絞刑架豎在自家門前都毫不畏懼的人。

暴風雨兮呼呼咆哮，
敵人來了，敵人來了！
他們將窮追不捨，
投降？絕不！

巴特勒將軍率領9,000名士兵去平息紐約的暴亂。他在軍隊到達前先行來到紐約，找到暴徒聚集的街道。當時暴徒已經開始了屠殺，在路燈下絞死了一人。巴特勒不等軍隊趕到，就隻身擠進暴徒最密集的地方，信手抄來一個垃圾桶，倒置在地。他站在垃圾桶上對著人群大聲吼道：「『五角』組織的首領們，來自地獄的魔鬼！你們竟敢以下犯上，殘害比你們更加高貴的生命！」巴特勒的話頓時鎮住了一個個殺性剛起的暴徒，比紐約

051　溫德爾．菲利普斯（Wendell Phillips, 1811-1884），美國演說家，廢奴主義者。
052　安娜．迪金森（Anna Dickinson, 1842-1932），美國演說家，主張解放奴隸和婦女。

市市長費爾南多麾下的軍隊和警力還有效果。

「敵人跑在了我們的前面。」斯巴達人在溫泉關[053]戰役中如是說道。「但我們比敵人先採取了行動。」斯巴達國王列奧尼達[054]冷靜地回應道。澤克齊斯喊道：「棄械投降吧！」 列奧尼達答：「有本事就來打敗我們！」一名波斯士兵說：「滿天都是長槍和箭矢在飛竄，把太陽都遮住了，怎麼看得清敵情？」斯巴達答：「陰天作戰也不過如此！」正是有了這些勇敢無畏的偉人，踏遍了山山水水，開闢了新的世界。

「這是不可能辦得到的！」當拿破崙擬訂一個大膽的進攻計畫，並向下屬部署任務時，一個官員說道。這個偉大的軍事指揮家頓時發怒道：「不可能這三個字只會出現在蠢人的字典裡！」說完，拿破崙繼續推行他的計畫。

格蘭特從來不認輸。一次，他在貝爾蒙作戰，情報員報告說他們已經被敵人包圍了。格蘭特平靜地說道：「那我們就自己衝出一條生路來！」

勇者無畏，他們往往能夠影響很多人，並像磁場一樣吸引眾人跟隨他們，為高尚事業奮鬥甚至獻身。

拿出勇氣來，你的人生就會完全改變。「智者和奮進者用行動打倒困難；愚笨的人和懶惰者還沒遇到障礙就先打退堂鼓。」

愛默生說：「英雄，就是任憑風吹雨打都屹立不倒者。」

穆罕默德．艾敏帕夏[055]在非洲探險時，和同伴走失了。由於那裡的環境十分惡劣，獨自一人活著走出來的可能性微乎其微，人們都相信他已經不在人世，甚至把他的死亡報告都寫好了。直到第二年早冬，探險隊再次深入非洲中部，目睹了一件慘絕人寰的悲劇。一群土著居民被奴隸獵人捉

---

053 溫泉關（Thermopylae），古希臘地名。

054 列奧尼達（Leonidas, 西元前 508- 西元前 480），古希臘斯巴達國王，抗擊波斯入侵的英雄。

055 穆罕默德．艾敏帕夏（Mehmet Emin Pasha, 1840-1892），埃及官員、醫生。

住，用鐵鍊拖著走，準備把他們作為奴隸販賣。途中，被捉的土著人群爆發天花病，奴隸獵人於是把他們拋棄在荒郊野嶺，任其自生自滅。葉明了解情況後讓其他人先回去，自己卻冒著生命危險留下來醫治和照顧病人。儘管他差點為此喪命，卻不知道自己救活了多少人。誰說中世紀的騎士精神不復存在？葉明的故事就是一個很好的例證！就是詩人筆下也沒有出現過像他那樣勇敢無私的人物。

從前有個故事裡講，一位了不起的魔法師家附近住了一隻老鼠，一天到晚緊張兮兮，生怕被貓抓到。魔法師覺得老鼠很可憐，於是就把牠變成了貓，好讓牠不再成天活在恐懼之中。沒想到變成貓的老鼠很快又有了新的害怕對象：狗。魔法師於是又把牠變成了狗。過了沒多久，變成狗的老鼠又因為老虎整天提心吊膽，魔法師再次幫助牠，把牠變成了老虎。身為萬獸之王的老鼠，並沒有停止內心的懦弱，很快又開始擔心獵人。魔法師感到厭煩了，不滿地說道：「你還是重新做回老鼠吧！你擁有一顆老鼠的心，無論給你披上何種高貴動物的外衣，都改變不了你內心的懦弱。」

勇於實現理想的人，常常在年輕的時候就震撼了世界。勇氣和毅力的作用無法估量，只要擁有這兩樣素養，即使年紀輕輕也一樣可以有所作為。亞歷山大大帝 20 歲就登上了王座，33 歲前就征服了世界。凱撒大帝奪得 800 座城池、征服 300 個部落、打敗 300 萬大軍、成為最偉大的雄辯家和最著名的政治家時，還只是一個年輕人。華盛頓 19 歲被任命為少校，21 歲被派往法國履行外交任務，22 歲就以陸軍上校的身分打贏了第一場戰役。拉法耶特侯爵[056] 20 歲成為法國軍隊的將軍，查理曼大帝 30 歲就登上法國和德國的王位，孔代王子[057] 22 歲就征服了羅克魯瓦。伽利略 18 歲的時候就在比薩的一間教堂裡，從搖擺吊燈悟出了擺錘的原理。皮爾 21 歲時加入國會成為議員。格萊斯通 22 歲前就進入國會工作，24 歲擔任國

056　拉法耶特侯爵（Marquis de La Fayette, 1757-1834），法國將軍、政治家。
057　孔代王子（Prince de Condé, 1621-1686），法國將軍。

家財政部大臣。伊莉莎白·巴雷特·白朗寧（Elizabeth Barrett Browning）12歲就精通希臘語和拉丁語，而德昆西（Thomas De Quincey）在11歲的時候就已經學會了。羅伯特·白朗寧（Robert Browning）11歲就創作了第一首詩歌。考利[058]15歲在西敏寺睡覺時獲得靈感，並因此出版了著名詩集《花開》。威利斯[059]大學還沒畢業就已經成名，並發表了膾炙人口的詩篇。麥考利23歲前便是成名作家。路德29歲便在他所住社區的主教門前釘住一份他寫的論文，列出了教皇的幾大罪狀。納爾遜20歲前就在英國海軍擔任上尉，在特拉法格戰役中受傷不治時年僅47歲。查爾斯十二19歲打贏納爾瓦戰役，科爾特斯36歲征服了墨西哥，克萊夫32歲在印度建立了英國政權。漢尼拔30歲前便帶領軍隊打下了無數勝仗，並在坎尼擊敗了羅馬人，粉碎其野心。拿破崙27歲在義大利的平原上，憑藉過人的戰術，一次又一次地打敗了奧地利一位身經百戰的元帥。

還有一些大器晚成的人，他們同樣擁有過人的勇氣和毅力。維克多·雨果（Victor Hugo）和威靈頓將軍到達事業頂峰時都已經邁進古稀之年。喬治·班克羅夫特[060]87歲時寫下了他最好的歷史著作。格萊斯通84歲統治了英國，並在文學和學術上都有所建樹。

「不是所有從他施[061]開出的船都能夠帶回俄斐[062]的黃金。難道因此我們就不啟航了嗎？不！借著風力，我們要揚帆前進！」

莎士比亞說：「害怕蜜蜂叮咬而不敢靠近蜂巢的人，永遠採不到蜂蜜。」

別以爲英雄沒有害怕的時候，
那種想法既幼稚又愚蠢，

---

058 考利（Abraham Cowley, 1618-1667），英國作家、詩人。
059 威利斯（Nathaniel Parker Willis, 1806-1867），美國作家、詩人。
060 喬治·班克羅夫特（George Bancroft, 1800-1891），美國歷史學家、政治家。
061 他施（Tarshish），《聖經》中一古國名。
062 俄斐（Ophir），《聖經》中盛產黃金和寶石的地方。

他們只是擁有一顆勇敢的心，
赴湯蹈火都不會選擇退縮。

在比希雷恩城堡的第一扇門上刻了一行字：「勇敢些吧！」第二扇門也刻了一行字：「勇敢、勇敢再勇敢！」第三扇門則寫道：「但是不要大了膽就胡作非為。」

很多才華橫溢的年輕人因為沒有勇氣開始任何事業，最終一事無成。

有夢想，現在就開始追吧！

只要你認爲是對的，就放手大膽去做吧，不要理會別人的看法。對待讚揚和批評最好都一笑置之。
——畢達哥拉斯[063]

恐懼是暴君奴役人民的武器；焦慮則是懦夫自怨自艾的表現。
——強尼

勇氣是上帝賜予人類最可貴的素養，它可以爲我們帶來很多寶貴的經驗。我們身上流淌著怎樣的血液決定了我們的人生，要比金錢和地產更重要。勇敢者比出手大方的富翁更能俘獲女人的心。
——科爾頓

選擇我的人，要有付出一切的勇氣。
——《威尼斯商人》鉛盒上的刻字

男子漢該做的事業我都不畏懼；沒有人能比我做得更多。
——莎士比亞

等風停止了才播種的人，
永遠等不到那一刻；
正如等天氣晴朗才收割的人，
永遠也找不到時間收割。
——海倫·亨特·傑克森

你們要做大丈夫，與他們爭戰。
——《撒母耳記上4.9》

063　畢達哥拉斯（Pythagoras, 西元前 570- 西元前 495），古希臘哲學家、數學家。

# 第三章
# 路是自己走出來的

要麼選擇一條道路前進，要麼自己開創一條。在這個世上你不主動出擊就只能隨波逐流。自己要有主見，世界才會因你而改變。

只要堅持不放棄，就一定能找到解決問題的辦法。
我就算找不到出路，也要自己動手開闢出一條新路。

——馬登

只要決心大，天下無難事。

——米拉博

在維護眞理和正義的時候，表現軟弱的政治家不比主張謬論和錯誤的保守派好多少。

——埃德溫·珀西·惠普爾[064]

只要有鋼鐵般的意志把住關口，即使敵人有千軍萬馬，也一樣爲你膽戰心驚。瘦弱的矮子，只要挺身而戰，也有可能扭轉整個局面；只要胸懷必勝的決心，一樣可以把巨人打得落花流水。

——塔珀

人只要下定了決心，堅信自己一定能成功，奇蹟就會發生。我們的個性，是可以憑藉意志的力量重新塑造的。

——馬登

自我鍛鍊意志的力量，是一生的課題。時間和機會只會垂愛有準備的人。

——愛默生

推動世界進步的力量，來自堅定不移的意志和一顆善良的心靈。

——霍勒斯·波特[065]

胸懷大志的年輕人，他們的字典裡沒有失敗二字。

——鮑沃爾

只要堅定信心不斷努力，就一定能打敗眼前的紙老虎。

——傑里米·科利爾[066]

海闊憑魚躍和天高任鳥飛的前提是：意志堅定，百折不撓。

——約翰·福斯特

戰無不勝的勝利之星，
從我胸口緩緩升起，
意志啊，
你是多麼地平靜、堅定而自信！

——朗費羅

「只要奧蘭治王子能從天上摘下星星，從萊登的城牆上召來海神，我

064　埃德溫·珀西·惠普爾（Edwin Percy Whipple, 1819-1886），美國文學批評家、隨筆作家。
065　霍勒斯·波特（Horace Porter, 1837-1921），美國內戰時擔任過聯邦軍隊的將軍。
066　傑里米·科利爾（Jeremy Collier, 1650-1726），英國戲劇評論家。

就相信荷蘭艦隊會下令解除已經持續了4個月的包圍。」西元1574年，某西班牙士兵聽到荷蘭軍隊要撤退的傳聞，不相信地譏諷道。在鹿特丹，發著高燒的威廉國王吃力地張開乾裂的雙唇，命令道：「一定要打敗荷蘭鬼，把他們趕出我們的海域！」他的人民響應道：「就算我們的家園被淹沒，也總比被敵人蹂躪強！」荷蘭人的軍艦停留在距離西班牙海岸15英里以外的海面上。西班牙人於是採取逐個擊破的戰略，首先瓦解敵人的主力。荷蘭人不知道對方的軍隊是餓著肚皮在作戰，還以為他們不敢正面交鋒，便開始嘲笑起西班牙人。然而，上帝的天平往往傾向懂得在危難中奮起自助的一方。10月1-2日，暴風雨來襲，荷蘭軍艦被巨浪打到西班牙人的軍營邊。第二天一早，整裝待發的西班牙軍隊實行反攻，狠狠教訓了一番侵略者。荷蘭士兵在夜色的掩護下紛紛奪命而逃。第三天，暴風雨突然改變方向，致使荷蘭軍艦無法作戰，連駐守在甲板上的士兵也不得不躲進了船艙。荷蘭人於是駕著他們的軍艦駛離了北海。到了第二年春天，西班牙人齊齊走上大街慶祝勝利，並為了紀念這場戰役建立了萊登大學（Leiden University）。

西元1837年，國會大臣肯特在其紐約的住宅舉辦了一次宴會，邀請很多國內知名人士參加。在這些顯赫客人中，有一位年輕的法國人顯得沉默寡言而且鬱鬱寡歡。莫爾斯教授當晚也受邀參加了宴會，他很注意這個年輕人，認為從他的額頭來看，他一定是個不平凡的人。加勒廷先生用自己的手指摸了摸額頭，說道：「是的，這個法國小夥非常聰明，但同時也非常狂妄。你相信嗎，他居然認為自己將來會成為法國的統治者，多麼荒唐的夢想啊！」

是的，做這樣的夢在當時確實讓人覺得不切實際。後來，這位年輕人獨自一人闖蕩世界，沒有經濟支持，也沒有強大靠山，還被自己的祖國通緝，不得不逃亡國外。然而14年過後，他登上了法國帝位，實現了那個被世人公認為荒唐的夢想，成為法蘭西第二帝國的皇帝 —— 拿破崙三世[067]。為了實現這個目標，他坐過牢，甚至流亡國外過著顛沛流離的生活。儘管如此，14 年漫長而艱苦的歲月並沒有磨滅他的夢想，他頑強地挺過了一次又一次的災難，最終戴上了勝利的皇冠。在實現目標的路上，他勇往直前，是他的勇敢和堅定創造了奇蹟。

當年，有人提出用蒸汽推動輪船從英國駛往美國。拉德納博士大呼不可能，他在皇家學會發表演講，證明一艘輪船根本無法承載足夠讓它穿越大西洋到達美洲的煤量。然而，汽船小天狼星卻在 19 天內成功穿越大西洋到達目的地。在事實面前，拉德納的理論不攻自破了。後來，又有人提出以鐵為材料建造輪船。大部分人都反對道：「只有木製的船才浮得起來，用鐵造船只會下沉！」然而，事實再次證明，奇蹟發生了，鐵造的船一樣可以浮起。從此，無論是用於打仗的軍艦，還是用於運輸貨物的商船，都改用鋼和鐵來製造。假如人類沒有實踐夢想的決心，用比水重的鋼鐵造船永遠都不可能發生。

《倫敦新聞畫報》的創辦人赫伯特·英格拉姆[068]在諾丁漢經銷報刊出版物時，為了不讓一個顧客失望，徒步走 10 英里去送一份報紙。他下定決心要滿足所有顧客的讀報需求。當時沒有郵局，他於是每天凌晨兩點就起床，走路到倫敦取報。正是這種讓每個顧客都讀到報紙的決心，造就了他日後的成功。

英國首相格萊斯頓任期內的最後一位郵政大臣亨利·福塞特[069]年輕時和朋友去打獵，被鳥槍打中雙眼，成了盲人。他的父親悲痛欲絕，為兒子的前途感到無比擔憂。而福塞特卻反過來安慰父親道：「父親，請不要為我擔心。我雖然失去了眼睛，但並沒有失去前途。」福塞特的故事被載入

---

067　拿破崙三世（Napoleon Ⅲ, 1808-1873），法蘭西第二帝國皇帝，拿破崙一世的侄子。

068　赫伯特·英格拉姆（Herbert Ingram, 1811-1860），《倫敦新聞畫報》創辦人之一。

069　亨利·福塞特（Henry Fawcett, 1833-1884），英國盲人政治家、經濟學家。

歷史，震撼了無數心靈。多年過後，倫敦街上經常可以看到一個女孩牽著一個盲人走路的畫面。那個盲人就是當上了國會議員的福塞特，而那個女孩則是他忠誠的女兒。想想看吧！一個風華正茂的年輕人，突然就失去了視力，看不見東西，還能成為國家政要，為世人所敬仰。他的人生目標該是多麼堅定，他的意志又該是多麼強大啊！很多年輕人如果遭遇同樣的不幸，首先就灰心喪氣，棄械投降，從此默默無聞地消失在人們的視線之外。幸運的是，我們的世界還存在著許多像福塞特、普萊斯考特、派克曼以及卡瓦諾等不輕易放棄自己的人。

福塞特的女兒同樣是個了不起的人物。她雖然忙於照顧父親，充當父親的眼睛，同時也不荒廢學業。她堅定不移的決心和勇於探索的精神使她成為幾百年來牛津大學唯一一位數學榮譽學位甲等考試的女狀元，格萊斯頓也曾經獲此殊榮。當時能夠成為狀元的人都是數學菁英，在全世界的學術界都有很大的影響力。她是牛津大學歷史上第一個當上該項考試狀元的女性，她的前輩大都在後來創下了一番卓越的成就。有了這樣的先例，還有誰會不相信那句老話 —— 只要有恆心，鐵杵也能磨成針？

格蘭特從小就相信世上沒有做不到的事情。只有任何時候都勇於挑戰困難的人，才能推動世界向前發展。

亞歷山大·漢彌爾頓（Alexander Hamilton）說：「成功的道路從來不會一帆風順。只有經歷過坎坷和挫折，才能最終獲得勝利。」

克服逆境的唯一辦法，就是成為逆境的主人。

雖然，一個人的成功離不開其意志和決心，但是並非主觀能動性越大，成功的概率就越高。除了人和，成功與否還需要依靠天時和地利。不考慮客觀因素，固執地自以為是，是不會成為下一個波拿馬、皮特、韋伯斯特、比徹或者林肯的。我們在堅持之前應該先做好判斷，有了充分的理論和常識支持才能夠義無反顧地走下去；否則，結果只會把自己撞得頭破

血流。遇到不可改變的客觀現實，再糾纏也是白搭。我們只能在自己的能力範圍內確定一個目標並實現它。有些困難可能永遠都無法克服，導致我們難以取得進步。但我們可以從其他方面取得突破。只要遵循客觀規律，堅持不懈，就沒有不可逾越的障礙。有決心、有智慧且有毅力的人，才能看清楚事物的本質，找到甚至自己開闢出一條解決問題的道路。

即便是生活在象牙塔的年輕學子也明白，出身不同，決定了你將來是當律師還是當醫生，或者只是芸芸大眾中其中一個尋求法律援助、上醫院看病的普通人。學識平凡的神父可以因為家庭背景強大任職於最重要職位；有錢人家的子弟儘管能力平庸，缺乏經驗，也能坐上公司的最高職位。相反，才德兼備又受過高等教育，還擁有豐富實踐經驗的窮孩子就算奮鬥一輩子也只是富家公子的陪襯。成千上萬的年輕人不是沒有才華，或者沒有能力，但他們就是比不過那些有著家境優勢的子弟，永遠是他們的屬下，收入永遠望塵莫及。總結一句，最有能力的人不一定就能坐上最高的職位。出身和環境對於一個人職位的高低、收入的多寡以及身分的貴賤都有很大的影響。

有不少品行高尚的年輕人，儘管領導才能一流，依然不得不屈居人下。他們的主管或老闆只因為生在了富貴人家，或者遇著了千載難逢的好機會，便永遠騎在他們頭上，除非奇蹟發生，否則難以有所改變。要知道，在比賽場上，跑得最快的人不一定就會獲得冠軍。

事實上，不是任何時候都能以勤補拙，也不是任何困難都能依靠不屈不撓的精神得到解決。很多時候不可改變的現實就是不可改變，任憑你如何堅持不懈地努力也不可能取得突破。選擇了、付出了不一定就會有收穫。天生不擅長的事就算付出再多的精力和汗水都難以做好。老鷹就算被刺眼的陽光照得頭昏目眩，也一樣看得見烏鴉。

然而，只要不超出個人能力範圍之外，不懈的努力總能帶來朝向目標前進一步的喜悅。

人只要能淋漓盡致地發揮出自己的才能，便是最大的成功。

雖然家庭和社會環境無時無刻不在影響我們，但我們成長的步伐絕不會因此停下。玉米成熟了，是粒粒飽滿圓潤，還是乾癟瘦小；是拖著健康金黃的穗絲，還是發育不良，都取決於它所生長的土壤是肥沃還是貧瘠。不過，無論玉米種子在什麼環境中成長，最終都只能結出玉米，不可能結出麥穗。人也一樣，無論在怎樣的環境生活，都不能改變我們的天性和本能。我們天生懂得改善環境，因此不會像玉米一樣把自己的命運完全交給上天決定。為了贏得比賽，人類懂得如何另闢蹊徑。

別人能做什麼或成為什麼並不重要，重要的是我們自己能做什麼，我們自己想成為什麼。

惡劣的環境也可以成為鋪設通往成功道路上的墊腳石。

意志的力量誠然無法改變現實，卻能創造奇蹟。歷史可以為此提供充足的證據。莎士比亞有一句臺詞寫道：「親愛的布魯圖[070]，真正該責備的並非宿命，而是我們自己，是我們自己決定了我們只會是微不足道的人。」

羅馬某主教說：「沒有人不曾被命運女神垂青過，只不過有些人沒有做好迎接的準備，女神進門後便又從窗戶飛走了。」機會是一個害羞的天使，你一不留意，或者總是懶洋洋慢吞吞的，很難注意得到它。而等你想抓住它時，它又一溜煙地跑掉了。只有在它出現在門口的一瞬間我們就有所察覺，才能在他飛走之前抓住他。

很多人認為，不能得意的人是因為運氣太差。而在我看來，人格扭曲才是招來不幸的根本原因。脾氣暴躁、驕傲自大、吊兒郎當的人缺乏通往

---

070　布魯圖（Marcus Junius Brutus, 西元前 85- 西元前 42），古羅馬政治家，刺殺凱撒之人。

成功必備的素養和熱情。

迪斯雷利[071]曾說，環境影響人類，而人類創造環境。

難道機遇這東西在這個世界創造過什麼東西？是建造了人類的城市，發明了電話、電報或蒸汽輪船，還是建造了大學、醫院和監獄？難道凱撒能夠順利度過盧比孔河也是因為上天的眷顧？難道拿破崙、威靈頓、格蘭特和毛奇將軍創下了豐功偉業也只是因為運氣好、機遇好？我們總喜歡把成功的功勞歸於自己，把失敗的責任推給命運。

人並非一粒小小的塵埃，不會任憑命運擺布卻束手無策。

我們要相信意志的力量，宿命論只是敗者的自我安慰。不要相信那種說你必須做但做不到的鬼話。

給我一個這樣的人吧：「他勇於打破出身不好的束縛，緊緊抓住每一個成就快樂的機會，敞開胸懷迎接環境的打擊，和命運鬥爭到底！」

只有無知而迷信的人才會相信宿命說。

——「破除迷信的第一步要開拓思想。」

——「可命運是一堵無法穿越的牆。」

——「性格懦弱且意志不堅定的人才會對命運感到害怕。如果你做好自己，把自己的命運掌握在自己手上，不出幾個月能逃出所謂宿命的束縛。」

堅忍不拔的意志加上堅定不移的信念，能使人在困境中找到出路，另闢新路。意志堅強者，不怕找不到生存的空間。

歌德說：「意志堅定者改變世界。」雨果也說：「不是筋疲力盡，是意志減弱了。」

立下目標並下定決心達到目標者，在為目標努力的路上，會遇到許多

---

071　迪斯雷利（Benjamin Disraeli, 1804-1881），第三十九、四十一任英國首相。

困難和障礙。勇往直前者不斷提升自我，理想點燃了心中的熱情，像火把一樣熊熊燃燒，吞沒對困難的恐懼，驅使自己孜孜不倦向前探索，闖出通往成功的道路。只要意志堅定，喪失信心者重拾勇氣，筋疲力盡者重獲力量。

超越眾人之上的偉人，幾乎都能出色地運用其意志的力量。與凱撒同時代的某君說道，凱撒的勝利不僅僅在於他非凡的軍事才能，更在於他作戰時的果斷和堅定。剛從人生港口揚帆啟航的年輕人總想把一切盡收眼底，不放過任何可以帶來發展機會的細節。他耳聽四方，捕捉所有聲音；張開懷抱，隨時準備不讓機會跑掉。他珍惜不同的人生經歷，繪出最豐富多彩的人生閱歷圖。他打開心閥，吸納能夠振奮鬥志的新鮮血液。他們不說「如果」，不說「要是」，一往無前地朝目標前進。他們只要身體健康，任何東西都不會成為阻擋他們邁向成功的絆腳石。

即使天降災異，暴君當道，嚴刑拷打也阻擋不了意志堅定者的決心。

上帝站在意志堅定者的一邊。只要有決心，即使是看上去不可能完成的事情也一樣會迎刃而解。「賽跑的時候，只要你比別人先把頭伸過終點線就是第一名；打仗的時候，只要你比敵人先走一步就是勝利者；摔角的時候，只要你比對手多堅持一下就是最後的贏家。」一次又一次，卡特·哈里森[072]的固執讓他成為芝加哥上流社會的公敵。然而，他的頑強和堅定讓他不可打倒。他生於芝加哥，是芝加哥 19 世紀的一大奇蹟。他力排眾議參加民主黨的選舉大會，自告奮勇參加競選。除了他自己辦的報紙《時代週刊》，所有媒體都反對他參加選舉。他就在一片非議聲中，以 2 萬票數當選。貴族憎恨他，而窮苦人民都支持他。他走進老百姓，傾聽他們的聲音，他們就把票通通投給了他。也許卡特·哈里森還不至於成為我們的偶像，但他年輕時候表現出來的意志和對目標的堅定，的確很值得我們

---

072　卡特．哈里森（Cart Harrison, 1860-1953），芝加哥第三十任市長。

學習。

孔子也說：「三軍可奪帥也，匹夫不可奪志也。」

貧窮到要去救濟院賣鞋為生的聾人約翰·基托[073]，後來成為研究《聖經》的著名學者。他在日記中寫道：「我從不迷信命運，不認為有什麼障礙不可逾越。那些關於不用付出努力僅僅憑藉天賦才能就獲得成功的故事簡直是一派胡言。我相信，只有付出了努力和抓住了機會的人，才能夠實現目標，成為自己理想中的人。」

很多年前，一位年輕的造船工人在克萊德河邊洗澡時，突然想到河的對岸去看一看。他於是游到了彼岸，發現那裡風光旖旎，是一塊未被開發的處女地。這個年輕的機修工人當下就對自己說，要成為這塊土地的主人，在那裡建造全鎮最漂亮豪華的別墅，並以自己妻子的名字命名。某曾經拜訪過該別墅的美國名人說道：「去年夏天，我有幸受邀到那所王宮般的別墅進餐，並親耳聽到克萊德河那位偉大的造船大師告訴我別墅的起源。」那個年輕的機修工人立下的，正是一個自己願意耗盡一生的熱情和精力來完成的目標。

翻閱歷史，最光芒四射的一頁屬於林肯。他的故事是美國夢的最佳詮釋。生於貧苦人家的林肯，在野蠻的邊陲小鎮成長，掙扎在社會的最底層。早年經濟上的窘迫和政治生涯的失意，都沒有阻擋他為美國的統一和人民的自由奮鬥的決心。

正是林肯堅定的信念為他開闢了新的道路。他的朋友提名他為議員候選人，他的政敵對他極盡奚落。他身穿一件東拼西拼的牛仔外套，一條長度不夠的亞麻褲子，一頂破破爛爛的草帽和一雙陳舊掉色的靴子，就登臺演講，為選舉拉票。他的外套太短了，他坐下來的時候都不能坐到外套的衣沿上。當時的林肯除了自身的人格魅力和朋友，幾乎可以說是一無

073　約翰·基托（John Kitto, 1804-1854），英國聖經學者。

所有。

當年林肯的朋友推薦他學習法律，他還笑言自己不可能當上律師。他覺得自己腦子不夠聰明，就天天跑到樹底下赤著腳抱著法律書來讀。鄰居們都說，有時會看到林肯就在他工作的櫃檯上睡著了。他實在是太窮了，連一套體面的衣服也買不起，到法院報到的時候，他身上的套裝都是跟朋友借錢買的，甚至連路費都不捨得出，徒步走了一百英里才到達萬達利亞。林肯在議會任職時，斯普林菲爾德（Springfield）的一位名律師約翰·斯圖亞特[074]跟他講克萊的故事，告訴他克萊上學的教室是間簡陋的小木屋，連窗戶和門都沒有，但他一樣受了很多教育。斯圖亞特由此鼓勵林肯繼續往法律方向深造。

瑟洛·威德[075]，家境貧寒，不得不穿著破破爛爛的鞋在雪地裡跋涉兩英里，只為了能夠借到書，趕在火光還沒滅前把書看完。還有洛克，租住在一家荷蘭人的小閣樓裡，僅靠麵包和清水維持生命。還有海涅，窮得要在牲畜棚裡睡覺，還不忘看書。還有撒母耳·德魯[076]，窮得要靠勒緊腰帶來代替吃飯。還有年輕時候的埃爾登爵士，通宵達旦地把柯克法律抄寫在《利特爾頓論租佃》上。歷史從來不乏這類人，他們不害怕失敗，勇於為成功付出自己的所有。你以為羅馬軍團為什麼總是屢戰屢勝呢？

因爲羅馬人不把牽掛帶上戰場；
他們破釜沉舟，
土地、金幣、妻子、兒子，
甚至生命都可以爲勝利犧牲。
啊，那個遙遠而勇敢的年代！

福韋爾·巴克斯頓在給兒子的信中寫道：「我相信年輕人只要努力，就

---

074　約翰·斯圖亞特（John Stuart, 1807-1885），美國伊利諾州議員、著名律師。
075　瑟洛·威德（Thurlow Weed, 1797-1882），美國政治家。
076　撒母耳·德魯（Samuel Drew, 1765-1833），英國康沃爾神學家。

一定能成為他想成為的人。」

馬修斯博士說：「人類字典上沒有比『運氣』更邪惡的詞。」無論是犯了錯誤還是遭遇失敗，人們總可以拿「運氣」當藉口，推卸自身的責任。一個因為生意失敗而面臨破產的商人，到上帝面前訴說自己的不幸，絕對不會承認是因為自己精力衰退導致生意經營不善，投資又連連失誤，還要為昂貴的奢侈生活買單才弄得傾家蕩產的。他總能把自己不幸的原因一件件地算在運氣的頭上，好像他是迫不得已才犯下這些錯誤，並擺出一副飽受命運捉弄的倒楣鬼相。因為殺人或者傷人獲刑坐牢的罪犯，為了減輕自身的罪惡感，往往有意無意地為自己的罪行辯護，好像自始至終他們都是大環境的受害者。去跟那些智力平平、成就平庸的人聊聊吧，你將發現他們精神萎頓，沒有活力，能力平庸，被這個世界遠遠地拋在後面。還有一種人，他們自視甚高，瞧不起別人，卻一樣深信宿命的力量。他們一遭受失敗便把責任推給命運，以此來安慰自己受損的驕傲。總之，運氣差便是他們對自己犯下的錯誤找到的最方便不過的藉口了。」

帕里斯落到暴徒的手上，當局一片恐慌，又沒有人可以信任。這時走來一個人說：「我認識一個人，他的勇敢和能力足以制伏這些暴徒。」「那就讓他去！讓他去把帕里斯救出來！」就這樣，拿破崙帶兵上陣，打敗了暴徒，也顛覆了統治王朝，登上法國王座，繼而征服了整個歐洲。

拿破崙的一生對那些猶猶豫豫、自哀自憐的人有很好的警醒作用。他們像幽靈一樣遊蕩在各大高校、各個城市、各個國家，幻想成功來敲門的那天，為自己的不濟尋找藉口，不斷地埋怨自己生不逢時。

成功與否很大程度要依靠意志的力量。意志力不夠強大、完整都有可能讓你和成功失之交臂。意志力也是可以培養的。意志一旦成為習慣，就能夠很好地為人生服務。「人們缺乏的不是才能，而是不屈不撓的意志力；是堅定的信念造就了成功。」

對知識孜孜不倦的追求可以打敗貧窮和挫折。約翰·萊頓是蘇格蘭一個牧羊人的兒子，每天獨自赤腳徒步七八公里去上學。他對知識的渴望擊敗了貧窮，任何困難都不能成為他求知路上的絆腳石。從他走進書店的那一天開始，全世界的財富都擺在了他的面前。他貪婪地吸收各種知識，連續幾個小時都沉浸在書海之中，吞下一卷又一卷的精神糧食。沒有任何人或事能動搖他學習的決心。在他看來，閱讀書籍和上課的機會彌足珍貴。不滿 19 歲的他，還只是一個沒有機會接受教育的窮小子，不得不靠幫人牧羊為生。後來他憑藉流利熟練的希臘語和拉丁語震撼了愛丁堡大學的教授。

聽說某外科醫生在招聘文職助手，他下定了決心去應聘，儘管對醫學一竅不通。只剩下 6 個月的時間招聘就結束了，他在短短的時間內就拿到了醫學榮譽學位。華特·斯科特聽說後很為他的堅持和毅力感動，主要幫助他遠赴印度繼續深造。

韋伯斯特（Noah Webster）考入達特茅斯大學時還只是一個窮學生，穿著一雙破舊不堪的皮鞋。他的一位朋友於是寫信告訴他翻新舊皮鞋的方法。韋伯斯特回信感謝，寫道：「非常感謝，但我的皮鞋不僅是外表破舊，裡面更是會進水進沙子。」韋伯斯特後來成為舉世聞名的偉人。

斯蒂芬·吉拉德（Stephen Girard）的一生似乎都在命運的眷顧之下。他無論做什麼事情，都能得到上天的幫助。他到費城闖蕩，機會便一個個接踵而至。某天早上，一艘飄揚著法國國旗的帆船從德拉瓦海灣駛出。年輕的吉拉德當時是帆船的船長，正要把貨物從紐奧良運到加拿大港口。一位美國船長看到陷入困境的吉拉德，上前告訴他美國現在爆發內戰，停泊在美國海岸的英國船隻無法進港。他告訴吉拉德唯一的辦法就是把船開到費城去。吉拉德不知道路身上又沒帶錢，船長借給他五個大洋讓一個領航人帶領他到費城。

吉拉德的船隻在被英國軍艦抓住前及時駛入了德拉瓦海灣。他在費城把船和貨物都賣掉了，用賣來的錢做起了買賣。他不會說英語，又長得矮胖，模樣也難看，還瞎了一隻眼，沒有人願意買他的東西。但他不是會輕易放棄的人。他 13 歲的時候在船上充當乘務員，9 年間來回穿梭在波爾多和西印度群島。他在海上的每一秒都沒有閒著，最終掌握了航海的技術。

8 歲的時候，他瞎了一隻眼睛。他的父親明顯認為吉拉德不可能有什麼大的成就，沒讓他繼續受教育，只供了他的弟弟去讀大學。儘管如此，他並沒有放棄，他剛剛到達費城，沒有一技之長，找不到適合的工作。他於是從小商小販開始，先是買賣雜貨，然後經營二手商店。他賣的瓶裝葡萄酒和蘋果酒銷量很好，利潤也很高。後來他無論做什麼事都能夠成功。西元 1780 年，他重新占領了紐奧良和聖多明戈的市場，發起了一次商業革命。成功的懷抱再次向他敞開。他在聖多明戈港口擁有兩艘帆船，島上爆發起義的時候，很多富有的農場主蜂擁而至，帶著金銀細軟逃亡。吉拉德的兩艘帆船恰好派上用場，成為這些富農藏放財寶的去處，以免被暴徒掠奪。這些農場主很多被暴亂的黑奴殺害，永遠不可能回來取回寶物。吉拉德便順理成章地成為這一整船價值 5 萬美元財寶的主人。

很多人，其中包括他的商人弟弟，都眼紅吉拉德的好運，認為吉拉德之所以能夠取得成功完全是因為運氣好。他的成功確實有運氣的幫助，但他自己本身也是一個細心、足智多謀且精神充沛的人。機會來臨的時候他牢牢地把它抓住了。他像數學家一樣精確地計算好了一切，做好周密細緻的安排。他在給外國港口的船長寫信，還不忘附上詳細的路徑資料，並寫上了各種應急方案。他的這些方案很系統，並富有前瞻性。重要的事情他總是親力親為，如果交代別人做事，他會給出很具體的指示，不允許出現一丁點差錯。他曾對他的船員說，只要有一次沒有按照他的指示行事，即使是為了要節省費用，他也絕不允許，因為一次的失誤足以連累其他的九十九個生意。曾經有一艘船的船長擅自到其他港口買吉拉德吩咐進貨的起司，還省下了好幾千塊錢。吉拉德得知後勃然大怒，雖然是忠心耿耿跟了他很多年的老船長，而且滿心以為自己為吉拉德省了一大筆錢，吉拉德同樣把他解僱了。

吉拉德曾經住的地方又小又暗，他比他的雇員還貧窮。

無論發生什麼事情，吉拉德的船都能平安歸港。西元 1812 年，戰爭爆發，很多船主因此損失慘重，吉拉德卻大發戰爭財。吉拉德的好運在於他良好的判斷力和行動力，把握機會就好好利用，並投以巨大的熱情以得到最大的回報。

成功與否並非全靠上天眷顧。沒有透過個人努力便得到的成功，根本不值一文。

數學家說，擲色子的時候，擲到你想要的號碼的概率是 1/30，3 次連續重複擲到同一個號碼的概率是百分之一，而重複的次數越多，成功的概率就越低。什麼是運氣？

很多年輕人肯定都讀過約翰·沃納梅克約翰·沃納梅克（John Wanamaker）的故事。他羅曼蒂克式的工作全憑自己努力獲得，而他卻歸結到運氣好的緣故。他認為自己「受到命運的眷顧，幸運至極」。然而，一份對沃納梅克的研究卻顯示，他早年刻苦工作的習慣、跌倒也不放棄的精神、堅定不移的信念、不受任何影響的集中力、面對困難不退縮的勇氣、良好的自制能力以及一個好母親和永遠精力充沛的狀態是他獲得成功的重要原因。研究表明，沃納梅克對於細節十分苛刻，待人誠實仗義，性格開朗，樂於助人。他遠大的抱負和崇高的理想更決定了他成就的大小。

年輕人應該知道，環境是可以由自己改變的。一個貧窮的步行者在路上遇到障礙不能前進了，如果懂得尋找解決辦法的人，就會發現旁邊的吊橋，便從吊橋通過，也一樣能夠到達目的地。那些徘徊於障礙前面的人永遠不能超越前面的人。誠然，出身富貴的子弟輕易就能得到他們勝任不了的職位，因為家庭背景強大，一個律師可能獲得更多的客戶資源，一個醫生可能擁有更多的病人，一個普通的學者可能輕易得到教授的頭銜。然而這些都不是成功的保障。我們應該告訴年輕一代人，是金子終究會閃光，能者終究會坐上最高的位置，而堅持便意味著勝利。

懶惰的人和能力不足的人一樣很少有能獲得真正成功或過上輝煌人生的。命運女神只向那些捲起衣袖實踐、勇於挑起擔子的人展露微笑。只有不怕苦、不怕累、不怕髒、不怕瑣碎的人才能得到命運的垂青。

我們應該向年輕人傳輸這樣的觀點：「勇於單獨與命運抗爭，像英雄一樣活著的人很偉大。」「勤奮是幸運的母親。」我們應該告訴他們，所謂的幸運或者宿命十有八九都是用來糊弄懶人和無所事事、沒有人生目標的人的。通常人之所以會失敗是因為沒有抓住機遇。機會這傢伙很狡猾，而且行動迅速，稍不留神或動作慢點就把它錯過了。

傻瓜才懶洋洋地浪費光陰，
機會只留給意志堅定的智者。

還是俗語說得好，堅定、勇敢、不屈不撓的特質是無價之寶。在戰爭開始前這些特質便能使原本難以對付的敵人士氣大減。

「如果艾瑞克晚上睡得好，身體棒棒的，在 30 歲的壯年時候便從格陵蘭島出發，」愛默生說，「再一直向西行駛，他的船則一定能夠到達紐芬蘭島。再如果，讓一個更強壯更勇敢的人代替艾瑞克成為船長，還能多行駛 600 英里、1,000 英里、1,500 英里的距離，到達拉布拉多半島並發現新英格蘭。然而，世上並沒有那麼多如果。」豎在人們面前的困難好比綿延的山脈，迫使人們停下腳步。人於是決定翻越山脈，開闢出一條新路。他到達了山頂，困難並沒有嚇倒他。他將困難轉變為力量，暫時的失敗成為他通往更大成功的踏腳石。

因為害怕困難，多少原本可以成為巨人的人竟滿足於做生活的侏儒。他們全身上下都跳躍著音樂的靈感，卻把這些靈感一起帶進了墳墓。

許多大器晚成的人，都是突然發憤而成功的。

理查·阿克萊特（Richard Arkwright）年近五十才開始學習英語語法並練習寫作和拼寫。班傑明·富蘭克林過了 50 歲才開始學習科學和哲學。彌爾頓（John Milton）也是過了 50 歲才著手《失樂園》（*Paradise Lost*）的寫作，當時他還雙眼失明了。斯科特55歲才開始用筆還清欠下的巨額債務。米開朗基羅的作品獲得巨大成功的 70 多年後，他還認為自己「還需要學習」。

擁有堅定的意志力比擁有聰明的大腦重要。優柔寡斷者注定要遭到世界的淘汰。他們遇到逆境和困難就停步不前。擁有鋼鐵般意志和磐石般決心的人，任何事情都不足以考倒他對事業的追求。如果再加上鍥而不捨的毅力和大無畏的勇氣，這人則一定會成功。我們也許沒有太多的時間可以放在興趣愛好上，但對於我們渴望的東西，我們一定要竭盡全力地取得。我們沒有成功是因為我們還不夠努力。飢餓可以使人擊破堅固的石牆，只要到了迫不得已的地步，人總是可以開闢出一條解決辦法的道路的。

成功不但可以使人變得神采奕奕，還可以使人的身體更加健康，意志力也更加堅定。強森博士說：「決心和成功互相促進。」意志堅強的人一般都是成功者，因為想要獲得巨大的成功，你沒有足夠堅強的意志是不行的。

假如一個人可以做到堅定不移地朝著目標前進，即使天堂在向他招手，也不分心，只把目光鎖定在一個目標上，那麼他肯定可以成功。我們幾乎可以用意志力的大小來判定成功和失敗的等級。像詹姆士·麥金托什公爵（James McIntosh）、科爾里奇、讓·阿爾普（Jean Arp）以及許多其他

跟他們一樣的人，他們才華橫溢，卻沒有做出與他們的才華相匹配的成就；他們總是使別人翹首企盼，以為他們要有什麼大的舉動，結果卻大失所望。他們缺少的就是堅強的意志啊！只有一樣才華的人，如果意志堅強，要比多才多藝的人更成功。博洛尼亞的一位著名語言學家精通一百種語言，但他是像獅子獵殺野牛一樣，逐項學習攻破的。

我希望能夠以形象的方式告訴我們的美國青年堅強的意志在人們獲得成功和快樂的道路上扮演了怎樣重要的角色。意志的力量是無可估量的。對於意志力足夠堅定，可以堅持很久的人而言，幾乎沒有什麼事情是做不到的。

我們常常聽說，某年輕女人有一天突然發現自己平庸無比、毫無魅力。她於是決定改造自己，並充分發揮了意志的力量，透過不懈的努力，不但彌補了外貌上的缺陷，還獲得了事業上的成功。夏洛特·庫什曼[077]便是一個很好的例子。她沒長相、沒身材，卻能攀上事業的最頂峰。很多年輕人也一樣，深深被自己身體的缺陷和心理的不足所刺痛，下定決心改變自己。在堅持不懈的努力下，他們成功告別了平庸，並獲得比責備他們的人更大的成功。

歷史上這樣的例子數不勝數，不論男女，都能憑藉堅強的意志成功告別貧困、不幸以及羞辱。許多年輕人正是因為被人瞧不起，被人認為無能完成別人所能做的工作，在學校也被看成傻蛋，深受刺激才下定決心要超越那些嘲笑他們的人並獲得成功的。像牛頓、亞當·克拉克（Adam Clark）、菲利普·謝里登（Philip Henry Sheridan）、威靈頓、戈德史密斯（Oliver Goldsmith）、查默斯、庫蘭、迪斯雷利等都是很好的例子。「無論你想成為怎樣的人，都是與上帝為伍的，因為你的願望包含了意志的力量。而只要你真的想，就一定能夠成功。」嚴格來說，這句話不能算是完

077　夏洛特·庫什曼（Charlotte Cushman, 1816-1876），美國第一位偉大的戲劇女演員，擅長悲劇角色，飾演了超過 200 個角色。1915 年入選美國偉人名人堂。

全正確，但還是有一定道理的。

正是像米拉博「勇於踩在一切不可能之上」，像拿破崙自己創造機會而不是等待，像格蘭特「讓敵人無條件投降」並改變世界！「我們只能擁有透過自己努力得到的東西，因為大自然把一切美好都緊緊握在大理石般的手上，需要費點力氣才能將它打開」。

又有誰在意亨利·鮑沃爾是不是在不停地咳嗽，說起話來細弱得就像在低語？不論在議會上還是在愛爾蘭教堂裡，他的演講都叫人終生難忘。

「我做不到，這是不可能做到的事情啊！」一個遭受挫敗的中尉對亞歷山大大帝說道。然而，這個征服世界的馬其頓人大聲叱道：「失敗了就失敗了，只要你願意，沒有什麼是不可能的。」

很多人對生活抱有很高的期望卻依然失敗了，我認為他們還是意志不夠堅強，決心不夠大。沒有決心或者猶豫不決的人就像沒有蒸汽的蒸汽機，永遠受別人意志的擺布。意志力堅強與否事關一個年輕人將來的成就。他是否有足夠的意志緊抓夢想不放？只有能夠堅持的人才能成就更好的人生。一個年輕人如果沒有堅定的意志，沒有掌握自己人生的毅力，在這個充滿自私自利和貪婪的擁擠世界，在這個自己不去爭取就只能遭受淘汰的世界，將怎樣立足？拿破崙說：「真正的智者，是懂得堅持就是勝利的人。」只擁有鋼鐵般意志的人也許只是另一個拿破崙，然而，意志加上品格則能夠成就另一個威靈頓或格蘭特。品格則能夠成就另一個威靈頓或格蘭特。

堅定的意志，<br>能從虛無的空中，<br>奏響人類之歌。

# 第四章
# 困難造就成功

偉人在通往勝利的路上，從沒發現過康莊大道，從來只有崎嶇山路，只有付出汗水，堅持不懈才能走完。

太容易獲得的勝利過於廉價；來之不易的成功才有價值。

——比徹

反而在逆境中崛起，拖垮敵人，到達目的地。

——愛默生

人在與困難的廝搏中成長，其過程稱爲奮鬥；再回首便能驚奇地發現，曾經以爲不可逾越的困難都已然成爲了歷史。

——埃普斯·薩金特[078]

我堅信，
智慧的果實是公正的；
每天與困難作鬥爭的人，
終將贏得自由和掌聲。

——歌德

堅持高舉自己國家旗幟的人，沒有一個會在朋友背叛、被開除黨籍、家產轟然倒塌等變化中放棄希望，

不幸使弱者更弱，強者更強。

——華盛頓·歐文[079]

「我們這裡有三輛車將前往斯坦頓島（Staten Island），」西元 1806 年的一天，一個 12 歲的男孩對在紐澤西州南安博伊開旅館的一位老闆說道，「只要你答應放我們通行，我就把一匹馬押給你。如果我 48 小時內沒把那 6 美元還給你，那匹馬就歸你了。」

旅館老闆不明白男孩的意圖，男孩解釋道，他的父親跟人簽了合約，承諾把擱淺在桑迪岬船上的貨物用帆駁船運到紐約。男孩的任務是用三輛各配備了兩匹馬和一個馬車夫的大篷車，將從船上卸下的貨物從沙洲運到駁船上。男孩僅僅從家裡拿了 6 美元就出發了，從澤西沙漠到達南安博伊時已經身無分文。旅館老闆從男孩明亮的眼睛裡看到了誠意，說道：「好的，成交。」而男孩也很快還了錢把馬贖回去。

西元 1810 年的 5 月，這個男孩對大海產生了極大的興趣，便向母親借 100 美元買船。他的母親說道：「兒子，到了這個月的 27 日你就 16 歲了。

---

078　埃普斯．薩金特（Epes Sargent, 1813-1880），美國詩人、劇作家。
079　華盛頓．歐文（Washington Irving, 1783-1859），美國作家。

如果你在那以前把家裡 8 英畝（1 英畝＝ 6.0720 市畝）滿是石頭的荒地犁好並種上玉米，我就拿錢給你去買船。」結果男孩不僅完成了任務，而且還完成得很出色。這個男孩便是科尼利爾斯·范德比爾特[080]。他從小的經歷為他以後累積龐大的財產奠定了基礎。他總是工作到很晚，白天也從不擅離開崗位。他不久便成為紐約港上最出色的商人。

西元 1813 年，戰爭一觸即發，英國軍艦很快就會對紐約發動襲擊，很多船主紛紛競標申請為軍隊運送物資的機會。科尼利爾斯的父親問他道：「你為什麼不去參加競標呢？」年輕的科尼利爾斯回答：「他們的報價都太低了，我肯定標不到的。」他的父親鼓勵道：「去試下吧，又沒有什麼損失。」為了討好父親，科尼利爾斯儘管不抱任何希望，還是遞交了申請書。宣布結果的那天，科尼利爾斯甚至都沒有去聽。直到他的同行們一個個都拉長了臉回來，他才跑到軍糧供應處詢問。「噢，是的，結果已經出來了。」一軍需官說道，「是一個叫科尼利爾斯·范德比爾特的人中標。」科尼利爾斯大吃一驚。那人問道：「你就是科尼利爾斯·范德比爾特？」科尼利爾斯回答：「是的。」軍需官道：「你知道我們為什麼選擇和你簽合約嗎？」科尼利爾斯忙問：「為什麼？」「因為我們要確保供應商準時無誤地把物資送到。如果是你，我們就可以放心了。」科尼利爾斯的人品為他贏得了信任。

西元 1818 年，科尼利爾斯在紐約港擁有三艘最好的斯庫那帆船以及 9,000 美元的資產。但當他看到輪船相對於帆船的優越性，便義無反顧地改用輪船運輸，每年還要花費 1,000 美元。儘管如此，12 年來，他不斷往返紐約和紐澤西州的新布倫茲維克。直到西元 1829 年正式成為輪船公司的老闆前，曾經一度傾家蕩產。三十年河東，三十年河西，他沒落後很快又發達了，輪船的數量增至 100 艘。他早年的時候還投資國家鐵路建設，

080　科尼利爾斯·范德比爾特（Cornelius Vanderbilt, 1794-1877），美國億萬富翁、鐵路巨頭。

成為那個年代美國排名第一的大富翁。

巴納姆（Barnum）同樣是白手起家建立起自己的商業王國。他 15 歲時甚至要靠賒帳才買得起參加父親葬禮的鞋子。他也是在艱難困苦中一步步邁向成功的典型例子。他跌倒了就重新爬起，任何挫折都不能使他氣餒，任何困難都嚇不倒他。一個到了 50 歲的人還能經受得起失敗。當時他負債累累，卻還能振作起來，以堅忍不拔的毅力重新爬起，在跌倒的地方獲得勝利。

「你一定天生就是雄辯家。」庫蘭[081]的朋友如此說道。庫蘭答：「事實上，我出生後 23 年零好幾個月才培養出辯論的本領。」他談起自己第一次參加辯論俱樂部的情景：「我站在那裡，每一根神經都在發抖，只記得自己是要模仿塔里的演講。我鼓起勇氣開口，只說了一句『尊敬的主席』就洩氣了。我驚恐地發現房間裡每個人的眼睛都集中到了我身上。雖然那個房間只能容下六七個人，但驚慌失措的我感覺有成千上萬雙眼睛盯著我，凝神屏息地等我開口。我緊張到話都說不出來。我的朋友們嚷嚷著鼓勵我，而我還是說不出口。」從此庫蘭就被冠以「啞巴演講者」的綽號。還有更糟糕的一次，他在對方「列舉一系列弄錯年代的例子進行論證」的時候，吃驚地看著說話人，結果反被對方諷刺：「我們的啞巴演說家無疑很有辯才，但我希望除了沉默他將來還能展示出更多的才華。」庫蘭憤然而起，情緒激動下一口氣就把自己的想法滔滔吐出。經過那一次的成功，他痛下決心要苦練演講。他每天堅持朗讀，挑選自己最喜歡的文章清晰而大聲地讀出來，並抓住每一次當眾演講的機會，以此來矯正口吃的毛病。

班揚在塞牛奶瓶用的紙上完成巨作《天路歷程》（*The Pilgrim's Progress*）；吉福德還在鞋匠鋪當學徒的時候，在不用的皮革片上解數學難題；天文學家里滕豪斯在耕地的犁耙上計算出日食和月食。

---

081　庫蘭（John Philpot Curran, 1750-1817），愛爾蘭政治家、雄辯家。

一個滿臉麻子常常被夥伴取笑的愛爾蘭窮小子，以給街頭藝人寫歌謠為生，平均每天收入 8 美分左右。他靠給鄉下的農夫唱歌和演奏笛子賺錢，一路流浪，到過法國和義大利。他 28 歲來到倫敦，身無分文，只能住在斧頭巷的流浪收容所。貧窮的他到倫敦郊外行醫生活，身上永遠穿著一件鏽色的二手絨裡外套，左胸處還縫了一塊補丁。他上門出診的時候就用一頂三角帽巧妙地遮掩補丁。在一則關於他的逸聞趣事裡，一位病人堅持要求他把壓在胸前的帽子放下，他禮貌地拒絕並更加虔誠地把帽子往胸口上壓。他經常為了填飽肚子把衣服典當出去換食物。20 美元是他寫《伏爾泰的一生》所賣的價格。《歐洲古典教育》是他熬過了一生中最艱難的時期後出版的。這本書讓他家喻戶曉。緊接著他又出版了《旅行者》，讓這個窩在艦隊街為生活掙扎的男人知道自己出名了。他的房東太太曾經逮住他向他追討房租。他拿出《威克菲爾德的牧師》的手稿，賣了 300 美元。他完成《遺落的村莊》初稿後，又花了兩年時間進行修改。雖然他的《地球和大自然的故事》為他賺得 4,000 美元，《她彎一彎腰就勝利》也同樣獲得了巨大成功，由於他過於慷慨，自負虛榮，又毫無遠見，常常受人利用，導致自己負債累累。但命運的坎坷和他自身的小缺點都沒有阻擋他獲得成功，變得聲名煊赫。雖然上帝的幫助和回報總是姍姍來遲，但在西敏寺裡，絕對不會漏掉這位創作了《威克菲爾德的牧師》的作者，他的靦腆、溫柔和博愛都被上帝看在了眼裡。他就是奧利弗·古德史密斯（Oliver Goldsmith）。

山繆·詹森[082] 貧窮、多病、眼睛也幾乎看不見。他還是個男孩的時候被母親帶到安妮女王跟前，請求得到女王的親吻，趕走身上的病魔。他以僕人的身分進入牛津大學，跟一個學生借上課的筆記學習，其他男孩都取笑他的寒磣，鞋子已經破爛到連腳都看得到了。有人把一雙新鞋放在他的

082 山繆·詹森（Samuel Johnson, 1709-1784），英國文學大家。

房門前，他扔出窗外。強烈的自尊心讓他難以接受別人的幫助。因為實在太窮，他最終還是離開了學校。26 歲的他娶了一個 48 歲的寡婦為妻。在妻子的資助下，他辦了一所私人學校，但只招到 3 個學生，學校也不得不關閉了。他後來到倫敦闖蕩，一天只有 9 美分的收入。苦悶的他還能寫下「在貧窮的重壓下緩慢抬頭，一切都是值得的」這樣的詩句，被世人廣為傳頌。他在倫敦生活的 13 年都貧困潦倒，曾經還因為欠債 13 美元遭到逮捕。他在 40 歲出版的《人類欲望之虛幻》中寫道：

> 學者的人生將面臨多番考驗，
> 辛苦的工作，別人的嫉妒，贊助人的更換，以及牢獄的危險，
> 種種困難將造就學者的人生。

有人問他對過去的種種失敗作何感想。他回答「它們就像紀念碑」——永遠不變、永不動搖。他自己也很辛勤地工作，只花了一個星期的夜晚就把《拉塞拉斯》（*Rasselan*）寫好。在 6 個助手的幫助下，他花費 7 年的時間完成字典的編撰工作。因為他編撰的字典，他成了名人。一流大學爭著要授予他學位。喬治國王也邀請他到白宮去坐坐。

曼斯費爾德勳爵[083]憑藉自己不折不撓的努力，從只有燕麥粥可喝的窮小子奮鬥成為英國王座法庭首席大法官。

每年有 5,000 多篇文章投稿至《利平科特》雜誌，僅 200 篇被採納。荷馬在創作《伊利亞德》（*The Iliad*）及但丁（Dante Alighieri）在構思《神曲——天堂篇》的時候，又需要搜集多少資料作為參考？望遠鏡的發明者身為第一個窺見外太空祕密的人，得到的回報是被關進地牢；顯微鏡的發明者身為第一個發現萬物本質的人，卻被驅逐出家園並活活餓死。顯然，上帝在降大任之前必先苦其心志，空乏其身。莎士比亞的《哈姆雷特》

---

083 曼斯費爾德勳爵（Lord Mansfield, William Murray, 1705-1793），生於蘇格蘭佩思郡，1730 年成為一名律師，1742 年和 1754 年分別出任皇家副總檢察長和總檢察長，1756 年至 1788 年出任王座法庭首席大法官，是英國法律史上一位里程碑式的大法官，被譽為英國的「商法之父」。

（Hamlet）在他生前僅賣出 25 美元的價格，而他的手稿卻高達 5,000 美元。

以牛頓在其最偉大的發明誕生 10 年間，竟付不起每週兩先令的皇家學會會費。而當他的朋友提出幫他申請免付會費，牛頓卻拒絕了。

愛默生的傳記中，有一段故事非常有意思。他小時候因為沒有父親，母親付不起 5 美分的圖書館借書費，因此他在看完一套書的上冊後便無法借到下冊了。

林奈[084]還在學校念書的時候家裡很窮，經常需要摺紙掩蓋他鞋的破洞，還不得不常常到他朋友家蹭飯吃。

拿破崙登基後，又有誰會想起這位法蘭西第一帝國的皇帝曾經住在康蒂碼頭的小閣樓上，困難到連一個金路易都要向塔爾瑪借。

大衛・李文斯頓[085]10 歲就必須到格拉斯哥附近的羊毛廠做工。他用第一個星期賺到的工錢買了一本拉丁語法書，並連續幾年堅持到夜校學習。他早上 6 點就必須到羊毛廠上班，還常常學習到深夜，直到母親趕他上床睡覺。他讀了很多書，憑藉自身的勤奮消化了維吉爾和賀拉斯的著作，還自學植物學。求知若渴的他把書帶到工廠，放在珍妮紡織機上。不管機器的聲音如何嘈雜，他依然靜心地看他的書。

喬治・艾略特回憶《羅慕拉》（*Romola*）多年艱苦創作的過程時說：「我著手下筆的時候還是一個年輕女人，書寫完了我也老了。」在愛默生的一本傳記中這樣描述他那種不斷校對、修改、刪除、重寫的寫作方式：「他的蘋果都是經過了精挑細選的，只有最完美、最珍貴的極品才有資格留下來。有些蘋果雖然不差，還可以充實他的果園，但他照樣毫不猶豫地丟棄。」

卡萊爾著書可謂是不遺餘力。就算是一些不重要的細節他也費盡心思

---

084　林奈（Carl von Linne, 1707-1778），瑞典自然學者，現代生物學分類命名的奠基人。
085　大衛・李文斯頓（David Livingstone, 1813-1873），蘇格蘭傳教士、冒險家。

考究到底。他在寫一篇關於狄德羅[086]的文章前，以每天一卷的速度讀完狄德羅的 25 部著作。他告訴愛德華·菲茨傑拉德[087]，為了確定內斯比的地形，他總共查閱了 20 次關於內斯比戰役的文獻資料。

伊利法萊特·諾特[088]神父是一個布道演說家。偉大的政治家亞歷山大·漢米爾頓[089]在與阿龍·伯爾[090]決鬥中槍死後，他在其葬禮上做的布道尤被世人稱道。諾特雖然取得了布朗大學的學位，但他成為牧師後曾經很貧窮，連一件大衣都買不起。到了 1 月，他的妻子就給家裡的寵物羊剪毛，做成一件羊毛外套給諾特穿。而那隻羊只好披著麻布袋抵抗寒冷。

偉人從不等待機會降臨，他們自己創造機會。他們不會等到有好的條件或設備出現才開始動手。手裡有什麼，他們就用什麼來解決問題。他們自己創造有利條件。年輕人只要有意志、有意願，也就不怕找不到出路。富蘭克林不需要多麼精良的設備，僅利用最普通不過的風箏，就把電從雲朵帶到了地面。瓦特發明的冷凝式蒸汽機借用了一種古老的儀器模型，把用來抽乾屍體血液以方便解剖的注射器原理用在蒸汽機上。布萊克博士[091]僅用一盆水和兩個溫度計就檢測出隱藏在地底深處的熱力。牛頓用一塊稜鏡、一塊透鏡和一塊紙板就分離出光譜，解密出太陽光的組成。韓弗理·大衛[092]在廚房找來了一些盆盆罐罐就做起了實驗。法拉第[093]還在從事書本裝訂工作的時候，利用廢棄的瓶子在休息時間做關於電的實驗。伍斯特侯爵是英國貴族，但被關在了倫敦塔。他所處的時代科學剛開始萌芽，誰能想到這樣的人還能為世界貢獻什麼。但他即使身陷囹圄也沒有浪費時間。

---

086 狄德羅（Diderot, 1713-1784），法國唯物主義哲學家，百科全書派代表人。

087 愛德華·菲茨傑拉德（Edward Fitzgerald, 1809-1883），英國詩人、翻譯家。

088 伊利法萊特·諾特（Rev. Eliphalet Nott, 1773-1866），美國著名的長老會教牧師。

089 亞歷山大·漢米爾頓（Alexander Hamilton, 1755-1804），美國政治家。

090 阿龍·伯爾（Aaron Burr, 1756-1836），美國政治家、美國獨立戰爭英雄，美國民主共和黨成員，曾任美國參議員、美國副總統。

091 布萊克博士（Dr. Davidson Black, 1884-1934），加拿大古人類學家。

092 韓弗理·大衛（Humphry Davy, 1778-1829），英國化學家、發明家。

093 法拉第（Michael Faraday, 1791-1867），英國物理學家、化學家。

看到水沸騰把蓋子給衝開，他推此及彼，寫了一本叫《科學發明之世紀》的書。他在書上闡述了蒸汽的力量，而紐科門正是由此獲得靈感，發明了蒸汽機。瓦特後來進行了改良才有了工業蒸汽機的出現。弗格森躺在地上，仰望星空，用繩子對照星星的位置打出一個個小結，做出了星象圖。

彌爾頓寫出《失樂園》的時候，不是正值年富力強或者處於政治事業的高峰期，相反，他目瞽年衰，還遭黨派排擠。

偉人在通往勝利的路上，從沒發現過康莊大道，從來只有崎嶇山路，只有付出了汗水，堅持不懈才能走完。

鄉下人伊萊休·沃什伯恩[094]在學校教書的時候，每月賺10美元。他最早學會的一課就是要累積到100美分才有一美元。後來他到議會工作，專門調查國家財產的「盜賊」，由此獲得「國庫看門犬」的外號。身為一名老議員，他漸漸以「國會之父」為人所熟知。他曾經三次主持副總統斯凱樂·科爾法克斯[095]的就職宣誓儀式，並推薦格蘭特為志願騎兵團上校。格蘭特後來當上了總統，任命他為國務卿，後來又為法國領事館大使。巴黎公社革命爆發後，幾乎所有駐巴黎領事館的外國使者都倉皇逃跑，只有沃什伯恩還堅守在職位上。炮彈在他辦公的四周狂轟亂炸，巴黎陷入一片火海，他依然沒有撤離。有一段時間，他簡直成為駐巴黎所有外國領事館的大使，代表普魯士處理使館工作長達一年。普魯士國王威廉一世授予了他一枚紅鷹勳章和一顆鑲嵌著寶石的珍貴星章。

窮小子伊萊休·伯里特[096]一天到晚都在鐵匠鋪工作，怎麼還有時間進修學習？他的帽子就是他的圖書館，那裡放著他唯一的一本書。這個看來毫無機會成功的人後來成為美國歷史上的一大奇蹟。

---

094　伊萊休·沃什伯恩（Elihu Benjamin Washburn, 1816-1887），美國政治家，曾任國務卿。

095　斯凱樂·科爾法克斯（Schuyler Colfax, 1823-1885），美國政治家，曾任副總統。

096　伊萊休·伯里特（Elihu Burritt, 1810-1879），美國社會改革家、語言學家、和平主義者，組織過多次國際和平大會。

加菲爾德[097]曾經只是一名窮教師。他唯一的一條牛仔褲破裂了，就用別針別住破口處。房東太太在他下課的時候過來幫他補褲子，對他說道：「等你成為美國國會的一名議員，誰還會在意你在教書的時候穿的是什麼衣服。」

米開朗基羅既是建築大師、雕塑大家，還是著名畫家。他設計的聖彼得大教堂圓頂、雕塑作品《摩西像》以及壁畫《最後的審判》(*The Last Judgement*) 足以讓他在藝術的殿堂上永垂不朽。如此一位藝術大師，人們在他現藏於大英博物館的書信中驚訝地發現，他在建造朱利斯二世教皇的巨大銅像時，窮得只能跟他的3個助手擠一張床睡覺。他的弟弟想到波洛尼亞看望他都沒有地方可容身。

「我的錢包總是緊巴巴的。」左拉談起早年艱苦的寫作生涯時如是說道。「我常常連一個蘇[098]都沒有剩下，也不知道去哪裡找錢。早上4點起床，嚥下一顆生雞蛋後，我就開始學習了。不論如何，那些日子還是美好的。我到碼頭散完步，回到我的小閣樓，享用完只有3顆蘋果的大餐，就坐下來開始工作。寫作的時光總是快樂的。冬天我也不允許自己生火取暖，因為木柴太貴了。只有過年過節我才捨得奢侈一回。但不管怎麼窮，菸斗和蠟燭都是必不可少的。想想看吧，一支用三個銅幣買回來的蠟燭，對我來說就代表了一整晚的文學之旅啊！」

詹姆士·布魯克斯[099]，曾經《紐約每日快報》的主編和所有者，有名的國會議員，年輕時候在緬因州的一家小商店當行政，21歲時收入就只有一大桶新英格蘭蘭姆酒。他十分渴望上大學，於是自己背個行李箱就往沃特維爾出發了。他畢業後身無分文，回家的時候同樣是自己把行李箱背到了

---

097 加菲爾德 (James Garfield, 1831-1881)，美國第二十任總統，南北戰爭期間參加聯邦軍，為反對奴隸制投筆從戎。後被林肯賞識，棄軍從政。1881年7月2日晨，被一個謀官未成者槍殺身亡，是美國第二位被暗殺的總統

098 蘇 (SOU)，昔日的法國銅幣。

099 詹姆士·布魯克斯 (James Brooks, 1810-1873)，美國紐約議員。

車站。

埃利亞斯·豪[100]在倫敦製作了他的第一部縫紉機。當時他窮困潦倒，不得不四處借錢維持生活。他靠朋友接濟的豆類食品填飽肚子，甚至連接自己妻子回國的費用都是借來的。他以 5 英鎊的價格賣掉了自己的第一架縫紉機（實際應值 50 英鎊），並典當了縫紉機的專利權以付房租。

阿克萊特[101]從地下室的一個小小理髮童做起，到他死後家財已經高達 150 萬英鎊。現實世界像打擊所有人的創造力一樣打擊他的發明創造，在他的人生路上設置了數不清的障礙。他一次次被拒又一次次振作起來，最終成就了自己富有而受人尊重的人生。

得到大眾認可的人，無一不是在別人的誹謗中傷甚至蓄意迫害中一路戰鬥過來的。海涅說：「偉人的身邊總是不乏敵人。」

世上造福人類的一切新發現和新發明基本都要經過一定的挫折和阻撓才得以被世人認可。有時甚至會遭到來自時代領航人的阻力。

甚至連德高望重的海軍將領查爾斯·納比爾爵士也對把蒸汽能運用在皇家海軍上表示強烈反對。在眾議院的會議上，他義正詞嚴道：「議長先生，當我們選擇為女王的海軍服務時就做好了戰爭來臨的各種準備。我們不怕被敵人的亂刀砍死，不怕子彈在我們身上打出多少個洞，也不怕讓大炮炸得粉身碎骨。但是議長先生，我們不知道原來還要做好被滾水活活燙死的準備。」

國會的一名議員問道：「有誰可以解釋下沒有燈芯的燈怎樣發光？」18 世紀末，威廉·默多克提議在樓房裡埋設輸送煤氣的管道，並用煤氣點火照明，引起一片譁然。就連當時頗具威望的科學家韓弗理·大衛也諷刺道：「難道你打算把聖保羅大教堂的穹頂換成煤氣罐子？」華特·斯科特也

100　埃利亞斯·豪（Elias Howe, 1819-1867），美國縫紉機發明人。

101　阿克萊特（Richard Arkwright, 1732-1792），英國棉紡工業時期的發明家和企業家，水力紡紗機的發明者。

認為這個主意很可笑，怎麼可以讓倫敦在煙燻火燎中得到光明？但很快，在阿伯茲福德就用上了煤氣燈，而韓弗理·大衛也因此成就了自己最成功的發明——安全燃煤燈。

提香（Titian）一度自己從花朵裡提煉顏料，在提洛爾父親家的白牆壁上練習繪畫。他包羅萬象地畫了很多，使得那些從他家經過的登山者都禁不住駐足欣賞他的畫作。

一名老畫家在看一個年輕人畫下其工作間的所有瓶瓶罐罐、畫筆、畫架和小板凳後，驚呼道：「這小子總有一天會超越我！」這個赤足的年輕人便是米開朗基羅，他以非凡的毅力戰勝了所有困難，成為著名的藝術大師。

當時威廉·普雷斯科特[102]還只是一名大學生，因為一場「餅乾大戰」的遊戲，一隻眼睛被擊中從此看不見，而另一隻眼睛也漸漸看不清楚了。他鼓起勇氣面對生活，下定決心要活出價值。他定下成為歷史學家的目標，從此全身心投入研究歷史。在朋友的幫助下，他還沒決定寫什麼書就已經花了 10 年的時間打基礎。在寫《天主教徒費迪南和伊莎貝拉的治理史》（*The History of the Reign of Ferdinand and Isabella the Catholic*）的時候，他又花了 10 年工夫查閱文獻，鑽研手稿。他從一個「未來毫無希望」的男孩成長為歷史學家，他的一生都是年輕人的榜樣。對於那些輕易放棄機會浪費人生的人來說，更是最有力的警醒。

愛默生說：「伽利略用一副看戲用的小望眼鏡，就觀察到了許多了不起的天文現象，而那些拿著天文望眼鏡的科學家反倒不如他。哥倫布發現新大陸的時候，乘坐的船甚至連甲板都沒有。」

人們常說的不利的生長環境並不能束縛一個人才華的施展。在埃文郡的低地裡，莎士比亞用他的文字征服了世界；在新罕布希爾州的岩石山

---

102 威廉·普雷斯科特（William Hickling Prescott, 1796-1859），美國歷史學家。

上，孕育了美國最偉大的政治家和演講家丹尼爾·韋伯斯特（Daniel Webster）。苦難和貧窮是孕育時代領導人的沃土。耶穌降臨人間時，很多人不相信他就是救世主，因為他出生在貧窮的家庭。人們難以置信道：「像拿撒勒這種窮鄉僻壤能出什麼好事？」

法雷迪·道格拉斯[103]說：「我認識一個黑人小男孩。他失去雙親的時候僅僅6歲。因為他是奴隸的孩子，沒有人會去照顧他。他一個人住在雜物間，睡在布滿灰塵的地上，天冷的時候就把頭蜷縮在裝稻穀的袋子裡，雙腳藏在灰燼中取暖；餓了便烤一棒玉米填肚子，或者爬到雞棚找雞蛋吃。他常常將雞蛋拿到火上烤完了便吃。他不像你我有褲子穿，身上僅覆蓋一件長亞麻衫。他沒學校可上，便對著一本陳舊的韋伯字典（Webster's Dictionary）自學拼寫。他在地窖和穀倉前邊習字邊大聲朗讀，以引起別人注意，得到及時的指正。不久，他已是能說會道、遠近聞名了。他榮任總統選舉人，曾經當過美國警長、會議記錄員、外交官，累積了一定的財富。他如今穿得起體面的衣服，也不用跟桌子底下的狗搶飯吃了。我，法雷迪·道格拉斯就是這個男孩。既然我都可以做到你又有什麼理由做不到？不要因為自己的膚色較深就喪失鬥志。要努力學習知識，只要一天不擺脫無知的陰影，就不會得到別人的尊重。」

談起自立自強，還有誰能比林肯更叫人印象深刻？無論是他的人生、事業甚至死亡。他出身卑微，連父母是誰都無從考證。生活在貧窮、骯髒的環境中，看不見一線曙光，生活中沒有半點優雅，年輕時候的林肯飽受著怪夢和幻象的困擾。然而，生活的磨練造就了他不凡的素養。他晚年得志，被歷史推向權力頂峰，擔負一個國家的命運。他所屬黨派中有很多前途無量的領導人，他們在社會上的地位更高、經驗更豐富，如蘇厄德、蔡斯、薩姆納等訓練有素的政治名人，都不得不給林肯讓路，接受冥冥中上

103　法雷迪·道格拉斯（Frederick Douglass, 1817-1895），19世紀美國廢奴運動領袖，傑出的演說家、政治活動家。

天安排給他們的領導者。

這個故事的主人公是一個倫敦人。他失去了雙手和雙腳，卻學會了用嘴寫字。他多才多藝，靠自己的力量過上體面的生活。他準備幾張紙，把它們攤開釘在角落上固定住，提筆在上面寫下詩句，然後再畫上漂亮的花邊作為裝飾。從嘴裡放下筆後，他又用嘴叼起針線，把紙張縫在一起。有時他還叼著畫筆作畫，總而言之是一個了不起的人。身患殘疾的他不但沒有成為家庭的負擔，反而是最重要的經濟支柱。

亞瑟·卡瓦納議員生來殘疾，沒有手也沒有腳，據說竟是一名神槍手、技術高超的漁夫和水手以及穿越愛爾蘭的最佳騎手。他能言善道，工作能力很強，叫人難以相信竟是一個不得不把刀叉固定在斷臂上吃飯、用牙齒咬住筆寫字的身心障礙者。他騎馬的時候必須和馬鞍捆綁在一起，用嘴巴咬住韁繩。曾經在印度生活的他一度失去經濟來源，便一如既往以最大的熱情投入工作，獲得了一份郵差的工作。

很多人不理解為什麼格萊斯頓要委任盲人亨利·福塞特為大英帝國的郵政大臣。但事實上，歷屆擔任該職位的健康人並不比福塞特做得更好。

麻薩諸塞州布里斯托爾縣的約翰 B. 赫雷斯霍夫[104]15歲時就雙目失明，由他一手創建的造船廠卻成為世界著名船廠之一。在他的帶領下，世上部分最快的魚雷艇和帆船遊艇便是從他的廠裡誕生的。他常常親自試駕自己廠生產的快艇。他的弟弟納旦尼爾給予了他很大的幫助，但即使弟弟不在身邊，他自己照樣可以畫出船體設計圖並與人洽談生意。對船體或船的模型檢查一番後，他可以準確無誤地給出指示，造出一艘一模一樣的船來，甚至比視力正常的造船師仿造出來的還要精準。

威廉·H. 米爾本[105]神父從小便看不見東西。他主修神學，還沒畢業就

---

104 約翰．B. 赫雷斯霍夫（John Brown Herreshoff, 1850-1932），美國第二屆鉑金獎章獲得者。美國通用化學公司總裁，羅德島赫雷斯霍夫造船廠創始人。

105 威廉．H. 米爾本（William Henry Milburn, 1823-1903），美國衛斯里宗神父。

被任以神職。10 年間，他為了傳教走了 20 萬英里的路程。在他著作的 6 本書裡，人們可以清楚地了解密西西比山谷的發展歷史。他還長期擔任國會下議院的專職教士。

住在紐約的范妮·克羅斯比[106]是個盲人，多年從事教育工作，同時也是盲人孩子的老師。她寫了將近 3,000 首讚美詩，其中包括《噢，和藹的主，不要把我遺棄》、《拯救墮落者》、《救世主比我的生命更重要》、《耶穌使我依十字架》等。

以上所列舉的只是全身心投入人類事業的盲人中的一分子。僅在美國，就有 150 名盲人鋼琴調音師，150 位盲人音樂教師，500 名盲人家庭教師，100 名盲人教堂風琴手，15 名或者更多的盲人作曲家和盲人音樂家，還有好幾位盲人樂器製作商。

成功的殿堂沒有永遠敞開的大門。想要進去的人只能自己造門，而這扇門讓你通過後就再也不會打開，就算是對你的孩子也不會格外開恩。

大約 40 年前，在 11 月一個陰霾的下雨天裡，費城的一位年輕單親媽媽正在煩惱怎樣養活 3 個沒有父親的孩子，突然想起身為海軍軍官的丈夫曾經說過，在一個箱子裡放有什麼東西。單親媽媽於是從箱子裡找到了一個信封，裡面裝著指示如何製作用於夜晚海上彩色訊號燈的說明書。製作方法不盡完善，單親媽媽於是做了一些改進。她後來到華府向海軍部長推薦這個發明，得到的回音竟是認為彩色訊號燈的構想雖然很有價值，但沒什麼實際作用。單親媽媽沒有放棄，經過了幾年零幾個月的努力，她終於製造出能夠發射出各種顏色光亮的燈。美國海軍得知消息後以 2 萬美元的價格買下了這項發明的生產權。內戰期間，這種彩燈發揮了很大的作用，甚至被認為是用來救生的無價寶，幾乎所有入侵者都是在科斯頓彩燈的幫助下抓到的。這名單親媽媽，也就是科斯頓夫人後來把這項發明推廣給歐

106　范妮·克羅斯比（Fanny Crosby, 1820-1915），美國詩人、作詞人、作曲家。

洲好幾個國家的海軍，從此不用再為生計而煩惱。

某當代作家說，天賦的才能，這個上帝賜予人類最貴重的禮物偏偏要在貧窮中滋養成形，實在算是世界的一大奧祕。人類最偉大的作品出自淹沒在絕望和淚水中的傷心人之手。天賦不會在菁英匯聚的沙龍，或是裝飾豪華的圖書館，還是在一個人安逸得意的時候冒出頭來。往往失意落寞的人在窮得買不起柴火取暖的小閣樓上，耳邊全是渾身髒兮兮的孩子的哭鬧聲以及家裡人的吵鬧聲，絕望得簡直不可自拔。正是在這種境況下，一個人的意志才能得到最好的磨礪。當他靠自己的力量從萬丈深淵中爬上來、迎接第一道曙光之時，也就是功成名就之時。只有經歷過苦難的人才能成為人類的導師，才能擁有足夠的影響力帶領全人類登上另一座高峰。

昌西·傑羅姆[107]在當地一所學校上了3個月學後便沒再接受任何教育。他10歲時被父親帶到康乃狄克州普利茅斯的一家鐵匠鋪當學徒，學習鍛造鐵釘子。當學徒的薪水非常低，小昌西曾經砍了一捆木柴只換來1美分的報酬。他還常常踏著月光為鄰居們砍柴，一捆柴也只換來不到一個銅板。他父親在他11歲時去世，他母親不得已把他送到一所農場去做工。小昌西就這樣含著淚水拎著裝衣服的小包袱一個人出去賺錢養活自己。新的老闆要求他每天早早起床砍樹，一直到夜幕降臨才能休息。21歲以前他從沒擁有過一雙靴子，不得不穿著容易滲入雪水的鞋工作。14歲的時候，他到一家木匠鋪當學徒，開始了長達7年只能得到住宿和衣服的打工生活。好幾次他都不得不背著沉重的工具走30英里路到不同的地方工作。他學成後也經常背著工具箱步行30英里做一樁工作。一天，他聽見人們在談論普利茅斯的伊萊·特里[108]，說他竟下定決心要造200臺鐘。其中一人說道：「都不知道他夠不夠壽命去製造那麼多的鐘。」另一個人說：「就算他能活到那一天，也不可能把全部鐘都賣出去。這個想法實在太可笑

107 昌西·傑羅姆（Chauncey Jerome, 1793-1868），19世紀早期美國著名的鐘錶師。
108 伊萊·特里（Eli Terry, 1772-1852），美國發明家、鐘錶師。

了。」昌西對這個謠言很感興趣，他自己就一直夢想有朝一日成為一名出色的鐘錶匠。他於是去向伊萊·特里拜師，學習如何製作一臺木鐘。他接到訂單，要 12 臺木鐘，每臺給出一美元的價格。昌西認為自己走運了。一天夜裡，他靈機一動想到用黃銅製鐘成本比木材更低，而且黃銅還不會像木材一樣因為天氣的變化而熱脹冷縮甚至變形。他想到了就做，成為製造黃銅鐘的第一人。他的黃銅鐘遠銷他國，每天給他帶來 600 美元的利潤。很快，他便成了百萬富翁。

《英國人民的歷史書》是約翰·理查·格林[109]在與病魔作鬥爭的時候完成的。他搜集了數量可觀的相關資料，雖然病情突然加重，醫生也表示無能為力，他還是動筆開始寫了。在病情惡化之際，他依然堅持工作，日復一日和死神作鬥爭，爭取更多的時間完成創作。他整整寫了 5 個月，就連醫生都驚嘆不已，認為在那 5 個月裡，每一個小時都是上天的恩賜。如果他沒有強大的意志力和堅定不移的信念，很難完成這本英格蘭史書。他病得只能躺在床上，連拿起一本書、握住一枝筆的力氣都沒有，有時還連續幾個小時忍受病痛折磨，卻依然堅持一個字一個字地口述，在別人的幫助下寫了下來。在死神陰影籠罩下的他，足足修改了 5 次，才完成書上最傑出的篇章。他開始另一個章節《征服英格蘭島》，全部寫完檢查時，覺得不滿意，又重新再寫。死神冰冷的手指已經伸入他的心臟，此時此刻的他說道：「我還可以做得更完美，再給我一個星期的時間，我一定寫得更好。」直到生命真的要離他而去了，他才說出「我無法再工作了」的話。

聖賢說：「沒有經歷過苦難的人又懂得什麼？」席勒在被病魔折磨得最痛苦的時候創作了他最好的悲劇；韓德爾在與身體的痛楚和精神的憂鬱鬥爭得最激烈的時候，死神的靠近讓他寫出了最偉大的樂章，從此他的名字在音樂界流芳百世；莫札特在病重和債務纏身的情況下，創作了幾部最偉

109　約翰·理查·格林（John Richard Green, 1837-1883），英國歷史學家。

大的歌劇和《安魂曲》的最後樂章；貝多芬在雙耳失聰、心情憂鬱寡歡的時候，譜寫出了最宏偉的樂章。

也許在面對困難和挫折時，我們都不如狄摩西尼[110]努力。狄摩西尼講話常常上氣不接下氣，又結巴又小聲，連一句簡單的話總要停頓了好幾次才能講完。他第一次嘗試在眾人面前演講，就被迎面而來的噓聲和嘲笑聲淹沒。唯一一次收穫勝利發生在與監護人抗辯的時候，他成功地要回了被騙走的銀子。多次的失敗讓他徹底絕望了，他決定不再練習當眾演講。幸運的是，一個聽過他演講的人卻認定這個年輕人很有天賦，並鼓勵他繼續堅持下去。他於是鼓起勇氣再度站在演講臺上，卻再一次被一片噓聲衝倒。下臺後他灰心喪氣地垂著腦袋，極度懷疑自己是否真有演講天分。當時很著名的一位演員薩提洛斯[111]走了過來，鼓勵他加強訓練，把口吃的缺點改掉。狄摩西尼實在是結巴得厲害，有一些單字甚至都說不出來，每講一句話都要氣結好幾次。他下定了決心要改掉這些缺點，不管付出多少代價也要成為一名演說家。他於是天天跑到海邊，放幾塊小鵝卵石含在嘴裡，耳裡聽著大海的咆哮聲大聲練習演講。口含石頭說話是為了克服口吃，面對大海練習是為了鍛鍊自己面對聽眾非難的勇氣。為了克服講話喘不過氣來的毛病，他專挑海岸邊最陡峭險峻的山坡登爬。他講話時不自覺手舞足蹈的習慣，也透過長期站在鏡子面前練習演講而了糾正口吃。

在南方，因為棉籽很難從棉花中剔除，很多種植農開始考慮放棄種植棉花。僅僅清乾淨一磅的棉花，就夠一個奴隸忙碌一整天了。來自新英格蘭在路易斯安那州教書的年輕人伊萊．惠特尼[112]看到這個問題後，決心發明可以用來完成這項工作的機器。他祕密在地窖裡研究了很長一段時間，終於發明出速度和性能都一流的軋棉機。長期辛苦的工作終於要迎接成功

---

110 狄摩西尼（Demosthenes, 西元前 384- 西元前 322），古希臘著名政治家、演說家、雄辯家。

111 薩提洛斯（Satyrus），西元前 4 世紀一位著名演員。

112 伊萊．惠特尼（Eli Whitney, 1765-1825），美國發明家、企業家。

的嘉獎時，一群盜賊闖進他的工作室，偷走了模型。雖然伊萊最後找回了模型，但製造軋棉機的製造原理已為人所知，很多廠商在沒有經得發明者同意的情況下便擅自進行了生產。他把盜竊者告上法庭，得來的卻是陪審團的一致打擊。當時他已是百萬富翁，在南方擁有自己的工廠。法院卻跟偷盜他專利的盜賊聯手，白白摘取了他智慧和勞動的結晶。對整件事充滿鄙視的惠特尼最後不再糾心於法院的不公，把注意力轉移到槍枝的改進上。他再次獲得成功，並累積了大量的資產。

羅伯特·科利爾[113]27 歲帶著他的新娘來到美國的時候坐的還是經濟艙。他在賓夕法尼亞州做起了鐵匠，且一做就是 9 年。這樣的人後來當上了牧師，並舉國聞名。

人只要下定了決心，任何其他人都不能阻擋他獲得成功。在他的路上鋪設絆腳石，他就拿來當作通往成功的墊腳石。取走他的錢財，讓他一窮二白，他就以貧窮為刺激激勵自己奮勇向前。跛腳的司各特寫出了小說《威弗利》，蹲地牢的班揚寫出了永垂不朽的《天路歷程》。從小在窮人家長大、在荒野中奔跑的孩子，長大之後最有可能進入國會大廈，成為世界大國美國的國家棟梁。

奮鬥中的年輕人啊，從古到今，凡在這個世上做出些成就的人，無一不是經歷過漫長的艱辛，孜孜不倦每天辛勤工作的。

化學家拉瓦錫[114]在行刑前懇求多給他幾天時間把實驗完成。執政者拒絕道：「共和國不需要哲學家。」普里斯特利博士[115]的房子被一群暴徒放火燒毀，他們在打砸他的化學實驗室時喊道：「打倒哲學家！」普里斯特不

113　羅伯特·科利爾（Robert Collyer, 1823-1912），美國唯一神話派牧師。

114　拉瓦錫（A.L.Lavoisier, 1743-1794），法國著名化學家，現代化學的奠基人之一，提出了氧化學說，闡明了氧氣對於燃燒的作用，並用實驗證明了化學反應中質量守恆定律。因為其包稅官的身分在法國大革命期間被處死。

115　普里斯特利（Joseph Priestley, 1733-1804），英國著名化學家，發現了氧氣、二氧化氮、氨和二氧化硫。

得不逃離到國外。布魯諾[116]因為揭露了天堂的真相，在羅馬被活活燒死。維薩留斯[117]因為解剖了屍體被定罪。然而，他們的名字將永垂不朽。科蘇特[118]在布達佩斯坐牢的兩年間，依然勇敢地堅持工作。約翰·亨特[119]說：「我獲得的幾次成功，都是在極大的困難中完成，並遭遇到最強烈的反對。」

羅傑·培根[120]，有史以來最博學的思想家，因為對自然哲學的一些研究遭到了迫害，甚至被指控為巫師。他的書被當眾燒毀，他也被判入獄 10 年。儘管如此，他依然沒有放棄對科學的鑽研，並獲得了巨大成功。我們的偉大總統華盛頓因為堅持支援約翰·傑伊赴倫敦與英國簽訂的《傑伊條約》，沒有迎合主流意見，結果在大街上被一群暴徒襲擊。然而，他一如既往的堅決態度動搖了人民的立場，獲得了民眾對他的支持。威靈頓公爵走在倫敦大街上，被眾人包圍。他家的窗戶碎了一地，他妻子的屍體躺在了地上。儘管如此，這位鐵爵爺也毫不讓步，堅定不移地朝著既定目標前進。

威廉·菲普斯[121]年輕時聽波士頓街上的航海員說，有一艘西班牙船在巴哈馬島邊失事了，船上載滿了金銀珠寶。菲普斯決定馬上出發去尋找這艘船。經過了千辛萬苦，終於給他找到了遺失在船上的寶藏。不久後，他又聽說在阿根廷的拉普拉塔港口有一艘失事多年的船一直沒找到。他於是再次出發，先航行到英格蘭尋求國王查爾斯二世的幫助。慶幸的是，國王爽快地提供了羅斯·阿爾及爾號供他使用。他徒勞尋找了很長一段時間，

---

116 布魯諾（Giordano Bruno, 1548-1600），文藝復興時期義大利偉大哲學家、科學家，發展哥白尼日心說，提出「宇宙無限說」，極大地撼動了教會的統治地位，在羅馬百花廣場被施以火刑。

117 維薩留斯（Andreas Vesalius, 1514-1564），比利時解剖學家，曾祖、祖父和父親都是宮廷御醫，發表了《人體構造》一書，受到教會的迫害，在歸航途中遇險不幸身亡。

118 科蘇特（Louis Kossuth, 1802-1894），西元 1849 年匈牙利共和國元首，匈牙利民族解放運動領袖。

119 約翰．亨特（John Hunter, 1728-1793），英國解剖學家，近代實驗室外科學和解剖學的奠基人之一。

120 羅傑．培根（Roger Bacon, 1214-1292），英國科學家、鍊金術士，一個帶有傳奇色彩的博學家。

121 威廉．菲普斯（William Phips, 1651-1695），美國麻薩諸塞州殖民地總督。

不得不回到英格蘭修理他的船。詹姆士二世登位後，他足足籌了 4 年的資金才得以回國。他的船員後來叛變，揚言要把他扔到海裡去餵魚，最終還是被菲普斯平息了。一天，一個印第安人潛到海底尋找一種稀有的海底植物，意外發現好幾架大炮埋在海底。50 年前失事的船終於重見天日了。菲普斯剛開始尋找之旅時只有一個模糊的謠言引導他，後來他滿載 150 萬元大洋回到了英格蘭。英國國王任命他為新英格蘭的最高長官，不久後又兼任麻塞諸塞灣殖民地的總督。

班 · 強生[122]被派到林肯律師學院當泥瓦匠，手裡拿著鏟子在工作，口袋裡還裝著書。約瑟夫 · 亨特[123]年輕時是個木匠，羅伯特 · 彭斯[124]出身農夫家庭，約翰 · 濟慈（John Keats）當過藥劑師，湯瑪斯 · 卡萊爾、休 · 米勒[125]也都當過泥瓦匠，但丁和笛卡爾曾入伍當兵，安德魯 · 強森當過裁縫。湯瑪斯 · 沃爾西[126]、笛福和柯克 · 懷特[127]都是屠夫的孩子，法拉第是鐵匠的兒子，而他的老師韓弗理 · 大衛[128]在藥局當過學徒。克卜勒（Johannes Kepler）在「德國旅館」當過侍應，班揚當過補鍋匠，哥白尼是波蘭一位麵包師的兒子。赫謝爾小時候靠演奏雙簧管吃飯。米歇爾 · 內伊[129]，「勇者中的至勇」，從最低職位做起，一步步為自己贏得「不可戰勝」的稱號。蘇爾特[130]當了 14 年的小兵才升上巡佐的位置。沒當上法國外交大臣前，他對

122　班 · 強生（Ben Jonson, 1572-1637），英國文藝復興時期劇作家、詩人和演員。他的作品以諷刺劇見長。代表作：《福爾蓬奈》、《煉金士》等。

123　約瑟夫 · 亨特（Joseph Hunter, 1783-1861），英國唯一神論派神父，考古學家。

124　羅伯特 · 彭斯（Robert Burns, 1759-1796），蘇格蘭詩人。彭斯被視為浪漫主義運動的先驅，在死後成為自由主義和社會主義的靈感來源，是蘇格蘭人的一個文化偶像。

125　休 · 米勒（Hugh Miller, 1802-1856），蘇格蘭地理學家、作家和民俗學家。

126　湯瑪斯 · 沃爾西（Thomas Wolsey, 約 1471-1530），英國政治家、大法官、國王首席顧問；同時也是神職人員，歷任林肯主教、約克主教及樞機。

127　柯克 · 懷特（Henry Kirke White, 1785-1806），英國詩人。

128　韓弗理 · 大衛（Humphry Davy, 1778-1829），英國化學家，發現化學元素最多的人，被譽為「無機化學之父」。第一代礦工燈的發明者。

129　米歇爾 · 內伊（Michel Ney, 1769-1815），法國軍人、法國大革命和拿破崙戰爭期間的軍事指揮官，拿破崙一世手下 18 名法國元帥之一。

130　蘇爾特（Nicolas Jean de Dieu Soult, 1769-1851），法國軍事首領和政治家，綽號鐵手。在法國歷史上他是 26 名第一帝國元帥和 6 名大元帥之一。他擔任過三次法國首相。

地理可謂是一竅不通。理查·科布登[131]曾在倫敦一家倉庫打工。他第一次在國會演講徹底失敗了。然而越敗越勇的他很快就成長為同時代最偉大的雄辯家。羅傑·謝爾曼、亨利·威爾遜、吉迪恩·李、威廉·格雷厄姆、約翰·哈雷、H.P. 鮑爾溫、丹尼爾·謝菲，美國政府成立後首個世紀的國會 7 名議員，都曾當過補鞋匠。

為獲得成功與惡劣環境不停地作鬥爭，是成就一番事業的前提。

沒有經過一路廝殺，沒有在身上留下戰鬥傷疤的人，是不會明白成功的最高意義。

拚了老命向上爬以摘到勝利果實的人，金錢只是附屬得到的東西，而不是成功的全部，甚至算不上最重要的回報。塞勒斯·威斯特·菲爾德[132]經過多年艱辛的勞動，承受了無數次失敗的打擊、眾人的嘲笑和反對後，終於成功在海洋底下鋪設了電纜。當他用手指輕敲電報機時，電流不僅穿越了大西洋，更是流遍了他的全身。當愛迪生在門洛派克公園見證自己發明的電燈取得商業成功時，燈光發射出來的光線同樣照亮他靈魂最深處。愛德華·埃弗雷特[133]說：「成功到來的那個時刻，對於多年付出智慧和汗水的人而言，快樂都集中到了一個瞬間。我想像得出，當伽利略把他新發明的望遠鏡對向天空，親眼見證到哥白尼的預言，並發現金星和月亮一樣有圓缺時，他的心情該是多麼激動。那種快樂，和門茨和斯特拉斯伯格收到第一本印刷出來的《聖經》，哥倫布在西元 1492 年 10 月 12 日發現聖薩爾瓦多的海濱，牛頓敲開了萬有引力的大門，富蘭克林在拉風箏的線上得到了雷電，以及勒威耶[134]從柏林返途中遇見潮汐的漲退中發現新行星時，是

131 理查．科布登（Richard Cobder, 1804-1865），英國製造商、政治家。自由貿易的侵導者。

132 塞勒斯．威斯特．菲爾德（Cyrus West Field, 1819-1892），美國金融家，創立了大西洋電報公司。

133 愛德華．埃弗雷特（Edward Everett, 1794-1865），美國政治家、牧師、教育家、外交家、演講家。歷任州長、國會議員及哈佛大學校長。

134 勒威耶（Urbain Jean Joseph Le Verrier, 1811-1877），法國數學家、天文學家。計算出海王星的軌道，根據計算，柏林天文臺的德國天文學家伽勒觀測到了海王星。

一樣的。」

「觀察你鄰居家後花園種的樹吧，」在鮑沃爾的小說裡，紮諾尼對維歐拉說道，「了解它們是如何長大，如何彎曲，長成千姿百態的大樹。有時因為風把種子播撒到各處，甚至在岩石的裂縫裡也有枝芽冒出。有時因為自然大山或者人為建築，樹苗被包圍在陰影之下，終其一生都在努力靠近陽光。它們長得彎彎曲曲，是因為遇到障礙物時，會繞道而行，只為把枝葉伸向藍天。為什麼它們能在貧瘠的土地上，長出翠綠的樹葉；能夠展開臂膀，擁抱溫暖的陽光？孩子，那是生存的本能啊！得不到陽光的照耀，它們就必須努力長高，為自己爭取太陽光下的一片位置。要得到陽光，看到美麗的天空，就必須以一顆積極奮進的心，穿越重重障礙，衝破命運的束縛。只有在與困難作鬥爭的時候，強者才會得到更多知識，弱者也會感受到更多的快樂。」

每個人都能用自己的雙手掌控船前進的方向，
同時應該注意觀察海浪的大小，
洋流的方向，以及什麼時候應該揚起風帆。
我們要做好各種準備，
狂風暴雨時我們應該帶什麼，
晴空萬里時我們應該帶什麼，
船漏水了怎樣應對，
擱淺甚至撞到岩石時又當怎麼辦，
大自然的各種風暴應該怎樣預防……
我們的人生之船是跌入地獄，還是駛入天堂，
一切盡在我們自己的掌握之中。

# 第五章
# 在跨越障礙中學習

真正偉大的雕塑家不會因為眼前障礙重重就灰心喪氣。為了雕刻出最完美的作品，他就算是再貧苦，也會採取一切辦法，用錘頭、鑿子甚至炸藥也要把人品雕刻出來。

大自然給你添加困難，即給了你一次增長智慧的機會。

—— 愛默生

很多人之所以事業有成，全拜遇到過的困難所賜。

—— 司布真[135]

惡只會讓善更善，如同踩爛花瓣，香氣猶存。

—— 薩繆爾·羅傑斯[136]

災難對於人如同黑夜對於星星。

—— 揚

沒有敵人的人不可能獲得成功。

—— 霍姆斯

人遭遇的困難越多，挫折越大，成就也就越高。

—— 賀拉斯·布希內爾

逆境往往能夠激發人在順境時處於冬眠狀態的潛能。

—— 賀拉斯

眞金不怕火煉。眞正有才能的人，即使身處逆境，也一樣能夠脫穎而出。

—— 賽拉奇

富足寵壞腦袋，貧窮鍛鍊智慧。

—— 赫茲利特[137]

逆境對偉人是財富，一帆風順造就不了任何成功。

—— 約翰·尼爾[138]

風箏不是順風飛翔，而是逆風而起的。

—— 馬登

哈里特·馬蒂諾[139]談起父親不斷失敗的生意時說道：「我們不知道埋怨了父親多少次，但如果不是因為他總虧本，我們很可能就像其他大小姐一樣安守本分地過日子，年復一年在家裡縫衣數錢，為一點雞毛蒜皮的小事斤斤計較，心胸和見識都將變得越來越狹窄。正因為父親養不起我們，我們才學會了獨立，學會自己闖蕩世界，自己建立交際圈，為自己贏來好名

135　司布真（Charles Haddon Spurgeon, 1834-1892），19 世紀英國著名浸信會牧師、演說家。
136　薩繆爾·羅傑斯（Samuel Rogers, 1763-1855），英國浪漫主義詩人。
137　赫茲利特（William Hazlitt, 1778-1830），英國散文家。
138　約翰·尼爾（John Neal, 1793-1876），美國作家、文化評論家、律師和建築師。
139　哈里特·馬蒂諾（Harriet Martineau, 1802-1876），英國女性社會家。

聲。我們的視野不再局限在家裡，而是放眼世界。換言之，多虧了苦難，我們得以充實地活著，而不是庸庸碌碌。」

「我相信，上帝是為了讓彌爾頓寫出千古絕唱，才奪走他的視力的。」喬治．麥克唐納[140]說。

世上最偉大的三部史詩中，就有兩部的作者——荷馬和彌爾頓，是盲人。而第三部的作者但丁晚年時眼睛也幾乎看不見。史上很多偉人在身體上無不遭受某些殘疾，好像只有這樣，他們才有可能畢盡一生的精力只為完成一部著作。

「我跌倒了，但並非永遠都站不起來。」梯也爾[141]在眾議院的演講失敗後如此說道。「我現正在奮筆疾書，完成我的第一篇論文。演講壇如戰場，某次的失敗往往意味著另一次的成功。」

某傑出科學研究員說，每當他遇到難以逾越的難題，便是離重大發現不遠的時候。

「帶著感激之情回憶挫折」是很多作家的體會。失敗因能夠喚醒人潛在的能量和沉睡的才能，激發其更大的鬥志，往往更能帶領人們走向成功。牡蠣將進入身體的異物沙子轉變為珍珠，積極進取者則把失意化成為動力。

「狂風暴雨只能把雄鷹推得更高，把不利你的言論攻擊看成是幫助老鷹騰飛的逆風吧。」

風箏之所以飛得起來，是因為一端繫著繩子。人生同理。那些肩負著家庭重擔的人，往往飛得更穩更高；而孑然一身的單身貴族，因為無人牽掛而隨風飄蕩，很快就掉進了泥裡。如果你想在這個世界飛得更高，就讓你的家人在大地的一端守望著你。

---

140 喬治．麥克唐納（George Macdonald, 1824-1905），英國詩人。
141 梯也爾（Marie Joseph Louis Adolphe Thiers, 1797-1877），法國政治家、歷史學家。

英格蘭傑出律師彭伯頓·利[142]談及自己早年貧窮的生活和艱苦的工作，說道：「它們是豐收前的準備。其間，我學會了把沒完沒了的工作當作成功的鋪墊，把經濟上的獨立，視為和美德和快樂同等重要。債臺高築的危險，無論如何都必須避免。」

拿破崙在同學們嘲笑他出身卑微和貧窮的時候，發憤讀書，很快就在學術上超越他們，贏得了尊重。他不久後便成了全班最耀眼的明星。

在本職工作上做出卓越成就的某法官說：「年輕人要想在法律界發展，就必須學會像隱士一樣生活，像馬匹一樣工作。半飢狀態對於年輕律師總是有益無弊的。」

天資聰穎的人在這個世上有千千萬萬，但他們不曾學會和困難做誓死搏鬥，在披荊斬棘中激發潛能，於是迷失了自我，找不到自身的天賦所在。即使在適合自己的職業道路上，想要通往成功，也不會一帆風順。

貧窮和卑微的出身也許能夠絆住我們前進的步伐，但像河裡的冰山或者暗礁，在迫使水流形成漩渦後，同時也增加了它們衝破障礙流入大海的力量。兩者並非不可逾越的障礙，相反，它們往往成為激發潛能的催化劑，使人目標更堅定，身體更強壯。

種子在發芽的時候，如果必須衝破頂上堅硬的土地和厚重的石頭，才得以探出腦袋呼吸空氣、享受陽光，還不時要遭受暴風雨的摧殘和霜雪的侵襲，那麼其長成大樹後一定既扎實又健康。

「你難道希望人生一點考驗都沒有？」一位當代的老師問道，「可那樣的人生不會完整。沒有考驗，你無法估計自己的力量。就像學游泳，我們不可能躺在桌上比畫兩下就學得會，必須要深入到水底吃點苦頭。考驗是促人成長、培育獨立的天然沃土，是出高徒的嚴師。人如果一輩子都順順利利，不用經歷一點波浪，很難說是一個完整的人。上天給人類降下苦

142　彭伯頓·利（Thomas Pemberton Leigh, 1793-1867），英國政治家、律師、法官。

難，其實是想磨練和考驗人的意志。我們應該將其視之為天降大任的預兆，往更高處走的機會。」

德塔列朗[143]說：「想有所作為就要給自己樹立敵人。」

敵人往往才是最佳的朋友，愛敵人也是一種智慧的人生哲學。敵人勇於揭我們的短處，而朋友總是美化我們。敵人的冷嘲熱諷和尖刻批評就像一面鏡子，讓我們看清自己的不足。敵人說出來的話雖然刺心，但卻能推動我們更加努力，獲得更大的成功。面對我們的缺點，朋友很少會當面批評指正，而敵人則一定毫不留情地揪出並猛烈抨擊。我們害怕敵人揭我們的短處，暴露我們的缺點，就像害怕外科醫生的手術刀。刀雖然會刺痛我們，但同時讓我們看清了隱藏在自己身上的病因，致使我們從責備和羞辱中重新審視自己。

敵人造就了我們的成功。為了打敗他們，我們獲得了成長，成長了力量。沒有他們的敵對，我們永遠不可能把自己修練成堅固的城牆，就像橡樹一樣經過暴風雨的洗禮才會生長得更加強壯。我們所經歷的一切悲傷和考驗同樣助我們成長。

戰勝困難的人臉上帶有勝利的表情。他周圍的空氣都彌漫在成功者的自信中。

十七、十八世紀的新教創始人約翰·喀爾文[144]被疾病困擾多年，羅伯特·霍爾[145]也同樣有過被病魔折磨的時期。推動世界進步的偉人都不是舒舒服服、順順利利就成長起來的，他們無不經歷過無數的挫折和一段艱苦的歲月。

「神明最喜歡看到一個誠實正直的人如果戰勝困難獲得成功的故事。」

---

143 德塔列朗（Talleyrand, 1754-1838），法國政治家。

144 約翰．喀爾文（John Calvin, 1509-1564），法國新教神學家。

145 羅伯特．霍爾（Robert Hall, 1764-1830），英國神學家。

阿那克西曼德[146]在被其他男孩嘲笑其唱歌難聽時說：「那我得再多加練習把歌唱好。」

棕櫚樹要經歷過風吹雨打才能長高長壯，人也一樣。長期與不幸作戰的人，成功到來時反倒會不知所措。突交好運會讓人一下子失去戰鬥的原動力，就像是習慣於溫暖氣候的民族，一旦到達酷熱的赤道，將很難習慣。很多人不遭遇一點挫折和失敗，不被周圍人小瞧，永遠都發掘不出自己的潛能。透過人生考驗的人收穫更多的美德；經歷過失敗，勝利也就不遠了。

挫折使人堅強，使人堅韌，使人不可打敗。失敗激發人的鬥志，不是要鎮壓敵人，而是要追求自由。

偉大的品格需要苦難來塑造。在和平年代，不會誕生像格蘭特那樣的偉人。如果沒有戰爭，世人也不會知道林肯、俾斯麥。如果沒有奴隸制度，菲力浦斯和加里森也不會史冊留名。

人們對義大利之行一位新出道的畫家評論道：「此人難道不是未來又一位偉大的畫家？」諾斯科特回應：「不可能。」「您有什麼依據？」「此人每年都有 6,000 英鎊的收入啊。」在財富的照耀下，很少有人登得上藝術的高峰。只有在逆境，一個人的才華才會得到激發。要成就偉大，必須先經歷一段艱苦的奮鬥。

寶劍鋒從磨礪出，梅花香自苦寒來。越是堅硬的鑽石，越是光彩耀目，磨練它的力度也越大。只有它自身磨出來的塵粉，才有足夠的硬度，讓這顆價值連城的鑽石展現它最美的一面。

打火石要經過摩擦才會產生火花，人要經過磨練才會綻放光芒。人如果失去對手或阻力，不用付出努力便能擁有財富，或者在別人的照顧下一

---

146　阿那克西曼德（Anaximander, 西元前 610- 西元前 546），古希臘哲學家、米利都學派的學者、泰勒斯的學生。

帆風順地度過人生，那麼此人永遠都不會有進步。

「正因為人無完人，時不時會陷於窮途末路之中，人類一輩子都要奮力掙扎不讓自己被水淹沒，不讓大野狼闖進屋裡，這個社會才不至於崩潰。如果人人都過著富足無憂的生活，世界很快便會陷入一片混亂。」

有次一輛電軌車突然劇烈地晃動起來，熄火停下，迎面駛來一輛載滿貨物的卡車。因為雨天的緣故，路面又溼又滑，卡車直向電車軌道衝來。司機剎不住車，馬匹也無法把車拉住。電車司機平靜地鏟起沙子撒在路上，卡車降慢了速度，緩緩停下。電車上某乘客鬆氣道：「是摩擦救了我們。」

哲學家康德以鴿子為例，假設空氣不存在，鴿子在沒有任何阻力的情況下飛翔，是不是就可以飛得更輕鬆更快了呢？事實上，如果空氣當真被抽空，讓小鳥在真空中飛起來都不可能。因為阻撓飛翔的環境恰恰就是實現飛翔的條件。

凶險的大海造就合格的水手。同理，時勢造就英雄。沒有南北戰爭，我們這個時代的很多偉人也許都只能默默無聞。

奮鬥是榮耀的，即便勞而不獲，我們也會在鬥爭中變得更加堅強。

漫無目的、懶散及愚笨的頭腦，在緊急情況出現前，早已失去了應對的能力和魄力。遭遇父母去世或者家境敗落的孩子，往往更早當家，因為災難奪走了他的依靠，使之不得不自力更生。監獄激發了許多品格高尚者內心的火山。像《魯賓遜漂流記》、《天路歷程》、《生活與時代》、《獨裁者》、《沒有困難就沒有成功》都是在獄中完成的。華特．羅利爵士[147]在13年的鐵窗生涯裡寫出了《世界史》。馬丁．路德（Martin Luther）在瓦特堡監獄翻譯了整本《聖經》。但丁流亡在外20年，甚至被判過死刑。他的著

147 華特．羅利爵士（Sir Walter Raleigh, 1552-1618），英國伊莉莎白時代著名的冒險家、作家、詩人、軍人、政治家。

作在他死後還被當眾焚燒。

從同一棵橡樹上摘下兩個相同的橡實，一個種在荒涼的山上，一個種在茂密的森林。種在山上的橡樹得不到任何庇護，任憑風吹雨打。它的根牢牢地抓緊岩石，深深地插入大地，並向四面八方蔓延開來。它的每一條支根都為支撐起橡樹的龐大身軀而奮力作戰。有時，它似乎好幾年都不再長高，猛然一看，才發現它的支根已經緊緊地繞住一塊巨岩。山上的橡樹以傲人的姿態不斷成長，為抵抗即將到來的颶風做好了準備。狂風越肆虐，橡樹越結實。

而在叢林裡長大的橡樹還只是一棵弱不禁風的小樹苗。在眾多大樹的保護下，它不需要奮力伸展，向大地尋求依靠。

找來兩個各方面都相差無幾的男孩，將其中之一帶到遠離城市溫床和繁華的鄉下撫養，那裡只有縣立學校、主日學校以及寥寥無幾的書籍。如果該男孩本質優良，即使沒有財富，甚至沒人援助，也一樣能夠飛黃騰達。每一次挫折都是其成長力量的機會，每一次跌倒都是其收穫堅毅的時候。就像籃球，越是用力拋，越是反彈得更高。困難和挫折是鍛鍊其勇氣的運動器材。嘲笑他貧窮的人最終不得不尊重並認可他。讓另一個男孩去享受范德比爾特家的生活，去享受法蘭西或德意志保姆的照顧，去過無憂無慮、所有願望都得到滿足的生活。他擁有名師指導，在哈佛大學接受高等教育，每年的零用錢多到花不完，全世界都留下了他的腳印。

兩兄弟相遇時，城市長大的男孩為自己有個鄉下弟弟感到羞恥。他的衣著是那樣寒酸，手掌是那樣堅硬，還一臉的黃褐色。最可怕的是他的言行舉止，跟城裡長大的兄弟相比，顯得粗魯無比。鄉下男孩為自己的艱苦生活哀嘆，對被送到城裡的兄弟羨慕不已，暗自怨恨自己時運不濟。他當時還在心裡埋怨上帝的不公，明明是親兄弟，境遇卻如此不同。而當他們成家立業後再次相聚，彼此都為對方的改變吃驚不已。雖然從外表上看兩人還是和以前一樣，窮小子那飽經風霜的臉龐和他兄弟那享盡榮華富貴的尊貴身軀相比，就像長在山上的橡樹和長在森林的橡樹一樣一眼便可以區分開來。想知曉之間的差間，就分別用兩種木材來建造船底，在凶險的大海上一試，便知哪艘船經受得住驚濤駭浪。

當上天想給你傳授知識時，會把你送到社會大學磨練，而不是明星大學。約瑟夫就是一個從社會底層走向最高權力的典型例子。我們總是沒有意識到自己身上隱藏的潛能，沒有意識到我們背後還有上帝的支持，直到人生磨難的出現，或者感情發生挫折，才讓我們不得不調動所有的能力去應對。保羅死於羅馬監獄，約翰·赫斯在博登湖被施以火刑，廷代爾[148]在阿姆斯特丹的監獄憂鬱而終。彌爾頓在大革命爆發之初，還到阿爾蓋特街為兩個男孩上課；大衛·李文斯頓[149]在非洲內陸某黑人家裡孤獨離開了人世。他們的人生似乎都過得很失敗，事實上屈辱的生活鍛鍊了他們的意志，從而才得以實現上帝賦予他們神聖的使命。

兩名以攔路搶劫為生的強盜經過絞刑架時，其中一人發出感嘆：「如果這個世界沒有絞刑就好了。」另一人答道：「笨蛋！你腦袋進水啦！如果沒有絞刑，那有多少人跟我們搶飯碗！」無論我們追逐什麼夢想，在藝術上的還是商貿上的，正是因為有難度，才能把部分人先淘汰掉了。

斯邁爾斯說：「在克服困難的過程中，成功慢慢與你靠近。沒有困難，就沒有成功。困難是人類進步、國家興盛、個人成功之母。沒有它，我們這個時代的所有發明創造都不可能誕生。」

孟德爾頌進伯明罕交響樂團前對他的批評者說道：「用你們鋒利的爪子緊緊抓住我不放吧！我需要你們告訴我哪一個樂段不好聽。我不是來聽

---

148 廷代爾（William Tyndale, 1494-1536），英國 16 世紀著名的基督教學者和宗教改革先驅，被認為是第一位清教徒。

149 大衛·李文斯頓（David Livingstone, 1813-1873），英國探險家、傳教士，維多利亞瀑布和馬拉威湖的發現者，非洲探險的最偉大人物之一。

你們讚美的。」

約翰·亨特[150]認為，一個外科醫生的醫術是否會進步，關鍵在於他有沒有勇氣在公開成功病例的同時，也把自己的失敗公之於世。

皮博迪說：「人在年輕的時候要懂得一個道理，任何東西都不是可以輕易得到的，任何目標都不是可以輕鬆達到的。極少有人能夠不遭遇一點困難，不經歷一點失望，就能達到夢想中的那個位置。如果正確地對待困難，你會發現它們其實並不可怕，反而會是你成長的助力。沒有比克服困難、翻越障礙更有益的運動了。」

據說但丁對佛羅倫斯更換市長一事耿耿於懷。經過了10個世紀的民族失語，接下來的10個世紀（或許更長），將不再聽到但丁的《神曲》（*Divine Comedy*）。

塞凡提斯（Miguel de Cervantes）在馬德里監獄完成巨著《唐吉訶德》（*Don Quixote*）。他寫作的時候窮到連紙都買不起，不得不在一些沒用的皮革碎片上繼續寫作。某個很富有的西班牙人拒絕對塞凡提斯伸出援手，並回應道：「是上天決定要苦其心志的，他現在貧困潦倒，世人得到的精神財富就越多。」

「永不停息地戰鬥，在逆境中奮起搏殺，才能獲得成功，在事業上有所建樹。」

「她歌唱得不錯。」某知名音樂家如此評價一位有潛力但缺乏熱情的女歌唱家，「但她還可以獲得更大的成就。如果我還沒結婚，一定把她追到手，然後娶她，再欺負她，讓她為我心碎。這樣等到第六個月，她將成為全歐洲最炙手可熱的歌唱家。」

貝多芬如此評價羅西尼：「他很有天賦，只可惜沒有受過苦。生活的

---

150　約翰·亨特（John Hunter, 1728-1793），蘇格蘭外科醫生、科學家。

安逸和富足都表現在他做出來的曲中了。」

我們為了追求心中的理想，拚盡了全力。馬丁·路德也一樣，把事業做到最好，不斷修練自身的人格，儘管還因此得罪了教皇。晚年時，他的妻子問道：「我們還在天主教會的時候，是多麼地虔誠啊，幾乎天天都去教會。為什麼現在反倒冷淡了呢？」

艾爾登[151]窮困潦倒的時候，瑟洛公爵[152]反而收回承諾，不推薦他擔任破產委員會的專員，認為不向艾爾登伸出援手更是為了他好。艾爾登表示理解：「他知道我天生懶惰，除非萬不得已，絕對不會勤奮的。」

沃特斯說，在追求知識和提升自身修養的路上，人的思想、能力、把持力和判斷力都有所加強，而且能變得更加獨立，也更有思想，更有品格的力量。

「慷慨的神靈恩賜予人類風暴的洗禮，」愛迪生說，「給了人類發揮潛能的機會，讓我們得以發揚美德，安心享受怡人的季節和生活的寧靜。」

溫室裡的植物過於嬌嫩，讓人感覺沒有朝氣。不像長在田野上的穀物和水果，搖曳在陽光下、微風中；或者是奔跑在草原上的牛群、逆流而上的魚兒。這些才是自然界的食物來源。用路邊那些不需要照料的花朵提煉出來的香水更精純，用森林裡經歷風吹雨打生長起來的樹木才能作為建造神廟和輪船的材料。

愛默生說：「我不明白為什麼有些人能夠放棄鍛鍊他們意志和身體的活動，他們明明就有機會參加的。這些經歷對於人生而言，就像珍珠和寶石一樣珍貴。只有經歷過無休無止辛苦工作的人，經歷過災難和生活貧困的人，曾經有過怒氣填胸的人，才能增長智慧，修練口才。真正的學者視浪費機會為力量的損失。」

---

151　艾爾登（Lord Eldon, 1751-1838），英國律師、政治家。

152　瑟洛公爵（Lord Thurlow, 1731-1806），英國律師、政治家、大法官。

科蘇特[153]認為自己的靈魂因「暴風雨的吹打」而變得堅強，眼神因「苦難的折磨」而越加鋒銳。

班傑明·富蘭克林逃離了家人的庇護，喬治·勞[154]曾被拒之門外。他們才華橫溢，並於早年便學會了如何戰勝困難。

小鷹具備飛翔的體魄時，其父母便將他們推出鳥巢，讓牠們自己學會飛翔。這種粗暴的訓練方法使得小鷹長大後成為當之無愧的空中鳥王，能夠快、狠、準地捕捉到獵物。

那些曾經遭受過同伴擠兌的男孩更容易獲得成功。而從來沒有這種經歷的男孩反而不容易出人頭地。

「失敗而非成功使我變得堅強。」年邁的西登漢姆·波伊茲[155]說道。

從人類有歷史記載伊始，希伯來人就不斷遭受迫害。儘管如此，他們仍能為這個世界貢獻出最神聖的詩歌、充滿智慧的格言以及曼妙無比的音樂。迫害給他們帶來更多的是民族的繁榮。他們能在其他民族倒下的地方站起來，並成為其他國家的脈搏之源。「艱難困苦就像降霜的春晨，凍死了害蟲，反助植物更好地存活下來。」

在克里米亞戰爭中，一枚大炮擊中了城堡，摧毀一座美麗的花園。就在一片狼藉中，一股溫泉從地下噴湧而出，後來人們把它建成一座活噴泉。從戰爭帶來的滿目瘡痍裡，竟也能噴出快樂的古老泉水。

不要為了失去的財富傷心。上帝也不敢保證不會出現更大的驚喜。不要太糾結於失去的東西，要站穩雙腳，集中精力修練自己的人格。每個人都是未經雕琢的鑽石，只有像貧窮一樣的打擊，才能磨出鑽石的光芒。

生命最飽滿的旋律，是由苦難和對原則的堅持共同譜寫出來的。經歷

153　科蘇特（Kossuth, 1802-1894），匈牙利革命家、政治家，匈牙利民族英雄。

154　喬治·勞（George Lan, 1806-1881），美國金融家。

155　西登漢姆·波伊茲（Sidenham Poyntz, 1598-1663），英國內戰中著名的勇士。

過霜凍、大雪、暴風雨和閃電打擊的種子，才能夠成長為一棵強壯的大樹。嚴冬和漫長的酷夏一樣不可或缺。一粒橡實拚命地汲取成長所需的營養，並不斷地與大自然抗爭，最後才能成為有用的木材，用於建造船隻。沒有經歷過風雨的人沒有毅力，經不起打擊，很容易放棄原則，他們很難收穫到什麼好成果。最結實茂盛的樹木不是長在熱帶雨林裡，而是經過風吹雨打、霜寒嚴冬的樹木。

很多人直到失去了所有才真正找回自己。失意讓他們重新審視自己。苦難和挫折是一把鑿子和錘頭，把經得住捶打的人生打造成奪目的佳作。山腰上的岩壁總在埋怨施工的吵鬧，認為火藥的爆炸聲打亂了它千年來的寧靜。它不喜歡施工工人在它身上鑿來鑿去的。可是從它身上取下的石頭都變成美麗的雕像和石碑，可以留傳千年，向一代又一代的人類講述它們如何脫胎換骨的故事。

如果這些雕像沒有經歷過轟炸、捶打和打磨的痛苦，永遠都只能是一塊大理石而已。只有經受過人生的磨難，我們才能到達更高的人生境界。

遭遇了時運逆轉或巨大苦痛的人，才能散發出平靜耐心的可愛素養。

很多商界的成功人士無不經歷過失去一切甚至健康的不幸遭遇，但正是這些不幸造就了他們更大的成功。沒有經歷過人生磨難，沒有遇到過艱難困苦的人，是不會看到生命天使的。

一道閃電把他最後的希望都擊碎了，卻給他打開了一道新的裂縫，為他呈現一片嶄新的世界。

連最大的希望都被葬送到了墳墓裡後，往往能激發一個人從未在身上出現過的特質：耐心和堅毅，並重新燃起了新的希望。

艾德蒙．伯克[156]說：「逆境是人類的良師益友。它比我們更了解我們自

---

156　艾德蒙．伯克（Edmund Burke, 1729-1797），愛爾蘭政治家、作家、演說家、政治理論家和哲學家。

己，也更愛我們。它磨練我們是為了使我們的心理變得更堅強，能力變得更強大。我們的敵人是它的助手。它給我們設置困難，逼迫我們去更加地努力。因為它的存在，我們不再膚淺。」

素養高尚的人不會因為困難險阻就輕易拋棄自己的原則。他們不會跌倒了就起不來，任何苦難都只能使他們變得更加強大。

卡斯特拉說:「如果不是遭遇不幸，薩佛納羅拉[157]只能是一位好丈夫、好父親，卻不能在史冊上留名，不能在時間的沙漏上留下痕跡，在人類的靈魂上留下印跡。事實上，他沒有逃過命運的魔爪，他傷透了心，他的靈魂已經沉浸在深深的悲哀之中，陰鬱的藤蔓爬上他的眉頭，他因此而不朽。他把人生的希望都寄託在他愛的人的身上，他的生命就是為了擁有她而開始的。然而，因為貧窮，因為，她的父母拆散了他們。他相信，死亡很快就回來奪走他的生命，他不知道的是，伴隨著死神的，還有永生。」

偉人大多出身卑微。據說從貧民窟裡走出來的天才和名人，要比從皇宮裡走出來的多一萬倍。

奧佩靠鋸木為生，卻成了皇家藝術學院的一名教授。他 10 歲時只能爬到屋頂上作畫。安東尼奧·卡諾瓦[158]的父親是當臨時工的。托爾瓦森[159]的家同樣很貧窮，但他的父母是靠自己的雙手賺錢養家的。阿克萊特[160]從前是個理髮師，他跟他們一樣都是從社會最底層崛起的。班揚曾經當過補鍋匠。威爾遜則當過補鞋匠。林肯鋪過鐵路，格蘭特製過皮革。他們都在各自的領域做得很出色，最後成為著名的發明家、作家、政治家、軍事家。

在逆境中，蠢人發怒，懦弱者嘆氣，智者和勤者卻能充分調動其潛

157　薩佛納羅拉（Girolamo Savonarola, 1452-1498），義大利道明會修士，曾任佛羅倫斯的精神和世俗領袖。

158　安東尼奧·卡諾瓦（Antonio Canova, 1757-1822），義大利新古典主義雕塑家，他的作品標誌著從戲劇化的巴洛克時期進入到以復興古典風格為追求的新古典主義時期。

159　托爾瓦森（Bertel Thorvaldsen, 1770-1844），丹麥雕塑家。

160　阿克萊特（Richard Arkwright, 1732-1792），英國第一家紡織廠創辦者，發明了水力紡紗機。

力，謙遜者則借助機會鍛鍊自己，富貴子弟望而卻步，懶散者卻變得勤勞起來。成功和財富往往都不能使人感覺到自身的價值和快樂。逆境好比大海上的暴風雨，激發人的靈感和才能，磨練人的毅力和技能。古代的殉道者，也需要外部的災難激發他們對崇高理想的追求，為了英雄主義犧牲生活的舒適和生命的安全。如果一個人長年累月都生活在晴朗的天空下，就會變得像八月的大地一樣，又乾又裂，無法播種。人需要一點挫折讓自己成長。生活中沒有陰霾的朋友可以到那些被貧窮和疾病纏身的家庭走走，成長一些社會見識。越是黑暗的地方，就越能顯示出鑽石的光芒。不要到處跟別人述說你的不幸，因為沒有人會喜歡和不幸者為伍的。

貝多芬創作出最偉大的樂章時，雙耳幾乎完全失聰，他的生活籠罩在一片悲傷之中。席勒在身體忍受巨大痛苦的時候完成了他最好的作品。15 年來，他的病痛就從來沒有間斷過。彌爾頓在寫作《失樂園》的時候，不僅生活貧困，而且疾病纏身，雙目失明。然而他還能說出「磨難成就偉大」的話來。班揚說，如果上帝允許，他祈禱賜予他更多的麻煩，而不是享受。

帕森博士[161]躺在病床上時微笑地問道：「您知道上帝為何讓我們挺直腰桿做人？」來探病的朋友回答道：「為了讓我們可以向上展望。」另一個朋友說：「我們來不是為了安慰你的，我們是希望和你分享快樂的。在我看來，現在還沒到傷心的時候。」帕森說：「我很高興你能這麼想。我已經很久沒有聽到別人對我說這樣的話了。事實上，我並不需要別人來安慰我，但每個人都堅持認為我需要更多的安慰。而當我身體還健康的時候，身為一名成功的牧師，我卻更需要別人慰問的話語，然而大家都忙著恭喜我和奉承我。」

德國有一名騎士決定造一把巨無霸的伊奧利亞豎琴，便把琴弦繫在城

161　帕森博士（Edward Payson, 1783-1827），英國公理會牧師。

堡的兩個塔尖上。然而等琴造好了，卻沒人彈得響它。後來起了一陣微風，騎士隱約聽到遠處傳來音樂的聲響。暴風雨襲擊了他的城堡，用塔尖造成的豎琴經過大自然的手彈出了激昂美妙的音樂。

當可怕的瘟疫奪走了數以萬計人類的生命，一場大火吞噬了寒磣邪惡的倫敦小鎮，一個更大更偉大的城市如同鳳凰涅槃般，從這片廢墟中崛起。

火蜥蜴在熊熊燃燒的火爐裡生活得更好。

奧爾賓·圖吉[162]說：「每個富翁都有過破產的經歷。格蘭特還在當中尉的時候，因為一次失敗把自己推向將軍的位置。而我的一次失敗則讓我成就了從來沒有想過的事業。」

在人生的戰場上，我們召集志願軍消除無知和謬誤，並在軍營高高豎起知識和真理的旗幟。帶著希望，把擋在你前進道路上的障礙一一消滅吧。將你做人的原則高高豎起，帶著堅定的步伐和無畏的目光，穩步前進！

困難和汗水造就了男子漢，而不是一帆風順和舒適的生活。苦難是成功必須付出的代價，人格也在此過程中慢慢形成。很多偉大的詩歌都「產於苦難的搖籃，並在苦難中學習，以詩歌的形式吟出」。

拜倫 19 歲就發表了第一部著作：《閒暇時刻》。他在著作受到嚴厲批評後，便痛下決心要在文學界做出一番成就。麥考利[163]評論拜倫道：「歷史上從來沒有一個人能像拜倫一樣，在如此短的時間內取得如此令人矚目的成就。」僅過了幾年，拜倫便和斯科特、索西以及坎貝爾等名人齊名。同樣，還有很多雄辯家也是在別人的嘲笑聲中受到了刺激才發憤努力取得成功的，如「口吃的傑克·庫蘭」以及「演說家鼻祖」。

162　奧爾賓·圖吉（Albion W. Tourgée, 1838-1905），美國律師、作家、政治家、外交家、民權活動家。
163　麥考利（Thomas Babington Macaulay, 1800-1859），英國詩人、歷史學家、輝格黨政治家。曾擔任陸軍大臣和財政部主計長。

我們處於一個不用自己思考的時代，隨處可見「幫助你解決 ×× 問題」的廣告。研究所、學院、大學、老師、書籍、圖書館、報紙、雜誌等都為我們把思考這件事做好了。我們的每一個問題都能找到最佳的解釋和解決辦法。我們的學生常常在學校接受老師灌輸的知識，卻很少自己去學習。這個世紀的人們總想找到解決問題的「捷徑」。為了輕鬆學完大學課程，很多學生喜歡耍點小聰明。我們從報紙上了解政治，從教堂的布道了解自己的信仰。世人已不再流行自行解決問題和學習知識了。上帝似乎已經解除了伊甸樂園對人的禁忌，重新收回世間的苦難，發揮其神奇的力量讓人類重返無憂無慮的樂園。

然而千萬不要誤會上帝的意圖。他解放了我們肉體的勞累，是把工作交給了大腦和心臟。他減輕了我們身體上的負擔，是想讓我們追求更高尚的目標。

最堅強的個性和最美麗的心靈都不是在溫暖的氣候下成長起來的。相反，它們是在一片貧瘠的土壤和惡劣的氣候中得到鍛鍊。如果每天只付印度農夫一個便士以及美國工人一美元的薪資，墨西哥即使礦產豐富經濟也不會發達，新英格蘭即使只有貧瘠的岩石和冰川，也照樣富裕。因為環境的逼迫必須去努力，因為貧窮的刺激必須去奮鬥，人類才能夠堅持下來，走出野蠻，走向文明。因為勞動，人類才知道世界有多廣闊，才造出了美麗的花園。

正如雕塑家看到一塊大理石，眼裡看到的不是一塊石頭，而是石頭裡蘊藏著的天使，而大自然同樣也只在意人類的那副臭皮囊裡裝著的人性。對於這塊石頭是否價值連城，雕塑家是一點也不想知道。同樣在大自然的眼裡，人類的肉體也只是一副呼吸的泥娃娃罷了。如同雕塑家會把除了裡面的那個天使外的其他部分通通摒棄，大自然也一樣會無情地剝掉外在的東西，專注於把我們的內在打造好。我們的錢財、驕傲、野心、榮譽，在修練品格面前都變得無足輕重。大自然將想盡一切辦法激發我們潛在的人性。錢財、地位和榮譽都只是身外物，素養好才是最重要的。

人類被創造出來不是為了舒適、愉悅或者幸福而活的。大師之所以為大師，是因為他們的畫作把人這個主題很好地表現了出來。在畫布上，一切都是圍繞這個主題而設置的。樹葉、花朵、星星，大自然賦予萬物同樣的意義。

哲學家說：「拒絕鬥爭和痛苦的人不是真正活著。我們活在這個世上，就有無數的責任和義務，不論我們願不願意承擔。世界不會因為害怕吵醒我們而踮起腳尖輕聲走路。它早出晚歸，拿起工具便開始工作。成千上萬的勞動者揮灑著汗水和眼淚，乒乒乓乓便開始了勞動。建造神殿的工人，用勞動的吼叫和捶打充實生命。敵人、仇恨、災難、失敗、狂歡，這些構成了人生，我們無法躲避。而且我們為什麼要躲避呢？我們躺在上帝的鐵砧上，讓上帝把我們打造成更好的人。」

天性樂觀的人，就算遭遇挫折，希望破滅，也保持著自我，從失敗中學習。這樣的人才是真英雄。

> 在我們內心深處，
> 有一股力量，
> 很微弱；
> 然而，天堂的光芒將穿過薄膜，
> 找到隱藏在內的寶石。
>
> —— 赫曼斯夫人[164]

> 「遠方的光芒如此耀眼，
> 照射到雙手卻化爲烏燼；
> 美德誕生於艱苦歲月，

---

164　赫曼斯夫人（Felicia Hemans, 1793-1835），英國詩人。

而不是別人贈予的禮物。」
「偉大的靈魂往往與苦難爲伍，
從傷痛中得到教育，
從挫折中奮發圖強，
就算皺起了眉頭也絕不是因爲運氣。」
不爲別人的冷漠而生氣，
因爲世界本不平坦，
每一次挫折，都是新的開始。

—— 白朗寧

# 第六章
# 堅持一個目標不動搖

找到自己的人生目標，然後窮盡一生去實現它。只要堅持不懈，你總有一天會成為大人物的。

人生如箭/找到箭靶/瞄準目標/拉滿弓/不再遲疑/射箭！

——亨利·范·戴克[165]

是否樹立了遠大的人生目標非常重要，接下來就看天分和毅力了。

——歌德

專注一個目標者戰無不勝。

——查爾斯·巴克斯頓[166]

兩隻兔子都追，都落空！
三心二意者事事無恆心。

——馬登

想成功，首先明確所長、樹立目標，然後堅持之。

——富蘭克林

年輕人在事業上朝三暮四比停滯不前更危險。

——馬登

勤觀察但不見異思遷，人人都能成爲天才。

——鮑沃爾[167]

專注造就天才。

——巴爾札克

米開朗基羅的一位朋友曾經問道：「你為何要這樣孤單地生活？」這位藝術大師的回答是：「藝術是嫉妒的情人，要求占據你全部的身心。」據迪斯雷利說，米開朗基羅在西斯汀教堂工作的時候就拒絕會見任何人。

「那天我們往西航行，因為那是我們的航線。」哥倫布在日記裡每天都記錄下這句話，雖然只有寥寥兩句，但是意義重大。航行的時候希望時隱時現，恐懼和絕望隨時可能因為指南針的詭祕變化降臨船員心中。然而哥倫布依然鎮定自若，毫不動搖地往西行駛，每晚都在日記本上寫下勉勵自己的兩句話。

「再割深一點，」拿破崙的禁衛隊士兵對檢查其傷口的醫生說道，「那樣你才能找到我的心臟。」拿破崙對目標有著堅定不移的信念，是他的執

165　亨利・范・戴克（Henry Van Dyke, 1852-1933），美國作家、教育學家、神職人員。
166　查爾斯・巴克斯頓（C. Buxton, 1875-1942），英國政治家。
167　鮑沃爾（Edward Bulwer-Lytton, 1803-1873），英國小說家、詩人、劇作家和政治家。

著使他永垂不朽，他的名字刻在了巴黎大大小小的石碑上，留給每個法國人甚至每個歐洲人不可磨滅的深刻印象。今天的法蘭西依然臣服在這個名字的巨大魔力下。在塞納河邊，那個神祕的「N」字母，隨時隨地都有可能跳入人們的眼簾。

崇高目標的力量足以創造奇蹟！世界的面貌也因此改變！拿破崙心裡明白，法蘭西不缺偉人，只是他們不知道堅定不移朝一個目標前進的力量。正是依靠這股力量，拿破崙改變了歐洲的命運。他看到了平衡力量的後果，只有強權才是正道，否則千千萬萬的民眾只好生活在無政府狀態中。他以鐵一般的意志緊緊控制住局勢，和威廉·皮特[168]一樣，他從不為擔心成敗費心思。對他而言，沒有偏左或偏右，沒有偏離主道的時候，也沒有空中樓閣。他的目標只有一個，他的目光只注視前方，向前、向上、直奔目標。因此，往往獲勝的都是他。他屢戰屢勝的原因在於目標的明確。他就像取火用的聚光玻璃，把陽光聚集到一個小點，去到哪裡都可以點燃火苗。他成功的奧祕在於集中力。一旦發現敵人的弱點，他馬上集中兵力攻打，招招致命，一波連一波，直到成功攻破。他將集中力發揮得淋漓盡致，不論在生活的細節還是征服整個帝國上，都能夠全心全意地投入對待。然而，物極必反，拿破崙堅持用最強的兵力攻打一個據點，結果反被自己曾經成功的做法打敗了。

當今社會，要成功就要全心全意地往一個目標努力，要有只許成功不許失敗的決心。所有誘惑他忘記目標的欲望都必須強加抑制。

紐澤西的港口雖多，但都窄小，水位也淺，所以整個紐澤西都發展不起船舶運輸業。而在紐約，唯一的海港既寬闊又是深水港，引領了整個美國的船運業蓬勃發展。從紐約港，船隻絡繹不絕地駛往世界各地，而它臨港的小船就只能在附近的海域活動。

---

168　威廉·皮特（William Pitt, 1708-1778），英國輝格黨政治家，曾任英國首相。

頻繁轉行或者換工作的人不會有多大的出息，還不如堅持在一個行業裡打拚，即使工作卑微，總有一天會闖出名堂並撈到金塊的。

即便是有著活躍大腦的格萊斯通，也不敢說自己可以一心二用從事兩份職業。他把全部的精力都投入到現有工作當中，就連娛樂都離不開工作。像格萊斯通這樣的天才都需要集中精力做一份事業才能成功，我們這些普通人又怎能三心二意呢？

偉大之人多能集中精力、心無旁騖地做好一件事。維克多·雨果在西元 1830 年法國大革命期間創作《巴黎聖母院》，當時戰火都燒到他家門口了，子彈嗖嗖地飛過他家花園。雨果豎起衣領，兀自一人躲在房間裡繼續寫作，整個冬天都包裹在毛毯裡寫啊寫，任憑外面怎樣喧鬧都不動搖，他把生命全都傾注到作品裡。

天才靠的是精神的集中。林肯小時候專心聽過的布道長大後仍然可以一字不落地背出來。奧利弗·溫德爾·霍姆斯博士還在安多弗讀書的時候，學習起來眼睛一眨不眨地盯著書看，那認真的程度就好像在看一份百萬遺囑似的。

某廣告商寫信給一個紐約運動員，請教如何才能不讓獵槍走火，並附上 25 美分求解答。該運動員回信道：「你只放一顆子彈，就不怕獵槍走火啦。」

專心做好一件事情的人在這個世界才會走得更遠。哪類演員最受歡迎？是把一生都奉獻給《李伯大夢》的傑佛遜，是一心一意把一個角色扮演好的布思、歐文和基恩，而不是那些什麼角色都想嘗試的膚淺演員。專心從事自己所長，不容易受外界影響的人才能成功。就像愛迪生、莫爾斯、貝爾、豪、史蒂文森、瓦特……亞當·史密斯，花了 10 年時間寫成《國富論》（*The Wealth of Nations*）；吉朋（Edward Gibbon），用了 20 年創作《羅馬帝國興衰史》（*Declineand Fall of the Roman Empire*）；大衛·休謨

(David Hume)，每天工作 13 個小時創作《英格蘭通史》；韋伯斯特，36 年的時間才完成字典編撰工作；班克羅夫特(George Bancroft)，用 26 年完成《美國史》(*History of the United States*)；菲爾德，在全世界的嘲笑聲中 50 次穿越太平洋，只為鋪設一條纜線；牛頓，把他的《古王國編年史》(*The Chronology of Ancient Kingdoms, Amended*) 修改了 16 遍；格蘭特，呼籲人們「花一個夏天解決一個問題也在所不惜」。他們，都是在史冊上留名的偉人。

只擅長一件事情的人往往比多才多藝的人成就更高，因為他們一心一意從事自己所擅長的領域，而後者把精力分散，從來不知道自己想要做什麼。最弱小的生命，只要能夠集中精力做好一件事，同樣能有所作為。最強大的人，什麼都想嘗試，結果一事無成。柔軟的水滴就是因為連續不斷地從一個方向擊打石頭，才能穿過堅硬的石頭。卡萊爾指出，風暴儘管肆虐，但一陣咆哮過後，身後什麼都沒有留下。

偉大的目標不是一蹴而就的，在生命的長河中，它是一塊磁鐵，把所有的金屬都吸引過來。

揚基佬懂得多種不同的打結方法，而英國水手只知道打得最結實的一種。而正是這種只專、精一門技術，心無旁騖只朝一個目標前進的人，才能穿越一切障礙、抵制一切誘惑向前進。培根那個上知天文下知地理的時代早已一去不復返，像但丁那樣能夠一人打敗巴黎大學十四才子的天才不再誕生。一人能精通 12 門學科的時代已經成了歷史。在我們的世紀，只有專業才是真正的王道。

科學家認為，只要把所有陽光都集中起來，在不到 50 英畝的太陽能板上，就足夠給全世界的機器提供運轉所需的動力。然而太陽是移動的，因此地球才不至於陷入一片火海。只要用一塊凸透鏡把部分陽光彙集起來，就足以熔化堅硬的花崗岩，把鑽石變成氣體。很多人擁有各方面的才能，卻不懂得融會貫通。所謂的「全才」或「通才」其實是最無用的。他們不能把所有才華都用在一件事上，所以才有成功與失敗的分別。

到過維也納皇家陵墓的旅行者告訴我們，奧地利那個絕望心碎的國王約瑟夫二世的墓誌銘上刻著：「這裡躺著擁有雄心壯志，卻一事無成的王。」

詹姆士·麥金托什爵士[169]能力超凡。每個認識他的人都對他抱有很高的期望。大家都很關心他的發展，滿心期待看到他震撼世界。然而他的人生漫無目的，時時滿腔熱情地幻想做出一番大事業，每次都在做出決定之前熱度消失了。他性格上的這個致命弱點使得他的人生漫無目的，結果一事無成。他太過於貪心，缺少恆心，無法為一個目標犧牲別的精彩。他甚至在寫一篇文章的時候花了幾個星期的時間決定是用「用處」還是「用途」。

把一種才能用在一件事情上，遠比擁有十項才能用在十件事上要成功。在步槍槍管裡加入一點點火藥，子彈就可以很有力地射出去。火藥加得太多了反而不利。火藥的威力要透過槍管發出，否則，加再多的火藥也沒用。學校裡最平庸的學者往往比那些才華橫溢的人在事業上做得更出色。因為他們能力有限，只能專心從事一個方向的研究，而後者因為多才多藝，從不甘心放棄其他可能美好的前程。

埃德溫·惠普爾[170]說：「真正的自信不是自欺欺人，而是全心全意投入到對一個夢想的追求中，甚至超越了對危險和死亡的恐懼，以近乎超人的力量堅守信念。」

世人常以為過於專心的人可笑，然而改變世界的正是此類人。在任何事情都求專求精的今天，沒有唯一目標、無法把全部熱情投入到一個理想

169 詹姆士·麥金托什爵士（James Mackintosh, 1765-1832），蘇格蘭大法官、輝格黨（Whig Party）人、歷史學家、哲學家和政治理論家。

170 埃德溫·惠普爾（Edwin Percy Whipple, 1819-1886），美國散文作家。

上的人，不可能取得多大的成就。希望取得舉世矚目成就的人，必須打破現有文化的傳統，推陳出新，拚足馬力完成一項改革創新。搖擺不定在 19 世紀是沒有前途的。「善變的想法」是很多人失敗的原因。這個世上充滿了形形色色的人把生命浪費在無意義的事上，就好比費力氣搖下空桶到一口空井裡取水。

「A 君常常取笑我頭腦簡單，知識面不足。」美國一位年輕的化學家說，「他懂得很多事情，上天入地無所不談，而且立志樣樣精通。而我只知道，如果想在事業上有所突破，就必須把全部精力投入到一件事上。」這位年輕的化學家，曾經只是一個默默無聞的教師，在鄉下一間小木屋裡靠著松木燒火照明學習。幾年過後，他得以在伯爵面前表演電磁實驗，不久升任英國最大科學研究所所長。他便是亨利教授，後來到華盛頓史密森學會工作。

道格拉斯·傑羅爾德認識一個人，他學過 24 種語言，卻不會用其中的任何一種來表達自己的思想。

歌德說，對於沒有希望取得更大進步的領域，我們應該放棄。如果我們執意勉強自己，結果只能自怨自艾，為自己因此浪費的時間和精力痛心。古語說得好：「只需精通一門手藝就可養活一大家子，學得再多也只會把自己餓死。」

瞄準一個目標的人才能成功。能夠在史冊上留名的都是目標明確專一的人。他們聚集所有能量在這個目標上，以至於他們的名字都深深地刻在載滿榮譽的羊皮卷上。愛德華·埃弗雷特才華橫溢且能力超凡，卻連朋友的期望都無法達到。他涉獵廣泛，每個國家的文化都略知一二，但他沒有做出什麼偉大的成就，他的名字不像加里森或菲力浦斯那樣留在世人的記憶中。伏爾泰把法國人讓·阿爾普比喻成一個不斷加熱卻煮不熟食物的烤爐。哈特利·柯勒律治[171]才華蓋世，卻和詹姆士·麥金托什爵士一樣，缺乏明確的人生目標。因此，他的一生只能以失敗告終。他就像水一樣隨著地勢的高低流動，沒有定性，什麼都做不成。他的叔叔索西這樣評價他：「柯勒律治毛手毛腳的。」一旦離開他自己的小天地，他就變得異常羞怯，連拆開一封信雙手都不住地在發抖。他雖然常常暗下決心重整旗鼓，讓那些忽視他的人對他另眼相看。遺憾的是，和麥金托什一樣，直到生命走完，他仍然只是一個「前途無量」的潛力股。

世界往往只為有目標的人敞開大門，如俾斯麥和格蘭特。瞧瞧魯弗斯·喬特[172]是怎樣打動陪審團的。他不厭其煩地一遍遍宣傳自己的思想，逐一打破陪審團的心理圍牆，直到所有人都認同他，都被他所感染，最後看他所看，思他所思，感他所感。他鍥而不捨，直到所有人都接受他的思想，他用自己的個人魅力滲透進別人的生命。他緊緊抓住目標，說的每一句話都圍繞了一個目的。他的言辭很有說服力，他的邏輯無懈可擊。他曾經對年輕的律師說：「無論如何都得先打動陪審團。就算是顛倒黑白也要使他們相信你說的話。接下來再盡最大的努力和法官周旋法律層面的問題。」

成功人士往往都是善於制訂計畫的人。他們先做好規劃，然後嚴格執行。成功人士總能一往無前地朝一個目標前進，就算半路遇到無法翻越的障礙，他也會想盡辦法鑿開它。持續不斷地為一個目的運用自身的能力能夠給予人力量，而漫無目的只能損耗自身的才華。我們應該專注於一個目標，否則將像失去平衡的機器一樣，四分五裂了。

專注做好一件事的能力，不管是受過高等教育的人，還是有才華高智商的人，還是各行各業的普通人，都應該掌握的。拿破崙在帶兵操練的時候，比任何一個兵都更專注。

---

171 哈特利·柯勒律治（Hartley Coleridge, 1796-1849），英國詩人、傳記作家、散文家、教育家。
172 魯弗斯·喬特（Rufus Choate, 1799-1859），美國律師、演說家、國會議員。

堅持一個目標就是勝利。經常換工作的人永遠不會成功。某年輕人在服裝店做了五六年，得出的結論竟是自己更適合到雜貨店工作。他輕易地就放棄了自己用寶貴的 5 年時間換來的工作經驗，轉到另一個完全用不上這些經驗的行業重新開始。他的大半輩子都在重新學習新的行業知識，不記得曾在某行業花了幾年時間累積而來的工作經驗是用金錢換不回來的。不精一門專業，什麼都只學了半吊子的人，不可能過上富裕成功的生活。

有多少年輕人能夠對一份工作堅持下來，在打算放棄跳槽前有所成就。我們總能看到別人工作的輝煌，卻只能看到自己職業的荊棘。一位從商的年輕人走在街上，看到坐馬車拜訪病人的醫生，就理所當然地認為醫生這個職業既輕鬆收入又高，相比自己的職業，又枯燥又困難重重。他一點也沒有想到這個醫生從醫前花了多少年寒窗苦讀，學習枯燥無味的解剖學，背誦數不清的藥名和專業詞彙。

科學家告訴我們，在自然界沒有什麼在強聚光的照耀下會不顯得美麗。成為一個行業的專家能使最枯燥無味的細節都變得有趣起來。掌握了一門學科，形成有始有終的習慣，給人以力量和優越感，足以消除工作上單調乏味的部分。我們對工作越上手，就越能感受到其中的樂趣。找到屬於自己的職業並成為專家的人，不論是農夫、木匠，還是雜貨店老闆，都不容易被其他更光鮮的職業吸引，不會願意放棄自己所從事的工作去成為州長或者議員。找到自己的所長並充分發揮，找到自己的位置並遊刃有餘，成功就在你身邊了。

當一個人在工作上達到一定的效率，多產且技術純青，成為炙手可熱的資深人才，他便能感到自己擁有強大的力量。只要能夠達到這種程度，之前在學習和探索上所花費的時間都可以忽略不計了。他在此期間累積了很多工作經驗，結識了很多圈內同行，並樹立起真誠、正直、值得信賴的形象，贏得了別人的信任。他累積了足夠的知識和技巧，擁有足夠的人脈，擴大了影響力，這些便是他獲得成功的祕訣。他建立的信用，結下的友誼，塑造的形象，幫他獲得創業的資金，登上通往財富的高速公路。如果年輕人各行各業都涉獵不深，在成為專業人才前便半途而廢，永遠不可能獲得成功。他之前的經歷完全浪費了，不能為他將來的事業所用。

往往成功人士一生只經營一份事業，而不像現今許多年輕男女一樣，頻頻跳槽，今天從事這個行業明天又跳到別的行業去。雖然他們換工作就像扭轉開關一樣容易，但沒有哪兩種職業是相通的，就好比修路，不是每條路都適合同一輛車行駛的。今日的美國，這種現象尤為普遍，以致年輕人見面時第一句話就是：「你現在在做什麼工作？」因為他不確定這個朋友自上次見面後又換了什麼工作。

有人就說，那麼我們只要堅持下去就一定成功？這種想法也是錯誤的。如果不擬訂計畫，盲目地堅持，不比不帶指南針就出海愚蠢。行駛在半途方向舵壞掉的船隻，不願意放棄前進，隨便一個方向就向前行駛，就算燃料充足，也總有用完的一天。除非受到了命運的眷顧，否則到達港口的希望極其渺茫。就算幸運地靠了岸，船上的貨物也不一定適合那裡居民的需要。我們在行駛船的時候，應該方向明確，把船上的貨物運到一個有市場的口岸。明確了正確的方向後我們才應該堅持下去，不論颳風下雨都繼續朝目的地前進。想要得到成功的人就不要在茫茫的人生海洋上盲目飄蕩。他不僅要在風平浪靜或者順風時候保持前進的速度，即使遇到風暴襲擊，大霧迷眼的天氣，也一樣堅持既定的方向向前行駛。丘納德號油輪就從來不為惡劣天氣而停止航行。在險象環生的海上，他們只朝一個目的地航行。不論天氣如何惡劣，遇到怎樣的困難，他們總能在既定時間裡到達目的地。人們可以確定，如果船是要開往波士頓的，它絕對不會在薩姆特要塞或者桑迪岬靠岸。

在南美草原上，生長著一種花，不論颳風下雨，它的葉子永遠都朝向北方。旅客如果沒帶指南針或旅行圖，一旦迷路了找到此花就一定能重新找到方向。有很多目標明確的人，無論遇到多大的困難，遭遇多大的反對，都不會退縮或動搖，人們可以十分確定地預知到他們最終的結果。他們會因逆風或逆流延遲了到達口岸的時間，但他們不會放棄，也不會改變方向，繼續朝既定路徑前進。可以確定的是，無論他們失去什麼，都會握緊指南針和方向舵。

這種對目標執著的人，不論是被風暴吹離了航線，還是船上的桅杆倒在了甲板上，抑或受盡生活的打擊，灰心失望，他心中的指南針依舊指向北極星的方向。任憑如何不幸，他都不會放棄目標。航行至目的港口，即使船已是破敗不堪，也總比聽任命運的安排，毫髮無損但隨風飄蕩至不知名的港口強。

幫助漫無目的的人生找到方向不容易，因為沒有明確目標的人生早已迷失在茫茫空虛的夢幻之中。我們隨處可見遊手好閒吊兒郎當的人，或者瞎忙碌卻不知道在忙什麼的人。給自己制定一個積極向上又可以達到的目標，就不會茫然亂撞。在理想面前，一切的失望、不滿都微不足道。有了目標，過程就算再枯燥辛苦也讓人覺得有價值，對自己的懷疑和否定，很快就能隨風逝去。有目的地工作才有動力和熱情，也才能做得好。不斷樹立更大的目標，工作才有意義。

僅僅幹勁十足是不夠的，人要成功還必須目標堅定。當今世上最常見的莫過於一事無成的天才。「浪費天賜的才華」甚至成了一句俗語。每座城市都不乏受過高等教育卻過著平庸生活的人。發揮不出作用的教育和才能毫無價值。在這個時代，樣樣都懂一點等於什麼都不懂。法國巴黎有一位卡納德先生聲稱自己「會記帳目，會寫花語，還會炸馬鈴薯」。通才永遠都不可能成為某個領域的專家。

這個時代需要能夠專注於一份事業，不因此失去自我或者變得眼光狹隘的年輕人。全心全意投入到對理想的追求中，是教育、天賦、才能甚至勤奮都無可取代的。沒有目的的人生注定不會成功。如果這些才華和能力得不到用武之地，又有什麼意義？如果木匠手藝不精，他就算裝備再精良也無濟於事。受過碩士博士教育又怎樣？學富五車又怎樣？沒有發揮的機會，都是無用的。

沒有目標的人很容易被人群淹沒，他沒有個性、軟弱、沒有主見。這樣的人很難在這個世界留下印痕。這種人的個性和思想逐步被大眾所同化，很輕易地就被淹沒在人群中迷失了自己。

「人生苦短，若想成就一番偉業，就必須調集一生的精力忘我地工作，在那些貪圖享樂的人眼中，這樣的人像是瘋子。」

皮特的政治生涯便是最好的例子。從小開始，皮特就夢想成為像他父親一樣的政治家。他早早就全心全意地為這個目標做準備，大學畢業後就成功進入了眾議院工作。一年時間便當上英國財政大臣，兩年後當選英國首相，一做就是 25 年。他對任何跟政治無關的事情都毫不關心，不談情說愛，不迷戀藝術，不閱讀文學作品。他的生活只為一個目的，就是把國家管理好。他把他的靈魂和所有的熱情全都獻給了政治。

郵票之父羅蘭·希爾[173]對英國首相說：「想想看吧，陛下，僅是給愛爾蘭寄去的一封信，再從愛爾蘭寄回來，就花掉了我們國民五分之一的週薪。對民眾寄信權利的限制，也就是鼓勵他們變得關閉心門，減少和親朋好友的聯絡。」羅蘭很清楚，一封穿越 404 英里（1 英里＝ 1.609344 公里），從倫敦到達愛丁堡的信件只需花費十八分之一美分，而政府卻要收一張薄薄的紙張28美分的運費，如果再多附一張紙，價格又要上升一倍。雖然遭到了郵政部門的強烈反對和指責，羅蘭毫不動搖，最終於西元 1840 年 1 月 10 日成功在全國推行 1 便士郵寄服務。他擔任推介這項改革的使

---

173　羅蘭·希爾（Rowland Hill, 1795-1879），英國郵政改革家、郵票創始人。

者，每年獲得1,500英鎊的報酬。羅蘭·希爾的成功鼓舞人心，然而在新政施行兩年末，托利黨首相卻提出要停止支付羅蘭薪資，並獲得議會表決通過。大眾獲悉此消息後義憤填膺，馬上就為羅蘭募集了6,500美元。最後，在維多利亞女王的要求下，國會再次通過投票表決，同意支付羅蘭每年11萬美元的生活費。

基督也認為，人只能將一生奉獻給一項事業。他說：「一僕不能事二主。」我們的熱情和精力，只能消耗在對一個目標的追求上。與目標無關的事情，很難再全心全意地對待之。我們可以同時制訂幾個計畫，但只能服務於一個最高目的。

人生正是因為有了目的才有意義。為了這個目的，我們集中全力，克服自身的軟弱不足，調動一切力量為實現目標奮鬥。

「繪畫是我的妻子，作品是我的兒女。」米開朗基羅被問及為何不結婚時如此回答。

「半吊子」的人膚淺無用。什麼都知道一點，卻什麼都不真正了解的人又有多大用處？「保持雙眼向前看，腳下走過的都成了路，不要向左偏，也不要向右偏。」聖保羅力量的源泉正是其矢志追求的理想。因此任何困難都嚇不倒他，甚至連羅馬皇帝都不能使他緘默，牢獄之苦不能使他屈服，任何障礙都嚇不倒他。他對信仰的狂熱追求，對人類的影響持續了好幾個世紀，並永不熄滅。

甘必大[174]到巴黎念大學前他的母親囑咐道：「努力學習，將來成了大人物再回家。」這個年輕人衣衫破舊，錢只夠租一間小閣樓學習生活，貧窮壓得他難以喘氣。然而，他下定決心一定要闖出一番事業來。年復一年，他像被綁在書桌旁似的日日夜夜地學習、工作，工作、學習，直至

---

174　甘必大（Leon Gambetta, 1838-1882），法蘭西第二帝國末期第三共和國初期著名政治家，曾任內閣總理和外交部長，在普法戰爭中抗擊普魯士，為粉碎舊王朝復辟、建立第三共和國做出了貢獻。

機會向他招手。當時朱爾斯·法夫爾[175]正準備推選接班人，雖然躺在病床上，他仍然選擇了這個毫無名氣，看上去粗俗老土的年輕人接任他的職位，事實上甘必大也完全有能力勝任。他為了得到這個機會不知準備了多少年。他一上任，就發表了一篇前無古人的偉大演說。第二天巴黎的報紙全是對這匹黑馬的溢美之詞。很快全法國人都知道他是共和黨的領袖。對於甘必大而言，這種突如其來的崛起並不出於偶然或者運氣。他一路走來遭受了貧窮的磨難和重重的障礙，但他都堅定不移地朝目標前進。如果他不是準備好了，突然被委以如此大的重任，不鬧出笑話來才怪。昨天他還是一個生活在閣樓裡跟貧窮作鬥爭的無名小卒，今天他當選共和黨的代表人，成為他們的領袖。即使在法國消息最靈通的人都從未聽說過他的名字。他的不羈導致他被神學院開除出校。而僅過去了兩週的時間，這個義大利商販的兒子就成功進入國會，為法國推翻拿破崙帝國，建立共和國貢獻了力量。

路易·拿破崙兵潰色當（Sedan），把國家拱手讓給普魯士人。普魯士軍隊占領巴黎，甘必大冒著極大的危險乘坐熱氣球逃出城，幸運地躲過了敵人的槍林彈雨，在亞眠著陸。他不可思議地募集了 80 萬大軍，不但滿足了他們的食宿要求，還親自指導士兵訓練。德國的一位軍官說：「現代史會被甘必大的巨大能量所震撼，他的名字將為後世所傳頌。」當其他年輕人在香榭麗舍大道上悠閒散步，他則在閣樓裡挑燈夜讀度過青春。年僅 32 歲，他就成為法蘭西共和國名副其實的統治者，最了不起的演說家。個人的力量如此強大，即便以前過著荒唐的生活，醒悟過來後一樣可以獲得成功！甘必大的首次演講震撼了整個法國，從此一發不可收拾。他沒有因為突然名氣大增而忘乎所以，反而繼續住在那間發黴的閣樓上，繼續當他的窮人。雖然他的名氣足以助他迅速發財，但他依舊保持兩袖清風。《費

---

175　朱爾斯·法夫爾（Jules Favre, 1809-1880），法國政治家。

加洛報》(*Le Figaro*) 在悼念甘必大一文中寫道:「法蘭西共和國痛失了史上最偉大的人物。」

世上沒有什麼比看到一個熱血青年為了崇高而遠大的理想奮鬥更讓人欣慰。這樣的人注定要成功，他要通過的道路全世界都將為他讓開。意志力堅定的人不論怎樣都能走出一條大道。而那些猶豫不決、沒有目標的人則像漂浮的木頭，四處碰壁，卻又沒有力氣把障礙推開。年輕人為了實現理想斬除一切困難，翻越所有障礙，並能夠把讓普通人望而生畏的困難當成自己前進的墊腳石，這一幕難道不叫人熱血沸騰嗎？失敗是一座健身房，進去得到鍛鍊後出來便擁有了新的力量。而敵人只能增強我們的能力，危險只能增加我們的勇氣。不管遇到什麼，疾病、貧窮還是災難，勇於迎接挑戰的人是絕對不會移開盯緊目標的雙眼的。

「Duos qui sequitur lepores, neutrum capit.」(追求兩個目標的人往往一個都實現不了。)

# 第七章
# 有播種才有收穫

種瓜得瓜，種豆得豆。早年種下了什麼種子，晚年便收穫什麼果實。因此，從一開始就必須走對。

上帝是不會被矇騙的。人播下了什麼種子，就只能收穫什麼作物。

——《迦拉太書》

播種行為，收穫習慣；播種習慣，收穫性格；播種性格，收穫命運。

—— 喬治·博多曼[176]

沒有扶正的樹苗長大成樹後也只能是彎曲的。

—— 波普

習慣是在平時一舉一動中養成的。

—— 莎士比亞

小溪匯流成河，河流奔騰入海；
小小的習慣積少成多後，也會發生質的變化。

—— 約翰·德萊頓

好習慣的形成離不開日常生活裡所接觸到的人、物、事。只有真正道德高尚的人才有資格教導別人遵守道義。

—— 柏拉圖

習慣串成的鍊條常常細小得讓人感覺不到它的存在，然而它又如此牢固，讓人難以剪斷。

—— 山繆·詹森[177]

第一次犯罪愧疚不安，第二次心情坦蕩，第三次輕車駕熟，第四次以此為樂，第五次後便習以為常。久而久之，此人將變得怙惡不悛，不知悔改。死後必入地獄。

—— 傑里米·泰勒[178]

流氓的形成過程大同小異，學會叛逆的那天便是墮落的開始。

—— 馬登

習慣比埃及歷史上任何一種瘟疫散布得都要快。

—— 約翰·福斯特

形成撒謊習慣的人無論怎麼努力，在任何情況下都不可能說出真話。

—— 弗雷德里克·威廉·羅伯遜[179]

我們用色彩編織生命，
在命運的田野上，
收穫播種的作物。

—— 惠蒂爾

176　喬治．博多曼（G.D. Boardman, 1828-1903），美國牧師。

177　山繆．詹森（Samuel Johnson, 1738-1784），編撰了《英文字典》（*A Dictionary of the English Language*），著作了《詩人列傳》。

178　傑里米．泰勒（Jeremy Taylor, 1613-1667），英國國教聖公會牧師。

179　弗雷德里克．威廉．羅伯遜（Frederick William Robertson, 1816-1853），英國神學家。

「陪審團的先生們，現在請你們重新考慮最後的判決。」著名律師坦特登爵士[180]迴光返照時說完最後一句話就永遠閉上了雙眼。拿破崙氣若游絲地喃喃自語道：「我是一軍之首……」然而沒等他說完，對稱霸的野心使他氣憤難平，很快便一命嗚呼了。賈斯特菲爾德在生命彌留之際用一貫謙恭的語氣說完「拿一張椅子給戴羅爾斯先生[181]」就升天了。「年輕的朋友們，千萬不要給自己留下罪惡的案底。」約翰．高福[182]一失足便再也無法翻身。

「當責任成為習慣，習慣便造就美德。大自然的安排是多麼奇妙啊！」

法國的土倫市神祕地暴發了霍亂。醫療隊經過仔細調查，發現病源竟是在政府所屬輪船蒙特貝羅號上工作的兩名水手。蒙特貝羅號多年失修，早已被用來儲放一些廢舊的軍用設備。其中的一些設備曾經屬於在塞瓦斯托波爾病死的士兵。醫療隊還查出，那兩個可憐的水手在把深藏在蒙特貝羅號最裡面的設備移出來時，不幸感染到霍亂病毒，到瓦爾納醫院治療時又傳染給其他病人，導致土倫市霍亂的暴發。這些霍亂病毒在死去士兵的衣物上沉睡了 30 年，重見天日後又繼續危害人間。

都靈的博內利教授被一條風乾了 16 年，浸泡在酒裡長達 30 年的響尾蛇毒傷。不論是好習慣還是壞習慣，都跟這條蛇一樣，不管沉睡多少年，一逮到機會就會死灰復燃，幫助或者傷害我們。在一具四千年前的木乃伊手裡握著的麥粒，播撒到土壤裡再給它們澆水晒太陽，照樣生根發芽煥發生機勃勃。

在傑佛遜的戲劇裡，李伯．凡．文克屢次發誓戒酒，又屢次受不住誘惑喝酒。每次他喝下一杯後都要自我開脫道：「這次不算數。」詹姆士教授於是發表評論諷刺李伯的無數次「不算數」。就像無數人嘴裡輕易吐出

---

180 坦特登爵士（Tenterden, 1762-1832），美國律師、法官。

181 戴羅爾斯先生（Solomon Dayrolles, ？ -1786），英國外交家。

182 約翰．高福（John Gough, 1817-1886），美國禁酒運動演說家。

的「不算數」一樣，都是自欺欺人罷了，他沒有算數可上帝卻是一次不落地全部記錄在案。而在李伯的神經細胞裡，在他的肌肉纖維上，在他身上的每一個分子裡，都清晰地記錄下他的每一次破戒，累積起來形成強大力量擊敗他戒酒的決心。從科學角度上說，我們所做過的一切都不可能徹底抹清。我們的神經系統會記下我們的行為並有規律地不斷重複這一行為。康貝博士說，神經疾病不可能完全治癒，在一定的週期內還會循環復發。「如果我們每天固定在同一個時段進行同樣的精神活動，長此以往就會發現，時間一到，我們自然而然就會進入同樣的精神狀態。」

「教育的最大作用就是使我們的神經系統養成對我們有利的學習習慣。我們的大腦就像銀行，我們把學到的知識和累積的習慣儲存在那裡，定期生成利息，並以此利息為生。因此，我們越早累積好的行為習慣就越好，產生的利息也就越多。而我們對不良習慣的免疫力會不斷加強。」

人的神經系統就像一部有生命的留聲機，比愛迪生發明的機器不知要靈敏多少倍。無論聲音多麼細微，這部留聲機都能感應得到並立即開機記錄工作。這部「活機器」一生當中可能要被徹底改造許多次，但那些記錄下來的東西永遠都不會消失，對主人性格的形成能夠造成一輩子的影響。很多年輕人就像李伯一樣，拿「這次不算」當藉口，以「偶爾嘗試一下就當作試驗」的心理縱容自己。初從鄉下到大城市生活的年輕人這樣說，第一次碰酒精的人也這樣說，「我只在社交場合喝酒。」在美國老家還虔誠淳樸的人們到了巴黎或者維也納也以同樣的藉口放縱自己。「就試一次」摧毀了無數人原本高尚的生活。很多人因此失去平衡墜入邪惡的萬丈深淵。某年輕人問船長：「您既然在這條河上開了 25 年的船，應該對這裡的每一處岩石和沙灘都瞭若指掌了？」船長答道：「不一定。但我知道這條河最深的水域在哪裡。」

為了擺脫這次的困境撒一次小謊也沒有關係，一定下不為例！不就是挪用一點公款嘛，又沒有人知道，等到公家需要用時我會返還的！就放縱這一次，不能作數，晚上睡個好覺第二天又是原來的我！不就是工作上的一點小疏忽嘛，不會造成多大的影響的，而且我平時工作都很細心，一點點小錯誤可以原諒。

年輕人啊，不管你願意與否，做過的事情是不可能用一句「不算不算」就可以當沒發生過。即使是最不起眼的小細節，也被一支鐵筆深深刻在你的記憶中。這位記錄下一切的小小天使就隱藏在我們的身上，它事無鉅細一一盡責地記錄下來。成千上萬件我們本以為忘記的事情，那一幕幕重播真實的畫面，到了我們生病發熱，臨死回憶，或者受到其他強烈刺激的時候又會不自覺地在腦海中浮現。有時過去的點點滴滴會在一瞬間全部閃現，有時則在無意識的情況下影響人的感受和思想，甚至讓人產生一些莫名其妙的衝動。

我們的所作所爲在我們的身體裡培養了一善一惡兩個天使；
它們就像影子一樣永遠伴隨左右，至死都不離開。

在寓言故事裡，其中一位掌管命運的女神手很巧，織出來的線細得用肉眼都難以看見。然而，她卻作繭自縛，被自己織出來的得意之作捆綁在紡織機旁無法離開。

斯胡馬克神父到印第安人中傳教，花了 10 多年的時間在這些原始部落間傳播文明。經過了 15 年的努力，他竟又回到原點，在勸說部落酋長把那件象徵野蠻未開化的毛毯收起來。他無奈地說道：「我花了 15 年的時間勸他們把它脫下，僅僅 15 分鐘他們又重新穿上了。」

生理學家說，一百年或者一千年後，在馬匹、驢子和騾的腿上和肩部，會出現類似斑馬身上的黑色條紋。而在海島上，因為體型大的鳥沒有天敵，牠們漸漸喪失了飛翔的能力。

罪犯遭砍頭後，胸口依然有知覺，因為疼痛的刺激數次舉起了雙手。據說暗殺革命家馬拉的女凶手夏洛特·柯黛在頭被砍下來後，看到自己的身體受士兵的凌辱，氣憤地漲紅了臉。

洪保德[183]在南美洲考察時發現了一個失落的原始部落，那裡唯一會講部落語言的竟是一隻鸚鵡。鸚鵡的主人雖然已經離開了人世，但這隻鸚鵡依然保持著模仿主人說話的習慣。

卡斯帕·豪澤[184]一出生便被禁錮在地下室裡生活，那裡看不見陽光，也聽不到任何來自外面的聲音。他長到17歲了精神層面卻還停留在嬰兒階段，不是哭就是一個人在那裡牙牙自語。被放出來後，他感覺陽光太過於刺眼。他剛學會說一點話，就馬上要求返回地下室生活。只有陰冷寂靜的環境才能使他自在舒服。別人覺得快樂的事情他只能夠感受到痛苦。就算是最美妙的音樂在他聽來都是難以忍受的噪音，除了又黑又髒的麵包，他無論咽下什麼都會用力地吐出來。

在生命的最深處，習慣的力量無所不在。常常重複某一行為的人久而久之便成為這種行為的奴隸。儘管他對自己感到厭惡，試圖改變這種行為，但早已訓練有素的神經系統總能戰勝其意志。因此我們在選擇要不要做某事時應該三思而後行，一旦成為習慣，便很難改正了。人所做過的所有事情就像萬有引力牢牢地捆綁住兩個原子一樣深深地影響我們。因為重力的作用，拋過來的石頭能被人抓住；因為習慣的影響，我們的性格和命運都因此改變了。喬治·艾略特說：「不像小孩子有那麼多的限制，我們種下了一種行為，將來則一定會受到此行為的影響。」曾經做過錯事的年輕人最容易受到外界的動搖和影響。

準確來說，人類做出的所有成就無一不是託了習慣的福。我們驚嘆於

---

183　洪保德（Alexander Von Humboldt, 1769-1859），德國科學家，近代地理學的主要創建人之一。

184　卡斯帕·豪澤（Kaspar Hauser, 1812-1833），德國著名人物、野孩子。一生充滿傳奇，富有手工和繪圖的才華。

格萊斯通的精力，他一天竟能做成如此多的事情。如果我們好好分析其力量的源泉，就會知道那都是習慣的力量。格萊斯通工作時的動力來自習慣的力量。他用了一生的時間養成了許多良好的習慣。起初要養成勤奮工作的習慣很不容易，但是格萊斯通堅持了下來。他還養成了勤思考、堅持不懈並鍛鍊身體的好習慣。他做事務求精確、善於觀察的習慣使得什麼都無法逃出他的眼睛。他半天在倫敦所發現的事情要比 20 個人加起來觀察到的還多。他因此進步很快。精益求精的個性使他免做許多無用功，他因此節約了許多寶貴的時間。這些好習慣是很多欽佩他的人輕易丟棄的。

格萊斯通從小便養成積極樂觀的生活態度。西德尼．史密斯（Sidney Smith）認為「他的樂觀堪比得到 1,000 英鎊的年薪」。凡事都往好處想的習慣為他省下了許多精力。他曾透露，在議會上如果有爭吵，他一般都會進入睡眠狀態。很多人如果能夠凡事少計較，把與人爭吵的精力投入到其事業上，也不至於一事無成。

樂天派的思維習慣可以為最平凡的生活注入美與和諧。習慣的力量之大，只能用同等威力的意志力來平衡。養成固定好習慣的人通常更容易滿足，即使從事最卑微的職業，也照樣自得其樂。透過訓練的意志力，只要運用得當，就可以消除思想上的混亂，給心靈帶來平靜。唯一的前提就是不要半途而廢。已經養成良好習慣的人，剩下要做的就是坐下來認真思考人生的出路。如果因為一點小事擾亂已然形成的習慣，即使後悔莫及也無濟於事。

往懸崖底下扔石頭，在重力的作用下，這塊石頭將以越來越快的速度往下墜。如果以 16 英尺每秒的速度拋出去，下一秒這塊石頭就會增速至 48 英尺每秒，然後 80 英尺每秒、144 英尺每秒……再過 10 秒鐘，它的速度就高達 304 英尺每秒，不斷加速直至到達地面。習慣同樣也是透過這樣的累計過程形成的。我們每做過一件事後便不再是從前的自己，不論變好還是變壞，總是改變了。我們的行為，不是給自己的個性增添營養就是消耗營養。

拉斯金[185]說：「我一生都沒有做過傻事，沒有犯下足以剝奪我快樂、削弱我觀察及理解能力的錯誤。我曾為正直和善良付出種種努力，如今這些付出總算有了回報。」

「有多少天才寫字比我還潦草，」英國拉格比市某小學生對老師的批評不以為然，「根本就沒有必要為這種小事情著急。」然而10年後，這個學生成為駐克里米亞的官員，他因為字寫得太潦草，傳錯了指令，害得無數勇敢的士兵丟掉了性命。

俗語說得好：「從一開始就要學會抵制誘惑。」小時候沒有及時改正的壞習慣到了青春期就會結出惡果，成年後很可能就衍變成犯罪。

西元1880年，位於奧本市的州監獄釋放的897名罪犯中，有147名再次鋃鐺入獄。他們為何要一而再再而三地觸犯法律？其實，絕大多數犯下罪行的人都打心底裡厭惡自己的行為，是習慣的唆使導致他們行不由己。做一點好事和做一點壞事的區別太大了，總是背離真理和正義的人總有一天會犯下錯誤。習慣的力量是神奇的，當一個行為重複多了，變成了習慣，以後想改都很不容易。

某婦人因其丈夫酗酒毆打而奄奄一息。臨死前她把丈夫叫到床邊，用盡最後的力氣懇求丈夫看在孩子的分兒上把酒戒了。婦人那瘦削頎長的手指緊緊抓住丈夫的手，迫使他立下誓言。「瑪麗，我對天發誓，一旦把我手上的這杯酒喝掉我就再也不碰酒精了！」當晚，他又給自己倒了滿滿一杯酒，溜進安放妻子棺材的房間，把杯子塞進妻子冰涼乾枯的手上，再拿出來一飲而盡。這是約翰·高福告訴世人的一個真實故事。可見我們人類在舊習面前是多麼軟弱無力，不僅喪失了意志力，就連最起碼做人的尊嚴

185　拉斯金（John Ruskin, 1819-1900），英國藝術評論家。

都沒有了！徹徹底底地淪為壞習慣的奴隸！

沃波爾[186]講述了一個因為一次中風而深陷賭場無法自拔的賭徒故事。當時那人中風後，他的朋友開始打賭他是否會恢復健康。醫生在治療的時候甚至被禁止採用放血的療法，說是怕影響到打賭的公平性。美國第二十任總統加菲爾德命懸一線時，人們也熱衷於打賭他是死是活，甚至還有人為此賭錢。

霍亂會引起巨大的恐慌。有一個人得知自己被傳染後依然無動於衷，甚至對朋友的疏離感到不解。他的眼淚流乾了，就算想哭也擠不出淚水；他的身體又冷又溼，摸上去的感覺就像一條死魚，但他還是會告訴你他很熱，需要冰過的開水。習慣的力量甚至超越人對死亡的恐懼，你難道還有見過如此不把死亡放在心上的人？

在紙醉金迷中，人們往往感覺不到被截肢的痛苦，而惡魔早已開始對你的靈魂大卸八塊。當你恢復正常的知覺，就要為缺失的靈魂和人格潸然落淚了。

痲瘋病人總是等病情惡化了才知道自己得了痲瘋病，因為該病早期不會有痛感，等感覺到疼痛的時候都已經是晚期了。桑威奇群島的某首席律師兼公務員一次不小心打翻一盞點燃的油燈，砸到自己的手，卻一點痛感也沒有。該律師這才意識到自己患了痲瘋病，於是辭去工作，到痲瘋島度過了餘生。同樣，罪惡之花剛開放時不會對人造成任何痛苦，相反還有可能使人產生快樂的幻覺。

墮落和放縱的生活習俗在羅馬可謂司空見慣，故其產生的破壞力也在羅馬得到了最佳的呈現。

尼祿[187]統治下的羅馬人民，品味淪喪且有點病態，任何悲劇的表演

---

186　沃波爾（Robert Walpole, 1676-1745），英國輝格黨政治家、伯爵。英國歷史上的第一位首相。

187　尼祿（Nero Calaudius Caesar Augustus Germanicus, 37-68），羅馬帝國皇帝，在位期間，著重外交及貿易，並著力提升帝國的文化素養。

方式都無法滿足他們獵奇的心理。他們冷血、自私，追求所謂的「美學至上」，殘忍地要求舞臺上表演被殺的英雄應當真正死去。他們輕視生命，追求感官刺激和享受，認為只有真正的流血場面才是悲劇，而喜劇不過是一場鬧劇。如果在舞臺上表演縱火搶劫的場景，他們就要求真的放把火燒掉房子，搶走家具。在上演《洛勒奧魯斯》的時候，他們希望看到演員真正被釘死在十字架上或者被黑熊咬成重傷的場景，如果看不到，他們則寧願一頭撞到舞臺上用自己的鮮血染紅舞臺。他們認為，扮演普羅米修斯的演員應該真正被鐵鍊捆綁在岩石上，狄爾克應該真正被一頭野牛咬得遍體鱗傷，奧菲斯應該真正被一頭黑熊撕成碎片，伊卡洛斯應該真正高飛起來，然後再重重跌死。為了附和「穆奇烏斯·司凱沃拉」式的英雄主義，他們強迫真正的罪犯把手伸入火焰，一動不動、一聲不吭地任其燃燒。而扮演海克力斯的演員被迫爬上火葬堆，活活被燒死。可憐的奴隸和罪犯被迫扮演英雄角色，好讓觀眾看到活生生的火刑場面。

惡名昭著的海盜吉布斯（Gibbs）在紐約接受處決時自曝第一次打劫時良心十分不安，就像被打入地獄似的難過。然而，經過了幾年的「鍛鍊」，他漸漸可以做到在殺死全部船員後若無其事地躺下睡覺，而且還睡得很安穩。人只要一失足便能一錯再錯，最後淪為罪惡的奴隸。為了掩飾自己的罪過，犯下更加令人髮指的罪惡。

戈登是加利福尼亞有名的驛站司機。他臨死前突然把腳伸出床邊，來回擺動。旁人不解，他就解釋道：「現在到了下坡路，我踩不到剎車。」

在大博物館裡，收藏著千百年前顯示雨痕以及古生代飛鳥留下爪痕的化石。一場雨和一次不經意地走過，在柔軟的沙土上留下了痕跡。滄海桑田，昔日柔軟的沙土變成了堅硬的岩石，那輕輕印出來的痕跡則永遠留在了上面。同理，小孩子對什麼都感到新鮮，很容易接受新的思想，在心裡留下的印象永遠都不會磨滅。

某印第安部族襲擊白人居住地後把在那裡居住的白人通通殺死。其中一位印第安婦女偷偷把一個白人小孩藏了起來，之後帶回家當作是自己的孩子一樣撫養。這個小孩於是跟印第安人的孩子一起長大，除了膚色不同，其他各方面都和印第安人沒有兩樣。他同樣認為，把敵人的頭皮撕下來是世上最光榮的事情。在他長大一些後，被幾個旅行至此的商販發現並將他帶回文明世界。他很快就適應了新的生活，並對知識有著強烈的渴望，希望將來從事神職工作。他順利完成了大學學業，獲得了夢寐以求的聖職。他盡責盡職，工作上遊刃有餘，生活也過得快樂滿足。幾年過後，他到離戰場很近的一塊殖民地工作，英國和美國的戰爭剛剛結束不久。他從家裡出發時還穿著筆直的黑色外套和乾淨的白色襯衫，脖子上打著領帶。然而等他回來後，一名認識他的先生遇到他，立刻就為他的改變大吃一驚。他雖然還是和從前一樣害羞，但他的神情不一樣了，雙頰漲得潮紅。問完英美戰爭的情形，這位紳士突然驚呼道：「你受傷了嗎？」男孩竭力否認：「沒有！」「還說沒有，你的襯衫都被血染紅了！」男孩迅速將手緊緊地捂住胸口，他朋友則以為他在掩蓋身上的傷口，於是堅持拉開男孩的襯衫。男孩的胸口原來藏著一張血淋淋的人頭皮！「我不是有意的，可就是忍不住！」這個受早年生活所害的可憐男孩滿腔歉意地說道。他說完飛快地轉身逃跑，重返印第安部落生活，從此再也不出現在白人社會裡。

某印度人養了一頭幼獅，因其弱小無害而不加以管束。獅子一天天長大，變得越來越強壯，難以控制，並最終野性大發，撲向主人將其撕成碎片。惡尚在搖籃時就應該及時扼殺，否則對惡仁慈的人只能自食其果。

我們應該時刻警惕惡播撒在我們身上，因為惡一旦生根發芽，就會長出美麗的花朵，使我們迷惑。

對於中年人，早年養成的習慣實際上決定了他一生的命運。20 年來習慣於懶散度日的人，難道會在第二天清早突然變得勤快起來？一輩子都習慣揮金如土的人，難道會突然勤儉持家？浪蕩放縱的淫徒，難道會突然變成君子？滿口粗言穢語的人，難道還能吐出象牙來？

古希臘一位吹笛高手規定，曾在別的老師那裡學過吹笛的學生要收兩倍的學費，因為要幫他們改正錯誤的吹笛習慣比從頭教一個什麼都不懂的學生更加費力。

此時此刻的我們，就是未來的我們。我們從小養成的習慣和個性，使我們錯過了一些事情和感受。我們此時此刻的行為、工作甚至想法，都幻化成聲音錄入神經細胞的留聲機，造就未來的我們。

巴貝奇[188]說：「空氣裡儲藏了全人類想過、說過、做過的一切。」我們犯過的罪，衍變成形影不離的朋友，出現在我們話破口而出之時，並不時干擾我們的思想，植入邪惡的欲念。無論你選擇了哪條道路，它們都能投下陰影，就像班柯的幽靈陰魂不散，叫你一輩子不得安寧。你以為你是自由人了？你犯過的每次罪惡都是你的主人。它們控制你的行為、性格甚至文字。

正直的個性是在平時養成做好事的習慣中形成的。有人習慣於說真話，他就撒不了謊，因為那違背了他誠實的天性。我們都知道，在細節上無可指摘的人是值得信任的。還有一種人一開口就謊話連篇，騙人的話說多了，他們的心靈變得扭曲，而這種扭曲便展現在他們的言語之間。

一天，呂利耶爾對德塔列朗[189]說：「我一生從來沒有做過一件蠢事。」德塔列朗問：「你所說的一生止於何時？」當然是止於離世的那天。只要犯下一個錯誤，就足以毀滅一個人的一生。

---

188　巴貝奇（Charles Babbage, 1791-1871），英國數學家、發明家、機械工程師。因提出了差分機與分析機的設計概念，被視為電腦先驅。

189　德塔列朗（Talleyrand, 1754-1838），法國政治家、外交家。

有多少人夢想有朝一日醒來從乞丐變成羅斯柴爾德[190]或阿斯特[191]？從笨人變成所羅門？但在「種瓜得瓜，種豆得豆」的現實世界，如果你播下的是懶惰、邪惡和愚蠢，收穫的只有更多的懶、惡、蠢。這便是所謂的「種下風，收穫的是颶風」。

習慣就像小孩一樣喜歡重複做過的事。只要養成了習慣，某種行為或者動作便會不自覺地伴隨一生。然而，習慣的力量又像風，既能夠對船的前行形成阻力也能推波助瀾。如果沒有運用好風力，船隻還有可能撞上礁岩擱淺在岸上。

人生需要一個好的開端。每一個年輕人都曉得，第一步選擇的方向決定了未來的走向。然而旁觀者清當局者迷，我們都能清楚地從約翰·史密斯的含糊其詞和躲躲閃閃中看到謊言，卻不知道別人也早已看穿了自己。我們常常責備別人虛度光陰碌碌無為，卻輕易就原諒自己的懶惰和無能。

壞習慣之間有一種類似血緣的連繫。人只要沾染到壞習慣，哪怕是最微不足道的一種，很快就能把其他兄弟姐妹都請進門來。養成懶惰習慣的人，不久連上班都會遲到。先是給自己找藉口、道歉，然後便搪塞、撒謊以求蒙混過關。遲到的人總有諸多的藉口，但十有八九都是謊言。

在海邊，有一些船隨著浪潮上下起伏，但就是不前進。那是因為在看不見的水下，有一根粗繩將其牢牢綁住，不讓其飄走。我們也常常看到一些條件優越，又受過良好教育的年輕人停滯不前，心智和性格都不成熟，那是因為在他們的靈魂深處，藏著不可告人的祕密罪惡，束縛了他們前行的步伐。

一錯容易再錯；一失足則連回頭的機會都沒有了。
小小習慣莫忽視，要知大惡從此生。

---

190 羅斯柴爾德（Mayer Amschel Rothschild, 1744-1812），羅斯柴爾德家族創始人、國際金融之父、歐洲銀行巨擘，創建了全球第一家跨國公司，首創國際金融業務。

191 阿斯特（John Jacob Astor, 1763-1848），德裔美國皮毛業大亨，當時美國首富，阿斯特家族創始人。

「我的罪過緊抓著我不放，使我抬不起頭，我的心在徒勞掙扎。」當大衛哭著說出這句話，眾人都表示了同情。馬克白夫人的雙手沾滿了洗不去的血汙，詛咒她被幻覺困擾不得安寧。造物主讓我們的罪惡反過來懲罰我們自己。「我們在享受罪惡所帶來的快感時，報應就在路途上。」

柏拉圖在他家的門上寫道：「不懂幾何的人禁入此門。」學習古典文學和數學的好處是可以從中養成嚴謹的好習慣。習慣養成的那段人生十分關鍵，我們需要心無旁騖，專心致志地投入到學習中來。

華盛頓在 13 歲時就給自己規定了 110 條關於文明禮貌的行為準則。富蘭克林則制訂出一套幫助自己塑造品格、自學成才的計畫書。毫無疑問，他們之所以人格高尚、成就非凡，離不開早年的努力和養成的良好習慣。

英國作家亨利·菲爾丁[192]的小說《喬納森·魏爾德[193]傳》中，有一段描寫魏爾德與伯爵玩紙牌的橋段。對此，菲爾丁自己評價道：「書中的兩個人物都是受了慣性的害。魏爾德先生明明知道伯爵的錢袋空空，仍然忍不住要伸進手去探索一番。而伯爵也明明知道魏爾德先生身無分文，仍忍不住要和他賭上一把。」

蒙田說：「習慣是殘暴、狡猾的。它步步為營，偷偷摸摸地擴大自己的權威，等到時機成熟便撕下溫柔謙虛的假面具，露出暴君的本色，迫使你連抬頭看它的勇氣都喪失了。」習慣致使一個紐約人為了贏得一杯威士忌，拿刀砍掉自己的手，使成千上萬天性純良的人，墮入了酗酒和放縱的深淵。

高福便是一個很好的例子。他到美國時才 9 歲，擁有極高的天賦卻在

192　亨利·菲爾丁（Henry Fielding, 1707-1754），英國小說家、戲劇家。

193　喬納森·魏爾德（Jonathan Wild, 1683-1725），18 世紀英國最有名的罪犯。他發明的方法令他控制了該年代最成功的一幫盜賊。他控制了出版業，加之社會的恐懼，令他成為西元 1720 年代民眾最愛戴的人物。可惜東窗事發，其罪惡揭發時，民眾的愛變成了對他的恨。他死後，成了赤裸裸的貪汙和偽善的符號。

底層苦苦掙扎，奮力擺脫奴隸的鎖鏈，以求獲得自由並享受天堂之光的照耀。憑藉極高的歌唱天賦和模仿表演能力，他最終獲得了成功，但卻沒有禁得住誘惑。

「他在鮮花和掌聲中迷失了自我，墜入永恆的深淵。」

他晚年常說：「我願用我的右手換回過去那段放蕩墮落的 7 年。」然而，他靈魂與漸漸淡化的欲望抗爭時所留下的創傷無法痊癒。他聲淚俱下，極力勸說年輕人要把持住自己，免得被習慣的鎖鏈套住而無法自拔。

在法拉第的實驗室裡，一個工人不小心把銀盃掉進了裝硫酸的廣口瓶裡。杯子與硫酸發生化學反應便消失不見了。法拉第於是往硫酸裡加了一些化學藥品，瓶底又析出了銀，被送去銀匠鋪又重新打造出一個一模一樣的銀盃。假如是一個原本善良高尚的年輕人被邪惡腐蝕了，就算是最偉大的化學家對此也無能為力。

過去造就未來。斯珀吉翁說：「整座教堂擁有 2,700 位門生，因為他們都是從小在教堂裡長大的，隨便哪一個都值得信賴。」滋生於童年的罪惡對人的影響是最大的。

班奈狄克．阿諾德[194] 是在獨立戰爭期間唯一一名讓國家蒙羞的將軍。他軍事天賦極高，又精力充沛、勇敢過人，只可惜從小就品行不正。還是個孩子的阿諾德早早就顯示出殘忍和自私的一面。他以折磨小昆蟲或者小鳥為樂，喜歡看它們痛苦掙扎的樣子。他往自己打工商店的地板撒玻璃碎片和圖釘，專門用來對付赤腳來商店買東西的小男孩。在軍隊裡，他儘管英勇善戰，但士兵們都憎恨他，他的上司也不敢信任他。

莫相信惡魔的話語
踏出錯誤的一步，

194 班奈狄克．阿諾德（Benedict Arnold, 1741-1801），原為美國將軍，從一介平民自組民兵開始軍事生涯，對美國獨立戰爭的勝利貢獻很大，後為金錢出賣祖國，客死英國倫敦。

> 前面是懸崖，
> 通往地獄的萬丈深淵。
>
> ——揚

幾年前在倫敦西敏寺附近，有一個地區被稱為「魔鬼之地」。那裡是培養不良習慣的溫床，藏汙納垢的基地。攜帶各種工具用於欺詐活動的專業乞丐，甚至有專門物色被寡婦拋棄的小孩，利用他們上街騙取行人同情的職業獵手。年輕的扒手在那裡學習偷天換日的技術，再把贓物從自己國家偷運至港口。

維克多·雨果描繪了一個存在於17世紀的特殊協會，祕密購買小孩和殘疾人，將他們的身體弄畸形，再用來娛樂上層貴族。在波士頓就有一個所謂的「體面人」協會，為這種畸形人表演提供場所。我們利用身體的畸形娛樂觀眾時還以為是多麼輕鬆快樂的工作，殊不知自己不但身體變形了，連靈魂也跟著扭曲，變得連自己都認不出來。我們一旦將惡習請入心門，它馬上就會毫不客氣地侵蝕你全身。它使我們臉上布滿醜陋的皺紋，等到我們要求它離開時，它又大笑著不肯走。罪孽越深重的人臉上的皺紋也就越明顯。每起一次惡念我們的額頭就要多一道皺紋。越來越無神的眼睛成為見證靈魂墮落的最好證人。

撒旦不會直接用火柴去點燃硬煤，而是先點燃木屑，用燃燒起來的木屑再點燃木柴，最後再點燃硬煤。用作引火的木屑便是我們所謂的「無辜的罪」。人不會突然犯下謀殺、通姦、盜竊等大罪，必定是在心裡醞釀許久，邪惡一點一滴滲透進靈魂，並最終爆發。

「不許在那裡亂塗亂畫！」某男子對一個拿著鑽石別針正準備在旅館窗戶的玻璃上寫字的男孩喝道。男孩抗議道：「為什麼不可以？」「因為你一畫上去就永遠都擦不掉啦。」玻璃還可以打碎，上面刻的字還可以消失，而一旦在靈魂上烙下印痕，就永遠都留在那裡了。

湯瑪斯·休斯[195]說:「在英國眾多俗語中，一致把野燕麥[196]視為惡的一方。不論你從哪個角度評價野燕麥，都無法對它歌功頌德。不管是年輕人還是中年人，抑或是老年人，播下野燕麥的種子，你就什麼也別想收穫。唯一的做法就是將它們一粒不落、小心翼翼地收集起來，丟入烈火燒成灰燼。否則，只要有陽光和土壤，它們就會長出粗壯綿長的根部和繁茂的枝葉，在你的田地上繁衍生息，擠兌你種植的作物叫你歉收。」

不經意間我們播下惡種，
以為不會長出惡果，
孰知過了一千年，
它們結出了果實，
播種下更多的惡種。

——約翰·基布爾[197]

希歐多爾拉揚言，她可以使蘇格拉底腐敗墮落。這位哲學家回應:「也許吧。要使人墮落很容易。然而我要走的是通往高尚之路，那裡荊棘叢生，而且荒無人煙。」

丹尼爾·魏斯（Daniel H. Weiss）說：「我發現，那些死讀書的學生和拚命工作的機械工人或者行政，臉上都暗淡無光，雙眼無神，眼眶深陷，個性也拘謹膽怯。他們違反了大自然的法則，失去了年輕人應有的特徵。他們正在自我毀滅。那些不知來由的朋友可能會把問題歸罪於『勤奮』，

---

195　湯瑪斯·休斯（Thomas Hughes, 1822-1896），英國律師、法官、作家。代表作：《湯姆·布朗的校園生活》系列。

196　野燕麥（Wild Oat）：一年生草本植物，又稱鈴鐺麥，小麥的伴生雜草，會導致小麥早期倒伏或生長不良，給農作物生產造成嚴重威脅。

197　約翰·基布爾（John Keble, 1792-1866），英國神職人員，牛津運動核心人物之一，牛津大學基布爾學院為紀念他的貢獻，以其名創建。

還心生敬佩覺得很了不起。殊不知他是在枯竭自己的生命，加速大腦的死亡。年輕人啊，對這種情況要多加警惕並引以為戒！我們要遵守生理的自然規律，讓勤勞與健康相輔相成。要知道，長壽者一般都習慣於勤快。」

如何改正壞習慣？
不妥協，
不讓步。
將纏繞我們的絲線，
一條一條地解開；
將阻礙我們的障礙，
一塊一塊地拆除。
切記，不可鬆懈！
機不可失，失不再來。
涉水前進，越走越深，
回頭上岸，越走越淺。

光陰似箭，
莫要浪費時間，
要改正的終須改正，
才能贏得愛和成就！
風箏的長線穿越鴻溝，
用好的習慣再造新橋。
—— 約翰·波以耳·奧賴利[198]

198　約翰．波以耳．奧賴利（John Boyle O'Reilly, 1844-1890），愛爾蘭詩人。

# 第八章
# 依靠自己

成功只能靠自己獲得，沒人能夠幫助到你。偉人都是這樣一步一步自己爬上成功的頂峰的。

在上帝創造的大地上，任何人都不願，也沒有能力幫助別人。
——裴斯泰洛齊[199]

我今日的成就都是靠自己取得的。
——韓弗理·大衛[200]

我的兒，記住，成功是用自己雙手創造的。
——派翠克·亨利[201]

誰能爲你擔保？誰想得到自由，他就要自己爭取。
——拜倫

上帝給每隻鳥都分配了食物，但絕不會自動送到牠們嘴邊。
——喬賽亞·吉伯特·霍蘭[202]

切記，可以接受別人來投靠，但絕不能投靠別人。
——小仲馬

靠己不靠天。
——莎士比亞

最好的教育，是讓學生自己去經歷社會的磨練，去爲生活掙扎。
——溫德爾·菲力浦斯

有兩種獲取教育的途徑。一是透過別人傳道授業解惑，二是自己親身經歷領悟。
——吉朋

君子求諸己，小人求諸人。
——孔子

等別人想出了辦法再行動，至死也完成不了任務。
——洛厄爾

戰場、情場、
商界，司法界，
只要有競爭，能相信的只有自己。
——薩克斯

眼見爲實，自己判斷。
——莎士比亞

「幫克羅克特上校[203]找座位！」這位來自偏遠地區的國會議員入白宮時，負責接待的人吩咐道。克羅克特答：「克羅克特上校知道怎麼給自己

199　裴斯泰洛齊（Johann Heinrich Pestalozzi, 1746-1827），瑞士教育家。
200　韓弗理．大衛（Humphry Davy, 1778-1829），英國化學家。
201　派翠克．亨利（Patrick Henry, 1736-1799），美國政治家。
202　喬賽亞．吉伯特．霍蘭（J. G. Holland, 1819-1881），美國小說家，筆名 Timothy Titcomb。
203　克羅克特（Davy Crockett, 1786-1836），19 世紀美國政治家、民族英雄。

找座位。」像他這樣不凡的偉人，從來不為強權折腰。他認為堅持真理要比當總統重要。克羅克特雖然沒有接受過很多教育，但卻是個不折不扣的男子漢。

加菲爾德進入眾議院工作時，是最年輕的議員。他在位僅 60 天，就得到了賞識，升到更高的位置。他的年齡和他的職位似乎毫不匹配，但他一點也沒有退縮，反而自信滿滿。他成功的原因，在於他敢作敢為，勇於擔當。

愛默生說：「是你的位置你就坐，是你的看法你就堅持。世界是公平的，它給予每個人充分的自由，去發揮自己的才能。」

格蘭特從不紙上談兵。他所使用的戰術，常常違背了書上的兵法，卻能屢戰屢勝。他在維克斯堡戰役中，故意把軍隊困在密西西比河上，連續 7 日斷絕和主帥哈勒克的連繫，因為他知道哈勒克是個嚴守兵書法則的人，不會因實際情況不同而有所變通。格蘭特給史冊留下了獨到的一頁。他的戰術，比任何書上記載的軍事攻略都要見效。他不為世俗所左右，堅持了自己的見解，並獲得了成功。

裴斯泰洛齊說：「人啊，能夠改變命運的力量，就隱藏在你自己身上啊！」

理查·阿克萊特[204]，貧寒家庭裡的第 13 個孩子，沒有受教育的機會，卻憑藉自己的力量發明出紡織機，並得到了英國女王的重視。

李維[205]說：「告訴自己能行，你就能擁有。」

一位四處流浪的補鍋匠，吉普賽人索拉里奧，愛上了畫家安東民·德拉·費雷[206]的女兒，卻被告知只有成為像她父親那樣的畫家才有資格迎娶

204　理查·阿克萊特（Richard Arkwright, 1732-1792），18 世紀英國棉紡工業的發明家和企業家，發明了水力紡紗機。

205　李維（Titus Livy），古羅馬歷史學家、大學問家，擁護屋大維創立元首制。

206　安東民·德拉·費雷（Antonio Del Fiore），義大利文藝復興早期著名畫家。

她。索拉里奧[207]於是對畫家說：「您可否給我10年時間來學畫？到時我一定來娶您的女兒。」畫家答應了，以為從此可以擺脫這個煩人的吉普賽人。轉眼10年過去了，國王的姐妹給畫家看一幅聖母抱孩像，畫家看了讚不絕口。畫家得知聖母像的作者就是索拉里奧時，驚訝不已。不久，他的好女婿的畫功更是讓他大開了眼界。

路易·菲力浦[208]認為全歐洲他是最有資格的統治者，因為只有他懂得怎樣擦黑自己的靴子。

有人問一位自學成才的美國總統，他們家族的徽章是什麼圖案的？他回答道：「襯衫的衣袖。」

詹姆士·加菲爾德說：「貧窮確實讓人不快，對此我可以做證。然而，對於年輕人而言，如果被人推進水，多掙扎幾次就很快學得會游泳啦。我活到現在，認識那麼多人，還從來沒有遇見過就快被淹死但值得去救的人。」

不是家境富裕就能一步登天，除非你繼承更多的是高尚的品格和遠大的理想。反倒是那些白手起家的人，經過了艱辛和困苦的洗禮，比前者更容易獲得成功。對於此類人，任何現實的目標都可以實現。他們不像自以為是的天才那樣隨意踐踏自己的理想。

你就算留上百萬家產給你兒子，他還是一無所有。因為你無法讓他經歷你所經歷過的，也無法悉數傳授你的知識；你無法告訴他成功有多快樂，因為這種快樂只能在成長中自己慢慢體會；你也無法讓他感受到掌握了一門知識有多麼的自豪，無法將自己養成的良好習慣強加給他。你工作時精益求精的態度，敏捷的反應能力，以及你的工作方法，耐心、誠實、禮貌待人等優點，都不能轉移到你兒子的身上。

207　索拉里奧（Solario, 1460-1524），義大利文藝復興時期的一位畫家，其作品現在還有許多收藏在巴黎羅浮宮、米蘭和威尼斯等地。代表作：《昂布瓦斯的查理二世像》、《綠色墊子的聖母》等。

208　路易 · 菲力浦（Louis Philippe, 1773-1850），法國國王。

你的財富是在高超的談判技巧、過人的洞察力及不凡的遠見能力、處事謹小慎微中累積起來的。這些素養是你成功的保障，卻無法跟隨錢財一起傳給你的繼承人。在獲得成功的路上，你不僅鍛鍊了自己的毅力，身體也更加強壯了。精力過人的你不但保住高高在上的位置，還確保全部財產毫髮無損。你豐富的經驗賦予你在高處站穩腳跟的力量。對你而言，財富只是成功的附屬品，從中收穫的快樂、成長、教訓和人格才是最重要的。但對你的繼承者，財富帶來的只有誘惑和焦慮，只能讓他越變越無能。它們是你通往天堂的翅膀，卻是把他打下地獄的重擔。你因財富的增加學到了更多的知識，而他卻倚仗白白掉下的財富不奮鬥，變得越來越懶惰、無知、軟弱。留給孩子太多物質上的財富，即剝奪了他們更重要的精神動力。在這個世界上，所有的成功，都需要借助這個力量來推動。

你以為為兒子犧牲自己就是為他好。他不用像你小時候那樣在農場上做粗活，沒肉吃，沒書讀，沒有出人頭地的機會。他才剛剛在學走路，你就把一根手杖塞到他手裡，剝奪了他自我學習、自我提升的動力。沒有透過自身的努力，就不會獲得真正的成功，不會成為有人格魅力的人，也體驗不到獲得成功的快樂。人如果不需要為進步而奮鬥，生活的熱情就會蒸發，工作的熱情就會消退，人生的夢想就會淡忘。假如你什麼都為孩子安排好了，他甚至不用為自己做出任何努力，等他長到 21 歲，他還只是一個無法獨立的小孩。

塞勒斯·菲爾德[209]臨終前嘆道：「我的人生是個徹底的失敗，財產被兒子敗光，家族又蒙上了不光彩的名聲。哎，我自以為那是為愛德華好，現在我才知道錯了。如果當初能夠狠下心放他自己出去闖蕩，他也不至於變得揮金如土啊！」塞勒斯的桌上擺滿了從各個國家得來的獎牌和獎狀，肯定他對兩洲文化交流做出的貢獻。他的名聲將永垂不朽。然而，他一生的

---

209 塞勒斯·菲爾德（Cyrus West Field, 1819-1892），美國金融家，1858 年鋪設了世上第一條橫穿大西洋的電纜，創辦了大西洋電報公司。

榮光都讓自己不爭氣的孩子給蒙上了陰影，用比毒蛇還要尖銳的牙齒撕開一處處傷口。

西元1857年金融危機時，瑪麗亞·米契爾[210]訪問英國。她向一位英國淑女詢問，沒有家產的女孩們都靠什麼養活自己。這位英國淑女回答道：「靠兄弟啊。」「那在美國呢？」她反問道。米契爾回答：「她們靠自己賺錢養活自己。」

一生都依靠別人幫助的人，在面對危機時只會驚慌失措。如果不幸降臨到他們身上，他們第一反應就是尋找可以依靠的人。找不到可以依靠的人他們就會一蹶不振，就像肚皮朝上的烏龜或者全副武裝落馬的士兵，沒有辦法透過自己的力量翻轉身來。許多來自邊遠山區的孩子之所以能夠突破所有人的期待，獲得巨大的成功，是因為他們沒有靠山，只能夠靠自己的力量站起來。

羅伯特·科利爾攜家人赴美時只坐得起最廉價的經濟艙，他感嘆道：「人最好的朋友是自己的十根手指頭。」人在年輕時就習慣依賴別人，將來永遠都不會獲得成功。

世上沒有打造男子漢的工廠，人們口口聲聲說「沒機會」，也許那就是你最後的機會。機會是要自己創造的，不要等別人送上門來。別以為每次都能得到幫助，很多時候你只能依靠自己。亨利·沃德·比徹（Henry Ward Beecher）憑藉自身的努力，在一間大教堂謀得一份高薪的職位。起初他只是在辛辛那提市的一個小鎮擔任牧師。他很勤快，修剪燈芯、砍柴燒火、打掃房間、敲響鐘聲，什麼都主動去做，不久便成為教堂裡不可或缺的人物。雖然他當時一年的薪俸只有200美元，但他寧願在基層得到鍛鍊，也不要一開始就進大教堂領高薪。他看重的是工作的前景和機會。在小鎮上擔任牧師雖然辛苦，但卻是磨練人的好地方。

210　瑪麗亞·米契爾（Maria Mitchell, 1818-1889），美國天文學家。

沃特斯說：「從生理學上看，人的大腦需要用28年的時間成長。如果這是真的，大腦需要這麼長的時間才會定型，我們何不再加把勁讓自己變得更強，性格變得更好？除了給自己的大腦增添知識的養分，我們同時還要打造一副鐵骨錚錚的腰桿。」意志力是人的動力源泉，我們隨時可以啟動它推動工作進行。我們是它的主人，命令它為我們建造或者拆除品格大樓。在它的幫助下，我們可以變得誠實守信，也可以言而無信、見利忘義；我們可以變成十足的渾蛋或懦夫，也可以變成勇敢的英雄；我們可以突然靈光一現，想出良策解除困境，也可以自暴自棄，任由生活墮落毀滅；我們可以培養做事認真、勤奮的好習慣，也可以消極懶散，自甘落後。

「我首先要強調的是，」大衛森說：「好名聲一定是自己努力的結果。擁有一大筆遺產，家底殷實，好運連連，都不會給你帶來好名聲。出身、才華、地位和財富都不是影響一個人名聲的主要原因。透過自身的努力堅守原則，做事磊落高尚，才是獲得好名聲的有力保障。在造就成功的所有條件中，學會依靠自己的力量取得進步、建立名聲是十分關鍵的一步。只要你有勇氣和決心，無論阻力有多大，一路上又有多少困難，都可以透過努力一一解決。我希望每個年輕人對自己要有信心，不依賴別人，靠自己的力量活出人生的精彩。很多有才能的人之所以一事無成，是因為他們太容易投降、放棄。人生如戰場，那些一開始就經歷硬仗的人，一生都將改變。」

貝多芬在莫謝萊斯[211]的樂譜上發現了一句話：「蒙上帝之恩順利完成。」貝多芬在下面加上：「上帝無功，全憑自己努力。」

某窮青年精神萎靡地站在橋邊看別人釣魚。看到有人大豐收，他感嘆地說道：「這些魚要是屬於我的該有多好啊！那樣我就有錢去買食物和租

211　莫謝萊斯（Ignaz Moscheles, 1794-1870），波希米亞作曲家、鋼琴家。

房子住了。」釣魚的老者聽到年輕人的感嘆，開口道：「我可以把這些魚分一些給你。但有一個條件，你必須在我回來前幫我握住魚竿。」年輕人高興地答應了，釣魚的老者走了很久都沒有回來，而此時有魚上鉤，年輕人興奮地把魚釣起。等到魚竿的主人回來時，年輕人已經釣上了一籃子的魚。老者指著年輕人釣上來的魚說道：「我履行我的承諾，這些你自己釣的魚都歸你。年輕人，當你看到別人付出汗水得到報酬時，不要浪費時間做無謂的感嘆。你甩出魚竿坐下垂釣，不也能夠釣到魚？」

在蘇格蘭，一群遊客泛舟湖面，突然一陣暴風來襲，眼看就要翻船了。船上一位長得最壯、最高大的遊客恐懼萬分道：「快！我們一起祈禱吧！」老船夫大聲喝道：「祈禱這種事讓個子最小的人去做，你快點過來划槳！」輕易就放棄努力去尋求幫助是對尚年輕力壯之人的最大詛咒。

財富都是靠自身努力累積起來的，沒有人能夠三天打魚兩天晒網、不付出汗水和才能就擁有大量財富。翻開歷史，從克里薩斯到洛克菲爾，他們在獲得財富的同時，自己也變得傑出偉大。像他們那樣取得豐厚成就的人，靠的是他們自己的努力。

世上最叫人不齒的畫面莫過於看到一個有手有腳、筋強骨健的年輕人，擁有 150 英鎊，卻雙手插進口袋乞求別人的幫助。

一個印刷工人嘲諷道：「在『懶人鎮』和『閒人縣』裡，男人們為選擇『窮人之路』還是『獨立之路』苦惱不已。前者康莊平整，後者崎嶇難行。於是，他們想出了一個辦法，向全鎮（縣）人徵稅鋪路，既不用走向貧窮，又不用受苦受難。」

歐文說：「人在逆境中可以得到新生，他們默默忍受寂寞，堅持獨自穿越所有障礙。目睹此類人的成長，是很有意義的。」

「每個人都是自己命運的主宰者。」塞勒斯特[212]說。

212　塞勒斯特（Sallust），古羅馬歷史學家。

人不僅應該規劃自己未來的藍圖，還應親手一磚一瓦地參與建設。貝爾德·泰勒[213]23歲時寫道:「我要成為自己靈魂的雕塑家。」在他的傳記中，我們可以清楚地看到他是怎樣運用手中的工具將自己塑造成他理想中的人物。薩繆爾·考克斯[214]說:「我不封當代任何名人為偶像。我要把全部精力都放在提升自己、讓自己進步的這個目標上。」

歌德說:「人活著就是為了自我發展。我們要在意的不是獲得了什麼成就，而是自身有沒有進步。」

丁達爾[215]教授年輕時在政府工作，並沒有什麼明確的人生目標。一天，某官員和他討論怎樣度過閒暇時間。官員建議道:「你每天有5個小時可以自由支配，應該用來進行系統的學習。如果我在你這個年齡有人這麼建議我，我現在一定坐上部長的位置了。」第二天，丁達爾就制訂了一套學習計畫，不久考上了德國的馬爾堡大學。他的勤奮名聞全校，常常天沒亮就起床讀書。他讀書那會甚至窮到要去買木桶當浴缸使用。

真正的成功需要辛勤汗水的澆灌。上天向人間售賣成功，唯一的鈔票就是你的勞動。而且成功的價格是永遠不會下跌的。通往成功殿堂的大門也不會自動敞開，想要進去就得自己想辦法，而你一旦進去了，此門便又自動關閉了。

偉人極少在順境中長大。他們都是一路披荊斬棘走向成功的。起點低、出身貧寒並不能阻擋人們創造偉業的步伐。在今天，許多在法律界、企業界、律師界、宗教界、政界的名人，都來自農村。他們雖然出身卑微，卻成就非凡。有偉大的發明家、銀行的總裁、大學的教授……家境貧寒的孩子長大後往往更成器。他們為人師表，或從事新聞行業，出版了許多本偉大的著作。偌大一個都市，隨便採訪一個名人，問他在哪裡出生，

---

213 貝爾德·泰勒(Bayard Taylor, 1825-1878)，美國詩人。
214 薩繆爾·考克斯(Samuel Cox, 1824-1889)，美國國會議員、外交家。
215 丁達爾(John Tyndall, 1820-1893)，英國著名物理學家，因在反磁性領域研究的貢獻而聞名。

十有八九都是來自偏遠村莊的小農場。在城市，幾乎所有資本家都來自農村。「出身卑微的人更有優勢。」

波士頓大學的創辦人獨自離開科德角，帶著 4 美元就到波士頓闖蕩。他和霍勒斯·格里利[216]一樣，四處撞壁，得不到任何幫助。他決心闖出自己的一片天地，於是和別人合夥，在街角擺攤賣牡蠣。他借來一輛手推車，步行 3 英里到海港進貨，每天推著 3 蒲式耳的牡蠣回來。很快，他累積了 130 美元的財產，買了一匹馬和一輛運貨推車。這個從一無所有憑藉自己努力成為百萬富翁的窮小子，就是以撒·里奇。

機械鐘錶的發明者昌西·傑里米開始創業時，和兩個夥伴走遍了紐澤西售賣鐘錶。他專門負責製作鐘錶，兩個同伴則負責銷售。當時他坐著敞篷馬車前往紐約市路經紐哈芬時，只有麵包和乳酪可吃。而不久後他便在紐哈芬擁有一幢別墅。

世上所有偉大的事業都是當事人親力親為獨立完成的。很多年輕人以沒有資金為藉口，一拖再拖，等待機會降臨，蹉跎了時間。殊不知成功是單調辛苦地工作和堅持不懈地努力，不是用金錢可以買到的。我們當中有誰比伊萊休·伯里特[217]出身更卑微？他在鐵匠鋪當學徒，幾乎一整天都必須站在鍛爐旁工作。然而他卻擠得出時間看書。他吃飯時看，並隨身攜帶著，以便一有空就掏出來閱讀。不論在夜晚還是假日，他都堅持學習，並最終自學成才。在那些有錢人家的子弟打著哈欠伸著懶腰掙扎著要不要起床之時，伯里特已經抱著書在學習了。30 歲的他已經掌握了歐洲幾大主流語言並開始著手學習亞洲的語言。

像伊萊休·伯里特這樣的人居然也會有出人頭地的一天？可能閱讀過本書的所有年輕人中沒有一個人獲得成功的機會能比他還渺茫。他對知識

216　霍勒斯·格里利（Horace Greeley, 1811-1872），美國著名報人、編輯。《紐約論壇報》創辦人自由共和黨的資助人之一，政治改革家。

217　伊萊休·伯里特（Elihu Burritt, 1810-1879），美國著名慈善家。

的強烈渴望和自我進修的願望戰勝了一切困難。曾經有一位富有的紳士自願出資供他上哈佛大學，然而伯里特婉拒了，他認為自己有能力支付上大學的學費。當時他每天還必須在鐵匠鋪工作 12-14 個小時。他一旦下定了決心就會堅持到底。工作之餘的一分一秒都比黃金來得珍貴。他和格萊斯通都相信，善加利用起來的時間總有一天會加倍給予他們回報的，而浪費一秒的時間，只會讓他往後退多一步。想想吧，一個早出晚歸在鐵匠鋪工作的男孩，居然擠得出時間在一年裡學習了 7 種語言！

在這個殘酷無情的世界中苦苦掙扎、夢想有一天出人頭地的年輕人，如果了解世上百分之九十以上的天才，都是平庸者堅持不懈努力的結果，都是孜孜不倦工作的苦力，心裡也許還會重新燃起新的希望。那些誇誇其談吹噓天才的人，往往是工作得最少的人。人越是懶惰，越是喜歡談論天才和他們所取得的成就。

最偉大的天才往往是最勤奮的工人。謝里登是公認的天才，然而事情的真相是，他在議會上表現出來的敏銳機智和天才演講，都是經過精心準備和修改的。在他的記錄簿上寫下了所有應對緊急情況的措施辦法。

天才意味著可以忍受無限的痛苦。已經取得偉大成就的人，如果能給今日仍在苦苦奮鬥的年輕人講講他們創業的艱辛，將達到很大的鼓勵作用。我常常希望，仍在努力奮鬥的年輕人能夠多受點挫折，體驗到心痛、頭痛以及神經高度緊張之苦，經歷許多偉大作品誕生前的那段令人絕望恐懼的時期。你也許花幾分鐘或者幾個小時就可以閱讀完一首詩或者一本書，過程也是輕鬆愉快的。然而，著作者卻要花上好些天甚至好幾個月的時間斟酌詞句，一遍遍不厭其煩地反覆推敲。

文學著作常常是經過了一行行、一段段改了又改，刪了又重寫的結果。作者孜孜不倦地耕耘換來的是時間的認可。律克里修[218]為了完成一首

218 律克里修（Lucretius），古羅馬哲學家、詩人，著有哲學長詩《物性論》。

詩幾乎耗盡了一生。布萊恩特[219]的《死亡觀》（*Thanatopsis*）據說重寫了一百遍還不滿意。約翰·福斯特[220]有時為了一句話可以足足斟酌上一個星期。他嚴格地重組、修改、潤色寫下的每一句話，直到自己滿意為止。有人曾問查默斯，倫敦人是怎樣評價福斯特的。查默斯回答：「寫作起來極其刻苦認真，往往花上一個星期才寫出一句話來。」狄更斯是現代小說的先驅之一，他為了創作可謂殫精竭慮，憔悴的模樣看上去就跟凶殺犯似的。就連世間罕有的天才培根，也留下了大量記錄「靈光一閃的想法」的手稿。休謨[221]每天花 13 個小時寫作《英國史》（*The History of Great Britain*）。埃爾登還在讀書時甚至連書都買不起，他看過的很多書不是借來的就是自己抄來的，像《庫克與利特萊頓對話集》。馬修·黑奧[222]幾年如一日每天花上 16 個小時學習法律。據說福克斯寫作起來可謂是「字斟句酌」。盧梭談及自己通順生動的寫作手法時說道：「我的手稿到付梓期間，其實做過大量的刪改、潤色甚至推倒重來；即使出版社付印前，我也要拿來再次修改 4-5 遍，編輯從未逼我這樣做，但對於作品，哪怕我輾轉反側，也要製作到最滿意，才能躍然紙上。」

據說艾德蒙·沃勒[223]整整一個夏天都耗在推敲 10 句詩詞上。貝多芬對音樂的忠誠和執著使之超越其他所有音樂家。他創作的每段樂句無不是修改了 10 多次以上的。他最喜愛的座右銘是：「只要有抱負，勤奮努力，就不怕面前突起的重重障礙。」不論寒暑，吉朋每天早上 6 點必定起來伏案工作，將他的自傳重複修改了 9 次之多。很多年輕人夜夜笙歌，還抱怨自己沒有吉朋的天才，可以寫出像《羅馬帝國衰亡史》那樣的偉大作品，不知道那是吉朋耗費了 20 年的心血著作而成的。就連人類史上最偉大的

219　布萊恩特（William Bryant, 1794-1878），美國詩人。
220　約翰·福斯特（John Foster, 1770-1843），英國散文家。
221　大衛·休謨（David Hume）（David Hume, 1711-1776），英國哲學家、歷史學家、經濟學家，首倡近代不可知論。
222　馬修·黑奧（Matthew Hale, 1609-1676），英國大法官。
223　艾德蒙·沃勒（Edmund Waller, 1606-1687），英國詩人。

哲學家柏拉圖，用了 9 種不同的寫作手法才寫出滿意的《理想國》（*Res Publica*）的開篇首句。艾德蒙 · 伯克[224]的《致崇高的主》是英語名著之一，也曾反覆修改和取證多次方最終定稿。巴特勒主教反覆修改了 20 遍才把《比論》完成。維吉爾花了 7 年時間創作《農事詩》（*Georgics*），12 年時間寫作《艾尼亞斯紀》（*Aeneis*）。他對後者十分不滿意，臨死前還掙扎起來將之付之一炬。

海頓（Franz Joseph Haydn）小時候家境貧寒，父親是卑微的馬車夫。他沒有朋友，經常形單影隻，最終娶了一個當女僕的妻子。他離鄉背井，到某音樂教師家當差，學習到許多音樂知識。受生活所迫，他又到維也納當起了理髮師。他在為客人擦亮皮鞋時遇到了貴人，後來成為了朋友。西元 1798 年，在此人的幫助下，當時還窮得叮噹響的海頓創作出宗教劇《創世紀》（*The Creation*），成為音樂界冉冉升起的一顆新星。王親貴族們都爭相與他進餐，他聲名大噪，不用再靠幫人理髮來養家糊口。然而，在他創作的 800 部樂曲中，最有名的還是《創世紀》。他死在拿破崙攻占維也納的時期。最偉大的音樂作品是作家嘔心瀝血創作出來的，迴響在人類的心裡直至永遠。

法雷迪 · 道格拉斯[225]是美國最具代表性的黑奴名人。他在貧窮之家長大，憑藉自身的努力獲得自由，並用無比的勇氣和毅力贏得了受教育的機會。他在美國赫赫有名，在國際上也贏得了尊重和崇拜。

失去雙手雙腳的卡瓦納勳爵[226]，成功當選國會議員；雙眼失明的法蘭西斯 · 約瑟夫 · 坎貝爾[227]，在數學、音樂和慈善事業上都有很大的建樹。

224 艾德蒙 · 伯克（Edmund Burke, 1729-1797），愛爾蘭政治家、作家、演說家，反對英王喬治三世和英國政府，支持美國殖民地及美國革命，經常被視為英美保守主義的奠基者。

225 法雷迪 · 道格拉斯（Frederick Douglass, 1817-1895），19 世紀美國廢奴運動領袖，傑出的演說家、作家、政治活動家、人道主義者。

226 卡瓦納勳爵（Lord Cavanagh, 1831-1889），愛爾蘭政治家，先天性無手腳人。

227 法蘭西斯 · 約瑟夫 · 坎貝爾（Francis Joseph Campbell, 1832-1914），美國廢奴主義者、教師。英國皇家盲人學院聯合創辦人之一。

我們應該從這些偉人身上得到啟示，只要把握機會，人的潛力是無窮大的。百分之九十九的人處在逆境時甘於不幸，消極地等待上天的憐憫。

在蘇格蘭格拉斯哥，有一位製作手套的學徒，窮到沒錢買蠟燭和火柴，只能依靠商店櫥窗透出的光線看書學習。等到商店都關門了，他一手拿著書，一手抱著燈柱看書。他成長的環境比美國大部分孩子都糟糕，但卻成為蘇格蘭鼎鼎有名的大學問家。

法蘭西斯·派克曼[228]雙目幾乎失明，全憑自身的努力成為美國著名歷史學家。自我價值有多少，全看你這部印鈔機印出面值多少的鈔票。富蘭克林從小在印刷廠當童工，那時最奢侈的事就是在費城街頭給自己買了一便士的麵包。理查·阿克萊特，大半輩子都在幫人理髮，擺脫貧困後，在財富和名聲的光環下，依然努力彌補早年缺失的教育，年過五十的他仍然每天犧牲兩個小時的睡眠時間來學習單字、語法和寫作。

法拉第是打鐵匠的兒子，13 歲就到倫敦當裝訂工人。他在裝訂書本時也不忘閱讀書上的內容，久而久之累積了豐富的知識，為日後的成功奠定了基礎。當別人都下班回家，他留在廠裡一卷又一卷地翻閱書籍，學習到深夜。滕特登勳爵路過他父親白手起家的商店時，充滿自豪地指給自己的兒子看。在尼姆擔任主教的弗萊希耶[229]曾被某法國醫生嘲笑其出身低微，年輕時從事過賣牛油蠟燭的賤役。對此弗萊希耶回應道：「如果您和我一樣家境貧寒，相信您至今也只能當一個賣燭郎吧！」

阿蓋爾公爵在公園散步，發現草地上躺著一本牛頓的《自然哲學的數學原理》(*Philosophiæ Naturalis Principia Mathematica*)，而且還是拉丁文版的，便以為有人從他的圖書館裡把書拿了出來，於是吩咐僕人把書放回館內。這時公爵花匠的兒子艾德蒙·斯通走過來，聲稱書是他的。公爵吃

228　法蘭西斯·派克曼（Francis Parkman, 1823-1893），美國歷史學家。
229　弗萊希耶（Esprit Fléchier, 1632-1710），1687-1710 期間擔任法國尼姆市的主教。

驚道：「你懂幾何學？牛頓？還有拉丁文？」「我有一些了解。」艾德蒙答。「可是你是從哪裡學到這些知識的？」公爵繼續問。斯通回答：「您的一位僕人十年前教會了我閱讀。」「學會二十四個字母不代表就能看懂這類書哇！」公爵吃驚道。年輕人答道：「我首先學會認字。後來看到您的建築工人在屋頂工作的時候，發現他們在用一些儀器進行畫圖計算，便向他們請教這些儀器的用途。就在那時我才知道世上有一門叫作算術的學科。我於是買了一本算術書自學，又發現了幾何學，買了所有學習幾何必看的書籍。在學習的過程中我得知有一本書特別好，但是用拉丁文著作的，於是買了一本字典就自學起拉丁文了。同樣，我還自學了法語。公爵大人，我就是這樣學會看這本書的。只要學會了二十四個字母，沒有什麼是我學不會的。」

埃德溫·查德威克[230]在向英國國會作的報告中指出，每天花3個小時坐下來學習，剩餘時間到外面打工的小孩，會變得更加聰明。在商界獲得成功的人通常都會在繁忙的日常工作中擠出三四個小時或者一兩個小時來閱讀書籍，以充實自己。

詹姆士·瓦特僅受過小學教育，還因為體弱多病常常缺課。然而，在家養病的他依然堅持刻苦學習。亞歷山大·V曾以乞討為生，他是「在泥土堆中長大，躺在大理石棺槨上去世」的人。14歲就在漢諾威樂團演出賺錢的威廉·赫謝爾[231]，將畢生的興趣都投入到對科學的研究上。他學識淵博，特別是在天文學上建樹不凡，足以列入史上最偉大的天文學家之一，而他在天文學方面的知識全都是自學成才的。

華盛頓打小失去父親，在西摩蘭的農場長大。他和一名孤兒無異，沒有接受教育的機會，也沒有大學願意接納他，給他頒發學位證書。他會認

230　埃德溫·查德威克（Edwin Chadwick, 1800-1890），19世紀領導英國公共衛生事業的社會活動家。
231　威廉·赫謝爾（William Herschel, 1738-1822），德國物理學家、天文學家，發現天王星，是恆星天文學的創始人。

字、會寫字、會做算術，僅憑這三點他就收穫了成功。莎士比亞在學校除了學會認字和寫字，什麼都沒學到。然而透過自學，他成為了偉大的文學家。彭斯同樣沒有受過多少學校教育，他的童年幾乎是在赤貧中度過的。

詹姆士·弗格森[232]出身貧寒農家，全靠偷聽哥哥朗讀文章才學會了閱讀。他少年時發現了幾條力學原理，並自製出磨粉機和紡車的模型，還用繩子打結的辦法繪出了一幅精確的星象圖。一把普通的削筆刀在他手上就可以發揮出神奇的作用。許多偉人都像弗格森一樣沒有接受正規學校教育的機會，卻自辟新路同樣登上了學術的頂峰。吉福德利用補鞋的工具——一把錐子，就在廢棄的皮革上計算出了最複雜的難題。里滕豪斯[233]在他的犁耙上算出了日食和月食。總之，有志者事竟成，他們總能找到一條通往成功的道路。

朱利斯·凱撒在軍事方面的成就震撼世界，他本人要遠比世人對他的評價和歷史對他的記載更令人敬佩。他在天文、語法、歷史等學科上都有所建樹。他的淵博學識和雄辯之才在當時都是數一數二的。其一生疲於軍旅奔波和政治虞詐，否則他必能在學術上做出不凡的成就。腓特烈大帝二世同樣戎馬一生，不管軍營工作多麼繁忙，都要抽出固定的時間讀書學習。他曾寫信給一個朋友道：「我對時間的渴望一天比一天強烈。儘管沒有浪費一分一秒，依然覺得時間不夠用。」

哥倫布一生漂泊於大海，卻成為當時最博學的地理學家和天文學家。

彼得大帝統治整個俄羅斯時年僅17歲，他的文明程度不比任何尚未開化的國民優越多少。野蠻和殘暴的本性在他在位期間頻繁暴露。如此一位帝王卻能夠致力於傳播文明之音，教化自己的國民。他積極推行改革，26歲開始訪問歐洲各國之旅，把它們的藝術和文化帶回祖國。他驚訝於在

---

232　詹姆士·弗格森（James Ferguson, 1710-1776），英國天文學家、發明家。

233　里滕豪斯（David Rittenhouse, 1732-1796），美國天文學家、發明家、測量學家、數學家。曾任美國哲學會第二任主席，並以製作美國第一架天文望遠鏡。

荷蘭薩爾丹的東印度造船廠造船技術之精良，便主動留下來當學徒。他還為聖彼德堡的建立出了不少力。在英格蘭，他到過造紙廠、鋸木廠、鐘錶行等製造場地，甘於從最底層做起，學習各個行業最先進的製造技術。

在旅行中，他每到一個地方都要求自己盡可能獲得最多的資訊。他隨身攜帶寫字板，任何時候獲取到有價值的資訊便記錄下來。他路過田間，看到農夫耕作時總要走下馬車，跟他們聊聊農事，甚至和他們一起回家，記錄下他們家裡的設施，畫下他們耕作時用的工具。他從不浪費一分一秒，全都用來學習。以這種親力親為的方式，他深入了解了別國的先進技術，並用以造福自己的國家。

古時人們追求的是「了解自己」。到了 19 世紀，世人則崇尚「幫助自己」。自我修養很重要，能給靈魂帶來新生。自主教育是澆灌成長的沃肥，在其豐富營養的保證下，人類之苗總能茁壯成長，長成挺立的大樹，不至於孱弱如侏儒，卑劣如惡棍。而如果只是到大學混個學位，為了考試及格才發憤學習的人，將來一樣會退步或墮落，甚至失去自信和自尊，學到的知識也像水蒸氣一樣從他的記憶中蒸發。很多年輕人為寫好畢業論文嘔心瀝血，然而他們華美的文句也只盛開一時，把花梗壓垮了，從此不能再開花。

在德國施特拉斯堡，人們是這樣餵養鵝的：每天餵食幾次，把牠們的喙強制打開後，再用手把食物塞進鵝的食道。這些鵝長期生活在剛好足夠裝下牠們的籠子裡，主人也不給牠們出來走動的機會，據說這樣養大的鵝肝才足夠肥美。我們對年輕一輩的培養和豢養食用鵝無異，也是將教育強塞進他們的腦袋裡。他們死記硬背，在考試前幾週更加發憤記誦，還用父母辛苦賺來的錢請家教，幫忙把更多的知識強塞進學生的腦袋，把一件件歷史事件、資料等填滿他們的記憶，而不是幫助他們訓練大腦，增強理解能力，也不是幫助他們發展人格力量。他們純粹是為了在考卷上能夠寫出

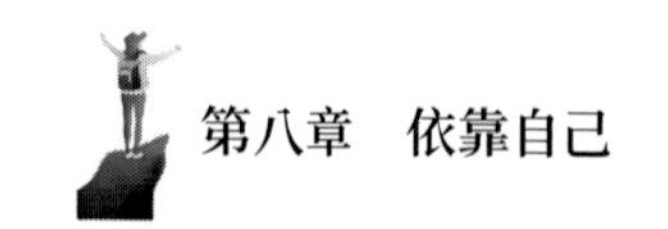


正確答案，試問這樣培養出來的人才怎麼能夠成功呢？

真正的教育應該能夠促使學生更加渴望知識，而這種渴望將成為他們工作上的靈感源泉。「最好的教育，是將真理根深蒂固於學生的認知，將美德融入到他們的感知。」

在為了生存而掙扎的時候，我們接受教育和文化的速度將更快。在顯微鏡下我們看到的並不是什麼新鮮事物，但卻不得不叫我們嘆為觀止。我們要訓練自己的眼睛在發現醜陋之前先看到美麗。顯微鏡下的世界是我們意想不到的，原來最普通的事物也有那麼美的一面。阿加西看到的世界就和沒有受過教育的人看到的世界很不一樣。受過教育的人有機會接觸更多的事物，他們視野更開闊，對於沒有受過教育的人而言就好像超人一樣擁有不可知的力量。他們可以創造奇蹟，超越人的想像。

鮑沃爾說：「文化的源泉在於對更高理想的追求。我們不斷陶冶思想，挖掘潛在的天賦，以求更好地貢獻社會。即使你每設定的一個目標都沒有實現，默默無聞，像青草一樣度過人生；即使你沒有在那場人生的意外中獲勝，你又怎知自己沒有被賦予更高的使命？思想的力量不比對自我的認知更弱。」

高度發達的文明是以犧牲道德為代價的，對於這點我們應該小心避免。在我們學院，某教授說：「被教育填充的大腦儘管什麼知識都懂一點，卻沒有一樣專長。而那些沒有接受過正規教育的人，因為對某個領域的知識鑽研得透徹，最後比受過正規教育的人取得更大的成功，而那些從學校畢業的模範生們，擁有的知識只能掩蓋自己的無知。雖然我們對各個領域的知識都應該有所了解，但有所專長是必要的。年輕人總容易忘記，人生是要自己走出來的，而不是靠研究或者跟隨別人的步伐。」

我們在體育館裡運動時，擴展胸肌，又跑又跳又推又拉，都是為了鍛鍊自己的身體。同樣，我們不能單一地只發展腦力或者品格。

盧梭說：「我再次重申，我的目的不是傳授知識，而是教會學生在需要的時候懂得運用自己學習到的知識。」

最好的老師是我們自己。只有願意學習的學生老師才教得會。教育的最高境界就是讓學生學會自學成才。

以撒·泰勒[234]說：「思考而非歲月催人成長。我們應該對我們的所見所聞多加思考，這樣才能真正理解其中的深意。邊閱讀邊思考是學習的第一步，也是最簡單的一步。」

勤於思考的人太少，而不思考的人又愛裝深沉。

234 以撒·泰勒（Isaac Taylor, 1787-1865），英國哲學家、歷史學家、作家、藝術家和發明家。

# 第九章
# 在工作中等待機會

莫要因為一天的懈惰垮了辛苦建立起來的人生。

我們會對重大事件做出何種反應，取決於我們的性格和品格。而我們的性格和品格又取決於我們過去多年來養成的習慣。

—— 亨利·帕里·利登[235]

不管做什麼事情，開始前都必須做好充足的準備。

—— 西塞羅

我認爲，沒有受過教育洗禮的人類靈魂，如同採石場上未經加工的大理石，直等到有師傅將其剖開，才向世人顯現其眞實的顏色和光澤，以及通透全身的漂亮紋理和圖案。

—— 愛迪生

天才大都不是一日養成的。正如橡樹，繁榮茂盛長達千年之久，不像蘆葦忽然間就盛開一大片蘆花。

—— 喬治·亨利·路易[236]

誠實對待你的天賦，這樣你才能變得更加優秀；善於運用你學到的知識，這樣才能攀上更高的知識頂峰。

—— 阿諾德

在適當的時候懂得等待之人，機會自然會降臨。

—— 梭羅

越是著急越快不了。

—— 邱吉爾

欲速者自絆腳步，反而作繭自縛。

—— 塞內卡

智者穩步慢行，跌倒的都是匆忙奔跑之人。

—— 馬登

沒有播種和耕耘，哪來豐收？

—— 梭羅

完整、成功的教育使人在任何職位、任何場合、戰爭時期或和平年代，都同樣地處事公正、工作嫻熟、寬以待人。

—— 彌爾頓

不論在哪個領域，通往成功最保險的路徑只有：一是打下良好的教育基礎。二是勤學勤練。

—— 愛德華·埃弗雷特[237]

懂得越多，失去越少，往往還能事半功倍。

—— 查爾斯·金斯萊[238]

235 亨利．帕里．利登（Henry Parry Liddon, 1829-1890），英國神學家。
236 喬治．亨利．路易斯（George Henry Lewes, 1817-1878），英國文學批評家、作家、哲學家。
237 愛德華．埃弗雷特（Edward Everett, 1794-1865），美國演說家、政治家。
238 查爾斯．金斯萊（Charles Kingsley, 1819-1875），英國作家、牧師。《水孩子》、《英雄們》的作者。

「我當時只是茫茫人海中的一粒不起眼的砂子。」亨利・貝塞麥[239]談起自己西元1831年初到倫敦時的境況如是比喻道。當時的他只有18歲，隻身一人來到一個陌生的城市，也沒有一個認識的朋友。然而他很快就行動起來，發明了一種機器，可以將淺浮雕刻的印章在卡紙板上印出郵票。由於他的方法簡單易行，人們只須花費十分鐘和一枚便士，就能夠學會如何製作壓花郵票的印具。當得知這種在官方文件上壓印郵票的辦法輕易就能被人仿造，貝塞麥又發明了有鋸齒狀郵票，不但難以仿造，而且不容易撕下。他從公共印花稅署署長口中得知，政府每年都要花費10萬英鎊將舊信封上的郵票撕下，進行二次使用，而印製郵票的辦法又遭遇新的偽造危機。印花稅署長於是提出買下貝塞麥的專利權，或以年薪800英鎊請他當終身顧問。貝塞麥選擇了後者，並馬上將這個好消息告訴了一個他打算與之共用財富的女人。他向他的未婚妻解釋了他的發明將如何防止人們將一張珍貴的郵票撕下來重複使用，就算過去一百年也無法將郵票和信封分離。

他的未婚妻說道：「我明白了。但如果你在每張郵票上都印上日期，用完一次後就不可能再使用第二次了。」

貝塞麥未婚妻的話很簡單，就只有一句，但如果把那關鍵的兩個字「日期」去掉，便是一句毫無價值的話。然而，那句話的作用就好比某中學生發明的一樣小玩意，每年都能夠拯救成千上萬人的生命不被洪水吞滅。如果英國的印花稅官員能在他們笨拙的腦袋裡想到這兩個字，每年也不至於浪費政府10萬英鎊的錢。就這麼簡單的兩個字，一下子就讓貝塞麥的發明遜色不少。貝塞麥為未婚妻感到自豪，並把她的建議向印花稅局提出。貝塞麥的好心換來的卻是政府部門的無情。他們理所當然地採納了他的建議，並棄用其發明的打齒機器，撤銷了答應給他提供的職位和

239　亨利・貝塞麥（Henry Bessemer, 1813-1898），英籍法國發明家，18歲發明了一臺郵票印刷機，發明了轉爐煉鋼法，大大縮短了鋼的煉製時間，減少了煉鋼成本。

薪資。

貝塞麥的經濟狀況陷入低谷，但他意識到自己的妻子比任何財富都要珍貴。他於是和妻子攜手，經過多年的試驗和探索，終於發現了快速、高效提煉鋼鐵的方法，從而大大降低了煉鋼的成本，在全世界掀起鋼鐵工業的新革命。他的方法很簡單，就在熔化幾噸生鐵的同時，從底下鼓入大量熱空氣，讓火燃燒得更猛烈，然後加入鏡鐵（鐵和錳的合金），一塊富含碳元素的礦石，就能把生鐵鍛鍊成鋼鐵。貝塞麥是在嘗試更加複雜而昂貴的實驗失敗後，偶然發現這個辦法的。

「願意等待的人總能等到機會的降臨。」

當今時代最缺的就是堅持。有多少年輕男女願意花大量時間為畢生的事業做足準備？他們受過一點教育，看過幾本書，就倉促上陣了。

我們處在「缺乏耐心」的世紀。不論在商業圈、學校、教堂還是社會上，人們都不願意多等待。等不及念中學、大專、大學，就有人放棄了學業。少年希望快點長大成人，年輕人則想著快點成熟起來。他們還沒有累積到足夠的知識和經驗便早早地踏入社會，能從事的也只能是低微的苦力，很多人因勞累過度而英年早逝。每個人都匆匆忙忙，為了盡快把房子賣出去，他們甚至可以不考慮房子的品質是否過關。

不久前，我們大學的一名教授收到一封從西部寄來的信。寫信者是個年輕的女性，她想知道在我們學校上完 12 堂演講藝術課後，她是否就可以成為這個學科的老師。

今日的年輕人做什麼都想要一步登天。他們不願意多累積，為目標奠定更結實的基礎。要到預備學校和大學辛苦學習幾年讓他們望而卻步。他們只想要速成班。然而，正如波普所言：

一知半解最危險；

酣飲才識酒泉香；
淺飲小酌容易醉；
大口浩飲反清醒。

用逃避來掩飾無知，如履薄冰唯恐被人看穿弱點，都是懦弱的表現。抄小道走捷徑只能解決一時之急，要縮短通往成功的路程，就要做好十年寒窗無人問的準備。切斷糧食軍隊就無法前進，只能讓敵人搶了先機。只有腳踏實地地努力工作，堅定不移地朝目標前進，距離成功才會越走越近。切莫貪圖一日之歡而毀壞自己的整個人生。

沒有做好充分準備的人，即使遇著良機突降，也只能頓足長嘆，自取其辱。重大任務只有交付給能夠勝任的人負責，才能展現出其價值。對於那些已經誤導了無數年輕人相信擁有一副伶牙俐齒和一雙神偷妙手就可以免去寒窗苦讀和挑燈工作的膚淺言論和淺薄行為，各位要謹慎勿輕易相信。

堅持不懈和耐心等待是大自然造物時秉承的座右銘。它耐心耕耘了千萬年，才把植物開出來的花打造完美。為了造出統治萬物的最高物種人類，它更是不惜耗時多少億年，也要精雕細琢出完美的人類。

強森說，沒有翻閱過半個圖書館的人是寫不出一本書來的。某女作家告訴華茲華斯，她寫一首詩要花費 6 個小時。華茲華斯回答，就算耗時 6 個星期也再正常不過。想想看吧，霍爾主教在他某部著作上耗費了整整 30 年的光陰。歐文斯用了 20 年完成《寫給希伯來人的書信》。莫爾為了把詩句寫得郎朗上口，給人一氣呵成的感覺，花了幾個星期的時間思索用詞。卡萊爾所著的歷史書，每一頁都是經過權威認定的，每一句話都是耗費了很長時間到圖書館查閱資料、翻閱了無數本書籍整理凝縮而成的精華。今天，我們隨處都可以買到卡萊爾的《成衣哲學》，世界各地都有書商在售賣這本書。

而在西元1851年，當卡萊爾第一次把它帶到倫敦，自薦給出版商時，三家非常著名的出版社都不予採用。最後是《弗雷澤雜誌》刊登了卡萊爾的作品。令卡萊爾欣慰的是，雜誌社的主編認為，他的《成衣哲學》在別的出版社遭受退稿是非常無理的。亨利·沃德·比徹寄了6篇文章給某宗教報刊社，以充抵訂閱報紙的費用，結果都被退了回來。奧爾科特[240]的手稿不但被《大西洋月刊》退回，主編還勸告她專心當好她的教師。某文學領軍雜誌不但對阿佛烈·丁尼生（Alfred Tennyson）的詩作冷嘲熱諷，還故意忽視他。在愛默生的眾多著作中，僅有一部給他帶來較高的回報。華盛頓·歐文（Washington Irving）直至70歲才因自己的著作收取到足以支付房租的稿酬。

廢除舊時候強制小男孩當學徒的制度在一定程度上對現代男孩而言是種損失。現今很少有小孩被送去當學徒了。他們遇到了難題才會去學習相關的知識，好比學校裡的學生，哪個科目有考試才去學習那個科目。他們不再主動去了解和學習更多的知識。

如果美國的年輕人能夠學習米開朗基羅，花費12年的時間來學習解剖學，同樣也可以創作出垂世之作。或者像李奧納多·達文西一樣，十年如一日地研究馬的模型，閉著眼睛也能解剖一匹馬。然而，大部分年輕人想的卻是，怎樣花費最少的時間創作出像太陽神阿波羅雕像那樣不朽的偉作。米開朗基羅在西斯汀教堂作畫時，從不為了吃飯或者更衣放下手上的工作。他隨身帶著麵包，以便在飢餓的時候可以邊工作邊填飽肚子。他甚至連睡覺都穿著工作時穿的衣服。

某富翁請霍華德·伯內特為他的畫冊做潤色。伯內特答應了，但要求富翁支付一千法郎的報酬。富翁抗議道：「你只需花費5分鐘怎敢收那麼貴？」伯內特回答道：「這5分鐘的工作可是耗費了我30年的工夫。」

---

240 奧爾科特（Louisa May Alcott, 1832-1888），美國作家，《小婦人》（*Little Women*）的作者。

「那篇布道是我準備的。」年輕的新任神父說道，「半個小時搞定，馬上就派上了用場。布道結束了我也全忘光了。」年長些的神父說：「你和聽眾倒是有一處共鳴點，他們和你一樣也是聽完就忘光了。」

這個時代需要的是能夠堅持不懈等待時機的人，不管世人的目光是反對還是支持。我們需要一個願意為了完成一本《美利堅共和國史》（*History of the United States*）犧牲 26 年寶貴光陰的人，就像班克羅夫特[241]；為編撰一本字典投入 36 年時間的人，就像諾亞·韋伯斯特；為寫作《羅馬帝國興衰史》耗掉 20 個年頭的吉朋；為累積實力顛覆敵國而鬥爭 40 個春秋的米拉博；為機會降臨堅持等待大半生的法拉格特和毛奇將軍；比學院裡與之競爭的學生每晚多堅持學習 15 分鐘的加菲爾德；被全世界人看笑話仍不放棄，投入大量時間和金錢鋪設海底電纜的菲爾德；花了 7 年時間為西斯汀教堂繪畫《創世紀》和《最後的審判》（*The Last Judgement*），拒絕收取酬勞以免玷汙作品神聖性的米開朗基羅；花費 7 年時間創作《最後的晚餐》（*Last Supper*）的提香；用 15 年發明火車的史蒂芬生（George Stephenson）；用 20 年改良蒸汽機的瓦特；連續工作 20 年把丈夫從北極海救回來的富蘭克林夫人；衣裳襤褸徒步在雪地走了 2 英里借來了《法國革命史》，卻只能在野外燒火閱讀完成的瑟洛·威德；力排眾議堅持戰鬥的格蘭特；雙目失明仍然堅持創作《失樂園》的彌爾頓，儘管他的書只賣了 15 英鎊；拿著《名利場》四處碰壁，被 12 家出版社拒絕卻依然積極投稿的薩克雷；孤獨地蜷縮在小閣樓上，飽受貧窮、債務和飢餓的折磨，不灰心不放棄的巴爾札克。成功只青睞準備好且有耐心等待的人。

丹尼爾·韋伯斯特在年輕的時候，翻遍了附近所有法學圖書館都沒有找到他想要的書。他於是自己掏了 50 美元去購買，學習書上的判例和相關法律知識，為一個貧窮的打鐵匠贏得了官司。然而，因為他的委託人無

---

241　班克羅夫特（George Bancroft, 1800-1891），美國歷史學家、國會議員。

力承擔高昂的律師費用，最多只能支付 15 美元。丹尼爾不僅虧了買書的錢，還賠上了大量的時間。幾年過後，他經過紐約，遇到亞倫·伯爾[242]向他詢問一件懸而未決的案件。該案件跟他數年前接手打鐵匠的案件一模一樣，已經上訴到高等法院。丹尼爾對應該怎樣處理這樣的案件早就瞭若指掌。他於是從查爾斯二世的法律條文和判例開始滔滔不絕地分析起來。亞倫驚訝極了，還以為自己早就詢問過他了。丹尼爾說道：「不太可能，我直到今晚才第一次聽說您的案件。」伯爾高興道：「很好，請繼續。」丹尼爾分析完畢後，亞倫支付給他一筆相當可觀的報酬，足以彌補他早年打官司虧損的那一筆費用。

亞伯特·比爾斯塔特[243]西元 1859 年首次跟隨探險隊穿越洛磯山脈，將美國西部的景象用繪畫記錄下來，從此聲名大噪。他循著山路登上派克斯峰，被眼前成片的野牛景象驚呆了。只要是視線所及之處都有野牛點綴在草原間。然而，隨著人類文明的傳播，這些野牛很快就會瀕臨滅絕。帶著這種想法，比爾斯塔特於西元 1890 年創作出《最後的野牛》。為了使這幅作品更加完美，比爾斯塔特用了 20 年的時間才最終完成。

能夠經受住時間考驗的作品都擁有深厚扎實的基礎。羅馬建築最昂貴的部位也在於它的底部。只有地基打得越深，建築才會越牢固。

波士頓的邦克山紀念碑高 50 英尺，在前來觀光的旅客看不見的底部，是支撐整座碑筆直挺立，任憑暴風來襲也屹立不倒的花崗岩基座。成功的人生是用大量磚石從最底部堆砌而成的。成功是堅持不懈和辛勤耕作共同結出的果實，是否成功還取決於是否對通往成功的漫漫長路做到心中有數。哈夫洛克 28 歲參軍，直至 34 歲還在部隊服役等待機會。他清楚自己

---

242　亞倫·伯爾（Aaron Burr, 1756-1836），美國政治家、獨立戰爭英雄，曾任美國參戰員、美國副總統。

243　亞伯特·比爾斯塔特（Albert Bierstadt, 1830-1902），19 世紀在美國享有盛譽的著名風景畫家，他以寫實的手法逼真地描繪了拓荒時期美國西部從洛磯山脈到太平洋海岸邊的加利福尼亞宏偉美麗的自然風光。他的作品大多以寬 2 公尺、長 3 公尺左右的巨大畫幅營造劇場式全景畫面效果，充分展現美國西部的雄奇與壯麗。

的實力，「然而看到那些酒鬼和蠢貨爬到他頭上，而他還只是一個小小的副官，他苦惱萬分。」忍辱負重了多年，他終於有機會發揮自己儲存了多年的力量，成功率領部隊進軍勒克瑙。

喬治·艾略特經過多年筆耕不輟和上千本圖書閱讀量的累積才寫出的《丹尼爾·德龍達》（*Daniel Deronda*），給她帶來了 5 萬美元的回報。知名作家是如何養成的？連續工作好幾年卻得不到任何報酬，寫了幾百頁的文章只為練習，大半輩子都像奴隸一樣為文學事業工作。米勒的畫作《晚禱》是經歷了長年工作和等待才給他帶來 2.5 萬千美元的回報。他早年的習作不值一文，晚年卻創造出價值連城的名作。席勒的工作則是「永遠都做不完的」。但丁在寫作《神曲》的時候「漸漸把自己都融入書中」。辛勤的工作和耐心的等待造就完美。

比徹說：「據我所知，沒有哪一本學術著作、文學作品或是任何一門藝術上的傑作，不是經過長期不倦的潤色修改，才給其作者帶來終生的名譽。」

臥薪嘗膽比戰場呈勇對一個人的考驗更大。

著名鋼琴家塔爾貝格[244]曾說，他在大眾面前演奏的每一首成名曲，都是在家練習了不下 1,500 遍才敢拿出來登臺表演。他自認為不是什麼天才，取得的成就都是勤練的結果。他的成功是憑藉自身的勤奮和堅持得到的，不知要使多少所謂的天才自愧不如。

艾德蒙·基恩[245]在扮演「邪惡先生」一角時，表現出了純熟高超的表演技巧。然而，在正式登臺演出前，他花了一年半的時間在鏡子面前不斷地練習表情。拜倫曾和莫爾一起去觀看艾德蒙的演出，評價說從來沒有看過如此邪惡嚇人的臉孔。正當這名偉大的演員繼續把「邪惡先生」的種種惡

244　塔爾貝格（Sigismond Thalberg, 1812-1871），瑞士出生的 19 世紀奧地利鋼琴家、作曲家。
245　艾德蒙·基恩（Edmund Kean, 1787-1833），英國演員，以表演莎翁筆下的角色聞名。

端表演得淋漓盡致，拜倫終於承受不住暈倒在地。

某白手起家的銀行家富翁說：「曾有幾年，我都是天未亮就開始工作，並持續工作 15-18 個小時才會停下來休息。」

Festina Lente，是拉丁諺語不可太急、一步步來的意思，是非常好的一句諺語。只要耐心等待，被蠶吃下去的桑葉吐出來後便是可以織成綢緞的真絲。長在山坡上的巨大橡樹，因為其根部的默默奉獻，緊緊纏繞住山上的岩石，才使得樹幹經受住幾百年的暴風雨襲擊，依然挺立向上生長。《蒙娜麗莎的微笑》被譽為有史以來最美麗的人物畫像，而它的作者達文西花了整整 4 年才完成了蒙娜麗莎的頭部，為世人留下無窮的藝術想像。

賓厄姆說：「德國軍隊上戰場前總要做好充分的準備，就像戰爭機器一樣準確無誤。一張表格就能說明不同國家對待戰爭到來的不同做法。每名士官的名字都寫在最前面，為了戰爭的需要而擬定的火車時刻表完全取代原本的時刻表。如果軍隊司令官需要改變行程，只需給每個帶隊的士官發個電報即可。普法戰爭爆發後，毛奇將軍半夜醒來被告知戰事。他冷靜地對通知他的軍官說：『到我的文件架拿份文件給我，然後按照上面的指示給全國的軍隊發電報指導行動。』他翻了個身後又繼續睡覺了。早上也同往常一樣起床。在柏林，每個人都為戰爭的爆發興奮不已，而毛奇將軍卻像往常一樣在早晨散步。他的一個朋友碰到他並問道：『將軍你真淡定啊。難道你都不擔心戰事嗎？我還以為此時此刻的你會很繁忙呢。』毛奇將軍回答：『啊，我很早以前就已經為戰爭的爆發做好準備了。所有安排都已經頒布下去，我也沒什麼事情需要做。』」

一位目不識丁的牧師想對一個受過高等教育的神職人員諷刺一番，說道：「你想必上過大學吧？」「是的，先生。」該神職人員答。「感謝上帝，我不用上學念書也照樣懂得如何開口講話，在這裡布道傳教。」對方反駁道：「同樣的奇蹟也發生在遠古未開化的巴蘭時代。」

鮑沃爾說：「如果用一塊布遮住希臘雕刻家普拉克西特利斯的愛神維納斯像的眼睛部位，雕像的臉就會顯得憂鬱而嚴肅。但如果拿掉那塊布，呈現在世人面前的則是一張有著最美麗笑容的臉孔。同樣，把遮住人類眼睛的無知面紗撩開，我們看到的將是人類發自內心的快樂。」

某學院的年輕畢業生去跟校長道別，認為自己已經完成了學業，不需要再接受學校教育了。他的校長說道：「你們畢業了，而我才剛剛開始我的學業。」

很多傑出人物小的時候都是最普通不過的孩子。為了說明他們是怎樣成功，我們必須從他小時候開始講起。後天的培養所能達到的作用總要叫人大吃一驚。無論是多麼粗魯、笨拙甚至陰沉的小孩，只要本質不壞，又能得到經驗豐富的導師指導，同樣可以變成擁有良好習慣的好孩子。在南北戰爭晚期，僅用了幾個月甚至是幾個星期的時間對新招收的士兵進行嚴格的訓練，他們的渙散和粗魯很快就被更正過來，變得儀表堂堂，富有男子漢氣概，就連他們的朋友都幾乎認不出他們。如果經過訓練，連性格已經基本形成的成人都可以有如此大的改變，那麼對那些更年輕的孩子進行系統的德智體訓練，會發生怎樣的奇蹟啊！那些罪犯、流浪漢或生活在社會最底層的窮苦百姓，如果他們從小有幸受到有效的正統教育，即使居住在邋遢骯髒的環境中，也一樣可以成長為了不起的人物。他們將不會變成社會的渣滓和傷疤，而是成為人類歷史上閃閃發光的一顆明星。

懶惰就像蜘蛛網一樣滋生，最後將變成難以解脫的鐵鍊。一個人越忙，在同樣的時間內能做的事情就越多，因為忙碌已經讓他學會如何善用時間。

一位賢師曾說，財富是靠勤奮工作獲得的，而在此過程中，我們需要多一點耐心，多一點自制力，多一點對價值的正確衡量，多一點對勞動人民的同情以及多一點對金錢的認知，因為這些都是我們在慢慢靠近成功的過程中，保證成功不會變質腐爛的保鮮劑。討厭勞作，不喜歡播種和收割的年輕農夫是可悲的，他們不願意腳踏實地發家致富，寧願漂泊到城市，為了迅速暴富，甚至幻想搶劫國庫，盜走裡面的金銀財寶。

愛迪生在發明留聲機的時候，就差送氣音不能錄進去。他談起發明留聲機的過程時說：「連續 7 個月，我每天都工作 18-20 個小時，都在對那臺機器說『specia, specia, specia』，然而它總是錄成『pecia, pecia, pecia』。要是一般人肯定早就崩潰了，但我堅持了下來，並成功研發出了能夠錄下所有聲音的留聲機。」

通往成功的道路必定是在多年的辛苦工作和不斷地自我否定中鋪設而成的。

確立了麻薩諸塞州公立學校制度的賀拉斯·曼恩[246]，便是勇於臥薪嘗膽的最好例子。他僅有的財富是貧窮和工作。但他對知識有著孜孜不倦的追求，並下定決心要在這個世界闖出一番事業。他靠編織稻草賺錢，大部分都用來購買精神糧食 —— 書籍。

對於約拿斯·齊克林[247]而言，製造鋼琴的工作一點也不瑣碎。別人是為了謀生才當鋼琴匠的，而約拿斯則是為了成為鋼琴製造大師並由此創造財富。為了使手藝更加精湛，並充實自己的頭腦，他不惜犧牲休息時間和身體的健康。不論工作有多辛苦，工作耗時有多長，他通通都不計較，只要能夠製造出音色最完美的鋼琴，也不管製造數量的多寡。50 年前的鋼琴相對於今天的鋼琴音色要顯得沉悶和哀傷。齊克林給自己制定了一個目標，那就是製造出音階最完整、音色最豐富且方便演奏的鋼琴。他堅持自己的理念，努力工作並耐心等待成功的降臨，最終造出來的鋼琴不會因為天氣的變化而影響音色，並可以持久地保持音準和音色的純正。

---

246　賀拉斯·曼恩（Horace Mann, 1796-1859），美國教育改革家。

247　約拿斯·齊克林（Jonas Chickering, 1798-1853），美國波士頓著名鋼琴製造師。

「人啊，你是上帝最可憐的娃啊。沒有懶惰的命，只能面對殘酷的現實。」卡萊爾說，「這是人類的命運，通往永恆的道路。像天上的星星一樣盡職盡責地工作吧。」

儘管才華橫溢，儘管他的才能足以保證他的成功，他還在國會擔任令人覬覦的重要職位，但是格萊斯通並沒有因此而自滿，反而投入更多時間為其終生要為之奮鬥的理想做好了準備。很多人如果能夠坐到他的位置，大都心滿意足了。然而他卻繼續向上看，並不斷充實自己的知識水準。為了更好地履行工作上甚至對家庭的職責，他花了 11 年的時間學習法律。他還學習希臘文，只要一抓住機會就閱讀希臘原著和希臘報紙。他把自己的人生活到最充實，並因此成為滿腹學問之人。

在威廉一世統治期間，德國繁榮昌盛，然而他的成功不是因為擁有治國偉略，而在於他孜孜不倦、堅持不懈地學習和工作。他的一個朋友曾說：「每當我經過柏林宮殿的晚上，總要看到國王陛下挑燈工作的身影。我於是勉勵自己道：『這就是德意志帝國能夠富強起來的原因。』」

奧利・布林[248]說：「給我一天時間練習，我能將曲譜背下來；給我兩天時間練習，朋友們會為我的琴聲給我鼓掌；給我三天時間練習，我的演奏必能引起轟動。」

我們要養成隨時隨地都渴望吸取知識的好習慣，不管是否有用，我們要珍惜每一次學習的機會，珍惜每一次把知識運用於實踐的機會。韋伯斯特將 14 年前聽來的逸聞趣事穿插在演講之中，並贏得了很好的反響。當時的他又怎能想到會有用得著的一天？還是諺語說得好：「拿到一塊石頭卻不想敲開裡面看看的石匠不是一個稱職的好石匠。」

韋伯斯特曾被邀請演講一個很重大的話題，他拒絕了，理由是自己太忙沒有時間準備那麼大的題目。邀請人勸道：「您只要隨便說兩句就足以

248　奧利・布林（Ole Bull, 1810-1880），挪威小提琴家、作曲家。

吸引聽眾。」韋伯斯特答道：「我的話之所以有分量，就是因為我不會在沒有準備好的前提下隨便發言。」一次，他為哈佛大學的優等生榮譽學會演講，結束後忘記把筆記帶走。人們這才發現，韋伯斯特演講的內容都事先記在他忘記帶走的筆記本裡。

在一次突發的重大事件上，群眾強烈希望狄摩西尼能夠對事件發表演講。然而狄摩西尼婉拒道：「我還沒有做好準備。」事實上，很多人都不認為狄摩西尼擁有雄辯的才華，因為他每次演講都是經過精心準備的。在開會或者集會的時候，他從來都不站起來發言，因為他沒有經過準備不會輕易當眾演講。

亞歷山大·漢彌爾頓[249]說：「世人都認為我是天才。而事實上，我只是對每一門知識都不分日夜地竭力弄明白罷了。我努力探索它們，專心致志地投入學習。我刻苦的成果便被世人視為天才的證據。只有我自己知道，我所取得的全部成就都是勤於思考和肯下苦工的回報。」

是因為成功過於遙遠，而你仍對幸運突降抱有一線希望，所以對出發前的準備一拖再拖？農夫有時也會因為懶惰而拖延播種的時間，結果錯過了春天和夏天的播種季節，等來的是霜凍大地的寒冬。

朗費羅說：「很多人就像小孩一樣，等不及讓種下的花苗生根發芽，不時給它們揠苗助長一下。」我們除了要努力工作之外，等待也是必須的。

「那些滿腦子都是怎樣打扮得漂漂亮亮，給鬍子做什麼樣的造型，穿什麼款式的靴子，戴怎樣閃亮的帽子，開口閉口只談論劇院、歌劇、賽馬，對那些努力學習，不浪費時間玩樂的年輕人竭力嘲笑的對象，」塞澤說，「總有一天要為自己無用的人生感到羞愧，而那些被他們看不起的同儕，則飛黃騰達，大有一番作為。」

---

249 亞歷山大·漢彌爾頓（Alexander Hamilton, 1755-1804），美國第一任財政部部長。

凱勒博士說：「我對在紐約這個繁華大都市工作的上千名年輕人的事業進行了超過30年的調查比較，發現成功者與失敗者之間僅有一線之差，那就是他們對待事物的忍耐力。真正的成功不會突然而至，而是一步一腳印慢慢得到的。只有奉行林肯『腳踏實地』箴言的人，才能夠最終獲得成功。」

拉斯金說：「人只要做好自己的本職工作，任何事情都不能阻擋他的人生。工作能夠讓他忘記苦難，只要他願意，他可以盡情地對命運進行取笑。在人生的關鍵時刻，工作可以幫助你做出英明的抉擇。沒有思想的年輕人，把家庭的幸福建立在眼前短暫的歡娛上，把自己的前途交給當下的機會。我們的每個行為都是建造未來的基石，每一次想像都關乎人的生死！年輕時候不要把思考交給別人，人只有在墳墓裡才能停止思考。」

威靈頓公爵也有因為沒有申請到海關署的一個小職位而沮喪不已的時候。7年前，在拿破崙還沒有得到認可的時候，他什麼職位都去應聘，卻屢遭拒絕。但他並沒有自暴自棄，反而更加努力地學習，並自學了很多軍事知識。多年以後，他成為最偉大的軍事家之一。

學識是透過長期的工作和等待累積得到的，可以助我們應對突發的緊急情況。克伊爾認為，一個人學識的多寡決定其成就的大小。「人在必要的時候一定會發揮潛能把事情做到最好。危機時刻往往能夠刺激人的內在潛能。把任何事情都做到最好，在危急時刻盡力了，在戰鬥中堅持了，就將永遠處於不敗之地。」對於沒有這種累積的人，每次失敗都沒有從中得到學習。

能夠獨立自主的人往往都是善於學習並做好了準備的人。「生活，是比學校更好的學校。」而我們主動進取、認真負責、做事盡善盡美的素養，甚至拖拉、浮躁、傲慢等缺點，都是一點一滴從生活小事中累積起來的。

「我們應記住，有意外收穫的人往往都是那些努力奮鬥不斷尋找的人。意外的收穫是對他們付出的回報。有人也許碰到同樣的情況，但只有那些長時間堅持尋找的人，才能發現機會。儘管在尋寶過程中一無所獲，至少從中學會了辨別真金的能力。我們有時一覺醒來驚奇地發現自己成了名人，然而這不是幸運，而是忘我工作甚至把工作帶入睡眠的回報。」

「不論是科學發明還是文學創作，追求真理和人格修養的人都是一樣的。瑣碎的工作能夠帶來意想不到的收穫。只有立志尋找好素養的珍珠的商人，才有可能找到價值連城的珍珠。」

無論在精神上還是肉體上，獲得成功的三大關鍵是：實踐、耐心、堅持。而其中堅持是最重要的。

帶著一顆準備迎接各種命運的心去闖蕩吧，
在追夢的過程中，學會付出和等待。

——朗費羅

# 第十章
# 果斷、勇敢

許多出身貧寒的男孩既沒有背景，也沒有朋友，僅憑一股果斷的勇氣和強烈的信念，贏得了命運女神的垂青和世人的認可。

即使機會渺茫，我也會拚盡全力。

—— 莎士比亞

儘管前面有一萬人倒下了，
放棄了，屈服了，或者因爲恐懼而逃跑了！
也不要慌張，
船長的口號是勝利！

—— 豪拉提烏斯·博納[250]

讓命運的暴風雨來得更猛烈吧！
我的靈魂，是萬能的盾牌，
可以抵擋一切的攻擊。

—— 德萊頓

他是一個勇敢者！他是一個有種的男子漢！
他不怕說出自己的想法，
儘管全鎮的人都反對他。

—— 朗費羅

從不跌倒並不值得自豪，每次跌倒了都能夠爬起來才是最光榮的。

—— 戈德史密斯

不試到最後都不要懷疑自己，
世上無難事，只怕有心人。

—— 赫里克

在有抱負的人才面前，困難問一聲：「你是要走得更遠嗎？」

—— 貝多芬

「同志們！朋友們！」皮薩羅[251]帶領軍隊從東往西穿越沙漠後，準備南下時鼓舞士氣道，「往這個方向，迎接我們的將是一段艱苦的長征以及食不果腹、衣不蔽體，是無處可躲的暴風雨、乾熱的沙漠和死亡的深淵。而往另一個方向，則是舒舒服服、快快樂樂的生活。在秘魯，遍地都是黃金；而在巴拿馬，處處都籠罩在貧窮的陰影下。做出你們的選擇吧，男子漢們！身為勇敢的卡斯提爾[252]人，我將義無反顧地選擇南下！」說完，他跨過標誌著南北之分的界線，邁出了南下的第一步，13 名全副武裝的西班牙戰士也跟隨著他而去。皮薩羅他們到達位於太平洋高盧國的一個小島

250　豪拉提烏斯·博納（Horatius Bonar, 1808-1889），英國詩人。

251　皮薩羅（Francisco Pizarro, 1475-1541），西班牙殖民者，開啟了西班牙在南美洲的征服時期，是秘魯首都利瑪的建造者。

252　卡斯提爾（Castile），西班牙古王國。

時，他手下的士兵便開始強烈要求返回巴拿馬。他孤注一擲，把希望寄託在推翻印加帝國的起義上，僅有幾名士兵自願留下來繼續跟隨他。當時他們甚至找不到船開往他們打算征服的國家。但在如此決心之下，難道還有什麼困難是不會迎刃而解的嗎？

羅馬精神：堅持就是勝利，
助羅馬軍隊摘取勝利果實，有如神助，
即使身陷刀山火海。

在廢奴主義遭受武力打擊的時期，科德角一群漁民甚至發動暴亂，襲擊廢奴主義者。除了史蒂芬·福斯特（Stephen Collins Foster）和露西·斯通（Lucy Stone），所有曾經公開主張廢奴的人聞風後紛紛都乘坐火車逃跑了。露西說：「史蒂芬，你也趕緊逃跑吧，他們就快到了。」史蒂芬說：「我走了誰來保護你？」露西冷靜地拉住一個剛從月臺跳出來，手裡拿著木棍的暴徒說道：「這位紳士會照顧我的。」暴徒吃了一驚，瞪著眼前這位瘦小的女人，結巴道：「你、你說什麼？」然而，在露西的感召下，他拍著胸口道：「我會保護你的，沒人可以傷到你一根頭髮。」說完，他護著露西突破重圍，並在她的強烈要求下，幫她找到一個可以身為演講臺的樹墩，就在一旁拿著木棍保衛她。露西就這樣站在樹墩上給暴亂的漁夫做了一次演講。在她的感召下，沒人再採取進一步的暴力行為，反而為福斯特先生在這次暴亂中弄壞的衣服集資了 20 美元當作賠償。

「當你陷入困境，事事都不順利，感覺就算堅持多一分鐘都無法辦到的時候，」哈里特·比徹·斯托說，「千萬要堅持住不能放棄，因為轉機正是從此時此地開始出現的。」

查爾斯·薩姆納[253]說：「有三樣素養是做人必不可少的，第一是骨氣，第二還是骨氣，第三仍然是骨氣。」

253　查爾斯·薩姆納（Charles Sumner, 1811-1874），美國麻薩諸塞州政治家。

考古學家在挖掘西元 79 年因維蘇威火山爆發而被火山灰淹埋的龐貝古城時，發現城門旁的站崗亭上豎著一副羅馬哨兵的骨骼化石。也許他是想依靠旁邊的岩石抵擋災難。然而，在死神來臨的時候，他沒有選擇逃離，依然堅守著職位，無言地告訴世人羅馬軍人的風範。正是因為這種不怕死誓死效忠的精神，羅馬軍團才得以橫掃世界。鮑沃爾描述了當時火山爆發時風沙遮天蔽地，電閃雷鳴，河流翻騰的可怕情景，他寫道：「空氣像凝結似的靜止了好幾分鐘，人們爭相逃跑，把城門都擠破了。他們經過哨兵站崗亭時，天空突然劃過一道閃電，照亮了哨兵的臉龐。他頭上戴著的鐵盔反射出刺眼的白光，相對於人們臉上驚恐的表情，他顯得多麼的堅毅和鎮定啊！他一動不動昂首挺胸地堅守在職位上，就算是這種時刻也不能動搖他身為一名羅馬軍人應該要堅持的守則。他沒有接到可以離開職位逃生的通知，即使面對死亡的威脅，也絕不擅離職位。」

世人向來都敬佩那些勇於面對困難，絕不退縮，以平靜、耐心和勇氣掌握命運的人。他們如有必要，就算是死也不會背叛自己的職位。

果敢堅毅之人通常都受人尊重，因為往往擁有此種品格的人都能取得令人欽佩的成就。缺乏才能但有勇氣的人要比才華橫溢卻懦弱膽小的人更有可能獲得成功。「心慈手軟、心地善良的政治家始終不會是勇於出擊和心狠手辣的政客的對手。」

《泰晤士報》曾經是沒有什麼影響力的小報，在華特先生的經營下每年的業績都在下滑。他年僅 27 歲的兒子小約翰·華特（John Walter）懇求他的父親把報紙全權交予他負責。雖然有很多顧慮，華特先生最終還是同意了。年輕的華特記者於是開始重整報社，四處宣傳新的傳媒理念。當時的《泰晤士報》從未想過要改變大眾思想，也沒有自己的辦報理念和特色。然而，激進的年輕編輯勇於抨擊時事，只要看到腐敗現象，就算是政府部門都不會放過。改革後的報紙不再為政府歌功頌德，轉而關注百姓生活。華特的父親沮喪到了極點，認為他的兒子正在帶領報社和自己走向毀滅。然而任何人的指責和非議都無法動搖華特的信念。他向世人展示了一個稱職記者的獨立、個性以及話語權。

大眾不久便注意到，《泰晤士報》背後有一股新生力量在崛起。上面刊登的文章將新的生命、新的血液和新的思想已經融入到這張毫不起眼的小報上。辦報人有自己獨立的思想，他堅定地掌握方向舵，突破傳統保守的辦報方式，闖出了一條新路。在新增設的一些節目裡，還刊載了對國外新聞的報導。《泰晤士報》總是要比政府的宣傳部門搶先好幾天發布新聞。尤其是一些國外的重大新聞。激進的編輯屢屢與政府作對，很快他們的新聞來源被攔截在海外，只有政府派出的記者才獲得出入境的許可。然而華特沒有輕易被政府的阻撓動搖決心，他花了一大筆錢僱用了一批特約記者，為他從國外帶回來很多新聞。《泰晤士報》背後站的是雄心勃勃勇於戰鬥的年輕編輯，沒有任何困難能夠阻擋這種新的進步。華特成為《泰晤士報》的靈魂人物，他的個性影響著辦報的每一個細節。當時，最好的印刷機也只能每小時印製 300 份報紙，華特把這個數字翻了三倍。他的聰明才智促使了華特印刷機的誕生，從此只用一個小時就有 17,000 份報紙產出。西元 1814 年 11 月 29 日，世界第一臺蒸汽動力印刷機誕生了。華特的執著為他取得了舉世矚目的成就。他經營任何事業都絕不退縮，連一個最小的細節都絕不忽略。

「在勇者面前，懦弱者總會感到一絲恐懼。因為有來自比他們高尚之人的壓力，他們不敢說出自己的真實想法，不敢投出他們心儀的一票。」而真正勇敢獨立的人，總有自己的路堅持要走。在有主見有膽量者的身上，不會有卑劣自私的生存空間。在他們面前，小人不敢使壞，騙子害怕行騙，偽君子也變得膽怯起來。

有人在拜訪林肯時擔心地問道：「如果叛亂持續三四年不平息，你要怎麼辦？」林肯回答：「除了堅持做好本職工作，我別無選擇。」

「我相信我有演講的才能，我一定能做到的。」謝里登第一次在國會演講失敗後，被告知他永遠都不可能成為演說家。然而，正是這種不放棄的精神使他最終成為當時最著名的演講家之一。

亨利·克萊（Henry Clay）[254] 曾經非常害羞，上學的時候甚至不敢在班級裡有人的面前大聲朗讀。他後來決定成為一名演說家，於是天天到玉米田裡練習演講和大聲朗讀文章，甚至把牛和馬當成聽眾練習膽量。

加里森在一份南方的報紙上讀到這樣一條廣告：「喬治亞州州長懸賞 5,000 美元取拿威廉·勞埃德·加里森 [255] 的項上人頭。」接著，一群由貴族組成的暴徒就用繩子綁住他穿越波士頓的大街小巷遊行示眾。他被匆匆押入監獄，出獄的時候卻很平靜地回歸工作，無所畏懼地繼續被打斷的事業。他在波士頓道富銀行的上面租了一間閣樓住下，就在那裡為解放事業工作。他寫道：「我將全心全意投身廢除奴隸制度的事業，我絕不會退縮半步，我的言語也絕不會含糊其詞，我不會為自己尋找藉口，我的聲音將在國民中傳播。」他做到了嗎？你去問問因為他的努力獲得解放的黑人便能得到答案。恐嚇者都殺到家門口了他也絲毫沒有畏懼。他強迫這個捂住耳朵的世界聆聽「自由」之聲，直至振聾發聵，將美好的未來帶給世上最後一批奴隸。

如果連聽力喪失的流浪漢都能夠成為研究東方文化的學者，世上還有什麼事情是做不到的？如果有，那也只能存在於約翰·基托 [256] 誕生之前或者死後吧。對於基托而言，只有下定決心並付諸實踐，世上沒有任何事情難得倒他。他懇求父親讓他自己外出謀生，儘管將像霍屯督人（Hotten-

---

254 亨利·克萊（Henry Clay, 1777-1852），美國參眾兩院重要政治家和演說家，輝格黨的創立者，美國經濟現代化的宣導人，曾任美國國務卿，5 次參加美國總統競選均失敗。

255 威廉·勞埃德·加里森（William Lloyd Garrison, 1805-1879），美國改革家、編輯、廢奴主義者。

256 約翰·基托（John Kitto, 1804-1854），英國學者。

tots）一樣四處流浪。他告訴父親他打算把自己的書賣掉，再把手帕拿去典當，就可以籌到 12 先令的路費。他向父親保證，就算要靠採野果、吃野菜、睡在草垛上生活，他都可以忍受。這便是真正勇氣的展現。擁有如此堅定的信念，還怕有什麼事情做不好嗎？派翠克．亨利[257] 向獨立戰爭時的英雄說道：「難道用鐵鍊和奴役換來的和平生活如此美好，以致我們都寧願犧牲自由了？不是的，上帝！我雖然不知道別人會選擇哪條路，但，不自由，毋寧死。」

勇敢是一種持久的素養。懦弱、猶豫不決的人在某些場合可以表現得很果斷和勇敢，但不說明他們是勇敢的人。真正的勇者是打從骨髓裡發出的勇敢。厄斯金爵士在弱者面前總是顯得很勇敢，人們都認為他很有膽量且勇氣十足。然而，在下議院工作的時候，面對皮特在智力上的優勢，他逞英雄似的飛橫跋扈頓時消失無蹤。在皮特面前他遺失了平衡點。他的個性失去中心支柱，他感到緊張、不安甚至渺小。

在戰爭後期，很多將軍都表現得很勇敢。他們常常表現出堅定不移的決心，大膽無畏。然而只有格蘭特是打從靈魂裡散發出勇氣的人。他從不離開軍營，一旦下定決心就絕不動搖。「如果你想勸服他放棄某項作戰計畫，他就在那裡不為所動地靜靜抽菸；如果你責備他愚不可及、輕率粗心，他則不以為然地繼續點燃第二支菸；如果你稱讚他是當今世上最偉大的將軍，他淡然吐出一口菸圈；如果你建議他去競選總統之位，他也不會誇下海口。當你感覺這個沉默的男人實在難以捉摸時，前方突然傳來戰勝的捷迅。你這才慢慢反應過來，在香菸繚繞中默然不語的，是一個偉大軍事家，他有過人的軍事頭腦，和一顆勇敢無畏之心。」

狄摩西尼平時雖然不像會有勇敢站出來的時候，可一旦他內在的勇氣被喚醒，他一樣能夠成為英雄般的人物。

---

257　派翠克．亨利（Patrick Henry, 1736-1799），美國政治家、美國獨立戰爭時期卓越的領導人。1775 年 3 月 23 日，亨利在維吉尼亞州里奇蒙（Richmond）的聖約翰教堂發表了著名的《不自由，毋寧死》的演講。

有人問某個小男孩是怎樣學會溜冰的。他說：「噢，每次跌倒都爬起來就學會啦。」

惠普爾講述了一件真實發生的故事，說明堅定的目標是怎樣幫助一支軍隊轉敗為勝的，而這個故事的主人公便是安德烈·馬塞納[258]。「阿斯本-埃斯林戰役失敗後，拿破崙是否能夠帶領軍隊全身而退，就看馬塞納有無足夠的能耐了。拿破崙派出信使，幾乎是用請求的口吻要求馬塞納在阿斯本再多逗留兩個小時。能完成這個命令的概率幾乎為零。然而拿破崙深知馬塞納的為人，相信他有足夠的毅力堅持下來。信使找到馬塞納時，他正坐在一堆垃圾上面。他的雙眼布滿了血絲，身體因為持續戰鬥了 40 個小時而虛脫。以他的狀態只能送去醫院休養，而不是繼續留在戰場上作戰。然而他的精神卻沒有絲毫受到身體之累，儘管已經累得只剩半條命了，他還是忍住疼痛站起來回覆信使道：『請你轉告陛下，我一定會再堅持兩個小時的。』而他也真的做到了。」

麥考利如此評價亞歷山大大帝：「他輸掉了許多小戰役，卻贏得了戰爭的最後勝利。」他給威靈頓公爵的評價也是大同小異，只是做了些許的改動：任何戰爭中，他都是勝利的一方。

在馬倫戈戰役中，法國對奧地利敵眾我寡，懸殊的差別迫使他們知難而退。而奧地利則可以確信勝利無疑了。他們將軍隊分成左右兩翼，乘勝追擊法國敗軍。就在奧地利人以為勝利在望的時候，甚至連法國人自己也以為必輸無疑，拿破崙突然吹響了衝鋒號角，要求禁衛隊直搗敵人薄弱的中心地帶，並將左右兩翼分開包圍夾擊。最終，法國人贏得了勝利。

「不要絕望！」伯克說道，「就算絕望了也要堅持工作。」

---

258　安德烈·馬塞納（Andre Massena, 1758-1817），法國將領，在革命政府軍中服役，1793 年升任將軍。在與奧地利作戰的戰役中，他成為最受拿破崙信賴的軍官。後拿破崙後來派他指揮義大利方面軍，他在熱那亞成功抵抗圍城的奧軍，使法軍打贏馬倫戈戰役。馬塞納於 1804 年成為元帥，1808 年封里沃利公爵。在抗擊奧地利軍隊中，尤其在阿斯本-埃斯林和瓦格拉姆戰役中，馬塞納表現出英雄主義氣概。

奈伊元帥[259]曾經在上戰場前因為害怕而雙膝止不住地劇烈顫抖。他於是低下頭對自己的膝蓋說道：「你們就抖吧！要是再知道我要把你們帶到哪裡，還要抖得更變本加厲吧。」

要取得成功，對於士兵便意味著要打勝一場接著一場的戰役；對於學者便意味著要講完一堂接一堂的課程；對於工人，便是錘錘下足了力氣；對於農夫，便是一株一株地插秧；對於畫家，便是完成一幅又一幅的畫作；對於旅行者，便是走完一英里再一英里的路程。

原本前途無量的某哈佛學生突然雙腿癱瘓。在醫生惋嘆無望治癒之時，此年輕人毅然決定繼續學業。他請考官到病床前單獨給他測試，四年後順利取得了學位。他立志從事對但丁的批評研究，並為此學會了義大利語和德語。儘管病魔纏身，雙目也逐漸失明，他依然堅持學習，還申請競爭最高學府獎。他，一個下肢癱瘓只能躺在病床上的年輕人，每天都不得不和死神作鬥爭，竟然還勇於挑戰哈佛大學的最高獎項！他病倒了，在著作出版發行並取得巨大成功之前，終於沒來得及捧上獲獎的獎盃。他為了不讓自己的人生成為別人的負擔，不僅成功取得了美國最頂端高等學府的學位，還贏得了學校最高學術獎項，為文學領域做出了很大的貢獻。

盧瑟·特蕾西·湯森[260]教授是著名的《教義》的作者，他也是一個以勇氣戰勝環境的絕佳例子。貧寒的出身使他從小就學會了自立自強，並靠自己賺夠了上大學的費用。他成功考入阿莫斯特學院，每週生活費僅有45美分。

奧林奇·賈德[261]也是憑藉自身不懈努力取得成功的典型例子。他把在農場工作賺來的玉米背到磨坊，磨成粉後煮成玉米粥，然後擠點牛奶搭配成一餐。他一連幾個月就靠喝玉米粥和牛奶過活生存。就這樣他一邊打工

259　奈伊元帥（Michel Ney, 1769-1815），拿破崙一世期間的法蘭西帝國十八開國元帥之一。
260　盧瑟·特蕾西·湯森（Luther Tracy Townsend, 1838-1922），美國作家、牧師。
261　奧林奇·賈德（Orange Judd, 1822-1892），美國農業化學家、編輯、出版家。

一邊學習完成了衛斯理大學的學業，並成功考上耶魯大學三年制的研究生課程。

威廉·克拉伯[262]議員靠自己賺錢上大學，曾經窮得連字典都買不起而只能去影印一本。他從麻薩諸塞州的達特茅斯老家步行至新貝德福德，只為到鎮上的圖書館充實自己的詞彙量。

富蘭克林在印刷廠當學徒的時候，一邊手拿著麵包，一邊拿著書本。洛克僅靠麵包和清水就在荷蘭的一間小閣樓裡工作。吉迪恩·李忍受著飢餓和寒冷，赤腳走在雪地上。林肯和加菲爾德從一無所有到入住白宮。他們的成功都是堅持不懈的結果。

查德伯恩總統失去一個肺，本以為活不長了，甚至連葬禮都準備妥當，結果他又繼續活了35年，工作了35年。

卡瓦納公爵失去了雙臂和雙腿，以殘疾之軀繼續留在國會工作。

亨利·福塞特[263]雙目失明，卻成為英格蘭有史以來最了不起的郵政大臣。

美國著名歷史學家普萊斯考特雙目失明，法蘭西斯·派克曼[264]也同樣失去了視力和健康。很多身體殘疾的人同樣能夠獲得巨大成功，看不到光明，聽不見聲音，沒手沒腳沒健康都不能阻擋他們對成功的追求。他們不會因為身體上有缺陷就跌倒不起，而是將絆腳石當成進階石，鋪出一條通往成功的道路。

巴納姆50歲了還欠人一屁股債，他於是下定決心重整家業，慢慢從虧損的財務狀況中掙扎出來，獲得成功，並把債務都還清了。他一次次被擊倒，又一次次重獲新生，像鳳凰鳥一樣，從他不幸的灰燼中爬起重生。

---

262　威廉·克拉伯（William W. Crapo, 1830-1926），美國國會議員、外官家。

263　亨利·福塞特（Henry Fawcett, 1833-1884），英國大學教師、國會議員、經濟學家。

264　法蘭西斯·派克曼（Francis Parkman, 1823-1893），美國歷史學家、教育家。

哥倫布第一次航行出海時，如果因為水手叛變就投降、放棄，那麼他一生的努力和學習都將在那短短的三天時間內付之一炬。

查爾斯·詹姆士·福克斯[265]說：「年輕人如果第一次演講就獲得成功，那很好。他可以再接再厲，不斷進步，但也有可能自滿自足並永遠停留在第一次的輝煌裡，如果這個人第一次失敗了，但沒有灰心放棄，反而更加努力，我敢肯定，他將來一定會比那些一開始就取得成功的人做得更加出色。」

科布登第一次在曼徹斯特上臺演講時徹底崩潰了，以致主持人要為他的失態向聽眾道歉。然而他沒有放棄，堅持四處演講，為全英格蘭的貧民爭取到更多更好也更便宜的救濟糧。

年輕的迪斯雷利[266]生於一個當時被憎恨和迫害的民族，沒有太多機會的他只能憑藉自身努力慢慢升入中產階級，然後躋身上等社會，最後登上政治權力的頂峰，成為頗具社會影響力的名人。他曾經遭到下議院的排斥和嘲弄，但他當時只留下了一句話：「你們總有一天都要聽命於我。」他做到了，一個沒有可能成功的猶太小男孩，統治英國長達 25 年。

在當時那個對猶太人抱有極深偏見的年代，人們同樣瞧不起白手起家的人，覺得他們是上流社會的入侵者，迪斯雷利的成功絕對是史無前例的。當英國人醒來後發現，一個低賤的希伯來人竟然成為國家財政大臣時，他們該有多震驚！在修辭雄辯學的兵工廠裡，他信手拈來所有兵器，將針對他的抨擊和言論全部化解。他有本事讓格萊斯通情緒失控，而自己則時刻保持理智並確保將局面掌控在手。你很容易看出這個年輕人野心勃勃——想在這個世界闖出一片天地。他一臉的躍躍欲試和義無反顧。他還是一個衣著光鮮的英俊小夥，體內流淌著「骯髒的」希伯來人的血液，

265　查爾斯·詹姆士·福克斯（Charles James Fox, 1749-1806），英國著名輝格黨派政治家。

266　迪斯雷利（Benjamin Disraeli, 1804-1881），英國猶太人，第一世比肯斯菲爾德伯爵，英國保守黨領袖，三屆內閣財政大臣，曾兩度出任英國首相。

連續三次落選國會，但他絲毫也不氣餒，他相信他的時代終將來臨，而他也成功做到了。他首次和梅爾本子爵二世[267]一位著名的英國首相見面時，首相就問他將來想要成為什麼。他大膽地答道：「英國首相。」

當代著名布道家拉克代爾[268]曾經一次又一次地失敗過。兩年裡一次成功的布道經驗也沒有，當每個人都認為他不可能成為牧師時，他堅持了下來，並最終在巴黎聖母院成功舉辦了一次大型布道會。

托爾瓦森[269]的父親死於救濟院，貧窮迫使他早早輟學，沒上過幾天學的他連寫一封信都要來回修改數十遍才寄出去。然而他沒有放棄，反而更加發憤，用作品向世界證明，就算多窮多苦，擁有一個多麼令人失望的父親，他也一樣可以成功。

威廉·蘇厄德[270]上大學的時候，他父親給了他一千美元，作為大學期間的全部生活費。然而他僅上了一年學就把錢花了個精光，還養成鋪張浪費的壞習慣。他父親拒絕再給他錢，並禁止他回家。當他意識到無人可以依賴的時候，便身無分文地離開家回到學校，從此發憤學習法律，並以全班最優秀的成績畢業。他後來成功當選紐約市長，並在南北戰爭期間被林肯任命為國務卿。

路易莎·奧爾科特[271]用綁住繃帶的左手完成對《舊式女孩》最後篇章的寫作，當時的她一隻腳受傷，並忍受著頭痛和失聲的痛苦。她在日記裡自豪地寫道：「20 年前，我用盡一切辦法擔負起全家的生計問題，直至 40 歲才完成這個任務，把所有債務都還清，甚至包括那些不合法的債務。我們一家人終於可以過上舒適的生活了。然而代價也許就是我的健康吧。」她

---

267 梅爾本子爵二世（Lord Melbourne, 1779-1848），威廉·拉姆，英國首相，輝格黨貴族政治家。

268 拉克代爾（Henri-Dominique Lacordaire, 1802-1861），法國著名牧師、政治活動家。

269 托爾瓦森（Bertel Thorvaldsen, 1770-1844），丹麥新古典主義雕塑家。

270 威廉·蘇厄德（William Henry Seward, 1801-1872），紐約市第 12 任市長，林肯和強森時期的美國國務卿。

271 路易莎·奧爾科特（Louisa May Alcott, 1832-1888），美國女作家。

用一枝筆，就賺得了兩萬美元的收入。

法蘭克·萊斯利夫人[272]常常回憶起過去的一段艱苦歲月，她住在沒有鋪地毯的小閣樓裡，拚命工作替丈夫還債。她，一個女人，成功打贏了9場官司，還清丈夫欠下的所有債務。她靠自己成功出版了10部著作，無論是簽訂合約、收發匯票、校對編輯甚至排版印刷等所有事務全都親力親為。她因此培養出了高超的業務能力，這是以前從來沒人敢想像的。

加菲爾德說：「即使勤奮不能讓笨鳥變天才，但至少也能補拙。」在美國，一個遍地機會的國家，勇於與自己的出身和命運抗爭的人，他們透過辛勤工作取得成功，足以叫那些抱怨時運不濟，懶惰、無目標，為自己的失敗人生尋找藉口的人感到羞恥。

害怕別人嘲笑和不想丟臉的心理常常使人猶豫不決，不敢果斷下定決心，即使是對一件有義務要完成的事情。每到這種時候，有無勇氣便是成功與否的關鍵。在新英格蘭，某學院的學生助教不會解一道代數題。教授就把這道題帶到班上，讓全班的學生一起想出解題辦法。這個助教覺得很恥辱，因為他經過多次嘗試都失敗了，不得不請教老師，而老師也沒有提供答案。他能怎麼辦呢？又不可以在全班人面前承認自己不會解這道題。他絞盡了腦汁也沒有想出解題辦法，就決定到很遠的鎮上尋求一個朋友的幫助，他相信這個朋友有能力解開這道代數題。然而很不巧，他的這個朋友剛好出遠門了，要過一個星期才回來。他在回家的路上暗下決心道：「我真是個笨蛋！難道我就應該回到班上，向班上的人承認我的無知？我一定可以把這道題解出來的！」於是，他閉門解題，下定決心不解出答案絕不睡覺。他最終獲得了勝利。在這道題的答案下面，他記錄道：「該題解於9月2日11點30分，嘗試了不下12種解題方案，耗時20小時。」

西元1812年的冬天，戰爭持續進行，傑克森將軍帶領的軍隊缺衣斷

272　法蘭克·萊斯利夫人（Miriam Leslie, 1836-1914），美國出版商、作家，新聞插畫家Frank Leslie的妻子。

食，飢餓難耐，士兵譁變要求回家。將軍於是以身作則，撿起地上的橡果充飢，並騎馬趕到叛軍的前面，宣告將殺死第一個離開的士兵。

速度最快的人不一定就跑第一，身體最強壯的人不一定就打勝仗。有些馬匹是負重或者帶傷參加比賽，這些因素都要計算入結果。在人生的比賽中，賽道的長短不是決定成績的唯一因素，所受阻力的大小、負擔的重量、出身的好壞、受教育的程度、生長環境、創業條件等都要列入考慮之中。多少年輕人就因為貧窮、債務或者家人、朋友的拖累從此一蹶不振？因為知識匱乏、條件艱苦、父母的不理解和反對而輕言放棄？又有多少小孩因為長得肥胖，在比賽中被方形的關口卡住而不能動彈？因為不能在別人那裡得到信心和鼓勵，失敗了也不會有人同情，他們便猶豫不決，儘管自己非常想去？又有多少人不得不像瞎子一樣盲目摸索著前進，就因為他們少壯時不努力學習、不敢闖蕩累積經驗？多少人就因為年輕時沒有認真學習，就業前又缺乏相關培訓，職業生涯便一直徘徊不前？還有那些不肯扔掉拐杖學走路，不懂得照顧自己，只能依賴父母的財產和保護活著的人？多少人因為放縱自己，揮霍無度，在人生旅途中越走越慢、自掘墳墓？多少人因為疾病纏身，體質虛弱，雙目失明或雙耳失聰就把人生放棄？

只有上帝才有資格評定給我們的人生頒發怎樣的獎品，因為只有全知的主才知道我們有什麼弱點和不足，知道我們有多遠的路要跋涉，身上的包袱有多重，身體有無殘疾等必須列入考慮的因素。我們還有多少人生路要走並不是決定獎品的關鍵，重要的是看我們要克服多少困難，面臨多少挫折。那些不知抵抗過多少誘惑，有多少傷心往事埋在心裡，默默品味人生酸苦的人，儘管飽受嘲笑和蔑視，卻是能得到上帝最大恩賜的人。

智者之所以能夠打敗困難，
是因爲勇於嘗試；
愚蠢之人一看到困難就先被嚇倒，
那還怎麼可能戰勝害怕的東西？
把我絆倒，我則坐在絆倒我的石頭上，
面帶微笑；
把我撕碎，我則對著滿地的碎布放聲大笑；
不要被我的恐懼影響，
不要讓心中的小羊驚慌失措。

—— 羅伯特·赫里克[273]

273　羅伯特．赫里克（Robert Herrick, 1591-1674），英國資產階級時期和復辟時期的「騎士派」詩人。

# 第十一章
# 世上最重要的一件事

學會做人比成為有錢人和名人更重要。修得好人品比事業獲得成功更難得。

人類的一滴鮮血染紅整片大海。人性美比一切頭銜都珍貴。

——馬登

檢驗人類文明成果的，不是人口的多寡，城市的大小或是糧食的收成，而是要看這個國家培養出怎樣的人民。

——愛默生

把磚頭扔掉，把埋在裡面的人救出來。

——波普

華盛頓的成就是前無古人後無來者的，他的盛名超越永恆，受世世代代人類的敬仰。

——詹姆士·艾伯拉姆·加菲爾德

不當崇高之人，寧不爲人。

——丁尼生

高尚的靈魂啊！
雖然你在沉睡，
但並沒有死亡。
不久便能甦醒。

——洛威爾

當埃及陷落，金字塔不復存在，
道德的豐碑依舊豎立。

——揚

你夠得著天堂的那根柱子嗎？
你能在有生之年抓住神聖之光嗎？
靈魂是嚴格的考官，
而考試的內容就是人的思想。

——瓦特斯

我們的存在，是行動，不是時間；是思考，不是呼吸；是感受，不是資料。
我們應該用脈搏的跳動，來計算時間。經常思考，心靈崇高，做到最好的人才是活得最充實的。

——貝利

某摩爾人正在自家花園散步，一名西班牙騎士突然跪在他的面前，訴說自己因為殺死一位摩爾紳士遭到仇人追殺，請求摩爾人幫助他藏身避仇。摩爾人答應了，把他鎖在他家的避暑別墅裡，等待夜幕降臨後再尋機幫他出逃。過了不久，有人把他兒子的屍體搬回家，摩爾人這才知道原來那個西班牙騎士殺死的竟是自己的兒子。他將仇恨埋在心底，到了半夜如約把西班牙騎士放了出來。他說：「基督徒啊，你謀殺的那個年輕人是我唯一的兒子呀！但我已經許下神聖的誓言，就不會背叛你。即使是對殘忍的敵人輕率許下的承諾，我還是不願意違背。」說完，摩爾人牽來一匹腳力最好的騾子，上好鞍後說道：「趁著夜色的掩護你有多遠就跑多遠吧！你的雙手沾滿了血汙，我相信上帝會對你做出公正的裁決！謙卑的我對上帝阻止我玷汙自己的人格滿懷感激。我很高興我把對你的裁決交由上帝處理。」

人格的光芒萬古長明。正如朗費羅在一首詩裡說的：

衰竭的恆星，
曾經的光芒，
穿越幾萬年的時空，
映入人類的眼簾。
非凡的偉人，
身前死後，
發出萬丈光芒，
照耀人類的前途。

蘇格拉底的人格力量超越了對死亡的恐懼和死亡本身，就連毒芹都無法與之匹敵。

人格就是力量。又有誰能預料得到，崇高的人生究竟能夠爆發多少能量？我們應該把這句話當作格言懸掛在每一片土地，每一個國家的每一所學校、每一個家庭和每一個年輕人的房間裡。身為母親的，更應該將其深深地印刻在每一個孩子的心靈上。

加里森雖然已經被絞死，但他的精神永在。為真理而亡的殉道者永垂不朽，正如蠟燭的燭花被剪，燭火反而越燒越旺。「學術上獲得一點成就，以及在邏輯學和修辭學上懂得一點把戲，就以為能夠推動世界前進。」而事實上，只有人格的力量才能夠做得到。

當喬治·皮博迪[274]的雕像在倫敦大道上落成揭幕時，人們邀請其作者斯托里發表演說。斯托里兩次用手撫摸自己的作品，喃喃說道：「這就是我要表達的一切，還有什麼可說的？」是啊，一個人的人格是不需要用言辭說明的，還有什麼比他的作品更能說明問題？

哈里發的奧馬爾[275]對戰士阿姆魯說：「請把你的劍展示給我看吧！那把跟著你參加過無數場戰役、殺死了無數敵人的利劍！」阿姆魯回答：「沒有上戰場的劍並沒有什麼特別的，它甚至不比詩人弗雷茲達克的劍更加鋒利甚至更有分量。」同理，失去了靈魂的血肉之軀，即使重達 150 磅，也僅僅只是一個軀殼。

拿破崙常常對奈伊將軍的勇敢和足智多謀表示讚賞：「如果我的保險箱裡存有 2 個億，我願意把它們全部拿出來送給奈伊。」

在印度阿格拉市，座落著東方建築的最高成就 —— 泰姬瑪哈陵，據說是全世界最美麗的建築，蒙兀兒帝國國王沙賈汗為其愛妃建造的陵墓。雖然當時沙賈汗的兒子奧朗則布篡奪了王位，他的女兒賈哈納拉寧可選擇和父親一起囚禁受苦，也不投靠其皇兄以求榮華富貴。她在德里的陵墓上刻有她在臨死前說過的話：「不要為我的墳墓鑲上華麗的裝飾，對於一個謙卑之人，草地便是最好的外衣。我，賈哈納拉，是聖子基督的教徒，帝王沙賈汗的女兒。」前往泰姬瑪哈陵觀光的旅客無不流連忘返，在賈哈納拉石棺前面的草地上駐足沉思。

有作家寫道，權傾天下的大衛王並沒有給世人留下什麼愉快的回憶，而聖人大衛卻讓世世代代的老百姓們念念不忘。前者雖然風光無限，富貴榮華，但一切都只是過眼雲煙，人們不久便會由倦生厭。然而後者對高尚

274　喬治．皮博迪（George Peabody, 1795-1869），美國 19 世紀著名銀行家，摩根財團的創始人。
275　哈里發（Omar），是穆罕默德逝世後繼任伊斯蘭教國家政教合一領袖的人。

的執著追求卻有如陽光一般傾灑而下，照耀即便是窗門緊閉的靈魂。

羅伯遜說，在我們靈魂深處，埋藏的不是對快樂的渴望，而是像食慾一樣最原始的欲望，即對更好、更高尚人生的追求。

「致班傑明·歐文先生——佛蒙特軍團的志願兵本尼昨晚在站警戒哨時被發現在睡覺，對於他們的疏忽值守，軍事法庭做出判決，因為現處非常時期，他們將於 24 小時內受到槍決。」農夫歐文揉著老花眼讀完這個電報後，說道：「我讓本尼去當兵打仗，已經是一個做父親的對祖國奉獻出的最珍貴的禮物。然而，我的兒子才僅僅在職位上打了一分鐘的盹兒，一分鐘啊！我知道本尼從來都不會在執勤時睡著的。他是個值得信賴的好小夥！他和我一樣高，才年僅 18 歲啊！現在他們卻要把他槍斃了，只因為打了一下小盹！」這個時候，有人敲本尼家的門，本尼的妹妹布洛瑟姆去開門，帶回來一封信。「本尼寄來的。」她急切把信遞給父親說道。

親愛的父親：

我就快被槍決了，因爲站崗時太累睡著了。剛剛知道這個判決時我很害怕，後來想通便漸漸冷靜了下來。他們說到時不會像囚犯一樣綁住我，也不會蒙住我的眼睛，會讓我像個男子漢一樣死去。父親，我當時就想，如果是在戰場上，爲了保衛國家戰鬥而倒下，那也算死得光榮。而我現在是因爲疏忽職守要像狗一樣被槍決！噢，父親，這個想法還不是最糟糕的，我很害怕會讓您蒙羞啊！所以決定寫信告訴您一切。等我走後，也請您告訴我的戰友，因爲我現在沒有辦法告訴他們。

如您所知，我答應了傑米·卡爾的母親照顧傑米，後來他生病了，我也盡了我全力照顧他。他歸隊後身體依然虛弱，沒有力氣帶那麼多行李。所以在前一天，我不僅要帶自己的行李上路，還得幫傑米分擔他的行李。快到晚上的時候，我們加快了行軍的步伐，行李顯得更重了。大家都疲憊不堪，但如果我沒有幫助傑米，他會掉隊的。回到了軍營後，我累極了，然而，雖然當時輪到傑米站崗，我還是答應替他的班讓他休息。可是父親啊，我實在是太疲勞了。除非有一枝槍指著我的腦袋，否則我根本就醒不來，而等到我清醒過來的時候，什麼都已經太晚了。

他們今天告訴我，因爲一些原因，槍決要稍微推後一點才執行。我們的上校人很好，他提醒我有時間可以寫信回家跟你們解釋事情的眞相。父親，請您務必要原諒他，他也只是在執行公務。如果他有辦法救我，他一定去著手了。也千萬不要怪罪傑米！那個可憐的孩子已經自責不已，他不斷懇求他們讓他代替我去受刑。我一想到母親和布洛瑟姆就心痛不已。請好好安慰她們吧，父親！請告訴她們我是勇敢的接受死亡的，而等到戰爭結束後，也好讓她們不要爲我感到羞恥。天啊！這眞是教人難以承受！再見了，父親！今晚，在落日餘暉中，我彷彿看到了牛群從草原趕回家，而可愛的小布洛瑟姆就站在後門的門廊上等我回來，可是我卻永遠都回不來了……願上帝保佑你們，我的家人！

歐文先生充滿敬意地歡呼起來：「謝天謝地！我就知道本尼不會無端在職位上睡著的！」

那天晚上，看完信後不久，一個小小的身影偷偷溜出歐文先生的房子，從小路匆匆離去了。兩個小時過後，列車乘務員幫她在火車站打了一輛車，她第二天早上就到達紐約，然後獲許拜訪華盛頓的白宮。總統愉快地問道：「孩子，在這個陽光明媚的早上，你有什麼需要幫忙的？」布洛瑟姆戰戰兢兢地答道：「我想請求您赦免本尼的死罪。」「誰是本尼呢？」林肯問道。「是我的哥哥，先生。他因為在執勤的時候打了一下盹你們就要槍決他。」總統道：「我記起來了。但是孩子，他在不應該睡覺的時候睡著了，成千上萬條生命可能就因為他的疏忽職守而消失。」「我父親也這麼說。但是我哥哥他實在太累了，而傑米又那麼虛弱。他一個人負擔兩個人的工作啊！那天晚上本來不是本尼執勤的，他是在幫傑米的忙，因為傑米剛生了病又那麼疲倦。雖然本尼自己也累得不行，但他就只為傑米著想沒有想到自己啊。」林肯驚道：「孩子，你說的都是真的？過來，更加詳細地告訴我。」布洛瑟姆於是把本尼寫給他父親的信拿了出來，林肯讀完後寫了幾行字，拉鈴叫信使進來。「你馬上把這份急件送出去。」他接著轉身對布洛瑟姆說：「孩子，你先回家吧。請向你的父親轉達，林肯認為他兒子很了不起，不應該就此丟掉生命。林肯還要向你父親表示感謝，謝謝他對國家判決的理解，儘管這個判決奪走的是那樣一條寶貴的生命。你可以現在回去或者等到明天和你哥哥一起回家。本尼勇敢地面臨死亡，他需要你幫他接受這個好消息。」布洛瑟姆高興道：「願上帝保佑您，先生。」

兩天後，本尼和他妹妹一起到總統府向林肯致謝，林肯向這個年輕的士兵授予中尉的軍銜，並讚揚道：「身為一名士兵，你能夠主動幫助生病的戰友減輕包袱，並在被判槍決的時候毫無怨言，應該得到國家的獎賞。」

在南北戰爭的末期，關於戰場上殘忍殺戮的電報滿天飛，林肯為被囚禁在安德森維爾的戰犯感到揪心，他們在那裡遭受著殘酷的折磨。在利比監獄，貝爾·艾爾仍然堅持一個信念：「把怨念留給自己，把愛帶給大家。」據說當時從南方監獄遣返到巴爾的摩的犯人，10 個人中沒有一個是吃得飽、穿得暖的。他們遭受天花病毒的侵襲，餓得只剩一副皮包骨，就連總統林肯也不忍對他們在戰爭中的惡行施以報復性懲罰。

在充滿血腥的弗雷德里克斯堡戰役結束後，有人在一個年輕人的屍體上發現了林肯的照片。這個年輕人把照片珍藏在貼心的胸口，並在後面寫下：「願上帝保佑林肯總統。」他便是那個因為在站哨時睡著獲刑的本尼，若不是總統的仁慈，他早就被槍決死亡了。

大衛·達德利·菲爾德[276]認為林肯是他那個年代最偉大的人。雖然韋伯斯特、克萊、卡爾霍恩等人同樣做出了偉大的成就，但他們的成就都是單方面的，而林肯在各方面都顯示出非凡的人格力量。他的體內似乎蘊藏著巨大的能量源泉，總能在意想不到的時候爆發出來。如果要讓他的朋友細數林肯的才華，他們甚至不知道該從何開始談起。賀拉斯·格里利同樣

---

276　大衛·達德利·菲爾德（David Dudley Field, 1805-1894），美國政治家、律師、律法改革家。

才華橫溢，但他身上的缺點不比優點少。而林肯卻在各個方面都表現得很出色。他在簽署《解放宣言》時說道：「宣言從現在開始生效，我鄭重承諾，宣言上的每一個字都永不改變。」

索爾茲伯里的漢彌爾頓主教曾經是一個很懶散的年輕人，後來認識當時在伊頓公學讀書的格萊斯通，深受其影響，完全改變了懶惰的習慣。在牛津大學我們就已經聽說過格萊斯通的影響力，人們後來回憶道：「那個大學生到了 40 歲就很少喝酒了，因為格萊斯通 30 歲開始便懂得節制自己。」

約翰·牛頓神父說道：「人類的快樂和悲傷各成一堆。如果我能把悲傷加入快樂，快樂加入悲傷，那麼快樂依然快樂，悲傷卻不再悲傷。就好比我回家看到一個小孩為丟了 0.5 便士而傷心不已，我把自己的錢給他，帶走了他的眼淚，也讓我覺得做了件好事。」

某聖徒在底比斯的洞穴苦修了 6 年，天天齋戒度日，向上帝禱告，並以自我懲罰的方式求得贖罪，祈禱死後能夠進入天堂，請求天降聖靈，指引他修練成功。當天晚上，天使降臨並對他說道：「如果你想修練成聖人，就跟隨那個一扇門一扇門去乞食並哼著歌的吟遊詩人吧。」聖徒懊惱不已，找到天使推崇的吟遊詩人，問他怎麼才能受到上帝的青睞？吟遊詩人垂下頭答道：「神父，您就別揶揄我了。我從來沒有行過善，甚至沒有資格向上帝祈禱。我每天只是拿著我的提琴和長笛每家每戶去敲門，為人們演奏以娛樂大眾罷了。」聖徒不甘心，繼續追問吟遊詩人是否曾經做過什麼善行。他回答道：「實在是沒有啊，我不知道自己有做過什麼好事。」「可是你怎麼會淪落到乞食的地步？難道你以前過著紙醉金迷的生活？」吟遊詩人答：「不是這樣的。我遇到一個四處亂跑的女人，她家因為欠債，丈夫和孩子都被賣去當奴隸了。我放心不下她，於是把她帶回家。因為她長得很漂亮，那些紈褲子弟要對她不利，是我保護了她。我把自己所有的財產都送給她贖回自己的丈夫和孩子了。只要是男人看到這種事情發生都不會置之不理的呀！」聖徒聽完已是淚灑衣襟了，他承認自己一生做過的好事加起來還不如這個吟遊詩人所做的一件。

金銀財寶都不如一個好名聲。

某紳士旅行經過西維吉尼亞州，從一家人那裡得到填飽自己和同伴的食物，甚至把馬也餵飽了。他想付錢表示感謝，但女主人認為施人一點小恩不應該收人錢財。該紳士硬是要把錢塞給女人，女人於是說道：「請您不要覺得我小氣，我就收你 25 美分吧，因為我家已經一年沒有任何收入了。」

世人判斷成功與否的標準並不可靠。華盛頓紀念碑的高度不僅要看碑頂至碑座的高度，碑底下面 50 英尺的地基也要計算入內。很多成功就像是印度國地底流淌的河流，成千上萬的人踩在這些河流上面生活，卻全然不覺，既看不到也聽不見。難道因此這些河流就毫無作用了？有地下河的土地，一般都能孕育出豐收的土地。最有價值的事情往往最難估算。我們能夠計算出星星距離地球有多遠，是因為它們離我們足夠近。用金錢就能衡量的人生，是沒有多少價值的人生。

在自然界，最強大的力量往往也是最安靜的。轟隆隆的雷聲雖然震耳欲聾，但無聲無息的萬有引力卻要比雷電強大一萬倍。因為萬有引力，宇宙的整個系統才得以正常運行，天體按照各自的軌道行走，原子聚集在一起，萬物才得以形成。閃電的威力很大，可以把一棵高大的橡樹劈成碎片，把堅固的城牆擊得粉碎。然而，穿過大氣層射向地面的太陽光，以快得讓人察覺不到的速度，溫暖了大地，照亮了萬物。在自然界中，不發出吵鬧聲響、不放出奪目光芒的力量才是真正的強大。講壇上的牧師滔滔不絕，滿嘴仁義道德，卻遠不如一個長年虔誠信教的人更有說服力。

在古老的西西里島傳說裡，皮西厄斯（Pythias）被憤怒的錫拉庫薩國王戴歐尼修斯（Dionysus）判處了死刑。他請求臨死前獲准回一趟故鄉希臘，把一些家事處理好了再回來受刑。錫拉庫薩國的暴君大笑道，讓他安全逃出了西西里島，怎麼還有可能再自動回來送死？就在這個節骨眼上，皮西厄斯的朋友達蒙（Damon）站了出來，表示願意做皮西厄斯的擔保人。如果皮西厄斯沒有按時回來，他將代替皮西厄斯去死。戴歐尼修斯非常吃驚，接受了達蒙的提議。離行刑的日子越來越近，而皮西厄斯卻遲遲沒有露面。然而達蒙依然堅信他的朋友不會食言。就在最後一刻，皮西厄斯出現了，並宣布他做好了赴死的準備。即使是鐵石心腸的人也要被如此忠誠的友誼所感動。戴歐尼修斯下令赦免了他們的死罪，並希望和他們兩人成為朋友。

為人高貴比出身高貴更可貴。

西元452年，匈人領袖阿提拉[277]率領大軍兵臨羅馬城門。面對這支來自野蠻民族的大軍，年邁的利奧教皇排除眾議，只帶了一名治安官，就手無寸鐵地走出城門，試圖透過談判平息敵人的怒火。匈人士兵被老人的勇敢所震撼，主動把他引到阿提拉面前。阿提拉出於對老人的敬佩，答應只要羅馬人獻上貢品，他就停止攻打。

布萊基認為，再多的說教也不如一個活生生的例子來得有效。當人們看到某件事情確實地發生在眼前，即使從未想像過，也將終生受益。

據說，因為有華盛頓這樣的將軍，美國軍隊的實力增加了一倍。

李將軍跟他的部下談論進攻戰略時表示，將放棄攻打哈里斯堡，把行軍的目標改為蓋茲堡。一個農夫出身的普通男孩偷聽到了這番談話，馬上發電報告訴蓋茲堡的鎮長柯廷。柯廷派出專門人員尋找這名男孩。他急道：「我願意獻出我的右手，只要能夠知道這個小男孩說的是不是真話。」

---

277　阿提拉（Attila, 406-453），古代歐亞大陸匈人最偉大的領袖和皇帝，曾多次率軍入侵東羅馬帝國及西羅馬帝國，對兩國給予極大的打擊。

他的下士稟報道：「長官，我認識這個男孩。他血管裡流淌的每一滴血都是正直而誠實的，我相信他絕對不會說謊。」15 分鐘過後，聯邦軍隊到達蓋茲堡，並占領了那裡。品格就是力量。做人不但要有高尚的理想，遠大的志向，更要保持對美好事物和真理的追求。

威靈頓在議會上對貴族們說道：「各位殿下，相信大家對羅伯特·皮爾爵士[278]的高尚品格都有所感受吧。我和他在工作上已經認識很多年了。我們一起為國王陛下做事，一同任職於國民議會。而我也有幸和他私交甚深。在我認識他的那麼多年裡，我再也沒有看到過能比他更公正、更忠誠的人，同樣沒有人比他更熱衷於提升大眾服務。和他的每一次交談，都讓人堅信他所說的都是發自內心的真話。沒有任何理由能讓我懷疑，他所講過的每一句話不是他自己堅信不疑的事實。」

格拉頓評價老威廉·皮特[279]道：「他是一個特立獨行的國家大臣。現代的腐化思想並沒有侵蝕到他。他做事一板一眼，不通融，不講人情，簡直就是老古董派的古板個性。他的威嚴蓋過國王，有的君主甚至懷疑他的忠誠，想祕密除掉他，以擺脫他的影響。他不為政治場上的爾虞我詐和潛規則所左右，不允許自己的人格墮入汙泥。他是個既傲慢又很有說服力的理想主義者。他的目標是坐上英格蘭最高領導人的位置。他野心勃勃，要的是將來名垂青史。在一個容易腐敗的年代，他出汙泥而不染，保持著高尚的品質，威嚴十足，個性複雜。見利忘義的財政部官員一聽到皮特的名字便兩腿發軟。貪贓枉法的人指責他頒布的政策前後不一，還故意詆毀他已然取得的成就。然而歷史是公正的，他政敵的失敗就是最好的說明。總而言之，他是一個顛覆舊思想的創新者和改革家。他的見解、精神和口才足以號召全人類團結一致地行動起來，在他的指揮下打破奴隸制度。他身上

---

278　羅伯特·皮爾爵士（Sir Robert Peel, 1788-1850），英國政治家、英國保守黨創建人。曾任英國首相。

279　威廉·皮特（William Pitt, 1708-1778），威廉·皮特是英國歷史上的一對父子首相，父親老皮特是第九位首相，兒子小皮特是第十四位首相。

釋放出來的人格魅力不但可以成就一個帝國，也可以顛覆一個國家。他擊出一拳發出的聲響能夠響徹整個宇宙。」

他在喬治二世手下當財政部的主計長。當時有一個慣例，如果政府發放給王室的特別津貼，其中有百分之一點五是要分給外交部當謝禮的。然而皮特寄給薩丁尼亞島國王的津貼卻是一分不少。薩丁尼亞島國王驚訝不已，想回贈禮物給皮特以對他的正直表示感謝，竟也遭到了拒絕。他兩袖清風，是一個窮政治家。

華盛頓在擔任陸軍首長時，同樣不接受任何賄賂。他對自己的財務支出控制得很嚴，不然很快就要超支了。

記住，人生最重要的收穫是看你成為怎樣的人。播種一次行為，便收穫一種人格的果實。

西元 1837 年，喬治·皮博迪搬遷到倫敦後，美國遭遇新的商業危機。很多銀行都停止了硬幣的兌換業務，商品房也是處處碰壁，很多甚至虧本出售。愛德華·埃弗雷特說：「當時，維持美國商業圈正常運行的脆弱神經——人的信用，已經變得不可相信了。」在英國的銀行裡，願意購買美國債券的歐洲人只有 6 人，而皮博迪就是其中之一。他的名字在商業界享有很大的威望，而在當時經濟低迷的日子裡，他的正直給予人心惶惶的大眾很大的信心。皮博迪為馬里蘭州，也就是為美國，重新爭取到了貸款。施展魔法的正是他的人格魅力，很多時候能使一張毫無價值的白紙變得像黃金一樣值錢。大西洋兩岸的商人都因為他獲利不少，只要是他代言的商品，無不售罄。

薩克雷說：「某些人的臉就是一張信用的憑證，只要他們一出面，在哪裡都叫人放心。他們的存在給予世人信心，你無法不去相信他們。他們就是最好的保證，比其他人的簽名還要可靠。」總而言之，人格也是一種信譽。

很多國家和民族都信奉等價交換。金錢的力量要比武力大得多。「比真金還真」已然成為一句俗語，人們把金子作為比較事物的最高標準。

地米斯托克利[280]多年來一直致力於讓雅典人從斯巴達人手裡奪回希臘的政權。他絞盡腦汁，希望想出一個合法公正的辦法。一天，他召集所有人，暗示已經擬出了方案，但這個方案不能公之於眾，因為一旦洩密就不可能成功。他建議選出一個可靠的人，他把這個方案告訴他，再由這個人來判斷方案的可行性。眾人一致同意讓阿里斯提德斯（Aristides）來當這個判斷人。地米斯托克利把阿里斯提德斯拉到一邊，說出了方案的具體內容：燒毀雅典鄰近港口其他邦國的艦隊，這樣雅典就毫無疑問成為希臘一姐了。阿里斯提德斯聽完後向眾人宣布道，地米斯托克利的方案雖然可行，有利於希臘聯邦的發展，但卻損人利己。眾人聽後一致決定放棄採用這樣的一個對別國不公正的辦法來謀求自己國家的利益。

雅典在上演埃斯庫羅斯的悲劇時，其中一個角色說道：「他不在乎別人怎麼想，只要自己做到公平公正就可以問心無愧。」全場人立即轉過身看阿里斯提德斯，因為他在全希臘都享有良好的名聲。普魯塔克認為，阿里斯提德斯獲得了普遍的認可，人們稱他為正義使者，他的忠誠和聖潔都是發自內心的。然而，莫大的榮譽卻給他帶來了嫉妒的傷害。他們散布謠言，說阿里斯提德斯的影響力已經威脅到人民思想的自由。他因此被長久地放逐他國。雅典人通過了驅逐他的決議，而當時阿里斯提德斯就在現場。一個不會寫字的陌生人走到他面前，請他幫忙寫下選票上的名字。阿里斯提德斯問：「寫什麼名字？」陌生人回答：「阿里斯提德斯。」這個哲學家又問：「你認識他？還是他曾經做過什麼傷害到你？」那人答道：「兩者都不是。我是因為他獲刑而來的。聽說他是正義的使者，我慕名而來。」阿里斯提德斯不再說話，他接過那人的牌子，如他所願寫下自己的

280 地米斯托克利（Themistocles, 西元前 524- 西元前 460），古希臘政治家。

名字。阿里斯提德斯的被逐出國的決議讓一些慵懶的國人鬆了口氣。但他很快就被召喚回國，因為這麼多年來，共和國內的大小事務都是他主持解決的。他從不憎恨他的敵人，一如既往忠誠地為人民服務。他施與的美德並非得不到任何回報。他的兩個女兒都在國家的資助下完成了學業，並分配到國家財政部工作。

阿里斯提德斯正直素養的最有力證據是，位高權重的他，卻從不挪用國家財產。他去世時甚至沒有留下足夠多的錢來支付自己葬禮的費用。

人品高尚的人是社會的良心。是他們，而不是員警保證了法律的施行。他們的存在是政府得人心的保證。

俄國的第一任沙皇亞歷山大一世據說跟憲法一樣公正無私。蒙田擁有極高的聲譽，據說在投石黨運動[281]時，他正直的名聲比一個騎士團還管用。城門被攻破後，所有的法國貴族中只有他一人倖免於難。我們生活的世界幸好還能有這些人，他們「寧可不當總統，也要堅持正義。」

費希爾·埃姆斯[282]在國會工作時談起羅傑·謝爾曼[283]時說道：「如果我錯過了會議的內容，無法判斷該投票給誰，我就跟著羅傑走。因為我相信，只要是羅傑·謝爾曼認為應該支持的，就一定是正確的。」

人格的力量可以引人向上。如果沒有人格，再聰明的天才也只能帶領世人墮落。在大學校園裡，常常有這樣一些年輕人，他們顯然遲鈍甚至有點愚笨，卻要比那些沒有人格的聰明人更加優秀。原因就在於他們擁有高尚的素養，對別人有強烈的感染力，因此獲得了大家的信任和尊重。有抱負的人身上有某種素養讓人佩服和仰慕，那就是他們無論遇到多少阻礙、面臨多大的困難，都一往無前。

---

281　也叫福隆德運動，是 17 世紀中葉在法國發生的反對專制王權的政治運動。

282　費希爾·埃姆斯（Fisher Ames, 1758-1808），美國政治家、演說家、國會議員。

283　羅傑·謝爾曼（Roger Sherman, 1721-1793），美國政治家、律師、開國元勳。是負責起草《獨立宣言》的五人小組成員之一。

我們也許假裝聽不見心中那個神祕的小天使在說些什麼，因為對於正確的行為它總是極力贊成，對於錯誤的決定它總是大聲反對。不管我們有沒有把它的話放在心上，都不能改變我們對對錯的判斷。無論是身體健康的人，疾病纏身的人，還是處於春風得意或者潦倒失意的人，心中那個忠誠的僕人就像影子一樣對我們不離不棄，審判我們的所言所行究竟是對是錯。

英格蘭的法蘭西斯·霍納[284]就是西德尼·史密斯所說的「額頭上貼著十誡過活」的人。他儘管 38 歲就英年早逝，但卻比很多人擁有更大的影響力。只要不是冷酷無恥之輩，都愛戴他、信任他、敬仰他，為他的早逝感到無比遺憾。他對於每一個正直的年輕人都是一道寶貴的陽光，照亮他們前進的方向。國會從來沒有對一個逝世的議員致以如此崇高的敬意。是因為他位高權重，還是因為他是愛丁堡富商的兒子？然而他和他的親戚從來都不揮霍金錢。那是因為他職權很大？他只擔任了幾年小官職，收入也不多。或許人們是為了紀念他的天才？他可以說毫無才華可言，只是很平凡的一個人。他做事慢條斯理，謹小慎微，唯一的願望就是不出差錯。那也許他具有雄辯之才？他說話時語調平穩，用詞得體，但從來不運用絢爛的修辭恐嚇或唆導聽眾。難道他待人接物很圓滑、很迷人？他只對正確的事情點頭稱是。那人們究竟為何如此尊敬他呢？因為他正直、勤奮、有原則、善良，他身上的素養不是每一個受過高等教育的人都能夠擁有的。他的聲譽來源於人品；而他的人品來源於後天的培養，而不是先天獲得的。眾議院的很多議員遠比他有能力、有口才，卻沒人能在道德層面上超越他。霍納的存在向世人展示了中庸的力量。這種力量只需要文化和美德的滋養，就能在競爭激烈和妒賢嫉能的社會中脫穎而出。

某法國作家說道：「拿破崙大帝去世的消息傳到巴黎的時候，我從皇

---

284　法蘭西斯·霍納（Francis Horner, 1778-1817），英國輝格黨成員、政治家、記者、律律和政治經濟學家。

宮經過。政府向大眾宣布拿破崙的死訊，然而，大眾卻對這個原本應該震撼全歐洲的消息反應平淡。在好幾家咖啡館裡，人們都顯得漠不關心，沒人對拿破崙的死感到困擾甚至有興趣。他可是征服了整個歐洲並震撼全世界的偉人啊！然而他的國民卻不愛戴他，也不敬仰他。他在軍事上的成就可謂是舉世震驚，卻得不到自己國家人們的愛戴。」

愛默生認為，拿破崙雖然在道德上沒有原則，但他為了生存和出人頭地拚盡了全力。世界的本質和人類的天性毀了他。再多的拿破崙結局也只能是一樣。他擁有優越的條件，卻在毫不知覺下考驗自己的聰明才智。從來沒有哪一個領袖有拿破崙那樣的天賦，有他的戰鬥力，有他那麼多的追隨者和得到那麼多的幫助。然而他卻利用自己的才能和軍力，去燒毀城市，揮霍財寶，踐踏上百萬條生命，將歐洲大陸置於水深火熱當中。他比剛到達法國時身材更加矮小，他拖著虛弱的身軀，身無分文地離開了。

你究竟是富人還是窮人，貴族還是農夫，100 年後又有誰在意？但你是為這個社會做了好事還是壞事，卻不會被人所忘記。

喬治·威廉·柯帝士[285]說：「《韋克菲爾德牧師傳》在強森博士的調解下，以 60 英鎊的價格賣給了出版社。10 年後作者去世了，讀者對這本書簡直就愛不釋手，打開翻閱的時候心情愉快。戈德史密斯為後人留下的作品影響深遠，是人類永遠的良師益友。在當時他的書連 5,000 冊都賣不出去，他窮到連肚子都填不飽！賀拉斯·沃波爾[286]，文學界的當紅明星，坐著鍍金的馬車向戈德史密斯投去蔑視的微笑。儘管命途多舛，他還是帶著樂觀的態度奮鬥至死。那些曾經在痛苦的時候看到他伸出援手的人，自覺地聚在他的棺木旁，為他哀悼。一位絕佳麗人剪下他的一撮頭髮作為紀念，戈德史密斯就算在生前也只敢站得遠遠地去仰慕這樣一位美人啊。我

285　喬治·威廉·柯帝士（George William Curtis, 1824-1892），美國作家、大眾演說家、共和黨人。

286　賀拉斯·沃波爾（Horace Walpole, 1717-1797），英國藝術史學家、文學家、輝格黨政治家。代表作《奧特蘭托堡》等。

去瞻仰了他的遺容，他按住心臟的手就像一根棕櫚樹枝。他高尚的品格從來不為不幸和逆境所折倒。我認為他絕對是一個成功的偉人。」

莫茲利博士[287]說，人們為金錢、地位、權力及掌聲拚得你死我活，不可避免要產生很多負面情緒。因為失敗損失了財產，人會失望、傷心甚至嫉妒獲得成功的人。原本自戀的人一旦受到打擊，將忍受精神上的巨大痛苦，而這種痛苦往往會使人變得瘋狂。心智發展成熟的人不應該陷入這種負面情緒的圈套。不管是你還是其他人完成了一件偉大的事業，我們都沒有必要去嫉妒他。該做的事總會有人去完成的，我們要做的不是為了損失自怨自艾。失敗自有它的價值，有時甚至不是金錢可以買到的。上完人生的永恆一課後，人們也就不再為受傷的自戀情緒哀嘆了。

富蘭克林在費城安定下來後不久，就有報紙邀請他當評論員，並於匆忙間請他再做考慮。第二天，來訪者詢問富蘭克林考慮得怎樣。富蘭克林回答道：「先生，非常遺憾，我認為這樣做很可恥。雖然現在我很窮，不知道是不是應該為了金錢接受你的提議，但一想到我每天夜晚下班後，還有錢買一份兩便士的麵包吃，還有大衣保暖，讓我躺在地板上一覺睡到天亮，醒來後又有麵包和開水當早餐，我就想，既然我的溫飽沒有問題，何必為了過上沒有必要的奢華生活而出賣自己的靈魂，為別人的仇恨和集團的利益寫文章呢？」

這位美國聖人的故事不禁讓人聯想到蘇格拉底與猶太王的對話。猶太王催促蘇格拉底不要再到雅典社會底層的骯髒小巷裡布道演說了，說他可以住進豪華的宮殿享受榮華富貴。蘇格拉底答道：「陛下，在雅典，用於填飽肚子的一個麵包只需半個便士，而飲用水還是免費的呢！」

亞歷山大大帝進軍非洲的時候，發現了一個與世無爭的部落。在那裡，人們不知道戰爭和侵略為何物，只是平靜地過著自己的生活。亞歷山

---

287　莫茲利博士（Henry Maudsley, 1835-1918），英國著名精神病學家。

大大帝正跟這裡的首領溝通時，部落的兩個居民發生了糾紛，要求國王進行裁判。事情的經過是這樣的：A 君向 B 君買下一塊地後，發現地裡埋藏了貴重的財寶，便覺得應該為這筆橫財另外再付費給 B 君，然而 B 君拒絕接受，他認為既然土地已經賣了出去，不管裡面埋了多少寶藏，都與自己無關。國王聽後說道：「你們一個人生了女兒一個生了兒子，那就結為親家吧。挖到的寶藏就當作他們倆結婚的禮物。」亞歷山大大帝對這位首領的判決感到吃驚，說道：「如果這件事發生在我的國家，國王一定會駁回雙方的訴訟，自己獨吞寶藏。」部落首領道：「難道你們國家的土地不受太陽的照耀，雨水的滋潤，也不生長草地的？」亞歷山大答：「當然都有。」首領又問：「那有沒有牛群呢？」這位偉大的政治家答：「有！」首領於是說道：「正是因為有純潔的牛，造物主才肯賜予我們雨水，小草也才會生長啊！」

好人品比任何寶石、金子、王冠甚至領土都寶貴。地球上最高尚的工作便是修練自己的人品。

愛丁堡大學的布萊基[288]教授對年輕的學生說道：「金錢、權力、自由甚至健康都不是最不可或缺的。只有品格才能真正拯救我們，沒有品格的人生注定萬劫不復。」俗語說得好，如果出身貧窮，就讓美德成為你的資本！

美國獨立戰爭期間，里德將軍[289]擔任國會主席，英國政府專門派人給他送來價值 1 萬堅尼的金幣，試圖收買他背叛祖國。他回覆道：「這位先生，我的確很窮，但你的國王並沒有富裕到可以收買我的人格。」

「布林達盧神父到盧昂市布道，」阿如斯說，「發現那裡的商店疏於經營，律師不接官司，醫生不管病人，旅館也不開門營業。經過了一年的傳

288　布萊基（John Stuart Blackie, 1809-1895），蘇格蘭學者、作家、教育家。
289　里德（Joseph Reed, 1741-1785），美國律師、將軍、政治家、國會議員。

道，那裡的人才終於學會了盡職盡忠地對待工作。」

「我不希望約翰·諾克斯[290]來到我的臣民中間傳道，」蘇格蘭女王瑪麗說，「他的話語比一支萬人大軍的破壞力還強。」

保羅四世教皇聽聞加爾文[291]的死訊後嘆道：「啊，難道這個異教徒的影響力來自雄厚的財富，還是榮耀的出身？都不是的。他不因為任何事情動搖自己的信念。聖母啊，如果賜予我兩個像他那樣的人，我們的教會也不愁統治不了世界。」

加里波底[292]對他手下士兵的影響力令人驚嘆。他的部隊做好了隨時為他戰死的準備。他似乎用自己的意志牢牢把他的部下控制住了。在某次注定死傷各一半的行動中，他成功召集了 40 名志願兵。整個軍團的士兵都爭著去衝鋒陷陣，以致不得不採取抽籤的方式決定讓誰先上。

一個擁有偉大人格的人，他的名字蘊藏著多大的魔力！歐洲沒有一個國王敢跟華盛頓作比較，否則只會顯得很滑稽。貪得無厭的財閥又怎及得上林肯、格蘭特和加菲爾德的一個名字？歷史上能夠阻止一個國家免遭衰落命運的人，又能有幾個？

他的骨灰隨風飄散，
他用劍和聲音造福人類，
他死了嗎？但雖死猶榮！
長存於我們的心裡。

格萊斯通在議會上通報了愛麗絲公主仙逝的噩耗，並講述了一個母親照料孩子的感人故事。愛麗絲公主的小兒子因患白喉病臥床不起，醫生警告她絕對不能靠她兒子太近，因為會被傳染上的。然而，發燒的小王子一直在床上痛苦地翻來滾去，喃喃說話。他的母親於是把他抱在腿上，輕

290　約翰·諾克斯（John Knox, 1514-1572），蘇格蘭牧師、蘇格蘭宗教改革領導人。
291　加爾文（John Calvin, 1509-1564），法國著名的宗教改革家、神學家。
292　加里波底（Giuseppe Garibaldi, 1807-1882），義大利愛國志士、軍人，義大利建國三傑之一。

撫他滾熱的眉毛。小王子抱住母親的脖子，低聲道：「媽媽，給我一個親吻。」愛麗絲公主身上的母愛超越了謹慎，她不顧醫生的警告，給了小王子一個吻，並因此失去了自己的生命。

斯特拉特福德公爵在克里米亞戰爭結束後，舉辦了一次大型宴會，有人提議在紙上寫下每個人心中認為此次戰爭中最有可能名垂後世的人名。結果，在每張紙上都寫下了佛羅倫斯·南丁格爾[293]的名字。

雷奇認為，世上第一家醫院於4世紀由虔誠的女基督教徒法比奧拉[294]建立。而現代慈善機構最著名的兩個人則是約翰·霍爾德和佛羅倫斯·南丁格爾。在克里米亞戰爭中，戰爭雙方都沒有一個將軍的名字被所有人記住。只有一個年輕女人——南丁格爾被人廣為傳頌。她剛剛生了一場大病，便奔赴瘟疫盛行、血流成河的前線。一名士兵說：「她的降臨，使應該受到詛咒的醫院變成了像教堂一樣神聖的場所。」因為她的存在，戰爭似乎也變得不那麼可怕。是她改變了全世界的軍用醫療體系。克萊拉·巴頓（Clara Barton）比戰場上的所有士兵表現更勇敢也更愛國。只要有紅十字會，一個象徵耶穌為世人贖罪灑熱血的組織，有瘟疫，有霍亂，有洪災，有飢荒，有人生病了，就能看到這個不知疲倦的天使為不幸的人們帶去祝福。還有哪位英雄的名字能像她們那樣在史冊上放出萬丈光芒？當我在閱讀賈德森夫人、斯諾夫人、布里頓女士以及韋斯特女士的故事時，才深切地感受到人類英雄時代的開始。在這個時代，女性適時地運用她們溫柔善良的天性，為世人造福。

「責任是連接權力、美德、才智、真理、快樂以及愛的紐帶，沒有責任，這些都是浮雲，而我們終將把自己置身於在一片廢墟之中，並驚恐於

293　佛羅倫斯·南丁格爾（Florence Nightingale, 1820-1910），英國護士和統計學家。南丁格爾於1854年10月21日和38位護士到克里米亞野戰醫院工作，成為該院的護士長，被評為「克里米亞的天使」，又稱「提燈天使」。

294　法比奧拉（Fabiola,？-399），古羅馬神學家。出生於一個義大利羅馬城的貴族家庭，在羅馬創建了西歐第一所大眾醫院。

周圍的荒涼境況。」人類永恆的責任是文化形成的基礎。

睡夢中，生活是美麗的；
回到現實，生活原來是一份責任。

履行責任跟欠債還錢一樣，是天經地義的。不負責任的人也一定是失去道德的人。我們無法讓別人替我們履行責任。如果你有幸生於富裕的家庭並不代表你就不用對這個世界承擔義務。相反，生活比別人富足的你，還應該承擔起更大更高尚的社會責任。

即使你是百萬富翁，如果你賺的錢中有一美元是不義之財，你都談不上成功；如果你的錢是靠榨取窮人的鮮血，對寡婦、孤兒以及遭遇不幸者趁火打劫獲得的，你銀行帳戶上的錢則通通都是黑錢。如果你透過剝削他人聚斂財富，殺人越貨累積資本，毒害別人的血液和健康賺得錢財，犧牲別人成就自己的富裕，導致自己墮入黑暗的深淵，你還是個失敗者。

請時刻記住，當你獲得成功的那天，有些問題是無可避免必須回答的。「你的財富從哪裡來的？」是犧牲別人的生命，葬送他人的希望和快樂換來的，還是犧牲了別人的利益和舒適生活得到的呢？有人會因為你的成功而失去成功的機會嗎？有人因為你成功而失去成長的沃土嗎？你的成功是否建立在玷汙別人的品格上？是否有人因為你成功而生活變得更艱辛了？如果是這樣，你只能算是一個失敗的富人。多少錢也換回不了你的人格。「在天秤上，你的靈魂已經缺失了。」

華特·司各特[295]經營的出版社和印刷廠倒閉，使他欠下60萬英鎊的債務。他的朋友聽說後都主動提出借錢給他還債。然而驕傲的華特卻拒絕了。他說：「這是我自己的問題，應該由我自己解決。雖然我已經一無所有，但至少不能連做人的榮譽都失去。」他於是像馬一樣開始辛勤工作，

295　華特·司各特（Walter Scott, 1771-1832），英國詩人、小說家，生於沒落的貴族家庭，曾因小兒麻痺跛腳，後以驚人的毅力戰勝了殘疾。

一口氣創作了《拿破崙傳》、《皇家獵宮》和《一個爺爺的故事》，並為雜誌撰文。他這個時期的作品都是在巨大的痛苦中完成的。「我晚上甚至不能安心睡覺。」他寫道，「直到把債務還清了，我才如釋重負，覺得自己又重新是個清白的人，才可以睡個安穩覺。我前面的路雖然又長又暗，充滿了艱辛，但卻是我洗脫名譽汙跡的唯一選擇。即便我將因為勞累而死，而這也非常有可能，我也是死在履行義務的路上。」

他臨終的最後遺言是：「我也許是同時代著作最豐富的作家。只要想到我一生都沒有摧毀過別人的信仰，也沒有破壞過別人的原則，我就感到無比安慰。更值得慶幸的是，在我臨死的時候，我沒有對我寫過的哪一句話感到後悔而恨不得馬上刪掉。」

很多學校以高價聘請阿加西斯講課都遭到了拒絕。他給世界留下了豐厚的遺產，並捐贈了比請他講課高得多的金錢（30 萬美元）給哈佛大學。如果他願意接受學校的邀請給學生上課，捐贈的金額可能還會更大。

一邊是百萬富翁的人生，另一邊則是窮科學家的命運。法拉第毅然選擇了後者，他的名字從此載入史冊流芳百世。

比徹說，我們都希望給自己的靈魂建造一幢永遠屹立不倒的房子，但又有多少人用對了材料，並認真去建造！

如果你看到你的鄰居在建造東西，一定會問「你在建造什麼？」他答：「我也不知道啊。我就這樣建造看看能夠建造成什麼東西出來。」就這樣，在毫無計畫和目標的情況下，他把牆建了起來，圍成一個又一個房間。旁人看到一定會笑話他道：「真是傻瓜！」然而很多人都如此，在建造自己的人格之樓時，沒有目標也不擬訂任何計畫，把牆建好了就圍成房間，也不經過大腦設計和構思就開始著手工作了，心想反正建成什麼就是什麼吧。這種建築師永遠不可能建成「讓上帝欣賞的房子，並永遠留在天堂」。

有些人想要建造一座教堂，卻只完成基座部分，什麼塔樓啊，尖塔啊，通通沒有。

大部分人建出來的只是用來堆貨的倉庫，裡裡外外上上下下都填滿了商品，好比老街兩旁的舊房子，曾經彌漫著愛、虔誠和快樂的空間，如今都飄蕩著商業世界的銅臭味。

# 第十二章
# 節省也是一種財富

理想節約能減少浪費，能積少成多，能破鏡重圓，能創造奇蹟。節約不是吝嗇，是有計畫有前瞻性地省錢，化腐朽為神奇，廢品為寶物，並重新激發萬物的能量，用於造福人類。

節流即開源。

—— 西塞羅

人大半輩子都要爲節約戰鬥。

—— 斯珀吉翁[296]

勤儉節約是正直之母，是自由和生活獨立的保障，是性格開朗、身體健康和清心寡欲的美麗姐妹。

—— 強森博士

能夠適時地控制住自己的欲望，並把持好，難道不是文明人的表現？節約的智慧不亞於統治一個帝國。

—— 愛默生

太容易聚斂的財富容易揮霍，只有一點一滴靠雙手勞動累積而來的財富，才會不斷增加。

—— 歌德

懂得節約的人才有踏實的收穫。

—— 拉丁諺語

一條小裂縫足以沉沒一艘大船；我們要警惕浪費一點點帶來的嚴重後果。

—— 富蘭克林

寧可餓著肚子睡覺，也不要一早起來變成負債的孫子。

—— 德國諺語

債務如陷阱，進去容易出來難。

—— H. W. 肖

在大部分國家，18便士一天便可以活得很自在。如果想要太多，整個太陽系都滿足不了人的欲望。

—— 麥考利

節省是窮人生存的法寶。

—— 塔珀

錢永遠不夠花，一旦借債，債務只會越滾越大，陷入對金錢的欲望無法自拔。

—— 莎士比亞

不管你有多大的才能，有多遠大的前程，都不要爲了快點住進皇宮寶殿，欠下一身的債務。

—— 鮑沃爾

爲了不用躲在籬笆後面，
爲了不用看到列車員就逃跑，
爲了經濟上的獨立，
可以光明正大地走過。

—— 彭斯

296 斯珀吉翁（Charles Spurgeon, 1834-1892），倫敦基督教新教講道人。

約翰·墨里[297]被要求捐助善款時，寫下款數的同時順帶吹滅了其中一支用於照明的蠟燭。當時募捐的一位女士還對她的同伴低語道：「我們不會從墨里先生那裡募得多少善款的。」沒想到約翰·墨里聽完他們募捐的原因後竟然大方地捐了 100 美元。那位女士道：「墨里先生，您的善舉讓我感動及訝異，我還以為您一毛錢都不會掏呢。」這位貴格會的老教友答道：「我平時的吝嗇才讓我今天有這 100 塊錢可以捐出來呀。我每天省下的錢就是用來做好事的。順便說一句，你們點兩支蠟燭太浪費了，一支就足矣。」

愛默生講述了這麼一則小故事：「波士頓的一位富商受朋友之邀出席一次慈善晚會。他整晚都在指責他的祕書沒有把威化餅切成兩半來供應，認為太浪費食物了。他的朋友看到這種情景，很後悔把他請來，估計像他這樣小氣的人不會捐多少錢。然而，出乎所有人的意料，這名斤斤計較的富商竟然捐出了 500 美元。邀請方表示驚訝和不解，一個為半塊威化餅斤斤計較的人，怎麼出手那麼大方？這名富商的回答是：『如果不是連半塊威化餅都不想浪費，我怎麼有那麼多錢可以捐給有需要的人？』」

船主蘭皮斯的朋友問他：「你是怎樣賺得那麼多錢的？」他回道：「很簡單，每天努力多賺一點，積少成多吧。」

菲爾德將軍離開貧瘠的新英格蘭農場，到芝加哥淘金四年，就成為柯里·法韋爾公司的股東之一。這個謙遜的年輕人對自己的成功只說了一句，他沒有背景，沒有儲蓄，也沒有影響力，他的財富全是靠勤儉節約省下來的。

如果我們從 20 歲開始，每天存下 26 美分，並以 7% 的利率放貸出去，等到 70 歲的時候，這筆數目還是很可觀的，加上利息足足有 3.2 萬美元。

---

297　約翰·墨里（John Murray I, 1745-1793），英國著名出版家。約翰·墨里出版集團的創始人，該公司在 19 世紀因出版《物科起源》而聞名。

20 美分買一瓶啤酒或一包菸就沒有了，但如果節省下來，50 年後就是 2 萬美元。就算每個星期只能存 1 美元，10 年後也有 1,000 美元。「一旦做了一次壞事，以後只會變本加厲。」

人如果懂得勤儉節約，並有勇氣把節省下來的錢捐獻給慈善事業，即使自己本身很窮，也值得世人敬佩。事實上，窮人和中產階級捐獻給慈善事業的總金額比富人更多。因為他們懂得節省小錢，再把省下來的部分捐給了教堂、醫院或者貧困家庭。

然而，吝嗇和貪婪卻是另外一回事。守財奴一毛不拔是因為愛財如命，他們的吝嗇從某種角度講也是貪婪的表現。就算是一分錢，他們也要分四瓣來花，實是可悲。以下這段話便最能展現他們貪婪的本質：「奧斯特維德臨死前說：『我確實想喝點湯，卻沒有胃口吃肉。如果煲了湯我卻不吃肉，那豈不是大大的浪費啦？』這名家財萬貫的巴黎銀行家因此禁止僕人給他買肉熬湯。」

某政治經濟學的學者講了一個因一把壞了的彈簧鎖引發的小事故。故事發生在一個農場裡。農場的大門鎖壞了，雖然每個人進進出出都會順手把門帶上，但只要一陣微風就能把門打開。一天，農場丟了一頭豬，往樹林裡跑了。農場上的人齊齊出動幫忙抓豬。花匠一腳跨越一條溝渠，把豬堵住了，卻摔傷了腳踝，不得不臥床休息了兩個星期。廚娘把床被放在火爐旁邊烘乾，結果回來發現全部都燒焦了。擠奶女工興奮之餘忘記把乳牛綁好，結果被一頭乳牛撞斷了一條腿。如果一開始農場主捨得花幾美分把門鎖修好，那個花匠也不至於白白浪費了幾個小時的寶貴時間。

倫敦書商蓋伊，後來創辦了一家著名醫院，是出了名的吝嗇鬼。他就住在自己書店的倉庫裡，每天坐在一把老爺長椅上吃飯，把收錢的櫃檯當作餐桌，身上裹了一張報紙就算是外套。他終身未娶。一天，另一個外號「禿鷹」的知名守財奴前來拜訪。蓋伊點了一根蠟燭，問：「有何貴幹？」

「跟你探討省錢之道。」來訪者言下之意就是蓋伊在慳吝和省錢方面是個能手。「是這樣的話我們可以不用點蠟燭了。」「禿鷹」感嘆道：「您真是吝嗇人中的人傑。我不需要再問了，你的祕訣我知道了。」

雖然這種近乎病態的慳吝人要比那些嘲笑他們小氣的奢侈的人好些，但任何事情都不能太過，勤儉過度了，導致的是品格的悲劇。

某紳士交代他的愛爾蘭僕人派翠克：「要利用下雨天貯存免費的水資源。」不久，他問，收集了多少水？派翠克答：「說老實話，一點都沒有。我照您吩咐做了，但昨天雨太大，雨水全都滲到酒裡了。」

朱門酒肉臭，路有凍死骨。

古羅馬帝國時期這種現象空前嚴重。整個帝國的人民如果等不到從亞歷山大港運來的糧食，很可能早已餓殍遍野。而上流社會的貴族們則把從老百姓身上搜刮得來的血汗錢用在舉辦晚宴上，用珍貴的木材和珠寶製成器皿盛放孔雀腦和夜鶯舌，導致很多疾病的傳播，當時的人均壽命普遍很短。就在這種時候，羅馬貴婦間流行起一種奢華的服裝。年邁的普林尼說，他在一次婚宴上看到羅莉婭．保麗娜[298]身穿用珍珠和翡翠做成的裙子，價值4,000萬個賽斯特斯（羅馬銀幣），據說這件衣服還是她衣櫥裡最便宜的。那時的社會風氣是崇尚美食和奢侈品，生活放縱，物欲橫流。人們藉此麻醉自己，以忘記身體的疲憊和絕望的精神折磨。

羅馬人在宴會上的花費讓人瞠目結舌。據史維都尼亞斯回憶，維特里烏斯的兄弟為了給他接風，安排了一場晚宴。宴會上供應上等魚肉2,000多份，烹飪精緻的鳥肉菜式7,000多樣，還有一道菜因其超大的分量，被稱為宙斯盾或密涅瓦之盾。這道菜之所以受歡迎，僅僅因其使用的食材非常昂貴，有鸚嘴魚肝，野雞和孔雀的腦漿，鸚鵡的舌頭，以及一條很稀有

298　羅莉婭．保麗娜（Lollia Paulina, 15-49），古羅馬皇帝卡里古拉第三任妻子。

的魚。

賀拉斯·沃波爾說：「真希望不要再搞什麼促銷活動了，我家已經沒有多餘的空間跟多餘的錢。」某婦人貪便宜買了一塊二手的舊門板，認為自己總有一天會用上的。因為便宜買一些不需要的東西實際是變相鼓勵浪費。「很多人就是因為買太多便宜貨而傾家蕩產的。」

強森博士說：「工作謹慎較真的人，責任感才強。」

約翰·蘭多夫[299]性情古怪，曾有一次在眾議院開會時，從椅子上跳了起來，尖著嗓子喊道：「議長先生，我找到了！」全場愕然，一片寂靜。他接著說道：「我找到魔法石了！你想得到什麼，就得有相對的付出。」

取得一定成就的年輕人似乎都覺得自己已經踏上了通往財富的高速公路，於是便忘乎所以起來，好像失敗是不可能發生在自己身上的事情。遺憾的是，就算在國會，也不允許任何不道德的議案成為法律。

「家境富裕對於愚昧的人而言，是災難。」巴倫也說：「賺錢容易守錢難。」有錢常常能使鬼推磨。

很少人真正懂得花錢。他們會賺錢，會存錢，會亂花錢，但卻沒有理財的智慧。理財其實也是一門高深的學問。

一塊大型彩色玻璃製造完成後，會留下很多玻璃碎片。這些碎片在藝術家的手裡，又可以重新組成馬賽克玻璃，安裝到歐洲大陸的教堂窗戶上。如果一個小孩能利用大家都忽略的時間來自學，他同樣可以成才。

新的政治經濟學認為，對於教堂、公司甚至家庭而言，負債對於人的成長，說不定會是好事。人如果在年輕的時候就固執地以為，欠債對於人是一種束縛和羞辱，貸款就像霍亂一樣能避則避。除非遭遇不幸，多借一分錢如果還不起都是偷竊了別人的財產。把這種想法根深蒂固的人，一直

299 約翰·蘭多夫（John Randolph, 1773-1833），美國國會議員、拓荒人、外交家。

到老都不會成為朋友和國家的負擔，但同時也注定不會成功。

我們必須調動身上的一切精力，才有可能對一件事情盡到全力。負債累累的你，則不得不分心對付債主。沒有什麼能比債務更傷神的了。

年輕人大都認為小錢浪費了就浪費了，沒什麼大不了的。殊不知，正是這一毛兩毛，將來有可能累積成一筆財富，成為你經濟獨立的保障。美國人不論貧富、老幼、男女，平均一天也就賺不足50美分。正是每天都省下的一點小錢，積少成多足夠開啟一項事業的資本。從商業的角度來看，身無分文的人其實是最弱勢的，除非他年輕力壯，且學識豐富。否則，不論是男人還是女人，一旦被逼入絕境，為了生存，很難顧及自尊和社會對自己的看法。

「賺錢容易的人不會心疼花錢。」「只有小孩和傻瓜才會以為，20年很漫長，20個先令多得永遠都花不完。」

不要把錢包握得死死的，也不要揮金如土。為了省錢枯竭自己的精神糧食是不值得提倡的。「把每一分錢都花在刀口上才是真正的勤儉節約。我們要把錢花在更高的目的上，不要為了身體的享樂而花錢，要為了精神的充實，為了豐富文化水準。連買報紙都捨不得掏錢的年輕人是多麼無知和狹隘。『死死握緊錢袋的人只會益加貧窮。』不是什麼都能省錢的，為了你的人生和家庭，該花錢的時候一定不要心疼。」

大自然隨意分配物產，但絕不浪費。就連上帝也不敢浪費自然資源。他讓大地豐收，麵包多了，魚也多了，但都物盡其用，沒有絲毫浪費。

愛默生說：「大自然自有一套經濟法則。今天的浪費便是明天的收穫。她在大地上培育出來的每一粒穀物都不會白白浪費。我們依賴她的富饒，逃不出她所設定的規則。」去年夏天還繁茂的花兒凋零了，葉子枯萎了，落在了土地上，化成肥料，為明年長出新的葉子和花朵提供營養。除非我們死於家中，我們甚至等不到朋友前來臨終告別。一旦沒有了呼吸，大自然便迫不及待地要把我們分解，恨不能馬上進入下一輪的生命輪迴。

請仔細非常下面兩首打油詩：

西元1772
農夫在犁地，
農婦在擠奶，
女兒在播種，
兒子在除草；
苛捐雜稅一併還清。
Hone's Works

西元1822
先生在看報，
夫人在彈琴，
小姐身穿綾羅綢緞，
少爺學習希臘和拉丁語；
他們的生活甚至登上了報紙。
The Times

以上兩首詩發表的時間整整相隔了一個世紀。西元 1822 年農場的生活跟西元 1722 年相比截然不同。西元 1822 年時，人們崇尚阿蒂瑪斯·沃爾德的生活方式，寧願借錢也要把家裡裝飾成具有圓屋頂的別墅。

理想節約能減少浪費，能積少成多，能破鏡重圓，能創造奇蹟。節約不是吝嗇，是有計畫有前瞻性地省錢，化腐朽為神奇，變廢品為寶物，並重新激發萬物的能量，用於造福人類。

在英國，不論男女都很拚命地工作，很少有休假的。他們拿的薪資是法國同職位的兩倍，卻沒有存到什麼錢。為了享受生活，他們一賺到錢就馬上花出去，就算年薪百萬也沒有多少儲蓄。而在法國，每個當家的人都學過如何勤儉持家。美國某女士到法國後感嘆：「法國主婦用來製成美味佳餚的食材，都是我在家裡會扔掉不用的。她們用剩下的凍肉末和硬邦邦的麵包皮做出一道很精緻的菜餚，卻不給人以小氣的感覺。」

威廉·馬什[300]牧師說：「如果可能，我希望能用金色的筆，在天空上寫下『能省則省，積少成多』。」

波士頓的儲蓄銀行存了 1.3 億美元，大部分都是一點一點存起來的。

---

300　威廉·馬什（William Marsh, 1775-1864），英國國教牧師。

約西亞·昆西[301]說過，貝肯大街兩旁的宮殿是由僕女們建造而成的。

鮑沃爾說：「如果我年薪 100 英鎊，至少不會餓死也樂得逍遙自在，不會需要任何人的幫助；如果我年薪 5,000 英鎊，我會想要請僕人，而且越請越多，最後才發現自己的銀子不夠支付他們的薪資，於是逃跑，等待法律的制裁。我已經隨時準備好遇到像夏洛克那樣的人，擦著他的天平，磨著他的利刃，要過來割下我胸口的一塊肉還債。我們每個人都有衝動把身上的錢全部花光，甚至導致入不敷出。假如擁有 5,000 英鎊的年薪，我很難控制得住自己的購物欲。但如果只有 100 英鎊就好辦多了。因為少，我會把錢花在重要的事情上面。」

艾德蒙·伯克在一次關於經濟改革的演講會上，引用了西塞羅的名言「Magnum vectigal est parsimonia」（節約致富）。他把重讀放在第二個單字（vectigal）的第一個音節上（「vec」）。諾斯公爵小聲地指正他，而伯克卻把自己犯下的錯誤擺上檯面來討論。他說：「公爵先生剛剛暗示我，我在引用西塞羅的話時，把重音搞錯了。我很高興有人指出我的錯誤，讓我有機會再次重複這句很有價值的古訓『Magnum vectigal est parsimonia』。」我們每個人都應該在心裡刻下這句名言。

華盛頓擔任美國總統期間，家裡哪怕是最微小的支出他都要很仔細地檢查。他深深明白，如果不節約著過日子，再多錢也會有花完的一天。懂得省錢的人才不會貧窮。

威靈頓說：「我堅持自己的帳單自己還清，不是毫無理由的。」

約翰·雅各·阿斯特[302]認為，人生的第一桶金比以後的每一桶金都來得不易。很多還沒有挖到第一桶金的年輕人，往往看不起一毛兩毛，不明白每一筆財富都是由一點點小錢累積而來的。

---

301　約西亞·昆西（Josiah Quincy, 1710-1784），美國實業家、銀行家、政治家。

302　約翰·雅各·阿斯特（John Jacob Astor, 1763-1848），德裔美國商人、投資家，阿斯特家族第一位傑出成員，美國第一個托拉斯創始人。知名藝術家的贊助人。

發掘今天不被看重的人或事物的潛在作用，是下一代人光榮的任務。這項工作對豐富人類文明能產生很大的貢獻。

過度吝嗇以至於守財如命，算不得是勤儉節約。真正懂得節儉的人，是有目的有計畫的。

我們年輕時候就應該學會拒絕購買太貴的東西。敢說「我買不起」也是勇敢的表現。富蘭克林博士說：「別人的眼光取代了我們自己的判斷，使我們犯下錯誤。」莎士比亞也說：「我們的衣服不是穿破的，而是被時尚拋棄了。」

道格拉斯·傑羅爾德[303]說：「負債是一切醜陋的根源，使人失去自尊，變得刻薄，甚至玩起了兩面派。一張誠懇陽光的臉，會因為債臺高築而刻滿了皺紋；一顆誠實的心會因為不堪債務之累而死去。儘管它以別的方式出現，同樣有能力讓有血有肉的表情帶上黃銅面具，讓老實人變成無情的江湖騙子！不受債務重負的自由，如同清泉的甘甜，麵包的香醇和雞蛋的營養！沒有債務纏身的人，即使只有餅乾和洋蔥，也一樣吃得香甜。如果裁縫的收據穩穩當當地放在你的口袋，即使身穿滿是補丁的衣服，也一樣覺得暖和！泰爾紫的馬甲，漸漸掉色，破破爛爛的帽子也遮不住為債務頭疼不已的腦袋！背負債務的人，走在大街上心裡都跟響起喪鐘一樣，時不時折磨著他；有人急急忙忙地敲門，他的心跳便加速，尖著嗓音叫『請進』。他一上車，便多心地觀察每一個乘客，生怕碰到債主。雖然貧窮就像一杯苦水，但至少還可以咽下去。喝水的人痛苦地皺緊臉，畢竟那也算是苦口的良藥啊。然而債務卻是塞王遞過來的毒酒，雖然香甜，卻是毒藥。兒子啊，如果實在需要向人借錢，你就想想春天的綠茶，上週的清泉，想像自己身穿樸素的衣服，如同一個紳士住在潔白的閣樓裡。這樣想你就不會輕易向人借債了。這樣就算遇到員警盤問，你也心靜如水了。」

303 道格拉斯·傑羅爾德（Douglas Jerrold, 1803-1857），英國戲劇家、作家。

卡萊爾說：「人只要不是身無分文，不欠別人什麼東西，就有資格命令廚子為自己煮飯，思想家為自己上課，國王派人來保護他。」

如果有人欠你一美元，他內心肯定對你有所隔閡。而如果你欠別人一美元，你也會漸漸覺得這個人一定在追自己還錢。既然如此，為何不有計畫地節儉花錢，免得日後不得不看債主眼色生活？

有存款的人才有話語權。只有那些懂得壓制亂花錢欲望的人，才能過上舒適和獨立自主的生活。

「吃不飽，穿不暖，天氣惡劣，工作辛苦，遭人輕視，受到懷疑，還不得不承受不公正的指責，」賀拉斯·格里利[304]說，「這些雖然讓人煎熬，但遠不及負債累累糟糕。」

墮落的人通常都是從借錢那天開始做噩夢的。像丹尼爾·韋伯斯特、西奧多·胡克[305]、謝里登以及福克斯、皮特都深受借債之害。米考伯[306]的人生便是在躲債中消沉的。

米考伯說：「一年收入 20 英鎊，花費 19.6 英鎊的人是幸福的。同樣的收入，卻超支了 0.6 英鎊，結局只能以悲劇收場。」

科爾頓說：「人的墮落，源於我們自以為想要追求的東西，而不是真正的需求。真正的需求，不用你刻意去挖掘，自然而然會自己浮出水面。如果購買了不需要的東西，久而久之就會想要超出自己購買能力的奢侈品。」

透過自身的勞動取得報酬是光榮的。寧願餓死也絕不做不勞而獲的事情。如果身上錢不多，就從小生意做起，千萬別濫用個人信用貸款冒險。聖保羅也說：「切莫欠人任何東西。」對於每個人，這都是一句至理名言。

---

304　賀拉斯·格里利（Horace Greeley, 1811-1872），美國新聞編輯，政治家。

305　西奧多·胡克（Theodore Hook, 1788-1841），英國作曲家。

306　米考伯（Micawber），查理·狄更斯作品《大衛·科波菲爾》中的人物。

# 第十三章
# 「窮」富人

一無所有不是貧窮。推動人類文明發展的人，即使身無分文地死去，後人一樣會為他樹立豐碑。

讓別人去要求撫恤金吧，我即使身無分文也是一個富翁，比那些精神上的貧民要高貴得多。我甘心奉獻祖國，不圖任何回報。

—— 科林伍德公爵[307]

世界滿目瘡痍，不幸橫行天下。財富越多，人越墮落。

—— 波普

身無分文不是貧窮，家財萬貫不是富裕；沒有不代表缺乏，得到不代表充實。每個人抬頭都能看見陽光，而看到什麼顏色卻由自己選擇。

—— 海倫·亨特

他即使是一片廣袤土地的主人，在我面前也不會感到優越。我會讓他明白，沒有他的財富我一樣可以生活，我是不會因爲追求享樂和虛榮而被收買。我身無分文，不得不從他手上接過麵包，但我並不是窮人。

—— 愛默生

滿足是最能持久的財富。

—— 西塞羅

健康的身體是最大的財富，心靈快樂是最大的幸福。

——《傳道書》

世上最寶貴的財富是什麼？黃金說，不是我。
鑽石說，黃金那麼窮怎麼可能？當然，也不是我。
印度苦行僧說，在你自己身上去尋找吧。

—— 揚

安貧樂道者才是世界首富，因爲心滿意足才是眞正的財富。

—— 蘇格拉底

身居陋室卻能心胸開闊的人最讓人敬佩。

—— 拉克代爾[308]

我的皇冠掛在心頭，不在腦袋上；
沒有鑽石和印度寶石的鑲嵌，
甚至看不見也摸不著，
但是很少國王能夠擁有，它的名字就叫滿足。

—— 莎士比亞

307　科林伍德公爵（Lord Collingwood, 1748-1810），英國皇家海軍元帥。
308　拉克代爾（Lacordaire, 1802-1861），法國教會牧師、記者、神學家、政治活動家。

很多人身無分文但精神富足。他們口袋裡什麼也沒有，甚至連口袋也沒有，但卻是道道地地的富翁。

生而健康，胃口好，心腸好，四肢健全，頭腦正常的人，是富裕的。

一副好身骨，勝過黃金千兩；一身結實的肌肉，勝過純銀萬噸；能夠正常工作的神經系統，勝過任何房地產。

比徹說：「心靈的滿足和精神的富足，以及希望、快樂和愛，才是真正的財富。」

我為何要執著於物質的擁有？這個世界本來就屬於你和我。我為何要羨慕別人的財富？他的終歸只有他能享用。我不必忌妒那些在波士頓和紐約擁有房地產的老闆，他們是在幫我照顧土地。我想要使用一條公路，只需支付幾便士即可。我不用勞動，也不用操心，隨時都可以欣賞到青青的草地和灌木林，以及公園裡的雕像，如畫一般的風景。我不需要把它們帶回家據為己有，而我也沒有能力和時間去照顧它們，還得不時擔心它們有沒有損壞，有沒有被盜。我來到這個世界就已經擁有太多，我沒有付出多少便得到了一切。我周圍的人們都在努力工作，想盡辦法生產出更好的東西取悅我，還發動比賽看誰能夠賣得更加便宜。我不用花多少錢便享受到了圖書館、鐵路、畫廊和公園的服務，比起我的收穫，我付出得太少。我擁有生命，欣賞著美景、星星、花朵、海洋和樹木，傾聽小鳥的免費獻唱，呼吸新鮮的空氣。我還有什麼不滿足的？我現在享受到的，有的甚至是好幾個世紀以來勞動人民的汗水結晶。我只要能夠在這片遍地機會的土地上找到一份滿意的工作，賺到足夠的錢養活自己足矣。

百萬富翁一擲千金，買下整整一條畫廊。窮人家的孩子進來參觀，運用詩人的想像和開闊的思想，看到了畫的主人看不到的東西，收穫的財富是富翁所不能企及的。在倫敦拍賣會上，某收藏家以 157 個金堅尼的高價，拍下了莎士比亞的親筆簽名。學校裡的窮學生雖然沒錢得到莎翁的簽名，卻能從《哈姆雷特》裡吸獲得更多的財富。

我們為何要浪費精力去追求虛名和金錢？欲望永遠要比我們先行一步，氣喘吁吁的富翁們總是沒有時間歇腳。難道這個世界就只有金錢和奢華是值得追求的？

「物欲只會不斷膨脹，任你擁有多少都無法填滿。」菲力浦斯·布魯克斯也說：「心懷感激品格高尚的人，心靈是富足的。」

難道幸福只存在於味蕾和感官之上？人生難道就只為食慾和舒適而活？我們難道不應該有更高的目標，更崇高的理想？為了麵包，就必須犧牲自由嗎？

在柏拉圖、色諾芬[309]和普魯塔克[310]三大哲學家的著作裡，從來沒有出現與吃相關的詞語。

金錢對你來說意味著什麼？難道它有跟你說：「盡情地用我去吃喝玩樂吧，因為你明天就要死了。」難道它不是可以換來更舒適的生活、更多的教育、書籍和文化盛宴，讓你可以行萬里路，給你更多的機會去幫助別人？難道金錢就僅僅意味更多的土地和一遝遝的紙錢？金錢對於窮人而言，是一件蔽體的衣服，一塊充飢的麵包，一次上學的機會。對於病人而言，是上醫院看病治療的機會，對於孤兒而言，是避難所的保護。你可以胸懷金錢慷慨施恩，也可以守著金錢一毛不拔。它可以開闊你的眼界，也可以遮蔽你的視野。它告訴你要更加勇敢，懷抱更大的抱負，樹立更高的理想，成為更崇高的人？

精神富足的人才是真正的富人，他能給這個世界帶來精神的財富。一個人的靈魂如果對真、善、美沒有追求，是極其可悲的。

---

309　色諾芬（Xenophon, 西元前 430- 西元前 354），古希臘歷史學家、作家、蘇格拉底的弟子。著有《遠征記》、《希臘史》等。

310　普魯塔克（Plutarch, 46-120），古希臘歷史學家、哲學家、道德學家。著有《傳記集》、《道德論集》等。

在加勒比海，一艘船就快沉入大海，上面的一名水手卻只顧著把箱子裡的西班牙金幣收入自己的口袋。他的同伴勸他趕緊和他們一起逃命，他卻捨不得那些明晃晃的金幣，最終抱著一堆廢鐵一起沉入大海。

蘇格拉底問：「誰是世上最富裕的人？」他自答道：「容易滿足的人，因為心靈的滿足才是最大的財富。」

在莫爾的《烏托邦》裡，黃金是鐐銬，是刑具，用來鎖住罪犯，並懲罰他們。道德敗壞的惡人頭上就被套上黃金的枷鎖，而鑽石和珍珠則是給小孩子玩的，那樣他們長大後就會感到厭惡。

愛默生道：「噢，如果富人的精神和窮人一樣充實，那該多好啊！」

很多有錢人都是在精神的貧民窟裡恨恨離世。

在挖掘龐貝遺址時，人們發現一架人骨，手指緊緊地抓住金幣不放。在英格蘭赫爾鎮，一個商人臨死前從枕頭下面拉出一大袋錢，抱得緊緊的，直至死神把他帶走才鬆手。

噢！守財奴是多麼地愚蠢而盲目，
滿倉庫都是發黴的米糠和穀物，
滿屋子都是沒有用的金銀財寶，
而真正重要的財富，他卻一點也沒有。

—— 威廉·華森[311]

貧窮意味著很多東西都沒有，貪婪則是貪得無厭，多多益善。

某窮人在嘲笑富人不懂享受生活的時候，遇到一個陌生人送給他一個錢包。那個錢包裡永遠都會放著一個杜卡托（錢幣）。窮人把錢包裡的那個杜卡托拿了出來，馬上又能生成另一個杜卡托。這個窮人樂此不疲，全

311　威廉．華森（William Watson, 1858-1935），英國詩人。

身心都投入到把錢拿出來的遊戲中，最後抱著一堆沒有用過的杜卡托離開了人世。

一個乞丐遇到了幸運女神，並得到女神的承諾，在乞丐的錢袋裡變出滿滿的金子。幸運女神表示乞丐要多少她變多少，但是一旦這些金子掉到地上，便會化為塵土。乞丐打開錢袋，貪婪地要求再多再多。最後袋子破了，所有的金幣都掉到地上，化為一縷灰塵。

「中美洲」號輪船下沉之際，在船上工作的某女僕從上等包房裡搜刮了很多金幣，並用自己的圍裙裹住。她準備逃離輪船跳上救生艇，結果沒有跳好，跳進海裡了。而她身上綁著的金幣則毫不留情地把她拉下了水。

西元 1843 年，帕多瓦市住了一個守財奴。他又小氣，又愛財，從來都不施與別人一分錢。因為害怕銀行不能好好保管他的財物，他寧可每晚拿著劍、舉著手槍保衛他的命根子。嚴重的睡眠不足加上過度焦慮蠶食了他的健康，他於是建了一間地下密室來存放錢財。為了防止有人闖入寶庫，他在寶庫門前設置了一道機關，一旦有人踩到機關，就會被捲入地底，拋入江中，喊救命也沒人聽見。一天晚上，這個慳吝鬼到寶庫巡邏，查看是否一切正常，卻不小心踩到自己設置的機關，被捲入地下深溝無人知道。

鮑斯韋爾說：「人們以為，擁有斯加斯菲爾德公爵地位的人一定很幸福。」強森答：「除了不再貧窮，沒什麼好的。」

約翰·鄧肯的父親是蘇格蘭的一名織布工人，他是私生子，沒有讀過書，還是先天性近視加駝背，長得又實在對不起人類，後來便淪為討飯的乞丐。鄧肯走在街上總要招來其他孩子的攻擊，用石子扔他。他幫一個農場主看牛，主人對他很不好，下雨天還不讓他進屋，他就那樣溼著身體在屋外一間又冷又黑的小倉庫裡睡覺。他把鞋裡的水倒掉，把衣服脫下來擰乾，倒頭便睡。他很渴望學習認字，便在不久當上織布工後，懇求一個 12

歲的小女孩教他，當時他已經 16 歲了，才開始學習 ABC，但是他的進步飛快。他對植物很感興趣，便連續幾個月加班存了 5 個先令去買了一本關於植物學的書。他後來成為博學的植物學家，80 歲的時候還為了一個標本走 12 英里的路，僅僅因為自己的愛好。

一天，他豐富的學識和寒磣的外表吸引了一個人的注意，他把他的故事寫成了一本書。讀者讀後紛紛給他寄錢救濟他，他把這些錢都存了起來，建立一個基金組織，專門鼓勵那些貧窮的孩子從事自然科學研究。他把自己存滿珍貴標本和書籍的小圖書館也捐了出來，免費供窮人家的孩子使用。

富蘭克林說，金錢的本質便注定其不能給予人快樂。一個人擁有的東西越多，他的欲望也就越大。銀行存的錢再多也不代表你富裕了，只有充實的頭腦才能使人富足。心靈枯竭的人無論擁有多少財產，都只能算是窮人一個。精神貧窮的人就算是統治一個國家的首領，也還是一無所有。人的貧富，不在於擁有，在於他們是怎樣的人。

有誰不希望自己能夠成為像林肯、格蘭特、南丁格爾和查爾茲那樣造福人類的人？誰不希望自己的精神能與愛默生、莎士比亞、洛威爾、華茲華斯相媲美？又有誰不希望自己能像格萊斯通、布萊特、薩姆納以及華盛頓一樣在政壇上叱吒風雲？

有的人身體健康，樂觀向上，開朗活潑，遇到任何困難和考驗都能夠勇敢面對。有的人則脾氣很好，家庭幸福而且擁有很多朋友。有的人待人親切友好，大家都喜歡他。有的人是樂天派的個性，有他們的地方就是一片歡聲笑語。有的人則個性正直，人品很好。

人生很重要的一課就是要學會判斷什麼才是最有價值的。年輕人的事業剛剛起步，各種問題和誘惑都會遇到。他如果想要成功，就必須懂得正確判斷眼前事物的真正價值。沒有實際意義的物品，反而更加大張旗鼓地打廣告做宣傳。每個人都說自己是最好的，都使盡渾身解數施展魔力引誘你。想要成功的年輕人不應該讓外在的假象蒙蔽了雙眼，我們應該重視更加內在的素養。

據說，不懂得約翰·拉斯金[312]快樂源泉的人，是讀不懂他的作品的。一朵小花，一片雲，一棵樹，一座山，一顆星星，一隻撲騰而過的小鳥，一隻行走在陸地的生物，偷瞄一眼海洋和天空，或者綠意盎然的草地，一幅畫，一座雕像，一首詩，一棟建築物，凡是上帝之手創造出來的萬物，無一不是他心情愉悅的緣由。世界的歷史和文明，以及漫長的藝術紀錄，是他取之不盡的靈感之源。他就在這大自然中，尋找到每天的精神糧食和生活寄託。

生活從不缺少美，缺少的是發現美的眼睛。「對上帝抱有崇敬之心的人，從每一道裂縫中都能看到美和富饒。」

菲力浦·布魯克斯（Phillips Brooks）、梭羅、加里森、愛默生、比徹和阿加西斯都是精神上的富翁。他們能從一朵花看到大自然的壯麗，從一棵草看到堅韌的素養，從湍流的小溪讀到一個故事，從石頭堆裡悟出哲學道理。總而言之，他們從萬事萬物身上都能發現美。他們看到一處美麗的風景，馬上就會聯想，那裡的主人卻從來沒有為自己的眼福納過稅。他們像蜜蜂採蜜一樣，從草地、田野、花叢、小鳥、小溪、山脈、森林得到了力量和財富。

自然界向他們傳達了美的訊號。很少有人能從這些訊號裡感受到超自然的力量和自然之美，而他們卻像行走在沙漠裡的旅人，貪婪地吸收著大自然賜予的甘露。他們以此為使命，再把從大自然獲取的力量和精神財富轉化為雨露潤澤全人類。他們相信，相對於從嘴裡下嚥的食物，精神糧食更為重要。他們深知人不是有吃有住有錢就可以滿足的，否則只能算是動

312　約翰·拉斯金（John Ruskin, 1819-1900），英國作家、藝術家和評論家。

物而不是人。人是高等動物，精神上也需要營養。人類有很強的消化能力，除了要維持生命吸收營養，還需要更高級的養分。他們從自然景色和草原上發現了比麵包更有營養的糧食，那是一種引人向上的力量，催人去追求更高尚的理想。他們相信，上帝立下了《十誡》，大自然便會遵循每一條約定以示公平。從生長的穀物，招手的玉米穗子和金燦燦的豐收園裡，他們感受到了精神的昇華和靈魂的洗滌。他們從每一條小溪、每一顆星星、每一朵花和每一滴露珠身上看到了上帝。在他們看來，大自然處處都有老師，善於傾聽人，人生才會綻放出美麗和優雅。

「我們處處都享受著大自然的照顧，卻很少有人注意到。」如果想要真正感受大自然，就必須走出桎梏，做到真正地貼近自然。

我們總是徘徊在迷霧重重又沉重壓抑的山谷裡，不知道爬上山享受陽光照射的高度。上帝塞給我們生命之書，每一頁都把大自然的祕密寫得那樣明明白白，而我們卻扔到了一邊不去閱讀。愛默生說：「我們生活的世界處處是詩，我與萬物是相通的。」大自然是我們永遠的依靠，那些心情開朗的人看到的都是大自然光明的一面，而那些尋求安慰的人也總能從大自然身上找到安慰。我們永遠想像不到宇宙是怎樣誕生的，但我們可以選擇過上更快樂、更高貴的生活。

人類的身軀非常神奇，各個器官配合得完美無瑕，各成體系，又相互影響，所以每個人都是一個不一樣的個體。沒有哪個生理學家或者科學家敢對人的身體結構指出不足，哪怕是最微小的地方也沒有需要改進的空間。也沒有哪一個發明家有能力對人體運作的方式提出意見，或者哪一個化學家認為，如果構成人體的元素再添加多一種就好了。因此，我們來到這個世界，第一件要做的事情就是學會感恩，而不是埋怨，感謝大自然賜予我們如此豐富的資源。不論我們生在何處，對於我們的身體，總還有許多驚喜是超出人類的理解的。

「謝天謝地，世上還有像馬修·阿諾德（Matthew Arnold）那樣把太陽光看得比金錢重要的人。」阿諾德死後僅僅留下幾千美元的遺產，但又有誰能否認他的富有？世界正是缺少這種視思想、智慧和品行重於金錢的年輕人。他們認為，一個人的資本是建立在思想的深度和人格魅力上，而非鈔票的多寡。可惜很多年輕人都把金錢看得比自己還重。愛默生說：「我敬佩那些思想上的富翁，很難把他們跟孤獨、貧窮、流亡或者憂鬱掛鉤。」

拉斐爾·聖齊奧（Raffaello Sanzio da Urbino）也是身無分文的富翁。他去到哪裡都很受歡迎，每扇大門都是向他敞開的。他樂觀向上的精神像太陽一樣溫暖人心。

亨利·威爾遜[313]同樣過著捉襟見肘的生活，但他並不貧窮。這個帶著內迪克口音的補鞋匠，儘管榮任政府官員，也不忘自己站在被壓迫人民一邊的誓言。他每頒布一項法令措施，都要先問自己這樣做究竟是對是錯？是不是造福了百姓？就在他就職副總統前夕，因為阮囊羞澀，不得不向別的議員借了100美元購置參加就職儀式必要的物品。

莫札特，《安魂曲》（*Requiem*）的作曲家，死後甚至沒有留下錢埋葬自己，卻給全人類留下了寶貴的音樂遺產。

給一間陋室的任何裝潢都比不上住戶的博學頭腦和高尚精神。做精神的百萬富翁要比窮得只剩金幣的有錢人好多了。對人類文明進步有貢獻的人，即使身後一毛錢也沒留下，也是精神上的富翁，後人為了表示感謝和尊敬，為其樹立起永久的豐碑。

我們追隨拿撒勒的聖子耶穌，在短暫的有生之年，學會了愛和誠實。儘管常常口袋空空，我們繼承的，卻是永恆的、不會腐爛的珍寶。

一位來自亞洲的旅人告訴我，他在穿越沙漠的時候，發現兩個人躺在

313　亨利·威爾遜（Henry Wilson, 1812-1875），美國政治家，第18任美國副總統。

一具駱駝的屍體旁。他們顯然是因為嚴重脫水致死的，腰間的布袋裡裝著各種各樣不同的珠寶，無疑是想穿過沙漠拿到波斯集市上做買賣。

一窮二白也比窮得只剩下金錢要好得多。懂得安貧樂道，在身無分文的情況下還能充實精神的人，才是真正的富人。家財萬貫還貪得無厭之輩，才是真正的窮人。學富五車的人再怎麼窮其頭腦也是充實的。精神空虛者越想得到快樂，越是徒勞無益，徒增煩惱。在貧窮和不幸面前，能夠拿出勇氣並表現樂觀的人，不僅富有，而且勇敢。

遇到問題時，我們可以強迫自己往好的方面想，昇華我們的靈魂，養成樂觀開朗的個性。凡事都能抱著樂觀態度和看到光明面的精神，也是一筆財富。

將名聲置於黃金之上的人其精神是富裕的。古希臘和羅馬人視名譽重於財富。身為一個帝國，將其象徵帝權的紫色用於公共交通標誌，表示羅馬帝國更是一個羅馬共和國。

這是黨派之間的政治鬥爭，本質上更是一樁見不得光的交易。正如愛默生所說，這種做法甚至把人的真、善、美、德、才全都當成商品來買賣。

第歐根尼落入海盜的魔爪，並被當成奴隸買賣。他的買主把他釋放，並請他當自己的管家，供他的小孩上學讀書。第歐根尼憎恨物欲的生活以及世上一切虛假的東西，他情願一個人住在木桶裡。亞歷山大大帝被他的哲學理想和樂觀精神所打動，親切地說道：「你有什麼想要的儘管開口。」第歐根尼答：「我只希望你閃到一邊去，不要遮住我的陽光。你只要不從我這裡奪走你給不了我的東西就行。」那位偉大的征服者高興道：「如果我不做亞歷山大，就要成為第歐根尼。」

勇敢而誠實的人是不會為了金錢而工作的。他們勞動是為了愛，為了榮譽和名聲。正如蘇格拉底寧可去死也不違背自己的道德信仰，拉斯·卡薩斯[314]寧願放棄財富和民族仇恨，也要為貧窮的印第安人減輕痛苦。他們工作是為了理想，為了幫助處於水深火熱的人擺脫困境。

「我不需要金銀財富。」愛比克泰德[315]說。某富有的羅馬演說家對這個禁欲主義者的清貧表示不屑，愛比克泰德反駁道：「再說了，你其實比我還貧窮！儘管你含著銀勺吃飯，端著陶碗喝湯。對我而言，精神的王國更為重要。我在裡面充實而快樂，而你卻空虛而焦躁。你的財產一旦被你收入囊中，便一無是處，而我的精神財富則能源源不斷地給我輸送動力。你的物欲是永遠也填不滿的黑洞，而我的精神則早已得到了滿足。」

某拜金主義者對約翰·布萊特[316]說：「您知道嗎先生，我值一百萬英鎊呢！」布萊特不失風度地回敬道：「是啊，我當然知道。你也就值那麼多錢了。」

某商人破產後回家跟妻子埋怨道：「親愛的，我什麼都沒有了。我們的財產都落到了政府的手上。」他妻子沉默了幾分鐘，抬頭看著丈夫的臉問道：「政府把你也賣了嗎？」商人答：「噢，沒有，不是的。」妻子問：「那是要把我給賣了嗎？」商人道：「沒有。」妻子於是道：「那你怎麼說我們什麼都沒有呢？不是還有你，還有我和我們的孩子嗎？難道這些不是比金錢更重要嗎？我們失去的只是一間工廠，只要我們人在，東山再起還不容易嗎？」

如果一個家庭是由兩顆相愛的心和學識豐富的頭腦組成，貧窮又算什麼？

入獄受罪成就了保羅的偉大，而耶穌若不是遭受了被人唾罵、折磨甚至釘上十字架的痛苦，最後也不會帶著勝利的滿意說道：「一切苦難皆結束了。」

---

314　拉斯·卡薩斯（Las Casas, 1474-1566），西班牙天主教神父，歷史學家。

315　愛比克泰德（Epictetus, 55-135），古希臘斯多噶派哲學家。

316　約翰·布萊特（John Bright, 1811-1889），英國國會議員，自由貿易政策推動者。

阿莫斯·勞倫斯[317]的座右銘是：「先做好人，才能賺到錢。」他把這句話記在隨身攜帶的記事本上。「就算得到了全世界，如果失去自我的靈魂，於人又有什麼好處？」

賺錢就要賺乾淨的鈔票。不能因為你富裕了，酒鬼也變多了，孤兒也哭了，寡婦也成了淚人兒。真正的財富，是不會建立在別人的貧窮和不幸上的。

亞歷山大升入天堂，站在天堂門前敲門。守護天堂進出入口的天使問道：「是誰在敲門？」亞歷山大答：「亞歷山大。」「誰是亞歷山大？」「就是征服世界的亞歷山大大帝啊！」「我們不認識此人。這道門是神聖的通道，只有正直的人才有資格通過。」

人生的起點一開始就不應該建立在錯誤的標準上。真正的偉人儘管時運不濟，沒錢沒房沒地產，也比那些頭上冠以榮譽的光環，滿屋子金銀財寶的人高貴得多。在人格面前，再多的錢也是一堆廢紙。

阿加西斯教授的一個朋友曾經感嘆，像阿加西斯這樣的能人，居然可以滿足於與他的能力極不匹配的薪水。阿加西斯回應道：「這點錢對我而言足夠了。我不願意浪費過多的時間去賺錢。人生並不長，一個人不可能既要成為富翁又想完成自己的使命。」

有多少商人，雖然財物在芝加哥的大火中被燒毀，卻還能馬上重整事業，甚至包攬批發業務？答案就在他們的銀行帳戶上。銀行代理人認為他們正直守信，雖然連一美元都是用一百張一美分湊來的，但他們信守承諾，按時還款，待人做事也是誠懇勤勉的。他們建立起來的信譽化為銀行帳戶裡的存款，即使變成身無分文的人，也能從中提取出成千上萬塊錢。他們的人品並未與店鋪和錢財一起被燒毀，大火燒不掉他們身上金子般的素養。

---

317　阿莫斯·勞倫斯（Amos Lawrence, 1786-1852），美國企業家、慈善家。

腦袋沒有智慧，肚裡沒點墨水，意志不堅定，心靈不美麗，甚至沒有一點榮譽感的人，就算像吉拉德或羅特希爾德一樣家財萬貫，對於人類世代歷程而言，又有什麼推動作用？

第歐根尼穿梭在集市中，看著琳琅滿目的商品，驚呼道：「老天！我們生產了那麼多不必要的商品！」

佛家經文道：「心靈包羅了許多珍寶，有博愛、虔誠、清心和寡欲。人升天了，這些珍寶也將超越死亡，被一起帶入天國。」

我們的孩子從小就被灌輸錯誤的成功觀。他們被要求努力學習，天天向上，成為強者和富人。年輕人則不斷被告知，只有成為人上人才算真正的成功。一旦失敗了，他們便會飽受責備之苦。

鼓勵年輕人追求成功無可厚非，然而不是人人都可以成為富翁的。在競爭如此激烈的今天，能夠生存的人都是知道如何成為精神上的富翁，如何承受「不成功」的人生。

黃金並不能使吝嗇鬼變得富有，正如對金錢的渴望並不使乞丐更貧窮。

在詩歌《十字架更換記》中，女主人公疲勞地睡著了，夢見來到一個堆滿十字架的地方，有各種各樣的款式和大小。她高興地發現一個小而精美的十字架，比自己那個看上去平凡無奇的十字架小巧可愛許多。這個閃閃發光的小飾品會刮人，她的背部感覺到疼痛，於是又換了一個用花編織而成的漂亮十字架。然而美麗的花朵底下卻隱藏著尖刺。她最終還是選擇了一個看上去簡單樸素的十字架，沒有鑲嵌著珠寶，也沒有任何漂亮的雕飾，只在上面刻了一個「愛」字。她戴上這個十字架，總結道，最簡單的才是最好的。女主人公仔細一看，發現自己最後挑中的十字架竟是自己最初丟棄的那個，心裡暗暗稱奇。我們總是羨慕別人擁有鑲嵌著珠寶和花朵的十字架，卻不知道他們戴這些十字架所遭受的痛苦。在自己眼裡，別人的痛苦永遠不及自己的大。對於那些成功者曾經經歷過的失意和等待，痛苦和忍耐，旁人總是視而不見。

威廉·皮特視金錢如糞土，身為一名議員，他更關心的是大眾利益和群眾看法。他的雙手也是乾淨的。

我們樹立怎樣的人生目標就會過上怎樣的人生。不論男女，一個人存在的價值在於他為周圍人帶來多少快樂。高尚的行為使人精神富足，而金錢只會讓人越加貧乏。品格才是永恆的財富。擁有高尚人品的人好比百萬富翁，而那些沒人品沒人格的，則與貧民無異。跟品格相比，房子和土地又算得了什麼？股票和證券又算得了什麼？「偉大的靈魂即使屈居陋室，也一樣偉大；卑鄙的小人即使住在別墅，也一樣卑微。」真正的富人，平平凡凡過日子，勤奮踏實工作，裝滿了一腦子的精神財富。

勇於自我投資的人，永遠不會貧乏。洪水不能沖走你的財產，大火不能燒掉你的房子，鐵鏽也不能腐蝕你的精神。

富蘭克林說：「人若能把錢花在充實頭腦上，任誰也無法將其奪走。把錢投資在自己的腦袋上，是只賺不虧的買賣。」

愛默生說：「我發現，富人生活在一個詭異的叢林法則中。他們付出什麼，就會得到什麼。他們看上去很風光，實際上很卑微；他們穿的衣服越多，就越是容易覺得冷；穿的盔甲越重，越是變得膽小；看的書越多，就越缺少智慧。」

無論如何我都認爲，
只有把人做好，才談得上高尚。
善良的心遠比金子珍貴，
簡單的信念遠比諾曼血統有價值。

——丁尼生

# 第十四章
# 抓住身邊的一切機會

「空談無用，行動起來吧！」莫希冀等到更大的機會。立足眼下，從身邊開始，機會是由自己創造的。

每個人的一生都有機會來臨的時候，
是在某一天，某一個晚上，某個早上，或者某個中午，
是在某一個鐘頭，某一時刻，
當命運乘著浪潮，來到面前，
機會要麼姍姍來遲，要麼轉瞬即逝。
曾經做好了抓住它的準備，
做好迎接一切不確定的準備。
知道等待是什麼的人是幸福的，
他知道要做什麼，要怎樣努力，
站在人生這艘船的跳板上舉目眺望，
在命運鐘聲敲響時，
抓住經過的命運，
短暫出現的機會。

—— 瑪麗·湯森[318]

對於每一個人和國家，都有這麼個時候，在爲眞理而戰又難免犯錯的旅程，是堅持眞善美，還是倒戈投靠邪惡的一邊。

—— 洛威爾

站在機會面前卻抓不住，機會又算什麼？一顆孵不出小鳥的蛋，在時間的沖刷下，終要歸於虛無。

—— 喬治·艾略特

整整一千年，
那個窮人站在天堂門前等待，
卻不小心打了個盹兒，
門也在這時打開，又關上。
噢！千年的等待頓時化爲了烏有。

—— W.R. 阿爾傑

我們不是活在未來，不是爲了遙不可及的模糊影像，而是活在當下，爲了手上實實在在抓住的東西。

—— 卡萊爾

最珍貴的往往就在身邊，就在腳下。

—— R.M. 米爾恩斯[319]

成功的奧祕在於機會敲門的時候，你準備好了沒有。

—— 迪斯雷利

某法律系的學生向丹尼爾·韋伯斯特抱怨道：「現代的年輕人機會太少。」韋伯斯特以資深律師的身分回答道：「然而在上層建築卻總是缺少人才。」

---

318　瑪麗．湯森（Mary Ashley Townsend, 1832-1901），美國詩人、作家。
319　R.M. 米爾恩斯（R.M.Milnes, 1809-1885），英國詩人、文學家、政治家。

誰說這片土地缺少機會和機遇？不是有很多出身貧寒的窮小子成為富翁、送報的報童踏入國會工作、來自社會最底層人家的孩子躋身上流社會的最高位置嗎？對於善於抓住機遇的人而言，這個世界處處都有門道。在班揚的《天路歷程》中，絕望巨人被困在自己城堡的地下室裡。他忘記自己有鑰匙，不得不繼續困在那裡出不來。同樣，不管是弱者還是強者，皆容易過度依賴外界的幫助，總想著貴人可以出現，助我們走出不幸牢籠。

我們仰望天空，卻把身邊人遺忘。

在巴爾的摩，某女士參加舞會時遺失了一個價值不菲的鑽石手鐲。她猜想是放在斗篷的口袋裡被偷的。幾年過後，她貧窮到要為皮博迪學院掃樓梯賺錢買麵包。她想把曾經參加舞會的那件斗篷拿出來重新裁剪，做成頭巾。然而就在斗篷的襯裡，那條價值 3,500 美元的鑽石手鐲驚現在女人的眼前。她擁有 3,500 美元卻過苦日子，卻從來沒有發現這筆隱藏著的財富。

認為自己時運不濟的人往往看不到身邊那無數飄過的機遇。只要我們擦亮眼睛，就會發現身邊機會無處不在，蘊藏的財富可不是一個鑽石手鐲可以相比的。在東部城市，有研究表示百分之九十四的人都是在自己的家鄉挖到第一桶金的。他們善於利用已有的東西，善於在日常生活中發現商機。可惜很多年輕人總是好高騖遠，結果忽略了眼前的金子，反而跑到遙遠的城市去淘金。巴西就有一群牧羊人相約到加利福尼亞淘金，隨身帶著一大把透明的小石頭在旅途上作消遣用。到達聖法蘭西斯科後，他們才發現，這些透明的小石頭在美國原來是價值連城的鑽石，而他們帶去的許多都已經丟棄在路上了。了解後他們馬上趕回巴西，到盛產這些石頭的地方開發，把挖掘到的鑽石以高價賣給了政府。

內華達含金銀礦量最大礦場的主人，以 42 美元的價格把它賣掉，以購買其他礦場，還自鳴得意以為很有商業頭腦。阿加西斯教授在給哈佛學生上課時講述了一個相同的例子。一個擁有上百英畝土地的農夫，把地賣掉投資油礦業，殊不知自己賣掉的土地上長的都是價值不菲的木材和岩石。他拿著錢開始認真學習有關油礦管理和儲存的辦法，並實踐了很長一段時間。他以 200 美元的價格賣掉農場，到離家 200 英里以外的地方開始了新的事業。而那個買下農場的人不久便發現農田底下蘊藏了大量的石油。

幾百年前，印度河岸邊住了一個波斯人阿里·哈菲德。他把小屋建在河堤上，在那裡可以將廣闊而美麗的鄉村風景盡收眼底，並綿延至大海。他有妻兒，有一片廣袤的農田，長滿了金燦燦的稻穀，還開闢了一個花園，一個果園，還有綿延數英里的樹林。他不缺錢，日子過得心滿意足。一天晚上，一位老僧人前來拜訪，坐在壁爐前，開始娓娓講述萬物的形成。他說，第一道射向地球的陽光形成了鑽石。一顆跟他拇指一樣大的鑽石比幾座金銀銅礦都要值錢。他只要能得到一顆鑽石，買下幾座阿里的農場都不成問題。如果抓住一把鑽石，整個省都是他的；找到一座鑽石礦，他就可以當國王。阿里聽後心開始動了，他已經不再是那個安於現狀的精神富翁。他對自己的擁有感到不滿，曾經珍若拱璧的財富突然變得一文不值。

第二天一早，他就把奪走他快樂的僧人叫醒，急切地詢問到哪裡可以找到產鑽石的礦山。僧人吃驚道：「你要鑽石做什麼呢？」阿里答：「我要變得富裕，我要讓我的孩子坐上王座。」僧人道：「那你只能自己出去尋找，因為沒人知道在哪裡。」貧窮的阿里問道：「那我要循著哪個方向去尋找？」僧人道：「北邊，南邊，東邊，西邊，你都去找找看吧。」「可是我怎麼知道找到了沒有？」阿里問。「在山澗流淌著河流，如果河底的沙是白色的，你便找到了。」

這個被欲望占據的男人於是賣掉農場，把妻兒託付給鄰居照顧，帶上賣地的錢出發開始了尋寶之旅。他翻遍阿拉伯半島的所有山嶺，穿越巴勒斯坦和埃及，一去就是好幾年，卻什麼都沒找到。他帶去的錢用光了，飢餓扭曲了他的臉。他為自己的愚蠢和破敗感到羞恥，跳河了結了自己的生命。那個買下阿里農場的人對自己的擁有心滿意足，他不相信背井離鄉到外面尋找寶藏就能成功。一天，他把駱駝帶到花園喝水，突然看到一道閃光，就在溪澗底下的白沙裡。他撿起那塊會反射陽光的小石，高興地拿回家，擺設在壁爐旁，不久便忘記了。老僧人到這座房子拜訪農場的新主人，一下子就發現了那塊石頭。他驚呼道：「這就是鑽石！這就是鑽石！」老僧人想到阿里，問道：「阿里還沒有回來嗎？」農場的新主人答：「沒有。而且這也不是什麼鑽石，只是一塊石頭而已。」他們一起到花園，用手指翻開白沙，驚訝地發現沙子底下埋藏了更多更漂亮的鑽石。著名的戈爾康達（Golconda）寶山就是這樣被人發現的。如果當初阿里能夠不受外界的誘惑，安貧樂道地待在家裡，不滿世界尋找鑽石，也不至於變得一貧如洗，嘗盡艱辛，最後飲恨自盡。他只要挖挖自家的花園，就會成為富有的人，因為寶藏，就埋在他家。

每個人活在世上都有屬於自己的位置和工作，找到你的位置，履行好你的職責。很多讀者朋友們並不比加菲爾德、威爾遜、富蘭克林、林肯、比徹、威拉德等偉人成功的機會更大。我們要抓住成功的機會，就必須提前做好準備。記住，有四樣東西是永遠無法回來的：說出去的話、射出去的箭、逝去的時間以及沒有抓住的機會。

機會可以創造更多的機會。對於做好充分準備的人而言，抓住了機會並重新開始是很容易的事情。然而，在這個飛速發展並激烈競爭的時代，想要做到出類拔萃就很難了。愛默生說：「我們已經告別農耕時代，工人們手握鐵鎚鏗鏗鏘鏘地為自己敲出了一片天地。」

有人能從一點小事中看到商機並發家致富，有人則視若無睹，徑直錯過。從同一朵花裡，蜜蜂採集到的是花蜜，而對蜘蛛則是毒藥。有人能從廢皮革、廢棉、礦渣、鐵屑等不起眼的垃圾裡挖到第一桶金，而有人則因為落魄和貧窮才不得不與這些垃圾為伍。沒有任何東西比家具、廚房用具、衣服、食物等能為人類帶來更大的福音。而在這些日常用品中，同時也隱藏著巨大的財富。

機會無處不在。愛迪生從行李車廂裡找到了它。大自然時刻向人類施展它的力量，期望人類發現並加以利用。從人類誕生開始便有閃電，大自然幾百萬年以來不斷向人類示意電的巨大能量，希望能夠激發一些人的潛力，去發現它並使之造福人類。像這樣的力量在我們身邊隨處可見，就等善於發現的眼睛去挖掘它。

首先，我們要思考，這個世界需要什麼，然後才去創造能夠解決這些需求的發明。如果我們發明一個能夠使煙不從煙囪出來的工具，固然很有才，但卻沒什麼作用。在華盛頓的專利局，堆滿了形形色色的發明創造，然而不足百分之一是能夠真正造福人類社會的。世上多少家庭在貧困線上掙扎啊，而身為一家之主的父親卻把精力投入到毫無意義的發明中。A.T. 斯圖亞特[320]小時候因為採購了顧客並不需要的鈕扣和針線，損失了 87 美分，而他那時全部家當也才 1.5 美元啊！從此，他便不再採購顧客不需要的商品，並獲得了成功。

據統計，7 個製造業的百萬富翁中就有 5 個是依靠自己手頭的所有找到財富的。缺乏觀察力和害怕承受痛苦是成功路上的兩大障礙。某心思細膩的人看到自己的皮鞋破了幾個洞，又沒有錢買新鞋，就用鐵絲鉤住皮革，做成鉚釘。他曾經窮到需要自己扛鐮刀割除租屋處的門前雜草，現在卻成為百萬富翁。

320 A.T. 斯圖亞特（Alexander Turhey Stewart, 1803-1876），愛爾蘭著名企業家。

在紐澤西州紐華克，一個理髮師改良了普通的剪刀，發明了一種專門用來理髮的剪刀，並因此富裕起來。在緬因州，某君剛從牧場做完工作，就趕去給身患殘疾的妻子洗衣服。他發現手洗衣服既累又慢，於是發明了洗衣機，並因此賺到了不少錢。某君長年忍受牙痛折磨，下定決心要找到解決辦法，黃金補牙法於是橫空出世。

世上最偉大的發明家往往不是那些社會菁英。艾瑞克森在洗澡的浴室裡發明了螺旋槳。軋棉機的發明者住在一間小木屋裡並在那裡製作出世上第一臺軋棉機。航海經線儀的發明者約翰·哈里森[321]的事業起步於一間破舊的畜牧場。美國生產的部分輪船都是依照菲奇在費城一間教堂的法衣室裡設計製造的。麥考密克在一家磨粉廠發明了著名的收割機。世上第一臺旱塢模型在一間小閣樓裡製造出來。麻薩諸塞州伍斯特市克拉克大學的創辦人之一克拉克在一間馬房裡製作玩具大篷車賺得第一桶金。法誇爾在女兒的幫助下，在自己的客廳製作出第一把雨傘。他用賣傘賺來的錢租到了一間閣樓。愛迪生在大幹線鐵路當賣報童時，就在一節行李車廂做實驗開始發明創造的。

只要天氣允許，詹姆士城的殖民者就會到新大陸的各個地方去淘金。他們在河岸的沙灘上發現閃光的物體，整個殖民地都歡呼雀躍。14 週寶貴的春種時間就這樣被他們浪費在無聊的淘金上。印第安人嘲笑他們為了不實用的黃金，錯過了播種真正金子的時間。

米開朗基羅在佛羅倫斯路邊的垃圾堆裡發現一塊被遺棄的卡拉拉（Carrara）大理石。不知道是被哪個工匠在上面雕刻後又丟棄了。雕刻師們都嘆息，這樣好的一塊石頭竟就這樣被毀。然而米開朗基羅卻不以為然，他拿起鑿子和錘頭，用這塊公認無法再用的大理石雕刻出全義大利最偉大的作品：《大衛像》（*David*）。

321　約翰．哈里森（John Harrison, 1693-1776），英國鐘錶匠，他發明了經線儀。

楠塔基特島（Nantucket）是一個閉塞的小島，沒人相信，這樣一個小島上能夠孕育出成功人士。然而瑪利亞．蜜雪兒[322]卻做到了。她在楠塔基特圖書館工作，每年只賺75美元的薪資，卻擠出學習的時間成為遠近聞名的天文學家。美國社會慈善家和改革家盧克雷蒂亞．莫特[323]，也是從楠塔基特島起步，從牧師做起，漸漸成為全美洲家喻戶曉的名人。

西元1842年，麻省沃特敦一個活潑開朗的女孩問她父親：「為什麼美國沒有優秀的雕刻大師？」她那當醫生的父親說：「雖然美國有很多鑿石匠，但做雕刻家要求太高，他們認為自己不行吧。」這個勇敢的女孩聽後說道：「如果在美國沒人敢嘗試，那就由我來做第一個吧！」她每天步行7英里至波士頓上學，然而她就讀的醫學院沒有上解剖學課。她於是改到聖路易上學，然後遷到羅馬長住，雕刻出許多美麗的塑像，使得哈里特．霍斯默[324]這個名字享譽全球。想要獲得更大的成功機會，與其幻想遙不可及的成功，還不如從當下從事的工作開始，把握好時間，從現在開始努力。

派翠克．亨利是眾所周知的懶人，一無是處的農夫，一敗塗地的商人。他總是幻想遙不可及的輝煌，從來不認為在維吉尼亞州的玉米地和菸草地裡能夠做出什麼成就。他從事木瓦銷售工作時，花了6個星期學習法律。大家都以為他一定又學無所成，結果他在接到的第一單案件中就表現出了不凡的口才。他因此找到了在維吉尼亞州出人頭地的方向。印花稅法案通過時，他當選維吉尼亞州殖民會議的下院議員。他提出解決美國殖民地收稅不公的著名法案，成為美國冉冉升起的一顆新星，被譽為最才華橫溢的演講家之一。他第一次就這個法案發表演講時，就表現出巨大的說服力和勇氣。他說：「凱撒大帝時候的布魯特斯，查爾斯一世的克倫威爾，還有喬治三世，他們都不可避免地遭到背叛，不得不讓我們深思。如果背

---

322 瑪利亞．蜜雪兒（Maria Mitchell, 1818-1889），美國第一位女天文學家，發現「蜜雪兒」彗星。

323 盧克雷蒂亞．莫特（Lucretia Mott, 1793-1880），美國社會改革家和女權宣導者。

324 哈里特．霍斯默（Harriet G Hosmer, 1830-1908），美國著名女雕刻家。

叛不可避免，我們就要讓背叛也有利於國家。」

著名的自然哲學家法拉第（Michael Faraday）是鐵匠之子，他年輕時寫了一封求職信給韓弗理·大衛，要求在皇家學院謀得一職。大衛就此事詢問一個朋友的意見：「有個名叫法拉第的學生寄來一封信，想要我給他在皇家學院謀份職業，我該怎麼做？」他朋友說道：「就安排他去做洗瓶子的工作。如果他是能夠有所作為的人，則會毫無怨言地接受。如果他不接受，只能說明他將來也不會有多大出息。」法拉第接受了。他一邊在給學院的瓶瓶罐罐刷洗，一邊撥空到藥局做實驗。就這樣，他成為英國皇家研究院的一名教授。丁達爾曾經認為法拉第不會有多大出息，但現在卻評價道：「他是前無古人最偉大的實驗科學家。」是的，他在那樣年輕的時候就登上了科學的高峰，不得不說是一個奇蹟。

有這麼一個雕刻家，他為了找到可以用來雕刻聖母像的檀香木，尋找了很長一段時間。就在他絕望並打算放棄之際，他做了一個夢。夢裡，他用一塊準備用來燒火用的橡木塊做材料，雕刻出他一生都在追求的夢想：聖母像。雕刻家於是退而求其次，改用最普通不過的木柴創作出他的傑作。很多人為了尋找稀有的檀香木而錯失了很多機會，殊不知真正的機遇隱藏在我們日常所見的各類小事物中。有人終其一生都抓不住成就偉大事業的機會，而他的身邊人卻能從同樣的環境中找到那個機遇並成就一番偉大。

安娜·狄更生[325]曾經從事教師行業，阿德萊德·尼爾遜曾經擔任看管小孩的保姆一職。法國女英雄聖德只是一名養豬女。克里斯汀·尼爾森是一個貧窮的挪威農夫，小時候常常赤足奔跑。愛德莫尼亞·路易是黑人雕刻師，她衝破世俗對女性和膚色的歧視目光，成為義大利很有名的雕刻師。瑪利亞·米切爾的父親每星期在學校辛苦工作，換來的確是 2 美元的

325　安娜·狄更生（Anna Dickinson, 1842-1932），美國演講家、廢奴主義者。

週薪。她衝破貧窮的束縛，最終成為一名天文學家。他們都是為數不多勇於和命運做鬥爭並最終出類拔萃的偉人。

機會無處不在。「美利堅合眾國啊，你的另一個名字就是機會。縱觀整個歷史，全能的上帝為人類提供了無數次機會。」沒有任何時代和國家能比現在的美國懷抱更多機會，尤其是對年輕的女孩子們而言。她們迎來一個新的紀元。成百上千的職位等著她們來填充，而在幾年前這些職位都是不歡迎女性應聘的。

每當聽聞某位年輕的女士考進了醫學院，或者法學院，都由衷地為她們感到高興，暗自為她們能夠找到自我價值而鼓掌。

不可能人人都成為牛頓、法拉第、愛迪生或者湯普森那樣偉大的科學家，也不是每個人都能夠創作出和米開朗基羅和拉斐爾的畫作一樣不朽的作品。然而做到讓自己的生命怒放卻不是不可能的，只要能夠抓住普通的機會，就有可能使之成為成就偉大的籌碼。葛莉絲·達令[326]，一個跟隨年邁的雙親住在用岩石搭建的陋室裡的年輕女孩，能有多少成功的機會？她的兄弟姐妹紛紛到城裡淘金撈名，卻無人知曉，而她的名氣卻堪比公主。她不需要到倫敦也能成長為高貴的女子。她的品格為她贏得連皇帝都要忌妒的名聲。她從不追求虛幻的名和利，只是腳踏實地地盡好自己的責任，把自己做到最好。

想要成功，首先得了解自己以及自己的欲望，你會發現成千上萬的人都和你一樣，需要穿衣，需要住處，需要食物，渴望安慰，渴望快樂，渴望擁有奢侈品，渴望獲得更好的教育，渴望文化生活。最保險的買賣，就是滿足人們最基本的需要。一個人如果能夠從人性的角度出發尋找商機，滿足人們各種需求，並為此推陳出新，一定可以發財致富的。

---

326　葛莉絲·達令（Grace Darling, 1815-1842），英國燈塔守護人之女，因參與 1938 年「福法爾群」號沉船搶救而聞名。

愛德華．埃弗雷特說：「我們應該相信，尚待挖掘的真理總有一天會回報人類付出的耐心和勞動，要比我們祖先傳下來的知識還要廣博深刻。」

黃金一般珍貴的機會
錯過了便不會有第二次；抓住它
命運向你微笑，責任爲你指明道路；
不退縮，不逃避
不停下腳步欣賞風景；
勇敢擔當起自己，直奔目的地。

——佚名

夢想在遠處，
機會在身邊；
利用好機會，
實現夢想。

——歌德

切勿傻傻地等待，
有目標就出發；
命運是懶惰的女神，
永遠不會主動造訪；
去追求你的理想吧，
不要害怕和退縮；
只要辛勤耕耘，
總能取得豐收。

——埃倫·蓋茲

爲何要爲了得不到的東西，

一輩子嘆息哀傷？
機會就在身旁，
只要彎腰拾起，
便是一首永恆之歌。

——哈里特·溫斯洛

不好高騖遠，
抓住身邊的機會；
成就的，
是照耀人類的最高榮耀。

——威廉·莫理·龐申[327]

327　威廉．莫理．龐申（William Morley Punshon, 1824-1881），英國傳教士、新教大臣。

# 第十五章
# 防微杜漸

世上無小事。從卑賤的泥土中可以誕生出驍勇的亞馬遜婦女。而一次極小的偷竊行為，便能把人送上絞刑臺。

只要持續擊打一棵樹，就算是最高大的樹也會被擊倒。

—— 富蘭克林

瑣碎小事看似小，
積沙成山，積秒成年；
生活從小事開始。

—— 揚

「不要看不起，
一個簡單的用詞或動作；
它們就像隨風飄撒的種子，
總有一天會找到落腳的土壤。」
思維狹隘之人看不到小事的重要性。

—— 溫德爾·菲力浦斯[328]

看不起瑣碎小事之人，將一點點地退步。

——《聖經德訓篇》

往往從一個人的弱處，能夠產生最堅強的行為。微風都能吹起的橡果，能夠生長出抗擊暴風雨的大樹。

—— 鮑沃爾

一顆種子孕育出了整片森林。

—— 愛默生

人成長於一點一滴的小事中。

—— 拿破崙一世

「一塊小石頭改變了一條小溪流的流向，
從此許多河流改道而行；
一顆小露珠壓住了一株小樹苗，
從此一棵大樹永遠直不起樹幹。」
萬惡之源不比蚊子的翅膀更大。

—— 蘇格蘭諺語

小事不小：
多一點耐心，就能等到陽光；
多一點愛，就能家庭和睦；
多一點希望，雨天也令人愉快；
多一點仁慈，將快樂帶給更多的人。

「阿勒塔的小腳在河水中閃閃發光，於是有了征服者威廉。」帕爾格雷夫[329]在《諾曼第和英格蘭歷史》中如是寫道。「如果阿勒塔沒有把威廉一世

328　溫德爾．菲力浦斯（Wendell Phillips, 1811-1884），美國廢奴運動改革家。
329　帕爾格雷夫（Francis Palgrave, 1788-1861），英國歷史學家。

的父親，諾曼第的羅伯特公爵迷住，就不會有威廉的出世，英國國王哈樂德也不會戰敗赫斯廷斯，盎格魯 - 諾曼王朝也不會崛起，世上也不會出現大英帝國。」

在洪水來臨之前，我們透過積雨泛起的漣漪，判斷出風的方向。我們透過動物的足跡，找到水源和食物。

兩個女人 —— 維圖利婭和伏倫妮婭，哭求把羅馬從沃爾西人手裡拯救出來，而當時誰也無法說動科利奧蘭納斯那充滿仇恨的心。

小小的希臘國顛覆了亞洲皇族奢侈的生活和專制的統治，並給歐洲和美洲自由政治體制的最高典範，自由思想從此繁榮起來。人類的進步卻因希臘的一個小國普拉提亞，而停滯了 10 個世紀。

據說在阿爾卑斯山的某些方位，導遊會要求遊客保持安靜，否則一點點聲音的震動都會導致雪崩的發生。

生活在美洲大陸上的印第安人擁有細緻入微的觀察能力，足以讓學富五車的知識分子汗顏無比。某印第安人回家後發現，自家晾晒的鹿肉乾不翼而飛了。他認真檢查了一遍現場，便直奔樹林去追趕偷肉賊。他遇到一個路人，問道，你有沒有見過一個矮小年邁的白人，身上背著一支短槍，身後跟著一隻被沒尾巴的小狗。路人答是，並對印第安人如此詳細的描述驚訝不已。要知道這個印第安人從來沒有見過他所描述的那個人。印第安人解釋道：「我之所以知道盜肉賊身材矮小，是因為他為了能夠拿到鹿肉，弄來一塊石頭站了上去。我看到他留下的足跡跨距很小，於是推斷他是上了年紀的人。而他走路時腳尖是向外的，只有白人才那樣走路。我知道他身上背著短槍，是因為他爬上石頭的時候，身上背的槍劃到了樹皮，留下了痕跡。他身後跟著的狗足跡多而小，說明牠是一隻小狗。那隻狗在地上坐下時留下的印跡說明牠是一隻被沒尾巴的狗。」

兩滴肩並肩下墜的水珠，被微風一吹，又分開了幾英寸。它們分別降落在威斯康辛某住宅的房頂。其中一滴水珠向南滾動，落入岩河，匯入密西西比河流並隨著河流流入墨西哥灣。而另一滴水珠落入福克斯河，流入格林灣，匯入密西根湖、麥基諾海峽、休倫湖、克雷爾爵士河、克雷爾爵士湖、底特律河、伊利湖、尼亞加拉河、安達利略湖以及聖勞倫斯湖，最後到達聖勞倫斯海灣。一陣微風的薄弱力量，改變了整片美洲的地理格局。誰能說小事不重要？從一塊泥石中迸出亞馬遜人，偷盜一枚便士把人送上絞刑架，當下的一個選擇，足以改變人的一生。因一念之差犯下的過錯，靈魂永不復生。

一粒火星落入易燃材料中，人類便發明了火藥。暴躁的脾氣毀了不少偉人的名聲，如艾德蒙·伯克、湯瑪斯·卡萊爾。海上漂浮的海草和浮木，幫助哥倫布熬過船員叛變的一劫，成功發現新大陸。歷史許多時刻，成就了許多平凡人出身的英雄。達納可以就著一把沙子持續幾小時講一堂生動有趣的課。阿格賽茲拿著一塊沒人見過的骨頭，將動物的生活習性和生理構造一一演繹出來。後來挖掘出來動物的全副身骨竟和他的推論完全一致。

某支前往南美洲的百人遠征隊托一隻小蟋蟀的福，免於一難。他們乘坐的船快到達海岸時，站崗的士兵疏忽大意，沒有注意到船正往暗礁上撞。一艘由某士兵帶上船的蟋蟀嗅到陸地的味道，尖聲打破了沉默，引起船上士兵的注意，讓遠征隊免於一難。

巨人正想射下一棵橡樹上停留的小鳥，眼睛就被一顆橡果擊中。他的小矮人朋友幫他把橡果拿出來，巨人拿在手上，好奇地感嘆道：「這樣一個小東西竟然可以給人帶來如此大的痛苦！」

有時候，一句話，一段對白，一個段落，就足以把寫作人的全部性格展現出來。而科學家只需要借助一小根骨頭，一片魚鱗，一根魚翅，一顆牙齒，就可以還原出早已絕種了上百年的動物模型。

一隻小老鼠可能就是整座城市被水淹沒的始作俑者。荷蘭某男孩經過堤壩的時候，看到壩底有水從一個小洞裡滲出。他馬上就意識到，如果不把這個小孔堵住，很快就會越變越大。男孩於是用手把洞口堵住，一個人整夜站了幾個小時。他的行為引起了過路人的注意。在荷蘭，男孩的名字至今還被人所紀念。

在英格蘭，巨大的白堊岩壁是由那些小小的根足蟲綱組成的。因為牠們太小了，使用放大鏡才能看得見牠們。

沒有人會相信，火車這個想法的出現，源於被扔進大火的空燒瓶。而電報的構想，源於義大利某化學家生病的時候，他那愛吃爬行動物的古怪妻子。

加爾瓦尼夫人[330]之所以發現加爾瓦尼電流，僅僅因為其丈夫在弄一臺帶電機器時，不小心碰到一隻被剝了皮的青蛙。這隻青蛙的肌肉發生了痙攣，啟發加爾瓦尼夫人發明加爾瓦尼電流，至今在藝術領域依然被用來傳輸聲音和文字。

路易·巴斯德[331]在學校講堂當引座員。每個星期四他都要帶領一群學生找到各自的位置。一個學生帶了一臺顯微鏡觀察昆蟲，還借給巴斯德看。從此，巴斯德發現了顯微鏡下另一個世界的魅力。他痴迷地開始對顯微鏡下的世界進行探索。

英國人實施印花稅新條例，徵多了 6 萬英鎊的稅收。然而因此爆發的美國獨立戰爭卻花了英國 1 億英鎊。因為一件小事，竟能引發如此浩大的戰爭。

據說，美國國會在馬房附近召開商討《獨立宣言》的會議。當時參加會議的成員穿著及膝馬褲和絲質長襪，頻頻遭受蒼蠅的騷擾，即使拚命揮

---

330　加爾瓦尼夫人（Galvani, 1737-1798），義大利解剖學家及物理學家。
331　路易．巴斯德（Louis Pasteur, 1822-1895），法國化學家、微生物學家。

動手帕也趕不走可惡的蒼蠅。他們因此提前結束了會議，很多人還沒看清楚就匆忙在《獨立宣言》上簽下自己的名字。

格萊斯通說：「一個國家的命運，常常受到一頓國宴是否合口味的影響。」

某年輕人到印度尋找發財致富的機會，卻找不到任何門路。他沮喪地回到房間，給自己的手槍上了膛，並將槍口對準自己的腦袋，扣動了扳機。然而沒有子彈射出。他於是走到窗前，把槍指向另一個方向並扣動扳機。他暗下決心，如果成功射出子彈，他將把這件事視為上帝的啟示。這次，子彈飛出了。他激動萬分，從此不再輕易放棄生命。他視生命為神聖的事情，下定決心要活出精彩，珍重生命。這個年輕人便是著名的羅伯特·克萊夫[332]將軍。他帶領一支歐洲軍隊，擔當起東印度公司的保衛任務。後來又成為保衛大英帝國，一個擁有 2 億人口的大國的將軍。

是鴨子的嘎嘎叫聲驚醒了哨兵，避免了高盧人對羅馬的偷襲。薊的刺痛警告蘇格蘭士兵丹麥大軍的臨近。拿破崙說：「如果不是因為亞克淪陷，我早就重建世界格局了。」

亨利·沃德·比徹離當選鐵路總監僅僅差了一票。假如他得到了那一票，美國將失去一位國寶級的宗教大師。一點差別便能改變人的命運！

早期的棉紡工藝，棉的纖維總會黏線上筒上，停下來清洗機器成了家常便飯，由此浪費的時間給工廠帶來不少損失。羅伯特·皮爾的父親一天發現，有一位紡紗工人從來不用停下來清洗紡紗機，因此他總是拿到最高的薪資。皮爾於是問道：「迪克，監工說，你的機器從來不會黏上任何棉絮。告訴我你是怎樣做到的？」迪克·弗格森答：「啊，他們確實發覺了。」「你究竟是怎樣做到這點的呢？」「皮爾先生，您看看，這個是祕密。我要是告訴你，你豈不是要變得跟我一樣聰明？」皮爾繼續勸說道：「但我願意

332　羅伯特·克萊夫（Robert Clive, 1725-1774），英國軍官，在東印度公司建立了政權。

跟你做個交易。你告訴我怎樣不讓棉絮纏繞紡紗機線筒。」迪克答應了，要求皮爾每天給他免費供應一誇特的麥芽啤酒。皮爾點頭道：「成交！」迪克於是小小聲地湊在皮爾耳邊說：「用粉筆給錠子上粉。」那便是成功的祕密！皮爾以一根粉筆擊敗了所有競爭者，而迪克也得到了豐厚的報酬，而不僅僅是幾誇特的啤酒。迪克的這個小技巧就為世界挽回了數以百萬的經濟損失。

平常如同空氣的一點小事，就能觸動偉大思想的產生，從而變革世界。

一個貧兒在雇主的逼迫下，登上了前往阿爾及爾的輪船。他的老闆以給員工分紅的方法，讓員工一起分擔輪船的收益和損失。男孩上船前用一個便士買了一隻貓，好讓自己能夠安心睡覺不受老鼠的騷擾。他淚眼汪汪地抱著貓登上了輪船。到達阿爾及爾後，船長發現，阿爾及爾總督非常需要一隻貓給他解決鼠災的煩惱。他於是把男孩的貓租給總督。總督得到貓後，身邊的老鼠都神奇地消失了。他希望買下這隻貓，船長卻非高價不賣。總督最後用價值連城的珍珠換來了這隻能抓老鼠的貓。等輪船返回英國後，船員們吃驚地看到男孩成為船上大部分貨物的主人。男孩把自己的愛貓賣掉換來了船上的貨物。倫敦商人跟男孩做生意，男孩從此變得富裕起來。他後來成為倫敦市長，被授予騎士爵位，成為倫敦的一個人物。這個賣貓的男孩便是理查·惠廷頓[333]。

約翰·威廉斯，伊羅曼加的殉道傳教士，從某英國貴族的花園得到一棵香蕉樹，便帶著這棵樹一起旅行至南海諸島。從此，南海島嶼遍地可見這種香蕉樹。西印度群島上，某英國軍團棲駐在一片莊園裡，當時黑奴還沒有獲得解放。其中一個士兵為了幫助黑奴掃盲，教會了其中一個讀寫文字，希望他能把文化帶給他的族人。這個黑奴儘管受盡主人的虐待，被驅

---

333 理查·惠廷頓（Richard Whittington, 1354-1423），英國中世紀時的著名商人、政治家。

逐到另一個莊園工作，依然不辱使命，在更多的黑奴中間傳播文化知識。解放奴隸的東風吹醒整個島嶼，聖經教會向每個有讀寫能力的黑人發放《新約》，發現竟然有不少於 600 個曾經的黑奴都是從第一個學會讀寫的黑奴身上獲得文化知識的。

有人向英國政府獻上一顆據說是最好的紅寶石，但寶石的其中一面有點小裂痕。就是那一小條幾乎看不見的裂縫，該著名紅寶石身價大跌，甚至遭到英國皇室的拒絕。

教堂守門人像往常一樣把燈掛在比薩塔的教堂上，然而正是這一件小事，這個在教堂屋頂左右晃動的油燈，啟發了年輕的伽利略發現鐘擺原理，並發明了鐘錶。

愛迪生說起自己發明留聲機的始末：「當時我正在對著聽話筒唱歌，突然我的一個高音顫動了一塊鐵塊，刺痛我那握著它的手指。我於是陷入思考，為何不把聲音顫動的軌跡記錄下來，那樣我就能把剛才的聲音保存下來了。我立馬決定製造一個可以精確記錄聲波的機器，並把必要的指示告訴我的助手們。這便是留聲機誕生的全過程，因為一根手指頭受到了刺痛。」

乳牛踢翻燈籠原本是再小不過的事情，然而就是因為這件事讓整個城鎮陷入一片火海，造成許多人流離失所。

你只要有一次對你的朋友表現無情，說出一次惡毒的評價，你們的友誼就可能從此終結。

一個小缺點，一點自以為是，一次發火，一次貪心，相對更偉大的能力顯得微不足道，然而就是這些微不足道的事，卻足以毀滅一個人的事業。大英帝國的國會制度，美利堅合眾國的議會，全世界各個國家的共和制度，都起源於約翰國王簽署的一篇《大憲章》。

本瑟姆[334]說：「一句無心之言，結束了無數段友誼，無數王國的命運。」

法國的居維葉（Georges Cuvier）受到一隻受困烏賊的啟發，成為世上最偉大的自然歷史學家之一。布朗船長因為看到織網的蜘蛛，便想出了吊橋的創意。某君因為尋找一匹走丟的馬，在愛達荷山脈撿到了一塊石頭，發現了一座金礦。

某軍官因為遲到了幾分鐘向米歇爾將軍道歉。這位天文學家回答道：「我一直在計算，千分之一秒的時間有什麼價值。」

修·米勒因為把結婚證書弄丟了，從一個小小的搬運工搖身一變成為克勞福德的伯爵。至今泥瓦匠們還喜歡調侃道：「約翰，克勞福德的伯爵大人，麻煩你把泥漿桶提過來。」

不久前，著名的翁布里亞輪船因為引擎軸出現的一點問題，就被迫停泊在大西洋中央。

幾年前，國會一份帳單上因為少寫了一個逗號，結果導致政府損失了幾百萬美元。一個小小的拼寫錯誤就可以斷送一個年輕人在新英格蘭大學的前途。一點灰塵落入眼球，就足以擊敗一個拿破崙。因為一個小缺點，一次小貪心，一次壞脾氣，就足以使幾年付出的勞動化為烏有。

一位紳士去拜訪米開朗基羅，說道：「你的作品跟我上次來看到的沒什麼兩樣啊？」米開朗基羅回答道：「我重新修改了這個部位，把那裡磨得更加光滑，讓整個線條看上去更加柔和，凸顯出肌肉的結實，嘴唇也變得更加飽滿，四肢看上去更加健碩。」來訪人不屑道：「這些都只是瑣碎的細節而已！」雕刻大師回答道：「這些細節雖小，但想要完美就必須從細節做起。如果不是盡善盡美，怎麼能夠達到完美的程度？」帶著無盡的耐心，米開朗基羅花了整整一個星期的時間，就為了把肌肉雕刻得更具真實感。

334　本瑟姆（Bentham, 1748-1832），英國哲學家。

而吉哈德·道花了整整一天時間把一滴露水準確地滴在高麗菜葉上。這便是成功與失敗的區別。

富蘭克林不小心把石膏撒在水田裡，發現由這片土地結出來的稻穀顆粒更大，於是發明了化肥，並把它帶到美國普及。他憑藉一個風箏發現了電的運動規律，至今幾乎所有有關電的學科都以他發現的規律為基礎，給未來帶來了無限的可能。

450年前，勞倫斯·科斯特[335]為了讓孩子們開心，把他們的名字刻在了樹皮上。在那片風車之地上，僧侶早已不再從事印書賣書的古老行業。然而就在那天，獨裁的君主制度也讓步了，自由高昂著頭顱，與她的姐妹知識並排穿越時間，惠及幾個世紀的人類。一個簡單不過的想法，為人類文明發展做出了巨大貢獻。

科斯特在刻他孩子們的名字時突然想到，如果將這些名字分別刻在一塊一塊的樹皮上，再蘸上墨水，就不需要用筆寫出來了，直接印在紙上既方便又快速。他於是給每個單字都刻了印章，雇用了一個名為約翰·古騰堡[336]的人，一起將這些刻有文字的刻章用繩子綁起來，印製成冊子。這種方法印製出來的書籍比僧侶的傳統手抄書要便宜一點，人們以為還是手抄的呢。科斯特死後，古騰堡更新了這個做法，發明了金屬刻章。在一間陰暗的小房間裡，古騰堡印製出世上第一本書籍。

當時，一個旅行者請求覲見法蘭西的查爾斯七世。查爾斯七世疑心有人想毒害他，不敢吃太多東西，而且每餐飯都先讓僕人試毒。他高度警惕地接待了旅人，然而當旅人拿出一本裝潢華麗的《聖經》卻僅售750克朗時，這個多疑的君王二話不說就掏錢買下了。他向大主教展示了剛買的《聖經》，評價說這是迄今為止世上最好的版本，裡面沒有一處墨漬，也沒

335　勞倫斯·科斯特（Laurens Coster, 1370-1440），荷蘭發明家，與約翰·古騰堡被譽為「西方活字印刷術的發明人」。

336　約翰·古騰堡（Johannes Gutenberg, 1400-1468），德國發明家，西方活字印刷術的發明人。

有一個錯字。查爾斯甚至認為這樣完美的《聖經》必定耗費了抄書人一生的時間。大主教驚呼:「我幾天前也買了一本一模一樣的《聖經》!」不久,查爾斯國王便得知,幾乎所有的巴黎貴族都買了這個版本的《聖經》。在國王的追查下,揪出了約翰·浮士德。此人利用古騰堡的發明,大量印製《聖經》。當時的人們傳言浮士德將靈魂賣給了魔鬼,所以才能這樣大批量印製出高品質的聖經讀本。浮士德把古騰堡的印刷技術洩露出去才得以免除了火刑。

威廉·卡克斯頓[337]是倫敦的一個布商,他到荷蘭採購布匹時,買了幾本書回去,在西敏寺附近開了一間印刷廠,西元1474年印刷出英國第一本英語讀本——《象棋規則》。

小摩西的哭聲吸引了法老女兒的注意,這個猶太人於是有了母親。一隻小鳥降落在穆罕默德藏身的洞穴外,為許多國家做出了預言,趕走了穆罕默德的追逐者。哥倫布在阿朗佐·品桑的勸說下,跟隨一群遷徙的鸚鵡向西南方向行駛,並因此發現了新大陸。如果不是中途改變航行方向,哥倫布的探險船將到達佛羅里達海岸。洪保德寫道:「可以說是一群飛鳥改寫了人類的歷史。」

一個眼鏡製造師的孩子貪玩將幾對鏡片疊加在一起,發現透過鏡片看東西會被放大許多。他們將這個發現告訴父親,世上於是有了放大鏡。

富蘭克林發現天上的閃電跟地上的電無異時,被人們嗤之以鼻:「那又怎樣?知道這個又有什麼用?」富蘭克林反駁道:「要小孩又有什麼用?不就因為他們以後會長大成人嘛!」

強森說:「期待在未來的某一天做出許多大事的人,往往一件事都做不成。」抓住當下,好好利用身邊一切可利用的條件,否則難以成器。

---

337 威廉·卡克斯頓(William Caxton, 1422-1491),英國第一個印刷商,在莎翁之前對英語影響最大的人,印刷的書包括《坎特伯里故事集》等英譯本。

每天都是人生的一次小輪迴。不惜浪費一天時間的人是可怕的揮霍者，虛度光陰的人則是絕望的。人生的快樂來源於哪裡？就是每天一點待人的謙恭，一點善意，一句讚美的言語，一個真誠的微笑，一封友好的留言，做一件好事，為他人祝福。一百萬人中可能只有一個人在一生中能有一次機會逞英雄豪傑。很多人認為小小的原子無足輕重，但萬事萬物都是由這些微不足道的小東西構成的。

偉人即能見普通人所不見，他們能從一些小事情上悟出大道理。拉斯金從一朵玫瑰花、百合花上獲得詩歌的靈感。如果搬運工能從他肩頭上的扁擔悟出日落的哲理，也能像拉斯金一樣賺夠能花上一年的收入。

拿破崙十分注重細節，很多他的下屬認為不值一提的小事，他都給予很大的重視。對拿破崙而言，事無鉅細，都是大事，他必須對每一個細節都瞭若指掌。軍中號角吹響的時候，拿破崙要求每一個軍官都按照安排好的隊伍和時間，一刻不差、一分不差。

法國著名畫家尼古拉·普桑[338]說：「我工作的原則是，只要是值得做的，就一定要做到最好。」當被問及如何在一片人才濟濟的土地上脫穎而出時，普桑回答道：「因為我注重細節。」

據說如果特洛伊美女海倫的鼻子長歪一點，她的美貌將完全走樣。如果埃及豔后克麗奧佩脫拉（Cleopatra Philopator）矮那麼一英寸，安東尼將永遠不可能拜倒在她的石榴裙下，如此一來世界的整個歷史都將改寫。在安妮·博林[339]的迷人微笑下，偉大的羅馬教會被一分為二。拿破崙勇於發兵攻打任何一位驕傲國王的城堡，卻害怕一個獨立的女人：斯塔爾夫人[340]。司各特如果不是從小患有小兒麻痺症，他的人生軌跡有可能完全

338 尼古拉·普桑（Nicolas Poussin, 1594-1665），17世紀法國巴羅克時期重要畫家，也是17世紀法國古典主義繪畫的奠基人。

339 安妮·博林（Anne Boleyn, 1501-1536），英格蘭王后，亨利八世的第二任妻子。

340 斯塔爾夫人（Madame de Stael, 1766-1817），法國評論家、小說家，她的作品反拿破崙色彩尤為濃重，為此拿破崙曾兩次將她驅逐出法國。

改變。

克倫威爾曾經打算移民至美國，正好當時國家頒布禁止移民的法案，才沒有成行。那時候的克倫威爾揮金如土，把家產揮霍得差不多了。得知無法離開英格蘭前往美洲大陸淘金，他於是下定決心改變自己。如果克倫威爾成功離開英格蘭，大英帝國的歷史又將變得怎樣？

塞薩里安的朋友問他對那些用處不大的東西持什麼看法。他回答道：「正是因為世上存在它們，我感覺自己富裕且快樂。」

所羅門的葡萄園被一群狡猾的狐狸踐踏毀壞，我們的晚餐和乳酪被微小的細菌侵蝕腐壞。飛蛾弄髒了我們的羊毛和皮衣，老鼠吃掉了我們的儲糧。人類有一半以上的疾病是因為微小細菌或病毒引起的。

人們通常把負面情緒視為小錯誤，而不是罪惡。除了酗酒，沒有什麼能夠破壞一個家庭的和諧以及快樂。

理查說：「世人大多活得糊里糊塗。」

波斯諺語說：「從小事做起的人才有做大事業的機會。」只要我們注重細節，上帝會眷顧我們的。

拜倫說：「一滴墨水像露水落在人的思想上，引發無數更深廣的思考。」

西元 1700 年，10 位牧師聚集在紐哈芬以東幾英里的布恩福特村裡，每人捐獻幾本書。「我為在此殖民區成立大學奉獻這些書籍。」耶魯大學誕生了。

知識的金字塔是由一點一滴接收的資訊以及自身對世界的觀察體會累積而成的。幾千年來，亞洲國家壟斷了絲綢織造的技術。在羅馬，絲綢貴比黃金。到了西元 6 世紀，應查士丁尼的要求，兩個波斯僧侶將蠶卵裝在空心竹筒裡，從中國引進歐洲。他們使用人工加熱的辦法孵這些蠶卵，自此以後亞洲不再獨享絲綢的祕密。

跟費迪南[341]的浩浩大軍相比，哥倫布的航行顯得微不足道。哥倫布的計畫是率領三艘小船開往未知海域，而費迪南則率領千軍萬馬征戰沙場。然而，雖然費迪南創下了豐功偉業，但和哥倫布相比不足為道。

在馬拉松戰役（Battle of Marathon）中，歐洲僅以 192 名雅典戰士的代價，便免遭波斯帝國的覆滅。

偉人都是注重細節的人。歌德為了將靈感及時記下，中斷了和國王的談話。賀加斯走在街上也不忘用自己的指甲記錄行人特別的表情。在一顆真正偉大的心靈面前，事無鉅細都是重要的。培根說：「一雙理解萬物的眼睛可以透過山洞看到自然的真理。」輕如空氣的小事在善於觀察的人眼裡，同樣負有重要的意義。孩童玩樂的萬花筒，也僅是一堆玻璃組合而成的罷了。古德伊爾因為一時疏忽，發明了橡膠硫化法，赫姆霍茲貧疾交加，用僅有的一點存款買了一臺顯微鏡，從此在科學領域裡越走越遠。布律內爾受到一塊蟲蛀船板的啟發，萌生出在泰晤士河底造隧道的想法。米勒對一塊絕種物種的化石研究了大半生，成為他那個時代最偉大的地質學家。斯科特看到一個男孩拖著沉重的腳步走在路上，便邀他一起乘車。那個男孩便是喬治·坎普，他因為受到斯科特作品的震撼，立志也要成為一名雕塑家。他為了報答斯科特當年對他的善意和啟發，在斯科特去世後，在愛丁堡的墓前為他豎了一座塑像。

拉斐特應聘巴黎一家銀行的職位，結果遭到拒絕。他失意離開時看到地上有一枚圖釘，怕圖釘刺到路人，他順手撿了起來。這一幕正好被銀行行長看在眼裡，馬上把他叫了回來。拉斐特後來成為巴黎赫赫有名的銀行家。

西奧多·派克的人生在他撿起一塊石頭向一隻海龜砸去的時候發生轉

341　費迪南，阿拉貢國王，費迪南二世，奠定了西班牙統一國家的基礎。

折。當時他的內心有一個聲音在說：「不要這樣做！」他聽從了。回到家後他把這件事告訴了他的母親，他母親告訴了他管理自己的重要性。這件事對他一生影響重大。據說大衛·休謨因為參加一次辯論會為無神論者爭辯，自己也成了自然神論者。伏爾泰 5 歲時讀過一首關於自然申論的詩歌，影響了他的一生。柯勒律治的靈感來源於《一千零一夜》。一個參加南北戰爭的麻薩諸塞州士兵看到一隻正在啄稻穀的鳥，把它射死後取下鳥喙做研究，發明了稻穀脫殼機，給農業生產帶來歷史性改革。在英法百年戰爭死去的生命成千上萬，而這場戰爭的起因竟是兩國的輪船爭執誰有權利先下海。兩個印第安男孩為了爭奪一隻蟋蟀，引發了部落戰爭。英格蘭喬治四世昏倒在地，村裡的一名藥劑師用放血的方式救醒了國王。喬治四世於是任命其為宮廷御用醫師。

很多建構很好的船還是會擱淺海岸，全都敗在一條爛木條上。我們要時刻警惕弱處的破壞力。

我們眼睛所看到的一切，耳朵所聽到的一切，都不會從我們的記憶裡消失。眼睛是永恆的攝影機，保存我們看到的一切景象、每一張臉孔、每一棵樹木、每一株植物、每一朵花朵、每一座山峰、每一條河流、每一幕街景……人的腦袋天生喜歡記下每一幅看到的景象，不管有多麼短暫，或者有意無意，正如我們聽到的每一個音節都會存留在我們的記憶中。即使千年過後，這些印刻在人類記憶中的畫面又會流傳給下一代。

宇宙將時間凝縮在地球這個小空間裡便成為人類的「今天」。今天是一本書，涵蓋了世界萬物，是當下。過去一切轉成灰，仍然穿越了時空影響著今天。

過去雖然過去，但並非遺失。過去哪怕一粒塵灰也參與了造就今天。

地球上出現的第一顆橡果是孕育如今大片森林的祖先。

「如種子之小，如豐收之茂盛」也許就是大自然至上法則吧。萬物之生命均始於微小。顯微鏡下，世界由原子組成。廣袤無垠的大海便是由一滴滴不起眼的水珠構成的。

鎖鏈無論多麼堅韌結實，有一處脆弱便前功盡棄。我們樂於看到自己的強處，並為之自豪得意，卻經常忽略致命的弱點。而事實是，一個人的弱處往往才能決定此人堅強與否。在無數次槍林彈雨中倖存下來的士兵有可能因為被釘子刺破皮而死亡。一艘繞過無數次冰山危機的輪船，可能僅僅因為渺小如蟲蟻的侵蛀，而葬身大海。慢慢滲入人體的毒藥，足以取走無數寶貴的生命。

我們常常聽人們說「就十分鐘」「就二十分鐘」「吃了飯再說吧」「這樣做又能改變什麼」之類的話。他們不知道，就是這十幾二十分鐘，就在這吃飯的時候，那些懂得珍惜時間的人在看書，在追求學業，在進修自己。

透過一個偉大的靈魂，看到的一切小事都被賦予了偉大的意義。一個人的一次高尚行為，一次英勇舉動，可能就拯救了一個國家的命運。很多人之所以會決心開創偉業，也許就源於一個人適宜的一句話，或者一次友善的幫助。

只是因爲一條小小的裂縫，
魯特琴便歸於沉默。

——丁尼生

她輕輕走過，
笑著說：「早安！」
早晨便容光煥發，
快樂，持續了一整天。
一瞬間，
我想對人微笑，
對人說出鼓勵的話語。
不知道，
多少人會因此，
卸下了重擔，
觸摸到天堂！

——佚名

# 第十六章
# 做自己的主人

掌管好自己的弱點，做自己的主人。

誰不是情緒的奴隸，把他介紹給我吧！
我要把他裝進心裡，讓他代管我的心！

—— 莎士比亞

品格的力量在於：意志和自制。

—— 羅伯遜[342]

自尊、自制以及自學，
帶領人類通往人生至高境界。
達此境界，夫復何求？

—— 斯特林伯爵

人的榮耀，在於征服自我，並成爲自己的主人。
不能做自己主人的人，終究只能成爲奴隸。

—— 湯姆森

人一旦淪爲情感的奴隸，便失去了自我的價値。

—— 奧德賽

把心中不受控制的情緒用鎖鏈捆綁住吧！做自己的凱撒，不讓情緒俘虜了你。

—— 湯瑪斯·布朗

懂得管理自己情緒、欲望和恐懼的人，是自己的國王。

—— 彌爾頓

懂得壓制怒火的人，堪比一個城市的管理者。管理好自己的精神並不比管理一個城市容易。

——《聖經》

自信造就英雄。

—— 愛默生

男子漢要懂得做自己的國王。

—— 雪萊

牛頓吃完晚餐後回到家，發現他的狗把自己辛苦幾年工作的成果攪得一團亂，燒成了灰，只說道：「啊！戴爾蒙德，瞧瞧你都做了什麼好事……」然後就俯身又重頭開始做起。

正午時分，某君故意到伯利克里的家裡羞辱他。他口無遮攔地亂罵一

342　羅伯遜（Frederick William Robertson, 1816-1853），英國神父。

通，還憤怒地朝伯利克里啐了一口痰。直到天黑，伯利克里才平靜地叫來用人，說道：「去把燈提來，護送這位先生回家。」

古羅馬在訓練角鬥士的時候，強迫他們學習最優雅的倒下方式，要求他們就算被打死也要保持美感。為了讓觀眾享受到觀看角鬥士倒下死亡的過程，他們還被迫食用會讓血液凝結的食物，延長死亡的時間。所有成為角鬥士的人都必須宣讀如下誓言。

「我們發誓，我們甘願承受捆綁、鞭打以及火燒之苦，我們不怕被利劍刺穿身體。只要尤摩爾浦斯一聲令下，我們就算赴湯蹈火也在所不辭。我們的靈魂和身體都已經奉獻給我們的主人。」

他們被迫接受的訓練要求很強的自製能力，要在死亡的時候保持優雅和淡定。

一天早上，聖彼德堡教堂的一位美國牧師遇到年輕的愛倫坡，當時的愛倫坡是一個酗酒浪蕩的美國青年。在牧師的幫助下，年輕的愛倫坡重新回到美國，並成為著名的小說家和詩人。他的兩篇作品參加巴爾的摩《星期六遊客報》舉辦的徵文比賽均獲獎。這個曾經在聖彼德堡教堂受教，衣著邋遢臉色蒼白的少年，重拾勇氣和決心，充分展示出超常的才華。他雖然在貧困交加中離開了人世，但他的思想無疑是富裕的。他的墓碑上如是寫道。

這裡安躺著一位戰士，他的一生值得世人獻上掌聲，
他參加過國內外許多戰爭，
但沒有一場比得上，
他和自己內心敵人的那場惡戰。

西元 1860 年，林肯在斯普林菲爾德的家裡迎來選舉委員會的成員。他們是來告訴林肯他選上總統的好消息。林肯提著一罐水壺，拿著幾個水杯，請委員們喝水：「為了各位的健康，以及感謝上帝的垂青，讓我們

舉杯慶祝我們不受情緒的控制，正如丈夫們拒絕在禮拜時帶上妻子的帽子。」

彭斯並沒有刻意去壓制自己的食慾，他只是適量地控制進食量。

「然而無知的笨蛋把他扳倒，並侮辱他的名聲。」

柏拉圖說：「人類第一次也是最大的一次勝利，是在戰勝自己的時候。屈服於自己情緒和欲望的人，應該感到羞愧。」

自我控制是所有美德的前提，屈服於一時衝動和情緒激動的那一刻，人放棄的是道德的自由。

華特·斯科特說：「教會別人學會快樂地自我否定，實際上是為這個世界創造多了一個頭腦開闊的夢想家。」

「石牆」傑克森[343]年輕時候便下定決心要改掉自己身上所有的缺點，包括肉體上的、精神上的以及道德層面上的。他咬緊牙關一鼓作氣，把自己打造成高度有原則、自制力強的人，並獲得巨大成功。他故意在寒冬時候穿著單薄的衣裳，藉此鍛鍊自己的意志力。他對自己說：「不向嚴寒屈服！」整整一年，他僅以奶油麵包以及牛奶為生，而且還不是新鮮的麵包。他就這樣忍著消化不良的痛苦以及穿著一件溼襯衫，不顧醫生的反對和周圍人的嘲笑，磨礪自己的身心。當時他已經是維吉尼亞軍事學院的教授。他遵醫囑每天準時9點鐘上床睡覺，嚴格根據擬訂的作息時間生活。透過這種自我的鍛鍊，他不斷征服自己，成為自己名副其實的主人，因此比別人擁有更多的力量。意志的力量並不會比天賦的才能差。

用評分的方式，給我們各方面的性格打分，是很好自我評估和控制的方式，讓我們可以直觀地看到自己的強項和弱項，促使我們積極改進分數低的方面，並發揮強項。如果你很勤奮，就在勤奮這欄打上100分。如果

343 「石牆」傑克森（Thomas Jonathan Jackson, 1824-1863），美國內戰期間著名的南軍將領。

你不夠勇敢，就在勇氣這欄打上 50 分，打抱不平 75 分，脾氣 25 分，自制能力 10 分等。有了這些評分，接下來要做的就是把自己的弱項一個個挑出來，一步步加強成強項。每天我們只需要花費兩三分鐘的時間就可以完成這些測評。如果你兢兢業業地工作，勤奮一欄便是 100 分。如果你容易發火，並常常失控，常常當傻瓜，脾氣這欄便給一個低分，並在接下來幾天努力改進自己。

如果你容易生氣，在應該勇敢的時候退縮，在應該果斷的時候猶豫，在不應該出錯的時候出錯，在應該發揮智慧的時候做了蠢事，在應該馬上行動的時候拖拖拉拉，在應該說出真相的時候隱瞞了事實，在應該公平的時候貪了別人的小便宜，在應該公正的時候有了私心，在應該耐心的時候焦慮不安，在應該高高興興的時候拉長了臉，都一一記錄下來，給予真實的評分。很快你就會發現，這樣做有助於我們塑造良好性格。

黑格爾對古埃及象徵神祕大自然的斯芬克斯（Sphinx）之謎的評論微妙而深刻。他認為，伊底帕斯（Oedipus）的回答正是阿波羅神廟的神諭裡所說的「認識自己」。伊底帕斯說出正確答案後，斯芬克斯便跳崖自盡了。這個神話說明，人只要認識自己，便能解開大自然的神祕面紗，人類的所有恐懼都會因此消失。

阿波羅神廟的神諭具有永恆意義。人類若想走向成功，能依靠的只有自己而已。

看守好自己的弱點吧！人的懦弱之處其實力量更為強大，像傳染病一樣耗費了人的所有抵抗力。如果你脾氣暴躁，情緒容易失控，這個弱點就好比攔洪堤壩的一處老鼠洞，多年累積的雨水終究要衝破堤壩造成洪災的。一句氣頭上的話可以導致不可收拾的殘局，讓你失去許多好朋友。

某商人對某貴格會教友的耐心欽佩不已，於是向他請教控制情緒的方法。這位教友說道：「朋友，我不怕告訴你，我曾經也像你一樣脾氣暴躁情緒熱烈。後來透過觀察那些跟我一樣脾氣不好的人，發現他們情緒一激動就會很大聲地說話。我於是得出一個結論，如果我能控制住我說話的音量，就可以壓制住我激動的情緒。我於是給自己定下一條規定，不許自己說話的音量超過一定的分貝。我認真遵守這條規定，最終學會管住自己的舌頭。」

蘇格拉底一旦發現自己有情緒失控的傾向，馬上自我反省並低聲告訴自己要控制住。如果你意識到自己情緒的激動，最好的辦法就是緊緊地閉上嘴巴，避免情緒進一步惡化。很多人因為一時怒髮衝冠猝死。生氣原是疾病。韋伯斯特說，「上帝想要摧毀一個人，最好的辦法就是使之發瘋。保持冷靜吧，生氣的時候跟人辯論只會不可理喻」。喬治·赫伯特[344]也說：「情緒過度激動往往使錯誤不可彌補，使真相變成無禮。」

跟比你弱的人發火只能說明你自己不夠強大。畢達哥拉斯說：「發怒從愚蠢開始，以悔恨結束。」評判一個人的力量大小的標準，不是看他面臨了多大壓力，而是他承受壓力的能力。

德萊昂是西班牙著名詩人，他曾經有過一段暗無天日的牢獄生涯。德萊昂沒有被孤獨的牢房生活打敗，反而將一本《聖經》翻譯成西班牙語。他的第一次講座吸引了一大群人慕名參加，大家都迫不及待地想知道多一些關於他的牢獄生活的故事。然而德萊昂卻慢條斯理，接著 5 年前因為入獄而被打斷的課程繼續講下去：「昨天，我們講到……」

你有看過一個被人用言語攻擊和羞辱的人，僅僅臉色發白，咬住顫抖的嘴唇，然後平靜地給予回應嗎？或者有沒有看過一個忍受著身體巨大痛苦的人，像一塊大理石一樣堅挺著，努力撐住自己的身軀？抑或看到一個背負著毫無希望打贏的官司，依然保持沉默，不擾亂家裡的平靜？能夠控制住內心情緒波動的人，是強悍的。「精神強大的人，是能夠控制內心熱

344　喬治·赫伯特（George Herbert, 1593-1633），英國詩人、演講家、牧師。

情的人，是能夠保持貞潔的人，是敏銳細心的人，是能夠壓住怒火，不受挑釁的人，是自制力強大且擁有寬容之心的人。」

米開朗基羅對皮耶特羅．托列加諾[345]說：「你死後只會被記得是那個曾經打斷過我的鼻梁的人。」對於一個性子如此急的人，米開朗基羅表現得多麼克制啊！

厄德雷．威爾莫特[346]說：「你們問我，去憎恨一個傷害過你的人，會不會有失男子漢氣概？我認為，憎恨正是有骨氣的表現，然而原諒則是聖人的表現。」

能夠管住自己舌頭的人，不會讓粗俗下流的笑話或者傷害別人的言語輕易溜出嘴邊，會懂得在惡意批評和嘲笑聲中保持沉默。英國有句諺語說：「不懂得生氣的人是傻瓜，懂得不生氣的人是智者。」

彼得大帝於西元 1722 年頒布了一條法律，將打奴隸的貴族定義為精神不正常，因為正常的人都會照顧並愛惜自己的財產和僕人。然而有一天，彼得大帝自己卻沒有控制好脾氣，將他的園丁打成重傷。園丁被送進醫院後不久便死去了。彼得大帝聽說園丁的死訊後哭道：「我教化我的臣民，征服了許多國家，卻沒有教化好自己，成為自己的主人！」他後來喝醉了酒，拿著一把劍衝至海軍將領勒．福特[347]的跟前。勒．福特敞開胸膛，對國王打不還手。彼得大帝清醒過來後感到對勒．福特萬分抱歉，並請求其原諒。彼得大帝說：「我總是試圖改革我的國家，卻沒有能力改變自己。」可見，自制力是一個人實現成功的最終也是最大目標。

某權威醫學院研究表示，過度的勞動、潮溼寒冷的環境、糟糕的住處、懶惰和放縱、缺少足夠的必需品和食物，對人類的生活都是致命的打擊。然而，這些都及不上人類激烈無節制的情緒氾濫。善於控制自己情緒

---

345　皮耶特羅．托列加諾（Pietro Torrigiano, 1472-1528），義大利雕塑家。

346　厄德雷．威爾莫特（Eardely Wilmont, 1783-1847），英國政治家。

347　勒．福特（Franz Le Fort, 1655-1699），俄國著名軍事家，大元帥。與彼得大帝關係密切。

的人常常能夠活得長壽，而暴躁易怒的人則很少有活得長命的。

克倫威爾直到 40 歲才開始接觸軍隊，卻能戰無不勝。而當政府成立後，他棄戎從商，一點也看不出軍人的模樣，唯一跟鄰居不同的是，他勤奮、淡定、愛好和平。

養成自制的習慣能夠給予人類心靈的寧靜。一旦我們能夠學會用沉默和幽默淡然應對突如其來的挑釁，便能有做自己主人的感覺。

蘇格拉底在被強制灌輸所謂的道德觀念，回答貪贓枉法的法官問題，聆聽到自己死刑的判決，甚至在喝下毒酒的時候，都保持著冷靜及心靈的安寧。

我們很慶幸能夠擁有會思考的大腦，然而更重要的是，要學會控制它們。威靈頓公爵雖然性情暴躁，但卻很懂得控制自己的脾氣。在西元 1815 年 6 月 15 日凌晨 3 點，他依然留在里奇蒙公爵夫人舉辦的舞會上，一副很高興的樣子。事實上，他心裡明白，一場殘酷的戰役正要到來。在滑鐵盧戰役中，他冷靜應戰，在關鍵時刻總能做出最明智的決定。

拿破崙為第二天的戰役做好部署後，已經是半夜時分。他回到帳篷休息，平靜地坐下，為坎伯尼夫人的女子學校制訂學習計畫和行為準則。聖·賈斯丁說：「冷靜下來才能指揮他人。」

馬辛格[348]說：「懂得控制自己的人才有能力管理別人。」

我們要做自己的主人，做自己的凱撒，懂得控制自己，才能讓理智打敗情緒，成為環境的主人，做的比說的更成功。自制能把一群凶狠的暴徒訓練成軍隊，能把魯莽的粗人磨練成軍人。總而言之，自制使人懂得怎樣控制不良情緒，成就自我。只要我們懂得好好利用職位帶來的機會，在困難險阻面前掌握好自己的情緒，就能成為自己的主人。有毅力有自制力的

348　馬辛格（Philip Massinger, 1583-1640），英國劇作家。

人不會成為工作的奴隸，因為他們懂得循序漸進地完成工作，懂得工作之餘提升自身的學識修養。自制能力強的人不為了生活而工作，他們的工作就是生活。

自制力強，少說多做，懂得平衡時間的人，比那些搖擺不定猶豫不決之輩要強一千倍。

缺乏自制能力的人一無所有。他們失去耐心，沒有控制自己的能力，缺乏獨立性，無法掙脫情緒的影響。人一旦失去了自制力，連同人格也會一起遺失。

教育的終極目的是要讓人學會控制自己的精神世界，成為思想上的強人、聖人。歐麗芬夫人[349]說:「證明給我看吧，你有控制自己情緒的能力！否則，我不會認同你受過的教育。如果一個人連自己的情緒都控制不了，他的學歷再高也等同於無。」

蘇格拉底的妻子贊西佩（Xanthippe）是有名的潑婦，性格暴烈。一次，她狠狠地把丈夫責備了一通，看到丈夫跑出去，像沒事的人一樣坐在門前，就更加生氣了。贊西佩於是跑上樓，盛怒之下向蘇格拉底潑了一盆水。蘇格拉底笑道:「打了那麼大的雷下一場雨也是應該的。」亞西比德的朋友對他能夠忍受妻子的不斷嘮叨和責備感到奇怪。蘇格拉底答道:「我早就習慣了，她的嘮叨在我聽來已經變得跟馬路上的噪音無異。」

每個人在性格上都有弱點，有的人不夠真誠，有的人不懂禮貌，有的人不值得信任，有的人脾氣暴躁，有的人缺乏愛心，有的人放縱過度，有的人膽小怕事，有的人過於懶惰。這些不足都有可能成為我們通往成功的障礙。成功者必定是懂得揚長避短之人，他們擁有良好的自我控制能力，讓自己性格上的不足遵從意志的需要。

試想下，一個準備闖蕩世界、征服世界的年輕人竟是自己欲望和情緒

349 歐麗芬夫人（Margaret Oliphant, 1828-1897），蘇格蘭小說家、歷史學家。

的奴隸！這樣的人能夠站在世界頂端俯視芸芸眾生嗎？這樣的人能夠成為領導者嗎？連自己都無法掌控的人用什麼給別人以信心和方向？他即使控制住一切，也敵不過自身的欲望、情緒和弱點，一樣不過是個奴隸。人最弱之處往往彰顯性格之強悍。

古希臘著名哲學大師塞內卡（Lucius Annaeus Seneca）說：「每天晚上我們都應該自省一次，今天我有沒有克服性格上的弱點？控制住自己的情緒？有沒有抵制住誘惑？有沒有收穫精神上的昇華？」他接著總結道：「一切惡都會在每天的自省中一點點消失。」首先學會控制怒火，控制自己的舌頭，否則情緒像火焰一樣，一旦失去控制，反過來就會成為你的主人。

撒迦利亞[350]因為多說了五個字，四十週不得說話。生氣就像酒精，一旦過量，逃避了現實，暴露了自己。

本世紀最偉大的戰略家之一毛奇將軍[351]，除了擁有出眾的才華，掌握七種語言，還懂得牢牢控制自己的舌頭，不讓它用任何一種語言說出不該說的話。某年輕人向蘇格拉底拜師學習雄辯術，第一次會面便滔滔不絕地說個不停。蘇格拉底等他結束後，告訴他需要收取雙倍的學費。年輕人不解，這位雄辯大師回答道：「因為我必須教會你兩種課程，怎樣閉嘴以及怎樣開口。」往往第一種課程更難學會。

沉默是金。在情緒氾濫的時候牢記此言的人至少能夠避免人生中一半的麻煩。

人精神狀態不佳時，很容易受到一點小事觸動而崩潰或暴怒。如果把這種情緒宣洩出來，將永遠被別人記住，成為灼傷自己的傷口或者使皮膚潰爛的毒箭。當遇到小孩哭鬧，朋友變卦，或者保姆耍賴時，千萬要管好自己的嘴巴，切莫說出讓自己後悔終生的話語。怒火中燒時緊閉雙唇，

350　撒迦利亞（Zechariah），《聖經》裡的人物。
351　毛奇將軍（General Von Moltke, 1800-1891），德國陸軍元帥。

防止說出與理智和判斷相背離的言語。在感到情緒冷靜下來前，請保持沉默。

「想到什麼就說什麼的人，連傻瓜都不如。」

齊默爾曼（Zimerman）說：「沉默，是面對尷尬、粗魯、忌妒的最佳辦法。」

愛默生認為，任何修辭的技巧都不及沉默的作用。「寡言能突顯智慧。如果他不是腦袋淤塞，那麼一定是擁有過人的見解。」所以，沉默也是一門藝術。

控制住自己的情緒即做自己的主人。一個受驚的僕人尖叫著跑進勞森醫生的書房裡，報導說：「先生，房子失火啦！」勞森繼續讀著他的書，頭也不抬地回應道：「去告訴你的女主人，你知道家務事不由我負責。」某夫人在家裡著火時，不慌不忙先把鏡子扔出窗外，再將易燃的柴架和木製棍子移到安全的石牆邊。「擁有一個在身處絕境時表現沉著和勇敢的人，比擁有一支軍隊更管用。」

色諾芬告訴我們，古時候波斯王子擁有四位老師，一位是整個王國最富智慧的人，向王子傳授智慧的哲言；一位是最勇敢的人，教會王子如何獲得更多的勇氣；一位是最公正的人，訓練王子成為品行端正的人；一位是脾氣最好的人，幫助王子學會控制情緒。在《聖經》同樣描述了這四種素養，而耶穌則是這四者的化身。撒母耳說：「如果戒酒是你做出的一點小犧牲，可以為了別人而戒；如果戒酒對你而言是很大的犧牲，為了自己，則要義無反顧地戒掉。」許多生而高貴的人，因為不懂得控制自己的欲望，在酒精中丟了榮譽、名聲甚至金錢。

經驗告訴我們，酒精能夠迅速瓦解一個人的自制力。然而，相比於道德和尊嚴的遺失，縱欲的後果算是極其輕微的了。不能簡單認為，失去理智的人必定會犯罪，但他們做人的尊嚴肯定是受損了。醉酒的人要麼變成傻瓜，要麼變成暴徒，總而言之，他們會做出極度愚蠢的行為。

約翰·高福顫顫巍巍地舉起中風的手，在戒酒會上簽下戒酒保證書。連續六個日夜，他沒吃沒睡，跟渴望酒精的欲望作戰，最後拖著虛弱得幾乎死掉的身體，爬到陽光底下，最終戰勝了那個差點奪走他生命的魔鬼。高福把戒酒的經歷跟戒菸相比。他說自己拋下了一切，立志把酒癮戒了。戒酒成功僅是第一步，全新的人生才剛剛開始。而他開始戒菸的時候，嘗試過咀嚼洋甘菊、龍膽肝甚至牙籤，但都無濟於事。他還是忍不住去買了菸草，帶在口袋裡。他看著口袋裡的菸草，抵制住強烈的欲望，說道：「你是草，我是人，一個人怎麼能受草控制，還要把自己的命也搭上去！」他於是特意天天把菸草裝在口袋裡，警示自己，並戒菸成功。

人的欲望如果不加以控制，就會變成猛虎野獸，甚至助長別的非自然的欲望，製造出一個科學怪人，發展成一股負面勢力，最終不留情面地將身為主人的你吞噬掉，把你淪為欲望的奴隸。酗酒便是最好的例子。酒鬼是地球上最可憐的生物。他們一半是野獸，另一半是惡魔。舌頭無力地發出抵抗的呻吟，意志卻早已屈服，甘於墮落。一個不能憑自己的意志言行的人，只能是一副行屍走肉，靈魂深陷入肉欲的泥淖不可自拔，被困野獸和暴君的牢籠裡無力逃脫。

查利斯說：「欲望的魔鬼站在門口，一切和平、希望和快樂將無處棲息。」

許多人過於情緒化，任由自己的感情氾濫。熱烈的情感是無節制的表現，同樣任性、反覆無常也是。就連悲傷和快樂也有可能淪為無盡的情緒放縱。懂得克制情緒的人決計不會淪為情緒的奴隸。他不會受衝動的驅動做出極端的行為，他的堅定足以戰勝沮喪的心情，不會大喜大悲，理智地對事情做出反應。大多數人在一時衝動下做錯事或蠢事後，常常拿脾氣暴躁當藉口。把自己的王國統治好的人是能夠控制住壞脾氣的，他們會把一腔熱血和能量用在正面而非負面的事情上。史蒂芬·吉拉德[352]很高興可以請到一個脾氣暴躁的員工當負面教材，有助於教會其他員工更好地學會自制。控制脾氣需要相當的能量，好比工業的齒輪要轉動，需要煤炭燃燒產生的能量。克倫威爾、威廉、華茲華斯、法拉第、華盛頓以及威靈頓等脾氣都相當暴躁，但他們都能夠控制得很好。

華盛頓多才多藝，性情溫和，他的意志好比一個把國家統治得井井有條的政府。他的熱情與理智同在，思維敏捷，判斷準確，一切衝動都牢牢控制在理智之下。他天性沉穩，懂得平衡理智和情感，明白自我控制帶來的力量和愉悅。即使在厭惡的事情面前，他也表現出極大的耐心。

據說沉默的威廉從不出言不遜，就連他的敵人都評價他謙遜謹言。

卡萊爾把英雄、勇氣、自制刻畫得多動人，然而當他鄰居的公雞啼叫時，他馬上就怒火中燒了。

懂得控制自己的人才擁有自由，這樣的自由飽含著力量。

強尼說：「有獨立思想的人是自由的。他們不是任何人的僕役，不複製別人的看法。他們的思維打開窗戶接受陽光，迎接從天而降的真理，接受意見，但不奉為圭臬，而是用來完善和提升自己。不受環境左右的人是自由的。他們把自己置身於暴風眼外，遠離衝動，與事件關聯是為了獲取進步，對待事情堅守原則。不隨波逐流的人是自由的。他們不屈服於多數人的看法，不認為法律凌駕於人之上，不會為了趕時髦而觸犯法律，懂得尊重法律，但不當法律的奴隸。相信上帝及道德力量的人是自由的。他們能夠戰勝恐懼，唯一害怕的就是犯錯誤，任何危險都不能使之退縮，任何喧鬧都不能擾亂他們內心的平靜，失去一切都不會失去自我。能夠打破習慣的人是自由的。他們不重複過去，不活在曾經，局限於現世的條條框框，過去就讓它過去，接受新事物，吸收新思想。珍惜自由的人是自由

---

352　史蒂芬·吉拉德（Stephen Girard, 1750-1831），法國出生，美國慈善家、銀行家。

的。他們守護自由，避免被人同化，守衛屬於自己的王國。」

> 當個自由人，不僅僅擺脫身上的鐐銬，
> 還有情感的控制。
> 成爲自己的主人，
> 不受衝動和環境的左右，
> 當一個自由的人。
>
> —— 以法蓮·皮博迪

拉羅什弗科說：「擁有好的品格還不夠，我們還要學會如何管理自己。」只有學會理智行事的人，才有資格說自己受過高等教育。

每個人潛意識下都有一體兩面。一面驅使我們追求真善美，昇華、淨化我們的靈魂。這是神聖的一面，是精神的層面，是靠近上帝的一面。另一面則是我們的動物性，欲火中翻滾，像野獸般只知道滿足各種自然欲望，沒有道德觀，也沒有感恩心。只要填飽了肚子，解了口舌之渴，便像綿羊一樣溫馴祥和。然而在食慾的驅動下，又張開了血口大盆只求得到滿足。面對本能你沒有任何道理可講，不要指望野獸有尊嚴，有品格，有靈魂。

人的靈魂和肉體常常相互矛盾，一個不食煙火，一個徘徊塵世，彼此都不妥協，不是你死便是我亡。靈魂即使匍匐在肉欲腳下，也不忘伺機反抗。它肩負著造物主的精神，即使身陷泥淖也將銘記自己的身分。呼喚人類向上、向善的聲音永遠不會遭湮沒。只有那些忘記自己是按照上帝的模樣造出來、成為肉體奴隸的人，才會甘願像動物一樣生活。然而人性的光輝面不會那麼容易被抹殺，一旦靈魂掙扎出來發出聲音，他便不會真正快樂。為了短暫的快樂犧牲靈魂的人，無異於飲鴆止渴，最後便懂得害怕的滋味了。狂歡的宴會就在面前，雙手卻把自己拉向毀滅。

主啊，請賜予我那樣的靈魂，
戰勝命運，
抵制軟弱，
謹小慎微，
熱愛和平，
純潔美好，
讓我們的人生，
閃爍著精神的勝利光芒。

——查爾斯·斯溫[353]

讀者們，請警惕，
你的靈魂是高高在上，
還是鑽入地底，
追逐物欲和肉欲？
請小心地掌控自己，
自制才是智慧之根本。

——彭斯

能夠控制自己的人才能當好國王。

——卡萊爾

啊，你們這群愚民，
以爲把別人管理好才是本事，而不是自己；
別人是你的奴隸，你是自己的奴隸，
狂野的情緒，
像鐵鍊一樣禁錮了你的靈魂；
這樣的生活充滿榮耀嗎？夢想之翅，
在怒火中折斷；
做自己國王的人，遠比你高貴萬倍。

——菲尼亞斯·弗列奇[354]

353 查爾斯．斯溫（Charles Swain, 1801-1874），英國詩人、雕刻家。
354 菲尼亞斯．弗列奇（Phineas Fletcher, 1582-1650），英國詩人。

# 第十七章
# 大自然的一點收費

我們常常看到不珍愛身體的人，他們踐踏了大自然最偉大的作品。任何觸犯大自然法規的人都難逃其處罰。

上帝的磨坊慢慢磨啊磨，把麵粉磨得又細又軟；他抱著極大的耐心在等待，直到磨出最好的麵粉。

—— 弗雷德里克·凡·洛高[355]

作惡的報應來得太遲，使人類心存了僥倖。

——《聖經：傳道書》

莫以為，神靈的意志，會因香客改變。

—— 維吉爾

年輕人啊，狂歡吧！趁著你還年輕，跟隨你的心走，看這世界的精彩。然而謹記在心，你今天做過的一切，總有一天上帝會跟你算帳的。

——《聖經：傳道書》

人如鐘錶，只有一次上發條的機會；齒輪一旦停止轉動，便永遠不再走動。

—— 赫里克

長壽一字訣：慢。

—— 西塞羅

把青春燃燒殆盡，老了就只剩一幢腐壞的房子。

—— 南方諺語

上週日，這裡掛了一個年輕人。他活了25年，便透支完生命。

—— 約翰·牛頓

真理不會說話，但它會敲打你的關節。

—— 窮漢查理的格言曆書

人類的至高榮耀，在於從點點滴滴中，認識自己。

—— 柯勒律治

富蘭克林痛苦地喊道：「我要做什麼才能減輕一點痛楚？」痛風回答：「少吃一點，少喝一點，莫讓你的雙腿，承受縱欲的後果。」

你違反了自然法則，大自然不會馬上讓你品嘗後果。你在它的銀行透支太多，不得不把身體當作抵押，它早已撤銷了你贖回的權利。大自然允

355　弗雷德里克·凡·洛高（Frederick Von Logau, 1605-1655），德國諷刺詩人。

許你預支，事後便成為夏洛克，一盎司的血肉也不會給你少算。它很少在你 40 歲前跟你討債，它不會在你的黃金時代丟給你帳單。然而，等你意識到了，你可能已得了心肌梗塞、肝硬化、洗腎等疾病。你付出的，不僅僅是健康的代價，更有生命。你的脆弱、無能、無知在它面前不會得到可憐。它要求所有人都處於最佳狀態。

我們常常聽說，奇蹟只屬於過去。被釘死在十字架上的盜賊死後也有進天堂的可能。哈瓦登堡的早餐桌上一小塊肉或者蔬菜從死神手中奪得，轉化成思想。擁有奇蹟的時代已經過去，有什麼奇蹟能夠比得上起死回生？在貝德福德監獄，一個衣衫襤褸飢腸轆轆的補鍋匠狼吞虎嚥著一塊面包皮。麵包被胃酸消化，化成血液，匯成生命的河流。身體裡大大小小的工廠都等著這塊麵包的出現，施展魔術，將它加工成養分，孕育出更多新的細胞。整個過程我們無法知悉，一雙無形的手操縱這一切，如同操縱班揚的命運一樣。我們不知道這塊發黑的麵包是怎樣幻化成補鍋匠創作的能量，從而誕生了人類歷史上偉大的寓言《天路歷程》。我們只知道，如果沒有飢餓的驅使，沒有食物的刺激，大腦和肌肉都將停止工作。如果沒有健康的飲食，適當的分量，良好的消化能力，格萊斯通無法發表那些偉大的演講，班揚也不可能寫出《天路歷程》。

想像下吧，如果有一個水池，可以把城市下水道的汙水瞬間變成可以飲用的清水，把中毒發黑的血液重新變得新鮮殷紅，把壞死的腦細胞重新啟動，讓脫落的死皮重新生長。偉大的鍊金術師妙手回春，將我們身上流淌的每一滴血液匯聚成河，用魔術創造成功和命運。在生命的河流，蘊藏無數可能性，有健康和長壽，疾病和早逝；有希望和勇氣，恐懼和懦弱；有能源和力量，厭倦和軟弱；有成功和失敗。同樣，生命的血液孕育了我們的骨頭和肌肉，神經和大腦，美好和醜陋，以及人類的一切。製造人類的元素有善有惡，於是人便有了向善向惡的傾向。保持身體的健康才是王道，只有健康的身體才能擁有向善的正面力量。

斯賓塞說：「我們常常看到不珍愛身體的人，他們踐踏了大自然最偉大的作品。違背自然法則總有一天會嘗到惡果，活下來的人，不會犯下同樣的蠢事。」

我們能從大自然索取到一切需要，然而如果擱置多年不用，大自然便又回收回去。「想要擁有什麼，就必須有所付出。」

如果手臂一直掛在繃帶上，功能將漸漸退化。只有解下來活動，它才會恢復原來的功效。同理，腦筋不動了就會生鏽，最終退化到弱智水準。鐵匠把一隻手鍛鍊得強壯了，另一隻手必定變弱。只要你願意，你完全可以將生命的全部能量貢獻給身體的一個功能，那麼其他部分必定餓死街頭。

年輕的女士可以選擇穿束胸衣顯示身材，但她的雙頰的玫瑰紅一定會被蒼白取代。她付出的代價是健康的臉色。攫取財富的代價是，封閉內心的柔軟面，使心腸堅硬起來，面對貧窮和不幸無動於衷，最終讓自己成為皺巴巴、討人厭的守財奴。

別以為健康就不用付出代價。世上沒有白吃的午餐。健康也是長期堅持鍛鍊的獎勵。

大自然的眼睛是雪亮的，任何觸犯其法則的人都難逃處罰。有時付出的，甚至是生命的代價。

某著名外科醫生為他的學生展示了最新的臨床治療，這種治療方法得益於新的醫療技術發展才得以實現。主刀醫生堅定、細膩地完成了手術。他在完成最困難的環節後對自己學生說：「如果這個病人在六年前注意養生，病魔絕對不會降臨到他的身上。如果他在兩年前接受一次簡單又安全的手術，很快也可以痊癒出院。但到了今天這個地步，我們身為醫生已經盡了全力，他能不能活下來，只能聽天由命。」第二天，這個病人就死了。

愛默生看著自己無憂無慮的兒子感嘆道：「可憐的孩子啊！沒有經歷過艱苦的你該失去了多少東西！」

要獲得健康、力量和長壽，必須遵守一個不變的法則。首先，你父母的遺傳必須是健康的。其次，在於我們自己，我們要對自己的身體負責任。世上一切醫療方法都是有毒的，四分之一的人類在讚美詩作者寫出十七分之一的作品前，就提前升天了。你淪為小偷，上帝不需要為此負責。

除非發生意外事故，我們的生命掌握在自己手中。美國現有 6 萬執業醫師，因為我們不懂愛惜身體，讓十分之一的醫生都過上了富裕的生活。諷刺的是，在如此絢爛的美國現代文明下，每年竟有 30 萬美國人死於可預防的疾病。塞內卡說：「神賦予我們長壽的身體，是我們給自己折壽了。」現代人很少能夠活著步入老年期的，一百個人當中只有三四個是安享天年後離世的。然而，大自然造人時，確是讓人類活上一個世紀的。

英格蘭的湯瑪斯．帕爾[356]活到了 152 歲，他 120 歲結婚，130 歲退休。約克郡的亨利．詹金斯活了 169 歲，要不是因為國王堅持讓他到繁華的倫敦生活，他還可以活得更久。140 年前，他曾經是一樁案件的目擊人，至今英格蘭法院還保留著他的口供。亨利在 100 歲的時候，還能夠穿過湍急的河水游泳。著名的哈威醫生在檢查帕爾屍體的時候，沒有發現任何生病的跡象。他是享盡天年自然離世的。

人類知道得最少的領域，在於自己的身體。一千個人中只有少數的人，能夠正確地指出人體各個器官的準確位置和確切功能。

我們應該為此感到羞愧。要知道我們可是按照上帝的模樣造出來的人

---

356　湯瑪斯．帕爾（Thomas Parr, 1483-1635），英國長壽人，活到 152 歲零 9 個月。

啊。就連那些高中甚至大學畢業生，那些受過高等教育的年輕女性，那些精通語言學、音樂、藝術甚至行過了萬里路的人，都可能不知道自己身體有哪些器官以及這些器官的作用是什麼。法蘭西斯．威拉德[357]說：「我們給孩子開設生理課程的時代很快就會來臨。屆時孩子們便會學習到自己身體的構造，快樂產生的生理原因，以及人性的各方各面。」對於人類，沒有什麼比了解自己的身體更重要，而這最重要的知識正是我們最缺乏的。

人的身體是造物主詩意的傑作。不能讀懂它、欣賞它，甚至不去揭開它的祕密，對人類文明是莫大的恥辱。

病態的詩人只能寫出病態的詩句。缺氧的血細胞流入作者的大腦，只能寫出灰暗的篇章。被疾病耗盡生命的人，只能創造出帶有疾病味道的作品，就像拜倫的文字充滿了杜松子酒的味道。

「天才的靈魂住進生病的身體，好比把金塊放進了游泳健將的口袋裡。」

我們的一邊大腦因為缺少訓練，漸漸麻木甚至退化了。一點小小的浮腫壓迫了神經，便能使人痛苦萬分，能叫拿破崙都像小孩一樣哭泣。腳趾間長了一顆雞眼，或者腎臟、肝臟受了感染，身體的任何部位燙傷，甚至一個小小的腫瘤都足以影響我們的眼睛甚至大腦。人的整個身體分布著神經系統以及各個器官的工作系統，彼此緊密合作，某一個部位發生異常，立刻殃及全身。

我們在身體上、精神上、道德上的一切支出和收穫，在大自然這家銀行裡都詳細記錄著。

就讓我們看看大自然帳簿吧：

過度運動、抽菸喝酒、暴飲暴食、喝濃茶、喝濃咖啡、訓練過量、熬

---

357　法蘭西斯．威拉德（Frances Willard, 1839-1898），美國教育家、禁酒運動宣導者、婦女政權論者。

夜學習、情緒激動等 —— 年輕開始便摧殘心臟的表現；

吃烹飪不當的食物、喝冷飲、喝燙嘴的飲品（茶）、在疲勞、焦慮、情緒低落時進食 —— 破壞消化系統，容易產生消化不良、精神憂鬱、過度煩惱等疾病。

縱欲無度、受虐、過度興奮、成名心切、拚命賺錢、吸食興奮藥物等 —— 破壞人的神經系統，容易導致身體虛弱，效率降低，消耗生命。

挑燈夜讀，消耗大量腦細胞 —— 大腦超負荷工作，容易削弱記憶力，使大腦變遲鈍。

在大學當幹部，參加比賽，贏獎心切等導致大腦過度緊張 —— 容易產生消極情緒，身體虛弱。

喝酒、吸毒品破壞大腦灰質和腸胃黏膜，肝硬化、意識不清、家破人亡、布萊特病、肥胖後代、精神墮落等，毀滅自己的人生，一生無益於他人，而且短命早逝；四處舉債 —— 失去經濟來源，道德淪喪，身體摧殘。

有時候，一個帳戶裡還不止一條紀錄。找找看，你是不是也有符合的幾條？

神明是公平公正的，我們從罪惡裡獲得快感，就會從天上取得報應。

我們違背了自然法則，還能活著已經是奇蹟了，怎能奢望享盡天年？就像一個人把好好的手錶扔在沙塵暴或是雨天中，還希望它能夠準確無誤地顯示時間？家裡的主人開敞著門窗，還希望盜賊不入家門？颳風下雨不波及家具？

我們喝淨化過的飲用水，睡鬆軟舒適的床鋪，住通風良好的臥室，喝營養搭配得當的牛奶。我們盡量跟骯髒和疾病絕緣，但粉刷的牆壁還是不可避免地含有化學物質，我們每天被迫吸入這些有毒物質。我們天天擁擠在人群中，這些人中不乏骯髒的流浪漢和病人。就算我們只是坐著不動，也要呼吸大量受汙染的空氣。燃氣管排放成百上千升二氧化碳，消耗六個人加起來需要的氧氣。空氣充斥著從病人的肺部呼出來的細菌，死人發出的惡臭也鋪天蓋地而來。我們幾個小時幾個小時地坐在充滿有毒物質的空氣裡，第二天還疑惑自己怎麼全身乏力甚至罹患了頭痛？

我們喝下一杯冰水，給正在忙碌工作的腸胃增加負擔。它們花了足足半個小時才恢復攝氏 36 度的溫度，繼續工作分泌消化液。我們這個時候又向它們倒入另一杯冰水。

我們給腸胃灌酒，使腸胃壁不得不增厚變硬來抵禦酒精的傷害，還破壞了神經細胞皮跟大腦灰質。我們將肉、蔬菜、糕餅、堅果、葡萄乾、酒、水果等一股腦兒倒進我們身體最精密的器官之一的胃，還期望它吭也不吭一聲地把這些東西全部消化？

不僅如此，我們吃下那麼多東西讓胃工作，還不給它提供足夠的血液和能量。反而馬上進行腦力和體力活動，讓血液都集中到大腦或肌肉上。

有誰看過馬匹飢餓的時候用水送燕麥和乾草下肚？我們真應該從動物身上學習健康的飲食習慣。大自然在給我們設計身體時，已經調配了充足的胃酸幫助我們消化食物，並保持腸胃正常工作的最佳體溫。我們喝下冰鎮飲料或在腸胃工作時喝水稀釋胃液的濃度，即在削弱腸胃的工作效率，容易導致消化不良。

在英國，工廠裡的童工為了那點微薄的薪水，被迫一天工作 18 個小時。而理想共和主義者對待自己的腸胃，比非法雇主對待童工還嚴酷，幾乎不容有休息的時間，沒有禮拜日，沒有節日假日，也沒有年休。他們為了追求愉悅，也不讓心臟休息，一天到晚處於亢奮狀態。

人的心臟只略重於半磅，卻能噴出 18 磅的血液，輸送到身體的各個角落，然後又在兩分鐘內循環回來。我們這個小小的器官每天的工作量就跟將 124 噸的重物舉起一英尺高無異。它擁有世上最完美的構造，跳搏一

次所使的力量有一個強壯男子在做苦工時的三分之一。這個力量足以將它自己在一個小時內向上舉高 2 萬英尺，比一般登山者爬的高度還要高出十倍。只有蠢貨才會使用興奮劑讓這個兢兢業業工作的器官再加快心跳。

法國一位頗著名的醫師臨死前，一位巴黎重要的醫生哀嘆不已，認為他的去世是醫學界的重大損失。醫師最後講的話是，白開水、適量的運動以及健康的飲食才是世人所需要的最好醫生。「白開水只要口渴了都可以喝，」他說道，「運動則要適量和堅持，飲食要節制。遵循我的這條意見，永遠都不需要看醫生了。活著的時候，我離不開這三條金科玉律。現在我要死了，傳授給你們，你們也就不需要我的醫術了。」

最好不要從事高危險工作。如果選擇了從事，請珍惜自己的生命，做好防護措施。鑿石、採礦等都是縮短人壽命的工作，四處飄散的灰塵足以毀壞人的肺部。在英國曼徹斯特，磨製刀叉的工人很少能活過 32 歲。鋼鐵等金屬煉製時會產生鐵屑，下地底採礦時會有飄浮的粉塵，用打穀機打穀會產生大量顆粒。從事這些工作的時候一定要高度重視，保護好自己以免受到傷害。

在空氣中飄滿灰塵的環境深呼吸，灰塵便累積在肺頂部很少使用到的部位，久而久之很難再清除，最終把整個肺部都吞噬掉。從事跟砷有關的工作也很容易折壽。波士頓附近有一家包裝盒加工廠，在廠裡工作的女孩有幾個工作了四五年便離奇死亡了。

威廉·歐格醫生是職業病的專家，他說：「在一個社區，從事不同職場人群的死亡率各不相同，最普遍的工作反而是死亡率最低的。」他指出，從事神職工作的人死亡率是最低的，他將之定義為 100。同理，酒館和客棧的服務生則為 397，礦工 331，瓦陶匠 317，製紙師 300，飯店經理 274，園丁、農夫以及農業勞作者則和神職人員不相上下。他歸納了幾條高死亡率的原因：一、工作不開心；二、工作環境產生有毒物質；三、工作量過大；四、工作環境空氣汙染嚴重；五、應酬多；六、工作責任過於重大；七、工作環境粉塵多。在生產酒的工廠工作，死亡率跟其他行業相比，是 1,521 : 1,000。從事自己喜歡的職業是最重要的。如果把工作視為折磨，人的生命很快就會被消磨殆盡。

健康是需要投資，需要長期堅持一點點換來的。稍有不當，全盤皆輸，好比一個有錢人把所有資金都投資在一個壞專案上。但如果得法，則跟任何原始資本一樣，將越滾越多。

勤奮的人往往更加長壽。停靠在碼頭的船比行駛在海上的船更容易腐爛，因為奔騰的海水可以使船身常新。因此，誠實正直、兢兢業業工作的人才能夠身心都健康。運動能夠控制膽汁的分泌，如果膽汁分泌正常，我們也就樂觀向上；反之，悲觀消極。

然而，物極必反，過度工作是要付出代價的。適當划船對我們的肺有好處，而越來越多的職業划槳手恰恰是死於肺結核。醫生便對年輕運動員和士兵的身體狀況很了解，他們的心率又快又亂，還常常伴有心悸，表明心臟已經受損，身體的供血系統受到阻礙。十分之九的賽馬還沒成年就死去，那些迫切想要打破世界紀錄的年輕人也往往英年早逝。擁有成人體格的少年恆心不足，長身體時如果身體負荷過重，很容易就會出現問題。身體健康的成年人則能找到身體的平衡點。無論是體力勞動還是腦力勞動，少年都比不過身強體壯的成年人，他們同樣無法承受菸草、酒精、咖啡以及濃茶帶來的刺激。

近來，大家都頗為贊同一個作家的觀點，有極高文化素養的人很難成為有錢人。在紐約、波士頓、費城，成百上千的百萬富翁經營者幾代家產，卻沒有一個在文學、雄辯術或者政壇上有所成就。他們沒有出版過值得付印的書籍，沒有寫過值得一讀的詩歌，也沒有發表過任何精彩紛呈的演說。他們坐在堆積如山的鈔票上，文化上卻是一片沙漠。他們也上大學，也到海外旅行，甚至聘請最昂貴的老師為他們講課，將圖書館建在書房裡，有的還購買了大量的名畫名作。即便如此，他們的大腦還是在奢侈的生活中枯萎了。靈感的缺失，與他們的養尊處優以及精神閉塞有關。即使是百萬富翁，同樣逃不開自然的規律。文化成果不會結在驕奢淫逸的有錢人身上。他們因此被思想的大門拒之門外。大自然不會允許不勞而獲。再有錢的人也有可能精神空虛甚至道德淪喪。

當一個人縱欲過度，思想淫蕩，放縱肉欲玷汙自己的人生，必定要付出智力、感受力甚至靈魂的代價。

疲勞是我們身體發出的危險訊號。體力和腦力使用過度，感到疲勞的時候，比遺失了方向還糟糕。失眠以及精神紊亂是長期不注意睡眠的代價。

拷問犯人採用的最殘忍手段便是不讓他們睡覺，常常導致犯人精神失常甚至死亡。失眠和精神紊亂都會使人感到憂鬱。為了保證我們的身體健康，造物主賦予我們睡眠的習慣。人一天三分之一的時間都在睡覺，身體各個機制都在睡眠中不知不覺復原。人透過睡眠，消除了一天工作的勞累和為生活奔波的辛苦。腦細胞重新活躍起來，皮膚也煥然一新，血液奔騰得更加有力，肺呼吸得更加順暢。經過一夜的睡眠，人早上起床感覺良好，全身舒暢。

偉人工作過度或者心情焦慮時，也會失眠。睡不著覺的人生好不折磨！戈德史密斯 45 歲患上失眠症，除非極度勞累，否則難以入睡。約翰·里奇[358]因在《諷刺週刊》雜誌發表漫畫而出名，卻不幸飽受失眠之苦，最終因過勞而死。牛頓以及很多數學家有時工作過於忘我時，甚至連睡覺都在解題。

很多傑出人物因為長期忘我工作，有時會忘記時間，沒日沒夜地工

358　約翰·里奇（John Leech, 1817-1864），英國諷刺漫畫家。

作。這種時候對他們而言沒有休息的概念。他們的大腦高速運轉著，直到麻痺了，轉不動了，甚至於失常。拜倫便是失眠症的受害者。華特·斯科特因為用腦過度，還遭到艾伯納斯醫生的強烈抗議。然而斯科特答道：「茶壺已經放在火上了，你能夠叫它不要沸騰嗎？」伽利略曾經因為失眠差點神經失常。他沒日沒夜地工作，直到暈倒在地。

早起的男孩一早上都無精打采，一到中午便神采奕奕。

約西亞·昆西每天天沒亮就起床，根本就睡眠不足。在大白天裡，他只要坐下十分鐘，馬上就可以睡著。亞當斯也是習慣早起的人。一天，他和昆西一起到哈佛大學聽斯托里法官的講座，坐下不到幾分鐘，兩人都呼呼大睡了。法官說道：「先生們，你們面前的兩個人，便是過早起床、睡眠不足的可悲例子。」全部人哄堂大笑，才把兩人驚醒。

在美國，蜂蜜不一定都要經歷被蜜蜂螫的痛苦才能得到。有錢人是為了品嘗美食而進餐，窮人是為了填飽肚子而吃飯。長期過於勤奮容易演變成一種疾病。很多野心勃勃的美國年輕人為事業奮鬥失去了生活。

在北歐神話中，奧爾菲德除非挖下他的眼睛作為交換，否則不許喝智慧之泉的水。很多學者獻出了健康和快樂，就為了能夠得到智慧的真諦。他們為了名譽、影響力和金錢，犧牲生命中更有價值的東西。商人為了追逐利潤和權力，放棄家庭、健康和快樂也在所不惜。

大自然不是多愁善感的慈善家，凡是有人犯錯誤了，或是違背了自然規律，她一定會施與處罰。即使是坐在寶座上的國王，只要越界犯錯，一樣要付出甚至於生命的代價。不論面前站著的是瘋子還是總統，子彈射過來了，不會因為你是總統就偏離毫釐。

美國夢固然美如珠蚌裡含著的珍珠，但同時常常要付出健康的代價才能實現之。

緊張很大程度可以透過意志力來控制，但這種情緒會使人折壽不少。容易緊張的人因而也容易英年早逝。查特頓18歲離開了人世，濟慈25歲。37歲是很多天才能夠活到的最高年齡。雪萊一生飽受病痛折磨。索西說：「我寫關於美國女詩人盧克雷蒂亞·大衛森[359]的故事。她年僅17歲就像懷特一樣因為興奮過度而猝死。這是世上最令人惋惜的故事了。」偉大的哈勒醫生為了爭取更多的時間研究，連續幾個月吃住睡在書房裡。為了騰出更多時間反而過早離開了人世。如果他能夠按照自然作息休息睡覺，也許他的工作還能夠完成。歌德完成每一部作品都要大病一場。

查爾斯·林奈[360]是著名的自然主義作家，他因為工作時用腦過度，最終連自己的名字都認不得了。科克·懷特雖然拿到劍橋大學的獎盃，卻失去了生命。他每晚靠菸草甚至鴉片給自己提神，結果24歲便英年早逝了。佩里因為工作過度死於39歲。他被稱為世上最卓越的思想家之一。

耶魯大學校長蒂莫西·德懷特[361]曾經因為過於勤奮差點死去。他每天學習9個小時，上6個小時課，並且沒有進行任何運動鍛鍊身體。直到他脾氣變得越加暴躁，神經也越來越脆弱，一天花10分鐘時間看書也看不進去，才開始做出改變。休息調養了很長一段時間後，他終於完全康復了。腓特烈大帝的一生讓卡萊爾欽羨不已。

面對英年早逝的年輕軀體，就連天使也掩蓋不住內心的驚訝。假如我們看過這些年輕人的驗屍報告，我們在他們的葬禮上也就會少談一點萬能的主。我們也許會在悼詞裡加入他們驗屍報告的內容。

造物主賜予我們一副可以活到百年之後的身軀，我們卻只讓它活了30個年頭。就好比一座建了28年的廟宇還沒有完工就轟然倒塌了。為什麼

---

359　盧克雷蒂亞·大衛森（Lucretia M. Davidson, 1808-1828），美國詩人。

360　查爾斯·林奈（Charles Linnaeus, 1707-1778），瑞典植物學家、醫生、動物學家。

361　蒂莫西·德懷特（Timothy Dwight, 1752-1817），美國教育家、神學家、作家。耶魯大學（Yale University）校長。

白頭髮、皺紋、彎腰駝背甚至於死亡會跟一個年輕人掛上鉤了呢？

難道這些美麗的生命注定要在綻放之時被無情地採摘？難道他們非要自我放縱在亢奮的情緒、日日夜夜的工作中，才算是享受到當下時髦人士的快樂？可憐的生命啊！

一位受過高等教育，舉止優雅的女士因為肺結核死去。我們人類因為呼吸受汙染的空氣，付出了生命的代價！大自然給予了我們清新的空氣，我們汙染了它，並用歲數來贖罪。為了健康，他們就算好幾天不吃不喝，受寒受凍，沒得念書，沒有娛樂活動，他們的肺部一天二十四小時一秒也不能離開乾淨的空氣。他們用不了多久就能夠體驗到，在汙濁的空氣中工作，伴隨而來的是道德的淪喪，接著便是犯罪的產生。也許這聽起來很不可思議，但事實上，成千上萬的有錢人住在大都市的黃金地段，卻呼吸不了天堂裡的空氣，也享受不到陽光的溫暖。

難道他不知道自己正在走向毀滅？是的，只可惜太遲了。他緊握著拳頭躺在棺材裡，人們在一張皺巴巴的紙上發現以下內容：「妻子、孩子以及 4 萬鈔票都離我而去了。我要對此負全部的責任。我 21 歲就挖得人生第一桶金，到現在我35歲不到。是我害死我妻子的，她因為我心碎而死。而我的孩子因為我疏於照顧而死去。等我把這最後的一個銅板花出去，我真不知道拿什麼去換取下一頓飯。我肯定會像徘徊路上的醉漢一樣，流浪街頭。這個銅板是我的最後一分錢，包含了我的故事和經驗教訓。我希望能夠把它送給同樣酗酒的人，讓他從我的人生悲劇中得到警示。」

假如他能夠活在理性而非情感的控制下，也不至於在 40 歲壯年時候衰老而死。他頭髮灰白，眼窩深陷，皮膚暗淡無光，全身上下都貼滿了「病人」的標籤。一個擁有健康體格、前途一片光明的上帝之子女，在情感的海洋裡觸礁身亡，留下一副殘骸警示世人。假如船長讓他們自個在危機四伏、布滿暗礁的水域航行，卻不提供任何指示甚至地圖，身為父母會不擔心嗎？他們清楚，在情感這片汪洋大海平安度過的概率要比沉船小得多。身為父母應該要教會他們最親愛的孩子如何平安度過。年輕人不理解父母為什麼要送他們上學、參加各種社團。聰慧的父母親會向孩子們透露人身體的祕密，告訴他們到了一定年齡，身體將發生翻天覆地的改變。

年輕的神父為了獲得更多人的愛戴，不惜把自己勞累死；學堂裡的學生為了帶領班上的同學，不惜竭盡最後一個腦細胞；剛剛出道的律師從自然銀行裡大量透支，最後被罰以終生癱瘓的下場。

35 歲便死亡的商人是栽在了自己的手裡。他的人生還沒有享受到快樂的滋味便不知不覺溜走了。他親手殺死自己感知快樂的能力，再給自己的靈魂挖了墳墓。還有一個30歲就離開人世的年輕人，因為無所事事而死，人們發現他的時候，他的大腦的細胞已經所剩無幾。

他是一個 60 歲的長者，滿頭的銀絲似乎在向世人昭示年長的智慧。然而他的智慧卻沒有拯救他活了僅僅 60 年的生命。他難道沒有注意到自己的頭髮正漸漸發白，臉上的皺紋越來越多，思維也不如以前活躍，步履因為支撐不住身體的重量而變得蹣跚不穩？他難道不知人的身體從嬰兒般的柔軟開始，以老人一身硬骨頭結束？他難道沒有想過，老人那僵硬的身軀，是年輕時候攝取過多碳酸鹽磷酸鹽導致的？食物中的這些添加劑，不僅使人的骨頭越變越硬、越變越脆，連血管也增厚起來。

無論男女都在上演一齣出人生鬧劇。時間是多麼寶貴啊，即便是上帝也不願意浪費一秒鐘的時間，而人卻像浪費水一樣浪費它。能夠得到機會垂青，是連天使都眼紅的事情，許多人不知道珍惜，直到生命結束才感嘆自己因為生不逢時一生無所成就。生命如此珍貴，但人類卻像對待破物一樣輕視它。世間很少存在從來沒有浪費過時間的人，很少有在上了年紀後不像秋天落葉一樣枯萎的人。假如他們能夠領悟到人的身體是怎樣一個奇蹟，就不會捨得拿醜陋的衣服來裝飾它，過度消耗它的各項功能，還忽視對它的照顧。難道生命就如此廉價，身為只有一次生命的凡人，就那樣毫不留情地將之丟棄？

歷史的教訓比比皆是，而且每個故事都不會重複。而珍惜生命，活出精彩的例子確實少之又少。

# 第十八章
# 好職業？壞職業？

世界上有一半的人沒有找到屬於自己的位置，一生都因此而痛苦不已。如果我們每個人都能找到適合自己的職業並有所成就，人類文明將於現在達到頂峰。

世上沒有什麼問題比「我適合做什麼」更重要。聖人帶著這個問題開始探索之旅，小說家帶著這個問題展開情節。人類還在搖籃熟睡時，便注定要一生去尋找這個答案。

—— 鮑沃爾

只有遵循自己的秉性和天賦，才能獲得成功。否則，比什麼都不做還要糟糕一萬倍。

—— 西德尼·史密斯

許多人用健康換取成功。

—— 馬登

沒人能夠花一輩子改變自己的本性。成功的第一準則便是聽從自我，而不是犧牲健康和興趣。

—— 鮑沃爾

勇於做貿易的人才能擁有房產。

—— 富蘭克林

每個人都有自己擅長做的事情。

—— 洛威爾

從事什麼職業決定人的壽命有多長。年輕人選擇職業的時候應該考慮從事這種職業對人的身體健康有沒有影響。政治家、法官和神職人員一般都能活到老。他們不需要上如戰場的生意場，不用加入慘烈的競爭。天文學家則更長壽，如赫歇爾、洪保德等。他們考慮的是廣闊的宇宙天地，思想遐遊在遙遠的星空。而哲學家、科學家以及數學家更是一生無病無痛，因為他們一門心思都在研究科學。如伽利略、培根、牛頓、歐拉、道爾頓等。專業是自然歷史的學生也一般比別人活得快樂和健康。在英格蘭有一個知名的歷史學會，其中 14 個成員在西元 1870 年去世，兩個活到了 90 歲，5 個超過 80 歲，兩個超過了 70 歲。

從事什麼職業對一個人的身體健康以及思想都有很大的影響。科學家因為一心一意追求真理，身心處於和諧狀態中，因此都能長壽。

世上有許多職業充滿了危險，但依然不乏從業者。比如：磨製鐵針和刀叉的工作。從事此類工作將吸入大量鐵屑粉塵，導致嚴重的肺部疾病。

很多從業者不到 40 歲就一命嗚呼了。許多人犧牲健康從事這類工作，為的就是高薪資，而且他們為了薪資不至於減少，甚至不願意採取保護措施。在法國，醫學界對在火柴廠的工作進行了調研，發現他們的工人大多沒有牙齒，甚至患上了骨頭壞死症。

在 34 年零 8 個月的時間裡，麻薩諸塞州死了 16.7 萬人，其中 801 人還不到 20 歲。他們從事的職業是導致他們早逝的重要原因。而麻薩諸塞州的人均壽命僅 51 歲。那些從事農業工作的人則平均能活到 65 歲以上，比例占了這個州人口的五分之一。

我們在農村裡看到的老年人要比都市裡的多，因為農村人的平均壽命要比都市裡的人還長。農村人因為經常進行戶外運動，呼吸新鮮空氣，所以吃得香睡得沉。跟都市人相比，他們少了許多摩擦，少了焦慮，也不必面對激烈的競爭。然而長壽的敵人即使在農村也很難避免。因為人不僅是靠麵包活著的，精神狀態也是維繫身體健康的重要因素。在都市，有圖書館，有講座，有布道，有社團活動，生活相對農村要豐富多彩得多。雖然農村生活遠離都市的喧囂，但農夫往往卻不比科學家或者教授活得更長壽。

毫無疑問，理想和成功能夠延長生命。只要我們不做犧牲健康追求財富的事情，人在得意時候更容易長壽。湯瑪斯·西金森列出 30 名 18 世紀最著名的神學家，計算出他們的平均壽命長達 69 歲。

在 1,000 名礦工中就有超過 600 人是因得肺結核而死的。歐洲的監獄因為衛生條件差，空氣不流通，61%的犯人因犯肺結核死去。在巴伐利亞修道院，50%的健康人進去不久便染上肺病，丟掉了小命。普魯士監獄也差不多是這種情況。汙濁的空氣、糟糕的衛生以及變質的食物是導致 20 歲至 40 歲之間的年輕人早逝的主要原因。西元 1892 年的紐約，五分之一的人死於惡劣的環境。在歐洲，這個比例還要更高些。以 1,000 為基礎，得肺病死亡的農夫有 103 名、漁夫 108 名、花匠 121 名、農場苦工 122 名、雜貨店老闆 167 名、裁縫 209 名、服裝店員 301 名、排字工人 461 名。

選擇一份不用在灰塵四起、毒氣飄浮的環境中工作的職業比什麼都重要。我們可以用一年的生命換來金錢，沒人會因此笑話我們，但如果選擇的職業會縮短你二三十年生命，那麼誰都會覺得你精神不正常了。

如果從事的職業需要耗費大量的精力和時間，甚至工作作息不規律，危害是很大的。西元 1895 年一位醫生說道：「6 年前在紐約俱樂部有 32 名全職運動員，3 個死於肺結核，5 個靠義肢走路，4 個還是 5 個失去了雙臂，3 個聽力嚴重受損。」帕登醫生是代頓市士兵之家的主治醫生，那裡 80%的病人都患有心臟疾病，不得不接受物理治療。

人體各項器官和功能都是息息相關的，牽一髮而動全身。訓練過度的運動員往往要付出身體、精神甚至道德健康的代價。我們身體的任何器官如果使用過度都會損壞，這是無法改變的自然定律。

人只有在大腦清醒的時候思維才會活躍。一個極度疲勞的腦袋，怎麼可能迸發思想的火花，寫出機智的文章，說出俏皮的話語？大腦是人所有器官中最晚發育成熟的，大概要到 28 歲人的大腦才發育完全，所以千萬不要在年輕時候思慮過度。很多人就是因為在學校用腦過度毀了一生。

腦力工作者無法一天連續工作太長時間。大腦在疲勞的時候會開始變得遲鈍和迷糊，工作效率也會相應下降。有人喜歡利用業餘時間進行文學創作，雖然經過了一天的勞累，大腦裡的文學細胞卻依然活躍，因為在其他細胞工作的時候，他們得到了休息。

思想家都有深切的體會，大腦在停止思考的時候並沒有停止活動。剛剛完成一項腦力勞動的人，往往在鬆懈下來時感到疲勞，此時他們學會讓一部分的大腦休息，另一部分的大腦再調動起來工作。用這種方式，他們為世界留下了寶貴的精神財富。野心勃勃的人想要持續耗費同一個領域的腦細胞，往往適得其反。和腦細胞無法承受長時間的工作強度，它們必須得到休息，否則很容易產生疲勞甚至發燒。

只有體魄強健了，大腦才能活躍。衛斯理在他 82 歲大壽時說：「現在的我跟 40 年前一樣強壯，能做一樣多的體力和腦力工作。」他 83 歲時說：「我創造了一個奇蹟。12 年以來，我沒有一次感到疲倦。」馬修斯說，人的身體一旦崩潰，意志也會跟著崩潰。肩上的重擔掉了，裡面挑著的獎品也跟著掉了。

身體健康是事業成功的保障。如果格萊斯通是一個孱弱多病的人，他能取得如此大的成就嗎？他馬不停蹄地工作，一會兒到希臘的科浮島演講，一會兒又到義大利的佛羅倫斯，結束了又要趕到德國會見俾斯麥，到巴黎用法語演講，回來還要處理國會那些堆疊如山的英語文件。

亞當斯喜歡在嚴冬時候跳進波多馬克河游泳。他瘦小的身軀隱藏著強大的意志，就像一把頭重腳輕的刀，刀身太重，刀柄太脆弱。不管刀刃有多鋒利，刀柄卻揮不動刀身。同理，意志再堅強、再果斷，心再勇敢、再有毅力，都得需要一副健康強壯的身軀才能承載。

任何使人身體以及精神疲勞麻木的工作都要敬而遠之。很少雇主會真正為了員工的福利考慮。他們才不關心員工是否把一生都花在打造針頭或者手錶螺絲呢。他們也不會在乎員工是否會在工作中接觸到有毒物質，或是吸入粉塵摧毀了肺部健康，縮短了生命，甚至導致身體殘障。

蓋基說：「勝利必定伴隨著失去。用健康交換黃金的人，做的是賠本買賣。用自由交換黃金，更是一種買櫝還珠的行為。用靈魂交換黃金，付出的更是做人的尊嚴，是內心的平靜，是自己的品格。」

大城市裡，很多人為了跟隨主流，犧牲了自己的天性。

逼迫員工自我墮落而非幫助他們提升的雇主，是在把員工培養成廢物。「要求畫家用褪色的顏料作畫，建築師用腐爛的石頭建房子，承包商用劣質的材料蓋大樓，無異於讓米開朗基羅用雪雕刻作品。」

拉斯金說，我們的時代傾向於把天才推向毀滅，以為是為了他們著想。我們強迫別人為我們工作，是為了自己，還是為了這個社會？如果你為了參加晚會，想要一條荷花褶裙，請裁縫師來幫你縫製，那不是你大公無私地花錢給別人飯吃，而只是為了你自己。所以千萬不要把貪婪和仁愛混淆了，甚至自欺欺人地以為自己欲望越多，就越能惠及底層老百姓，讓他們有工作做，有飯吃。那些在寒冬中冷得發抖的人，排隊等你高抬貴腳走出馬車。你身上的華麗並不是為了填飽他們的肚子，而是為了剝削他們的勞動力。

選擇高尚、對人類有益的職業。如果你發現你所從事的職業不具備這些特點，便應該當機立斷放棄。一旦你習慣了，便再也看不清你所從事的職業的本質。選擇職業的首要條件是發展前景。有些買賣就算讓古爾德來經營，也不會成功，就算讓皮博迪管理，也不會獲得別人的尊重。選擇的職業必須要有助於你的發展，可以提升你的知識水準和精神境界。也許你不會賺太多的錢，但你身為人有很大的進步，這點要比一切金銀財富、一切頭銜名譽來得重要。人格的成熟比事業的成功更為重要。假如你可以選擇不做那種低微甚至沒日沒夜的工作，千萬選擇離開。不要自我安慰總得有人做這些工作，捨我其誰。那就讓別人去做，但不是你。且不論一星期工作七天的不合法性，沒有休息的工作對人的身體健康會造成毀滅性打擊。更不要做日夜顛倒的工作，人應該在白天工作，晚上睡覺，而不是晚上工作，白天睡覺。

但依然有很多人為了賺錢，不惜犧牲做人的尊嚴，放棄自己的理想。

我們要記住自己的理想是什麼，而不是考慮當律師、當醫生、當科學家、做生意、做研究等職業有多麼賺錢。成為一個更好的人，你便是國王。

朗費羅說：「認識自己，找到自己的天賦。」

馬修斯醫生說：「沒有什麼比失敗更能叫人認清自己。」我們在找到適合自己的職業前，總是不斷在碰壁和失敗中逐項排除那些自己不適合從事的職業。只有經過了不斷的否定，我們才能找到最適合我們的職業。

有太多人因為覺得醫生和律師的職業充滿了榮譽而選擇它們。這多麼荒謬啊！這些人如果從事農業或者經營生意，也許會獲得巨大成功，卻選擇了在表面光鮮的職位上默默無聞。不適合自己的職業就算再榮耀，也只會讓我們變得更加暗淡無光。

成千上萬的年輕人在選擇專業時不是遵從自己的興趣，而是從將來畢業就業的角度考慮。什麼都了解一點卻又一知半解的學生不會優秀。值得注意的是，在巴黎，很多計程車司機在學校學的是神學。他們在學校的時候不是好學生，出來工作了也不是好司機。

湯普金斯爲了文學，
放棄他工作用的工具，
自我標榜是詩人，
然而，詩人也不得不靠縫縫補補吃飯。

千萬不要因為你家族經營的事業而選擇同樣的職業。也不要因為你父母希望你繼承家業便放棄自己的理想。更不要看到什麼職業賺的錢多或者你覺得那份職業受人尊敬便選擇了它。很多人都喜歡輕鬆簡單的鐵飯碗，殊不知這樣的工作對年輕人的損害也是最大的。

從事不合適自己的工作既損耗精神又打擊自信心，我們很容易覺得自己不如別人。因為我們選擇錯了職業，我們的人生變得灰暗，精神變得消沉。

怎樣才能幫助我們更快找到適合自己的職業？那樣我們在年輕還是充滿希望和熱血的時候，就走對了路，把精力投入到正確的方向。每天的工作都能豐富我們的人生！

事業失敗的人往往是因為選錯了職業。沒有找對位置的人往往不能發揮自身的最大才能。他違背自己的天性在工作，就像逆著河流往上划船，失敗只是時間問題。一旦他把力氣都用光，便只能順著河流往下漂流。如果一個人花費大部分力氣逆流而上，是不可能成功的。只有能夠讓他調動全部才華的職業，才算處於和諧狀態，才能獲得成功。

一個年輕人，難道會願意選擇一份讓自己丟掉人品，變得愛撒謊、會騙人、狡猾甚至失去身上所有高貴素養的工作嗎？難道他會選擇激發他獸性而非人性的工作？

選擇職業的最佳辦法就是問自己一個問題：「我的天性、資質適合這份工作嗎？我在這個職位上是否能夠發揮出所有天賦？」還是挪威諺語說得好：「毫無保留地善待朋友吧，因為他們會給你更多的回報。」我們能為自己做什麼，為了別人也能做到。只要想，我們為自己和為別人都可以發揮自己的最大潛能。為了朋友赴湯蹈火，也是為了自己好。我們不應該出於私利選擇職業。欺騙大眾即欺騙自己。

我相信在不久的將來，一定會出現專門研究兒童天賦所在的機構，到那時有經驗的專家學者便會幫助年輕人認清自己的所長，幫助他們選擇最合適的職業。有時候，我們理所當然認為的事情，不一定是對的。如果年輕時候就弄清楚自己擅長做什麼，一開始就挖掘自己的強項，並在將來越加得心應手，獲得成功的概率也就越大。這類機構可以幫助孩子們從小開始培養自己的天賦，越早確定職業通往成功的道路就越短。在人生初始時選擇正確方向很重要，越早走對路，需要付出的努力就越少。如果走錯了路，便注定一世辛苦。找對自己位置的人很少失敗或活得不快樂的。

一旦選擇了，就不要輕易回頭，堅持到底。不讓任何事情動搖你達到目標的決心，那樣你就算贏了。即便荊棘滿地，也不要因為短暫的挫折放棄你的目的。總是三心二意的人是不可能獲得成功的，堅持是唯一能夠讓你克服困難，得到勝利的辦法。這份堅持和堅定，能夠給予別人信心，從各方各面給予我們信念及道德支持。人們總能相信目標堅定的人，即使他們失敗了，人們也願意施以援手。人人都知道目標堅定的人是不容易失敗的。他們擁有勇氣、決心和毅力，成功所需的素養。

沒人強迫你一定要從事什麼職業，但既然你做了，就要做到最好。年輕人在適合自己的職位上奮鬥奮鬥的情景，比任何事情都叫人感動。我們工作的最終目的不是為了金錢和地位，而是想要獲得一種力量。品格擁有一股超越行業的力量。

加菲爾德說：「我懇請您不要止步於不能助你進步的職業。」我們選擇從事的職業一定要讓你有進步的空間，要讓你感到自豪，要給你足夠的時間提升自我修養和智慧，要讓你成長為更好的人。

人活著是為了成長，為了變得更加強大。我們從事的職業應該像所學校，助你成長，塑造更加完善的人格，並激發上帝賦予你的各項潛能，以達到身心和諧平衡。

不論你在什麼職位上工作，都要讓你自己超越你的位置、你的財富、你的職業、你的頭銜。我們必須努力工作、學習，避免陷入發展的桎梏。

> 宇宙之子伯克，
> 封閉了自己的思想，
> 放棄了人類的美德。
>
> —— 戈德史密斯

人應該有股向上的精神，向你打算從事的行業的前輩多加學習。我們在學習的時候應該問自己，我今天有進步了嗎？我們跟隨的老師是否心胸廣闊、聰明機智、崇尚自由？抑或他們只是工作上的傀儡，對社區毫無貢獻？千萬不要以為自己會是個例外。即使你意志堅定，能夠出汙泥而不染，也無法抵禦環境的影響。一個人從事什麼職業，就會被塑造成怎樣的人。

我們常常看見，一個躊躇滿志剛剛踏出大學校門的年輕人，因為選錯了職業，從一個陽光、慷慨、思想開放的人，變得「面目全非」了。曾經的寬厚和大方，變得狹隘和小氣起來，變得貪婪、刻薄、吝嗇。我們不禁疑惑了，難道幾年的光陰竟能使一個寬厚善良的年輕人改變如斯？他的品格經受不住金錢至上的社會浸染啊！

「我明白地告訴你吧，人各方面的能力如果得不到鍛鍊，就會腐壞變臭。人的想像力需要永恆做出努力來滋養，否則連你自己都不能理解。相信上帝和愛的人，做任何事情都不會沒有目標。」

站在高處的時候不要忘記自己的根本，在工作上做到事無鉅細都要是佼佼者。工作無小事，亞歷山大·斯圖亞特（Alexander Stewart）的成功便源於這條工作準則。他在紐約公司的包工頭死了，一個搬運工過來申請這個職位。斯圖亞特問：「你只是一個搬運工，憑什麼來申請這個職位？」搬運工說：「我知道。但我天天都觀察包工頭的工作，我知道各項工作細節，我認為我可以勝任這份工作。」斯圖亞特拒絕了他。這個搬運工沒有放棄，在別家成功申請到包工頭的職位，並最終成為這個領域的佼佼者。

很多事業上的失敗者，他們嘗試了各式各樣的工作，每一份工作都從頭開始，都從零開始，剛熬出頭了又換工作了。假如他們把那些個努力專注於一個方向，肯定能成功。他們就像那些設計引擎設計到一半就放棄的機械工，就在快成功的時候又轉去做其他事情，結果什麼都做不好。世上充斥了許多這種人。他們在離成功半步之遠時停下了腳步。他們就快是專家了，卻在中途放棄。我們許多人難道不是因為過早放棄與真理擦肩而過？自詡懂得一兩門外語實際上既不會寫也不會說。說是懂得兩門學科實際上連基本元素都沒有掌握。會一兩門藝術卻什麼作品都沒有。這種散漫的作風，事情未完成便輕言放棄的態度，永遠不可能在工作上領悟到細節的重要性。

小心看待多才多藝這個詞，許多前途無量的人便是栽在這個詞上。他們本來可以成為某個領域的佼佼者，分散精力去做別的事情，結果只能平庸一世。受多才多藝的光芒誘惑，毀了許多天才。試圖成為各領域專家的人，往往什麼也掌握不了。美國某著名製造商說：「什麼都懂一點的人也許在我這一代還有機會成功，但在製造業是絕對不可能的事情。」

梭羅說：「人學識的深淺取決於他選擇放棄多少學科。」在給船製造指南針的工廠裡，還沒有磁化的指南針指向各個方向。但是一旦它們受了磁化，便好像被一種力量吸引，指針只朝北指。人也一樣，需要有一個職業的目標，才會永遠只有一個方向。

一個實事求是的人，一個精力充沛、兢兢業業的人，再擁有一份自己喜歡的工作，就好比把一棟房子建在踏實的土地上。而幻想家則把城堡建在虛無縹緲的空氣中。前者在銀行累積了幾千塊錢資產，後者在想像的王國裡當百萬富翁。幻想家只有在睡夢中口袋才是鼓的，醒來後發現自己一無所有。

把你的人生、精力和熱情都奉獻給那份你能勝任的工作吧。卡農·法拉說：「人生最大的失敗，在於對自己不誠實。」

柏拉圖說：「讓各行各業的人遵守職位、恪盡職守，無論成功或失敗，都能夠問心無愧。」

「只有責任，是我永遠需要承擔的。」

喬治·麥克唐納說：「知道自己接下來要做什麼的人是幸福的。沒有人能夠同時做兩件事情。」

盡最大努力把事情做好，
天使也挑不出毛病。

——揚

愛默生說：「總會有屬於你的事業，就像菲迪亞斯的巨鑿，埃及的泥刀，摩西或但丁的筆。屬於你的將與眾不同。」

# 第十九章
# 做有主見的人

有主見的人能夠改變世界。

希望完成自己人生使命的人只能擁有一個目標，一個想法，指引並控制他的全部人生。

—— 貝特

對理想的渴望，是人生之美好和祝福。

—— 吉恩·英格婁[362]

深遠的理想，讓人遠離荒謬。

—— 斯圖亞特·莫爾[363]

理想的聲音蓋過大炮，思想的力量賽過軍隊。遵守原則比騎士和戰車更能帶來勝利。

—— 帕克斯頓

某富人和發明家向波士頓樂器廠商阿瑞斯·大衛斯詢問如何製造編織羊毛的機器，阿瑞斯反問：「為什麼要為一臺編織機煩惱？自己製造一臺縫紉機不就好啦？」發明家答道：「我也希望可以啊，但就是做不出來。」阿瑞斯說：「誰說的，我都可以做出來。」富人說：「好，如果你做出來了，我獎勵你一筆財產。」阿瑞斯的話只是一時逞能，然而他的想法卻被一個20歲的年輕工人聽進了腦裡，並發明了縫紉機。

這個年輕人名為埃利亞斯·豪[364]。他不像表面看上去那麼木訥，他對機械很感興趣。4年過去了，他以週薪9美元養活妻子和3個小孩，從一個無憂無慮的男孩成長為有思想、勤勞負責的男人。然而自己動手製造出一臺縫紉機的想法並沒有離開，反而與日俱增。他最終下定決心動手了。

經過幾個月的努力，他終於成功讓一根針指向兩端，同時進行縫紉。他靈光一現，也許還可以補上一針呢。於是發了瘋似的沒日沒夜工作，直到把模型做了出來。他在他的腦海裡看到了成果，但是資金不夠，他父親的資助不足以讓他完成這個實驗。他的一個老同學喬治·費希爾在劍橋從事煤炭和木材的買賣。他同意資助埃利亞斯500美元，但要求獲得埃利亞斯創造的一半專利權。西元1845年5月，機器完成了，7月，埃利亞斯用

362 吉恩·英格婁（Jean Inglow, 1820-1897），英國詩人、小說家。
363 斯圖亞特·莫爾（John Stuart Mill, 1806-1873），英國哲學家、經濟學家。
364 埃利亞斯·豪（Elias Howe, 1819-1867），美國發明家。

這臺縫紉機給費希爾、自己還有別人縫製了兩套羊毛衣。這臺縫紉機至今仍保留著，依然可以在一分鐘內縫上 300 針，被公認是世上最完美的發明之一，甚至比後來發明的其他縫紉機技術還要精良。

普爾曼堅信商業價值創造美。由他設計建造的城市以他的名字命名。同樣，他設計的汽車展現了他的信念。他認為，給予員工一個舒適雅致的工作環境是一項報酬率高的投資。因為，普爾曼城也是一座乾淨、整潔、舒適的城市。

有想法，再把想法付諸實踐，改變了基督世界的樣貌。希臘哲學家早在千年前就產生了用蒸汽機的想法，只是千年之後才有人將這種想法付諸實踐。

17 世紀，英國打鐵匠紐科門（Newcomen），一個看似與機會無緣的年輕人，懷著用蒸汽推動活塞運動從而產生發動力的想法，用了 30 英鎊買來煤炭，製造了相當於一匹馬動力的引擎。而瓦特，一個貧窮沒有受過任何教育的英國男孩，不得不走在倫敦街頭絕望地尋覓工作，完善了現代蒸汽機的模型。格拉斯哥大學的一名教授給他提供實驗室。瓦特利用沒有工作的閒置時間，把廢棄的玻璃瓶作為蒸汽記憶體，空心藤條作為輸送蒸汽的管道，開始了實驗。他用在活塞完成三分之一或四分之一運動的時候切斷蒸汽供給的辦法改進紐科門的發明，留在裡面的蒸汽繼續推動活塞運動，但至少節省了四分之三的蒸汽。身處艱難困苦的瓦特沒有像別人一樣灰心喪氣，反而更加發憤。他的妻子瑪格麗特在他身邊鼓勵他。她在倫敦賺錢養家時寫信給瓦特道：「就算引擎不會轉動，也不要對自己絕望。」

瓦特說：「在一個晴朗的安息日中午，我出門散步經過一家洗衣店。當時我在思考引擎的問題，突然靈光一現，如果將汽缸用導管連接起來，那麼在蒸汽進入汽缸前，不需要冷卻汽缸蒸汽也會凝結成水。」一個簡單的想法，給瓦特的實驗帶來重要的價值。詹姆士·麥金托什評價這個貧窮的英國男孩：「走在全世界發明家的前面，甚至超越了歷史。」

喬治·史蒂文森[365]在煤礦上工作，每天賺得6便士，晚上再給工友補衣服修鞋子賺外快。他把賺來的錢全都用來上夜校了，還把第一筆薪資150美元拿給他父親還債。人人都認為他瘋了，說他的蒸汽機產生的火花會讓整棟房子都著火的，那些煙會汙染空氣的，馬車匠跟車夫都會因為找不到工作而餓死。3天以來，眾議院不斷給他提問：「假如一頭乳牛走在高速行駛的蒸汽機車對面，豈不是要發生可怕的事故？」史蒂文森承認道：「是的，確實非常可怕。」政府調查員繼續說道，假如火車真的可以達到10英里每小時的速度，他就把蒸汽機吃掉。

英國西元1825年3月的《季刊評論》上有作者發表文章嘲笑道：「有什麼比說火車的行駛速度能夠達到馬匹的兩倍更可笑和荒唐？」「我們應該期待，不久之後伍爾維奇的居民就不再需要擔心被逼坐上火箭速度的火車，因為一個那樣的機器根本不可能達到這個速度。我們相信，國會會限制火車速度至八十九英里每小時。我們也同意希爾維西特先生的意見。」這篇文章刊登在史蒂文森用他新發明的引擎拉動車子，並跟利物浦和曼徹斯特軌道上用馬拉的火車相比時。一家公司將這篇報導反映給英國兩位最著名的工程師，他們認為蒸汽機的使用只能是放在兩臺相隔1.5英里遠的車廂之間，中間還必須用繩索連著。史蒂文森懸賞2,500美元，激勵他們對蒸汽機改造。決賽的晚上，很多人都前來觀看了比賽。持久號的速度僅僅為6英里每小時，桑施帕賴爾號速度達14英里每小時，然而因為排水管燒焦失去比賽資格。創新號雖然也做得很好，但排水管也燒焦了。只有火箭號最後以15英里每小時的速度成功，最高時速甚至達到了29英里。史蒂文森採用了天才瓦特棄用的裝置，並添加在車輪上，打破了最前線工程師關於火車的悲慘預言。

---

365　喬治·史蒂文森（George Stephenson, 1781-1848），英國機械工程師、發明家，他建造了世界上第一條公開鐵路。被譽為「鐵道之父」。

在人類發明史上，沒有誰的故事比約翰·費奇[366]更悲慘。他要長相沒長相，要學識沒學識，家庭貧寒，生活困難，死的時候也是兩腿一伸什麼都沒有。然而，他卻是一個真正的發明家。他發自靈魂地喜歡發明創造。他自己也說，在遇到經濟瓶頸時，讓他割掉下肢就能換來 100 英鎊他也願意。為了建造他的蒸汽船，他在國內甚至到法國到處借錢希望得到贊助。他說：「我們也許不能活到看見蒸汽輪船航行在西部河流、從紐奧良開至惠靈的那天，看不到蒸汽輪船漂洋過海的英姿，但要相信，那一天總會來臨的。我約翰·費奇會被世人遺忘，但總會有人繼承我的遺志，他會變有錢人，會成為偉人。」他在貧窮、被人嘲笑、得不到贊助的情況下，於西元 1790 年在德拉瓦州成功造出了世上第一艘蒸汽船。這艘船能逆浪以每小時 6 英里的速度前進，順風時候的速度甚至達到了每小時 8 英里。

西元 1807 年 8 月 4 日，星期五中午，人群圍在哈得遜河碼頭邊好奇地觀望。他們想要親眼見證一個怪人的失敗。他居然說要將他們全部人員順著哈得遜河載到奧爾巴尼，用一艘名為「克萊蒙」號的蒸汽輪船。有誰相信這種荒誕的事情嗎？不揚帆就想航行在湍急的哈得遜河？有人說：「那傢伙的船非得崩潰不可。」有人說：「我覺得會著火。」還有人說：「這樣的船肯定會沉。」當時沒人聽說過用蒸汽推動船航行。絕大多數人認為製造這艘船的人肯定是被人給騙了，要麼是傻瓜要麼就是瘋子。然而當乘客上船後，登船板被拉了起來，蒸汽機發動了。隨著傳動桿的轉動，「克萊蒙」號向前出發了。船逆著河流向前行駛，打破了一口斷定它不夠動力逆流而上的預言。它的主人，那個從小就堅信沒有辦不到的事的小男孩，獲得了巨大成功，向世人展示了蒸汽船的實用價值。

即使是像富爾頓這樣為人類事業做出偉大貢獻的人，也難免有遭到攻擊的時候。只要一提到他的名字，迎面而來尖銳的批評聲。世人責備和刁

---

366　約翰·費奇（John Fitch, 1743-1798），美國發明家、鐘錶師、企業家、工程師。

難的人，往往都是對人類有突出貢獻的人。

紐哈芬的查爾斯·固特異[367]與貧困鬥爭長達11年之久，才將印度橡膠推廣普及。他負債累累地蹲監獄，將家裡的衣服和妻子的珠寶拿去典當換麵包，以免自己的孩子餓死家中。他的鄰居喊他瘋子，指責他置自己的家庭不顧。他終於領悟到將橡膠硫化的原理，並發明了橡膠的500種不同的用法，雇用了6萬名員工。

帕里西則沒有那麼幸運。他為了找回遺失的琺瑯陶瓷技藝，親自背磚煉爐，眼看著自己的6個孩子死於飢餓。他的妻子衣衫襤褸，對自己的瘋子丈夫徹底絕望了。他的鄰居都譴責他對家庭沒有責任感，他自己也變得骨瘦嶙峋，因為付不起薪資，把自己的衣服都變賣出去。他一次又一次地失敗，一次又一次地希望，最終完成他的傑作，獲得了回報。

看到德國統一是俾斯麥最大的心願。這個身強體壯的獨裁者年復一年地否決反對派提出的方案，並不顧一切反對，將反對他的人遣送回家。他一個人控制著德國的命運。在他的統治下，德國成為歐洲最強大的國家，相比拿破崙和亞歷山大，他更想讓普魯士國王威廉成為更有力的統治者。不論是人民、國會還是別的國家，都不能擋他的道，必須臣服於他的意志。當時的德國掌握了世界話語權，凡是不聽他話的，都被他的鐵蹄踏破。

但丁被冤枉犯了貪汙罪，法院判決活活燒死他。他流亡期間形容枯槁，面黃肌瘦，卻從不放棄自己的理想。他全身心投入詩歌創作，堅信正義的世界終會獲勝。

哥倫布被推向輿論的風尖浪口，被嘲笑為不切實際的夢想家和探險家。據說連孩子都把他視為瘋子，看到他經過掀起額頭表示侮辱。

一個老人和一個孩子想要救贖世界！穆罕默德花了3年時間感化了13

367 查爾斯·固特異（Charles Goodyear, 1800-1860），美國發明家，發明了橡膠硫化法，並獲得此專利。

個信徒，召集 40 個親戚開會，試圖讓他們也信仰阿拉。然而只有年僅 16 歲的阿里受到了感召。整個會議以笑場結束。穆罕默德沒有因此放棄信仰，繼續行走至麥加布道。只要有人聽，他就說，甚至死亡的威脅都無法動搖他的決心。他不得不躲藏在洞穴裡，逃亡各地。經過了 13 年的艱辛，他遇到一群野蠻人，想把他殺死。穆罕默德於是穿越戈壁沙漠，走了兩百英里的路程才從敵人的勢力範圍內逃出。伊斯蘭教的紀元便是從這次逃亡開始。接下來的 10 年，他傳播了阿拉之音。不再有人嘲笑他，他改變了世界。思想的力量便是如此偉大，一個堅持不懈的男人，帶著一個信念，建立起堪比羅馬的帝國。

擁有堅定信念的人通常只是少數人，而大自然只讓最合適的人生存。穆罕默德的信念不是別人的嘲笑、生活的艱苦或者貧窮和失敗就可以打敗的。他帶著這個信念邁著堅定的步伐前行。在這片充滿機會的土地，崇尚著自由和文明，一個沒有受過教育的孩子，就這樣帶著堅定的信念，單槍匹馬地闖蕩世界。

一個美國人受邀跟德國著名自然學家歐肯[368]進餐。叫這個美國人驚訝的是，歐肯的晚餐既沒有肉類也沒有點心，只有烘烤的馬鈴薯。像他那樣的名人竟然為了晚餐的簡單向客人道歉。歐肯的妻子解釋道，因為歐肯的收入很少，歐肯又要買許多科學書籍和儀器，所以每天的飲食安排都盡量做到簡單經濟。

在發現乙醚之前，病人暈倒都得等上一個星期甚至一個月的時間才能甦醒。有時為了減輕病人術後的疼痛，不得不過量使用藥物，有時甚至使用超過 500 滴的劑量，導致病人昏厥。摩頓醫生從年輕開始便相信大自然一定存在一種藥物能夠減輕人類的痛苦。他不是化學家，沒有受過正規的訓練，不知道怎樣提煉化學成分，該怎麼辦呢？他沒有向書本求救，也沒

368　歐肯（Lovenz Oken, 1779-1851），德國博物學家。

有尋求專家的意見，而是馬上著手開始從最常見的物質做起了實驗。他的麻醉劑實驗差點讓自己也中毒了。但他絲毫沒有放棄，最終從一些能使人神經麻醉的植物中提煉出乙醚。

既沒有資金也沒有影響力是很難開展一項大家都認為愚蠢沒有前途的工作。幸而有不少人帶著一顆勇敢的心和堅定的決心勇於與世界抗爭，奮勇挑起推動人類進步的責任。成功，不是命中注定的。

法蘭西斯·威拉德憑藉一種信念，創建了國際婦女戒酒協會，並以一條白絲帶作為會徽。對於成百上千的婦女以及她們的丈夫、家人而言，這條白絲帶代表了純潔、遠離酒精的生活。文森特主教秉著改變世界的偉大理想，創辦了肖托夸夏季教育集會，克拉克醫生則發起基督教奮進協會。克萊拉·巴頓[369]在南北戰爭時期，看到醫院的不足。為了消除戰爭，她創建了紅十字會，並在全世界推廣。儘管遭受世人的嘲笑，她的理念還是在各國得到回應。

英國科學界的權威克耳文（Lord Kelvin）爵士宣稱，西元1894年最偉大的科學發現便是對空氣組成元素的新發現。實驗表明，我們呼吸了上萬年的空氣，含有一種很特別的成分——氮氣。氮氣的發現經歷了漫長的過程，是羅利爵士工作了12年意外得到的成果。羅利爵士對知識孜孜不倦地追求給他帶來了名聲和財富。工作接近尾聲時，一種不知名的氣體終於被提煉出來了。正是由於羅利忘我的工作態度，才為人類發現了氮氣的存在，也給自己贏得持久的名聲。

千百年來，推動人類進步的人在他們鄰居眼裡都是一群失去理智的人。諾亞建造了諾亞方舟，摩西跟以色列人通婚，耶穌為了拯救人類獻出生命又獲得重生。對於他們這些行為，受過教育的富人有的反對有的同情。然而不管在哪個年代，都有男男女女甘心情願為了理想忍受貧窮、嘲

369　克萊拉·巴頓（Clara Barton, 1821-1912），美國護士、教師，創建了美國紅十字會。

笑、艱苦的生活、苦累的工作甚至死亡。他們從襁褓走向墳墓的路上，心中的理想便是他們的陽光和慰藉。一個沒有理想、沒有想法的人，是不可能為人類事業貢獻什麼力量的。

擁有不凡能力的聖保羅，放棄在猶大公會的領導地位，甘心為了理想過上住帳篷吃麵包的漂泊日子。他在凱撒利亞坐了兩年牢，在羅馬坐了一年牢，身上有多處鞭傷，遭受猶太人的憎恨，甚至有 40 個猶太人發誓不把他殺死便不吃不喝。然而，正是他心中的理想支持他承受這一切，勇敢、快樂、有骨氣地進行抗爭。

詹納在給一個農村女孩看病時，女孩說道：「我已經得過牛痘了，不可能再患天花。」女孩的話給予了詹納一些啟示。他於是瘋狂研究關於防止瘟疫擴散的理論。他的學生因為他的理論甚至威脅要聯名驅逐他出校。他用自己的手臂做實驗，花了 3 年時間證明自己的理論是正確的。倫敦的每一個醫生都不同意他的觀點，每一個學生都抵制他上課。傳言說接種疫苗的孩子會變成牛臉，從膿瘡裡長出角來。第一批接種疫苗的病人走在街上甚至被人襲擊和驅趕。然而幸運的是，詹納活到看見他的理論被全世界認可的那天。他造福了全人類。

比徹在成功之前經歷了無數次的挫折和失敗。在這些為原則和真理戰鬥的日子裡，他單槍匹馬地與世俗的偏見、狹隘以及盲目作鬥爭。他在責任面前從來不猶豫不決。對他而言，在對與錯之間沒有灰色地帶，在原則面前沒有妥協。他有自己的底線，從不為了博得大眾掌聲違背自己的原則。責任和真理便是他人生追求的目標。他寬宏大量，沒有憎恨之心；慈悲為懷，不想報復仇人；心胸開闊，不會嫉妒別人。

《一千零一夜》裡的故事反射了如富蘭克林、莫爾斯、固特異、斯托夫人、阿莫斯、勞倫斯、愛迪生、貝爾、比徹、麥克考密、郝等偉人的故事。他們是一群為了理想奮不顧身之輩，他們推動了人類醫學、人類的精神文明的發展以及人類生存環境的改善。

世上還有許多發明創造等待人類去挖掘，等待具有獨立思想，勇於挑戰難度的人，創造出更多更美好的東西。

有人也許要問了，那我怎樣才能靈光一現獲得那麼多想法呢？隨時打開你的思維，觀察和學習！更重要的是勤思考，然後行動！

# 第二十章
# 下定決心

不認真對待人生目標，意志力不夠堅定，或者過於中規中矩的人，只會失去對自己人生的掌控權。

只要下定了決心，你就是自由的。

——朗費羅

人類語言中含義最豐富的詞往往也是最簡單的：「是」和「不」。「是」代表意志的屈服，「不」代表拒絕和否認。前者滿足了別人的要求，後者則代表了自己的個性。堅決說「不」是個性強悍的展現，輕易說「是」的人則是軟弱的。

——芒格

我們的世界處處存在交易，任何東西都有各自的定價。我們是要用時間、勞力、創意、金錢、名譽、良知還是知識去換取，都需要我們做出決定。我們不能再像孩子一樣，端著自己碗裡的，還羨慕別人鍋裡的。

——馬修斯

人應該學會主導自己的事業，而不是讓事業主導自己。就算是犯錯，他也必須自己決定犯什麼錯。

——阿莫爾[370]

一旦決定了，就不要再等待和猶豫。跟隨你的心走吧，這樣你便能得到所有的祝福，這是一個罪人無法企及的。

——基布爾

眞正成就藝術家的，不是那些不穩定的幻象和觸覺，而是在畫布或大理石上清晰的思路和堅定的下手。

——霍姆斯

人應該在年輕時候做出人生的重大決定，成年後實施之。到了中年才決定改變人生軌跡是件可怕的事情，因爲屆時人的黃金時間已經過去了，精力也衰退了。

——白朗寧

謹愼考慮，果斷行動；有自尊地屈服，堅定不移地反抗。

——科爾頓

羅馬在共和國期間，曾經遭受高盧人的圍攻。面對高盧人的逼近，

370　阿莫爾（Philip Danforth Armour, 1832-1901），美國商人，阿莫爾食品公司的創建人。

羅馬人企圖用黃金買來和平。傳說中，就在這個時候，卡米盧斯[371]站了出來，舉起劍號召羅馬人要反抗，要拿起武器，不要為了和平一味妥協。他的勇氣和強烈意志感染了整個羅馬城，使得羅馬人團結一致打倒入侵者。

發生事故的時候，如果出現一個果敢、向上的人，便能改變事態的發展。這樣的人就像一縷清風，能給猶豫不決的人群打一劑強心劑。跟隨他，彷彿就能看到勝利在招手。

安條克·埃皮弗內茲[372]入侵埃及時，埃及還活在羅馬的庇佑下。羅馬於是派出使者要求正在逼近亞歷山大港的安條克四世停止進攻，卻被入侵者搪塞過去了。勇敢的羅馬使者拔出利劍，在國王四周畫下了一個圓圈，要求國王馬上答覆，否則不能走出圓圈。面對使者的無畏和堅持，安條克四世無奈答應撤兵。一場戰爭就此避免了。羅馬人因為果敢的個性，贏得了許多戰爭，成為世界霸主。世界史上，許多偉大的成就，都是在果斷、迅速的抉擇中才得以完成的。

在活著的世紀留下痕跡的人，一定是能夠做出果斷決定的人。他們一旦決定做某件事情，馬上就會著手去做，而不是猶猶豫豫，把時間花在兩條道路的抉擇上。猶豫不決的人，往往不能為自己做主，反而受制於人。這樣的人，不是一個獨立自主的人，而是一臺衛星接收器，傳達別人的意願。有主見、果斷行動之人，是不會等到天時地利人和了，才著手開始。他們不受制於事件本身，而是讓事件屈服於他們的意志。

優柔寡斷之人往往最容易受他人意見所左右。這樣的人即使知道什麼是對的，也容易朝著錯誤的方向行進。一旦有人跳出來反對，他就開始懷疑自己。

凱撒來到劃分高盧和義大利的魯比孔河邊，在沒有得到議會的決議通

371　卡米盧斯（Marus Furius Camillus），古羅馬政治家與將領。約活動於西元前5世紀至西元前4世紀前後。
372　安條克·埃皮弗內茲（Antiochus IV Epiphanes, 西元前215- 西元前164），希臘化敘利亞王國的塞琉西王國國王，安條克三世之子。

過就入侵高盧的計畫在他心中還是猶豫了一下。然而，這個偉大的軍事領袖立即就下定了決心，不再猶豫。「捨我其誰？我的命運就是國家的命運。」他帶領他的軍團衝過魯比孔河，高呼：「我們視死如歸！」就因為那一瞬間的抉擇，人類的歷史被改變了。那個說著「我來到，我看見，我征服了」的人，並沒有猶豫太久。他就像拿破崙，擁有選擇一條道路並堅持下去的力量。凱撒帶領他的軍隊第一次踏上英國的土地，遭受當地居民的頑強抵抗。凱撒清楚地知道，如果不能獲取勝利，他和他的士兵面臨的只有死亡。為了斷絕後路，他甚至破釜沉舟，燒毀了所有的船隻。沒有退路了，要麼打勝仗，要麼兵敗死亡。正是這種堅決和果斷，成就了這名偉大戰士的豐功偉業。

在《失樂園》裡，撒旦被驅逐出天堂，絕望中滋生出一種類似於欽羨的心理。經過了幾分鐘可怕的沉默，他重拾不屈服的精神，留下了一句悲壯的話語：「無論身處何方，我都不會改變我自己。」

能夠下定決心追尋某一條道路的人，能夠為此否定所有反對聲音的人，能夠犧牲其他考慮，永遠不給它們機會讓你分心的人，便具備了獲得成功的力量。有的時候，想得越多，失去的也就越多。總是在猶豫不決，時進時退，拖拖拉拉和權衡掂量中虛度光陰的人，是不會有任何成就的。這樣的人心中累積了負面能量，沒有足夠的正面能量幫助他實現目標。他們對自己都信心不足，更不用說獲取別人的信任。積極向上又果斷勇敢的人，擁有一種力量，助他們事業成功。對於這樣的人，你可以從他們的精力旺盛程度估算出他們能夠取得多大的成就。

多虧了菲爾·謝里登[373]的果斷抉擇，一支盛載榮譽的軍隊免遭敗軍之辱。他遠在百里之外，就聽見大炮的轟鳴聲，知道軍隊正在熱戰之中。他馬上策馬狂奔，一路跑下溫徹斯特路，攔截從敵軍處逃跑出來的士兵。他

---

373　菲爾·謝里登（Philip Shendan, 1831-1888），美國南北戰爭時期聯邦軍將領。

高高站在馬鞍上，大聲喊道：「停下來！停下來！向右轉，都跟我走！」他衝在最前方，帶領他的軍隊，以他的堅定和果斷給絕望的士兵帶來了希望。很快，在他的帶領下，敗潰的逃兵拿出剛剛逃跑的力量，以排山倒海之勢撲向了敵軍。因為有了堅定的領袖，他們沒有變成可悲的逃兵，反而取得了引以為豪的勝利。

據說亞歷山大大帝被問及征服世界需要擁有什麼特質時，回答道：「堅定不移，不猶豫。」

午夜時分，史蒂芬·惠特尼號撞到了愛爾蘭懸崖邊上。那些在輪船撞擊瞬間馬上跳向懸崖的人全部獲救。而那些遲疑了剎那的人都遇難了。在撞擊的瞬間堅定跳上岩石的人撿回一條生命。而在生死關頭還猶豫的人又被返回來的浪花打回大海，消失在茫茫大海中。

果斷是獲得成功的前提，優柔寡斷者很少能夠成功的。只有當機立斷，能夠為了達到目的不惜犧牲其他的人，才有可能抓得住機會。良機難覓，而且轉瞬即逝。

約翰·福斯特說：「不能自己拿主意的人，嚴格來說並沒有自我。任何比他強勢的人都可以將之玩弄於鼓掌間。」

拿破崙說：「我很少遇見能在突發事件面前呈現出道德勇氣的人。在不可預見的事件面前，更能看出一個人的判斷力和決斷力。」

守時的人從不拖拖拉拉浪費時間，因而比那些對任何事情都再三權衡和思量的人節省了更多的時間和精力。

果斷並不代表急躁。真正有主見的人因為知道自己想要什麼，往往比那些總是猶豫不決和拖拖拉拉的人更容易做出決定，因此做的事情也更多。拿破崙和格蘭特正是受益於此，多次因為果斷抉擇拯救了軍隊。拿破崙曾說，一場戰役可以持續整整一天，然而真正決定勝負的時間卻只有短短幾分鐘。在那關鍵的幾分鐘裡做的選擇，決定了戰役的勝負。這個征服了整個歐洲大陸的人，不論在指揮軍隊的細節上，還是在重大戰役中，都表現出果斷和堅定不移的作風。

他目標之堅定，行動之果斷，使他獲得了震驚世界的成功。他似乎無所不在，一天內能完成許多事情，讓所有認識他的人都驚嘆不已。他充沛的精力使他的軍隊為之一振，又重新充滿了力量。即便是面對最萎靡不振的隊伍，他都有能力使之士氣高漲起來。他說：「『如果』和『但是』都是過氣的詞彙了，我們做任何事情都要求一個速度。」只要有需要，他可以在騎行了一兩百公里後通宵不睡，部署軍隊的通訊、派遣等安排。他值得所有優柔寡斷和三心二意的人學習！

那些嫉妒他的副官和士官認為他之所以成功，是因為運氣好。他們認為他騎馬從西班牙趕回巴黎是極其愚蠢的行為，因為路程長達 85 英里，需要在馬背上顛簸 5 個小時。歷史常常因為一個果斷的決定，或者一次迅速的行動，改變了行進的軌跡。相反，也有很多時候因為一些主帥的猶豫，部下的拖拉，導致成千上萬條生命的消逝，成百上億的財產損失。

莫特利說：「查爾斯五世因為疑心太重，猶豫不斷，導致整個文明世界命運之改變。」

華盛頓在群眾中的影響力之大，連傑弗森都要在議會休庭期間寫信給巴黎的門羅道：「這次議會又驗證了一個真理，正如我時常告訴你的，只要一個人有勇氣堅持己見，他的影響力足以壓倒所有人。共和黨終於放棄了他們自己的觀點。」

世上沒有一種職業和工作是容易的。年輕人若每次遇到困難都退縮，很難獲得成功。沒有堅定決心之人是很難集中精力從事一份工作，而專心恰恰又是成功的前提。一個人假如不能確定其人生目標，便很難專心致志地靜下心來從事一份工作。他的精力和力量都將分散給不同的事情，導致最後一事無成。這樣的人無法長期為一個目標奮鬥，因而很難成功。當他看見從事某項職業的光鮮表面，便覺得熱血澎湃，認為這是自己想要從事的職業，將其當成自己一生要追求的事業。過了幾天，等他遇到困難了，熱情便像蒸發掉了似的，開始懷疑起來，當初怎麼就蠢到誤把這樣一份職業當成終生事業了呢。他朋友從事的工作要輕鬆許多呀，也許更適合他也不一定。這樣想著，他便半途而廢，轉行做其他去了。

這樣的人終其一生都無法確定自己的人生目標，一旦看到別人的好，便心生羨慕。他們憑藉表面看到的印象和感受做出決定，而不是靠常識和理性的思考判斷。他們沒有做人的原則，你永遠不知道他們下次又跑到哪裡工作。今天也許還在這裡，從事著和你一樣的職業，明天也許就聽說他辭職了跑到另一個地方去了。他們輕易就能放棄在上一份工作中辛苦累積得來的經驗，因此從來不會在某項職業中走得多遠，從重複辛苦的階段跳入下一個對技術有更高要求的新階段。他們終其一生，只是在不同工作中跳來跳去，從來沒有在哪一份工作上有所發展。他們極少成功，也不會得到任何滿足感。

傳說有一位擁有法力的天才向一個漂亮女孩承諾道，只要她穿過一片玉米地，找到其中一個最大最飽滿的玉米，就能獲得跟這個玉米一樣大小的稀世珍寶。但前提是，她不能走回頭路。女孩於是一路往前走，途中雖然看見許多長得很不錯的玉米，但是她期待後面會有更好的出現，所以沒有摘下那些玉米。走到最後，她發現，前面的玉米是一個不如一個，個頭小得她都不想再去挑選，而前面走過的路又不能再回去了。最後，女孩只好兩手空空地走出了玉米地，什麼也沒有得到。

滿心只裝著一個偉大目標的亞歷山大大帝最終征服了世界；一心一意要向羅馬人復仇的漢尼拔甚至穿越阿爾卑斯山脈完成了他的計畫。當別人都在抱怨甚至打退堂鼓時，那些真正擁有偉大素養的人，正在默默地付出努力。切莫讓自己變成地上的枯葉，隨風一吹便飄向四方。沒有主見的人好比一個十字轉門，人人都可以從那裡通過，卻沒有人會因為它而停下。

阿莫斯·勞倫斯[374]說：「成功的真相是，凡是養成言必行、行必果習慣的人，必能走在時代潮流的前列。而那些做事喜歡拖拉不決的人，很快就會被時代超越，並遠遠拋棄。」

許多年輕人之所以迷失在城市裡，是因為他們不懂得對誘惑說「不」。如果在面對誘惑時，他們能夠在一開始就堅決說「不」，恐怕永遠都不會惹上官司。但他們不敢得罪別人，不喜歡拒絕別人，於是把自己推向毀滅的大道上。年輕時候叛逆過的人反而是更有主見的人。

從前，一個笨蛋和一個智者一起旅行，來到一條分岔路口 —— 一條是風景美麗的寬敞大道，另一條是崎嶇不平的狹窄小路。笨蛋想走那條平坦的路，然而智者知道，崎嶇小路其實才是最安全也是最快的。但是在笨蛋的叨嘮下，二人還是選擇了康莊大道。沒走多久，二人便遇到了強盜，不僅財物遭劫，還淪為強盜的俘虜。他們又遇到執行法律的軍官，連同強盜一起被押送到法官面前接受審判。智者認為笨蛋應該負起所有責任，因為是他非要走大道的。而笨蛋則辯解道，他只是一個笨蛋，身為聰明人的智者不應該聽從一個笨蛋的意見。最後法官處於他們兩人同樣的懲罰，說道：「明知是錯還去做，一樣是犯罪。」

優柔寡斷的習慣一旦形成，便極難改正。那些因為賭博輸掉人生的人，從來沒有下定過決心要把惡習給戒了。在他們知道該怎麼做之前，就已經賠上了自己。很多失敗者都是因為「虛度太多光陰」「落後於時代」「做事拖拉」「沒有志向」「缺乏勇氣」等。

韋伯斯特如此描述優柔寡斷、沒有主見的人：「他們就像不漲潮也不退潮時候的大海，僅僅是停在那裡猶豫著是要漲潮呢，還是退潮。」這樣

374　阿莫斯·勞倫斯（Amos Laurence, 1786-1852），美國商人、慈善家。

的人任憑命運的安排，常常活在對過去的悔恨和緬懷中，沒有抓住眼前的能力，無法讓環境位置服務。

懶惰、得過且過的人生終將衍變成一種麻木、無意義的生活。過著這種生活的人意識不到，他們習慣把所有事情都延後處理，耽誤的是自己的成功，自己能力和人格的提升。他們的懶惰甚至傳染給了周圍人。斯科特曾經警告年輕人要杜絕養成懶惰和拖拉的習慣，以免這種壞習慣滲透進生活的各方各面，從而毀掉一個原本前途一片光明的好青年。他說：「年輕人應該養成言必行、行必果的好習慣。」只有這樣，才能檢查出自己是不是開始變懶惰了。我們很多人每天因為賴床浪費了許多寶貴的時間，甚至因此錯過了事業的發展機會。

伯頓同樣克服不了這個壞習慣，直到他意識到賴床對他事業的危害，他才請求僕人答應每天早上無論如何要把他叫醒。他的僕人軟硬皆施，還是叫不起伯頓。最後不得已，想到如果叫不醒主人，自己不久也將飯碗不保，就端了一盆冷水，直接潑到主人的床上。伯頓馬上跳了起來。有人曾經問一個喜歡賴床的年輕人，怎麼可以在床上掙扎那麼久才起來。年輕人回答道：「我每天早上都要聽兩個聲音在吵架，一個叫勤奮的聲音喊我起床，另一個叫懶惰的聲音則讓我再睡一會兒。它們各自都能列出 20 多個理由，而我為了公平起見，每條理由都必須仔細聽取，最後做出判決時，都快吃午餐了。」

通常能夠果斷做出決定的人都是擁有健康體魄的人。歷史上這種人大多身體強壯。如果身體羸弱，很難支撐得起一個強勢的個性。只有身體強健，才能承受得起強硬的意志。伴隨著病弱或者死氣沉沉的身體，更多的是低落、脆弱的意志。沒有什麼能比果斷、堅定的名聲更能幫助一個年輕人從銀行那裡貸到款，從朋友那裡借到錢。做事爽快的人通常都能準時還錢，所以更能獲得信任。「踏入社會的第一件事就是要告知全世界，你的心不是用木頭或稻草做成的，其中更是含有鋼鐵的成分。」「告訴別人，你一旦做出決定，必定不再反悔，必定說到做到。即使困難解決了，你也絕對不會動搖。」

有些人在責任面前退縮了，他們害怕面對困難，被恐懼迷惑了雙眼，沒有勇氣清除眼前的障礙。對於事業、進步和成功，猶豫都是最大的敵人。他們不斷反省自我，卻從來不把精力放在行動上。他們總在分析、思考，卻不付諸行動。太多人在機會到來的時候，因為不能果斷抓住，錯失了人生唯一一次機會，從此一敗塗地。

據說拿破崙手下有一位軍官比拿破崙更懂得行軍打仗的戰略，但因為缺少果斷和專心的特質，無法像拿破崙一樣成為世界級的軍事領袖。格蘭特手底下也有好幾名將軍熟讀兵法，很好地掌握了國家的人文地理情況，甚至比格蘭特受過更高等的教育。正是因為他們缺少格蘭特在關鍵時刻臨危不亂的特質，永遠超越不了他們的將軍。格蘭特一旦做出決定，便像不可改變的宿命，沒有後路，也沒有重新考慮的可能。他的命令以最讓人印象深刻且強力的語言傳達下去。比如：他要求他的軍隊「無論如何也要堅持打下去，即使戰爭要持續到夏天也不能放棄」。而對對手伯克納將軍則發話要其無條件投降。格蘭特的命令給予整個北方軍隊以信心，不久叛亂就被平壓下去了。林肯手下的一名同樣擁有堅強意志和果斷精神的將領，讓北方盟軍第一次鬆了口氣。

能夠在這個競爭激烈的世界獲得成功的人，無一不是意志堅定、行動迅速之人。就像凱撒，他毫不猶豫地下令焚燒戰船，使撤退變得不可能。他將劍從劍鞘中拔出的瞬間，便將一切疑慮和猶豫都消滅了。跟納爾森將軍一樣，他將船桅染成血色，代表其不成功便與戰船同沉海底的決心。果斷與勇敢，成功幫助許多人度過最困難的危機。考慮過甚帶來的往往是毀滅。

# 第二十一章
# 精神的力量

精神強大，身體自然也就健康強壯。精神的力量遠比人們想像得要強大，不僅能夠使人煥發新生，還能延長壽命。

有誰懂得意志的力量？上帝存在於萬物的意志之中。人們之所以死亡，不是屈服於天使，也不是臣服於死亡，而是意志已太薄弱，再也無法支撐自己活下去。

—— 約瑟夫·格蘭維爾[375]

健康的肉體才是神聖的。女孩子們應該爲自己的體弱多病感到羞愧，沒有照顧好自己身體的人是愚蠢的，理所當然要受到處罰。

—— 切尼夫人

健康的願望是處方之一。

—— 塞內卡

是精神豐富了我們的肉體。

—— 莎士比亞

勇敢的靈魂會自己煥發香氣：
精神的高尚，
比任何膏藥更能治癒傷口。

—— 彼得·卡特賴特

有人曾對拿破崙說：「世界在我們的想像之中。」拿破崙回應：「人的意志可以統治世界。」

據《芝加哥論壇報》報導，牧師的妻子得知海希小姐生病不能正常演出後，跑去安慰她道：「聽說您病得很嚴重，明天甚至不能回到您常在的位置，我感到很難過。我急忙趕來就是想告訴您，請別為了明天頌歌的獨唱部分著急，古德曼先生已經安排了剛白夫人頂替您的位置。」「什麼？」這位女高音歌唱家聽完立馬坐了起來，道：「那個嗓子嘶啞的老女人要頂替我擔任領唱？我絕對不允許這樣的事情發生！」說完，她一隻手將纏在頭上的繃帶扯掉，另一隻手把身旁桌子上的藥掃到地上。她高聲道：「快去通知古德曼和指揮，告訴剛白夫人她不用麻煩了，我明天早上會到場的。」海希小姐那銀鈴般的聲音在屋裡迴響著。

醫學專家說，給一隻得急病死亡的狗輸入其他狗的血液能夠使牠重新復活。至少能夠再站起來並搖尾巴，儘管活不了多久。將四隻綿羊的血液輸入一匹 26 歲瀕臨死亡的老馬，能夠使之重新煥發生機。同理，一個

375　約瑟夫．格蘭維爾（Joseph Glanvill, 1636-1680），英國作家、哲學家、牧師、自然科學家。

無知、麻木、絕望、萎靡不振的靈魂，可以因為一個新的想法和感覺獲得重生。從而改變了整個人的精神面貌。這種狀態，我們比喻為「思想附身」。因為心中懷抱了偉大的想法，身體羸弱的人也會變得強壯，靦腆拘謹的人也會變得勇敢，搖擺不定的人也會變得堅定不移。

拉蒂默[376]、里德雷[377]以及上百個阿茲特克人被押送到火刑場，在火光的照耀下，木柴燃燒的劈啪聲中，一臉的寧靜祥和，以至於圍觀者為他們臉上掛著的微笑感到疑惑。西班牙人將他們趕到燃燒著的火炭上，折磨他們，逼他們說出墨西哥城的藏寶點。古爾特莫辛望向國王，請求國王允許他將這個祕密說出來，結束折磨。國王蒙特蘇馬面帶微笑地回視古爾特莫辛，哼哼道：「難道我們不是躺在玫瑰床上？」

印第安戰士在遭受嚴刑拷打時，會高聲唱起死亡之歌，讚頌自己的英勇事蹟。他們陷入一種癲狂狀態，毫無痛苦地死去。

紐約的一個屠夫飽受痛苦的折磨，來到藥房尋求幫助。在醫師的詢問下，他道出自己在懸掛牛肉的時候不小心從梯子上掉了下來，撞到了尖利的鉤子。當醫生將他的衣服脫下來時，他痛得呻吟不止，臉色蒼白甚至脈搏停止。面對這種情況醫護人員甚至不敢挪動他。然而檢查後發現，鉤子僅僅刺穿他的衣服，並沒有傷害到他的身體。他的疼痛完全是自己想像出來的。得知這點後，屠夫的痛也就消失了。

幾年前，巴黎有一個婦女在聖母院附近被狗咬傷，被送到迪厄醫院救治，很快傷口就痊癒了。數個月後，這名婦女在路上碰見她的學生，學生告訴她咬她的狗是瘋狗，為她的痊癒感到吃驚不已。這個可憐的女人一聽到這個事實，馬上就狂躁起來。等比誇醫生趕到時，她已經死了。

查默斯醫生坐馬車的時候，坐在馬夫旁邊，問道：「約翰，你為什麼

---

376　拉蒂默（Hugh Latimer, 1487-1555），英國都鐸王朝亨利八世的皇家隨軍牧師，文藝復興時期歐洲新教改革家。瑪麗一世在位時期他拒絕改變信仰，被以火刑處死。

377　里德雷（Nicholas Ridley, 1500-1555），英國國教主教大人。

要用鞭子狠狠地抽領頭馬的腿？」馬夫答：「不遠處有一塊白色的石頭，領頭馬害怕那塊石頭。我這樣做就是想用疼痛分散牠的注意力不再去害怕那塊石頭。」查默斯回去後馬上寫了一篇文章：《分散注意力治療法》。為了抵制誘惑，我們應該立馬轉移注意力。

拜倫小時候聽到一個占卜師預言他最多只能活到 37 歲。從此這個想法便常常縈繞在他的腦海。直到他病重時，他重新提出這個預言，一下把所有治癒的希望都打破了。他的醫師認為，正是因為這種消極的想法，消耗了拜倫與疾病鬥爭的能量。

相信每個醫生以及讀過醫學史的人都曾多次驚訝於精神的力量。人只要求生意志強烈，就沒有治不好的疾病。同樣，恐懼的力量也讓人印象深刻，足以使一個原本健康的身體生病，甚至走向死亡。醫生都知道，越是勇敢、意志力堅強的人，越是比那些軟弱、搖擺不定的人更能抵抗傳染病。拿破崙曾經到一所傳染病醫院去探望病人，那個地方連醫生都害怕進去，而拿破崙卻敢去握病人的手。他說，只要消除了對疾病的恐懼，就可以消滅病魔。

醫生告訴道格拉斯·傑羅爾德他時日不多了。傑羅爾德說：「要我留下一家子無依無靠的小孩死去？我絕對不會這樣做的！」結果，他多活了好幾年。塞內卡患上不治之症，然而他卻堅強地活了下來，理由如他自己說所說：「一想到我的死會給我父親帶來怎樣致命的打擊，我便不允許自己那麼快死了。」華特·斯科特 55 歲時欠下了一身的債務。他雖然身體不好，但為了還清債務，他重新振作起來。還債的決心給他的精神和身體都注入了一劑強心劑，他身上的每一個細胞都告訴他要把欠款還清，最終他也做到了。只要擁有堅強的意志，肉體便能百病不侵。強大的精神力量足以遏止住疾病的惡化，甚至拖延死神到來的腳步。

某個演員說：「我們不會生病的，因為我們不能。只有帕蒂及其他明星享有這樣的『恩賜』，而我們大多數人都沒有生病的權利。我們是絕對不能生病的。其實我也希望能像所有正常人一樣擁有臥病在床休息的權利，但我從來不那樣做。任何疾病在意志面前都會退卻，人的意志力是最好的藥方。我們劇團的工作人員都明白，為了工作，必須讓自己的身體保持高度運轉的狀態。」

一名走鋼絲的雜技演員飽受腰痛之苦，甚至不能下床行走。然而當他接到表演任務時，他集中全身的意志站了起來，扶著一隻獨輪小車重新走在了鋼絲上表演。表演結束後，他被搬到擔架上，現場人員描述當時的情景道：「他就像一隻結冰的青蛙那樣僵硬。」

洪保德說：「總有一天，病人會被視為可憎的小偷或騙子。他們的疾病完全是因為自己沒有運用好精神的力量所致的。」他的觀點有些極端了，但毫無疑問的是，精神對於肉體確實有著強大的作用。

約翰·拉布特爵士在《人生樂趣》中說道：「據說相士坎帕內拉能完全將注意力從受苦受難的肉體中轉移出來。他甚至能夠忍受被肢解的疼痛。能夠透過意志力將注意力集中在別處的人，事實上是把自己從人生林林總整體小悲小哀中解放出來。這樣的人面對使人焦慮的情況，面對身體上的痛苦，都能保持內心的平靜。他們超越了過度在意的情感以及疼痛的感覺。」

據《青年之友》說，精神對肉體的超靈力量已經成為科學研究的新對象，最近甚至有科學家對此做起了實驗調查。我們將此學科稱為心理行為學，即研究靈魂對肉體影響的學科。實驗表明，當一個人內疚時流出的汗水跟普通的汗水擁有不同的化學成分。透過對汗液成分的分析，可以得知這個人的心理狀態。一種含硒的酸性物質會呈現出粉紅的顏色，而普通汗液是不會有這種顏色的。

憤怒的情緒能使唾液分泌出一種對身體有害的物質。人人都知道，突入而至的強烈情緒不僅可以使人一夜白頭，還能致死和逼人發瘋。當斯坦利宣布遠征就快結束，他們即將走出非洲叢林時，他的一個部下就因為高興過頭失去了理智，衝進叢林裡消失了。不同的情緒能使人變得漂亮或者猙獰。像焦慮、不安、不滿、嫉妒、恐懼等消極情緒，往往能產生毒素殘害我們的身體。哈佛的詹姆士教授是精神領域的專家，他說：「哪怕是一丁點高尚或者邪惡的念頭，都會在我們身上留下痕跡。嚴格來說，我們做過的事情，是永遠不會被抹掉的。」我們同情但無法相信那些自甘墮落或者酗酒自殘的人，而我們自己也常常犯下看似「純潔」的罪惡。憤怒對身體產生的危害甚至比喝醉酒還大。憎恨給一條純潔生命劃下的傷疤甚至比酗酒還要長。嫉妒、憤怒、不適時控制的悲傷比常年吸菸對身體產生更大的傷害。這些負面情緒是比尼古丁更毒的慢性毒藥。

除了抽菸喝酒，還有很多辦法能夠摧毀一個人的身體。追火車的行為比抽菸對心臟的損傷更大，不控制好情緒胡思亂想比任何我們所了解的不健康行為更能縮短人的壽命。暴躁的馬匹和盛怒的小狗比那些心情平和的生物更短命。長相醜陋的乳牛擠不出奶，嫉妒心強的綿羊長不胖。希伯來先賢說道：「正義之士為了好好活著而生活。而那些心術不正的人，卻是直奔著死亡而去。」

沒有什麼比堅強、有活力的意志更能帶給人們健康和成功。強大的意志對精神和肉體來說都是最好的補品，增強人類抗擊困難的決心，承受失敗以及抵禦疾病的能力。人的意志力是肉體和精神之間的調劑，保持兩者的平衡。失去兩者之間平衡的人，一旦遭遇打擊，肉體和精神將處於一片混亂。意志是大腦王國的執行官，如果它軟弱而不堅定，便不會有能力維持人精神世界和肉體之間的和諧。相反，如果它強悍而堅定，那麼人的身軀、靈魂以及道德領域都將處於一片和諧之中。軟弱的統治者是不可能制定出強大的法律，搖擺不定的君主是無法統治好一個國家的。

赫爾德[378]臨死前還對其兒子說：「告訴我你有什麼偉大的想法要實現，我馬上又能精神起來。」牛頓在劍橋大學時通宵達旦地思考一個數學難題，第二天早晨因為解決了問題又精神百倍起來。

除了意志的力量，對某件事情執著的信念同樣可以讓人遠離疾病保持健康。倫敦權威醫學雜誌《柳葉刀》[379]講述了一位英國女士的故事。她在年輕時候因為失去愛人而發瘋。她對時間完全沒有概念，沒人可以勸她相信她活在她愛人死亡以後。一天天、一年年過去了，她一直站在窗前等他回來。她堅信自己還停留在年輕時候，這份信念使她的容顏保持不老。幾年前有個美國人去看望她，認為她不超過 25 歲，而當時她已經是 75 歲高齡了。可見人的意志蘊含了多麼強大的力量啊，甚至能阻擋時間對人的容貌的侵蝕。只是我們不知道怎樣利用自身的意志力。

恐懼能使身體最強壯的人倒下，勇氣則是最好的補藥。一個英國犯人被醫生蒙上眼睛，帶到一張桌子旁邊坐下。醫生輕輕抓破他的皮，甚至連血都沒有流出，向他的手臂倒下溫水，使他相信自己正在大量失血。這個犯人不久就因為恐懼死亡了。如果他能夠睜開眼，看到面前是一盆子清水而非鮮血，估計馬上就能恢復健康。

在費城，幾個醫學院的學生決定在同學身上做個實驗。他們輪流跟那個同學說覺得他看上去很憔悴，病懨懨的。結果他們這個年輕的同學回到家後就真的生病了，幾天後病重身亡。醫院裡的一個病人相信他自己睡著的病床曾經死了一個霍亂病患者。不久他也出現同樣的症狀，並像得了霍亂一樣死去。而他的病床曾經屬於霍亂病患完全是別人瞎編出來騙他的。西元 1891 年 7 月，在羅德島普羅維登斯，一個男人拿起高腳杯喝水，被

---

378　赫爾德（Johann Herder, 1744-1803），德國評論家和哲學家。

379　《柳葉刀》（*The Lancet*）為世界上最悠久及最受重視的同行評審性質的醫學期刊之一，由愛斯維爾出版公司發行，里德．愛斯維爾集團協同出版。1923 年由湯瑪斯．魏克萊創刊，他以外科用具「柳葉刀」（Lancet）命名刊物，而「Lancet」在英語中也是「尖頂穹窗」之意，藉此寓意「照亮醫界的明窗」。

告知裡面放了大頭針，一下子就感覺喉嚨腫痛起來。他到醫院治療，經過醫生仔細檢查，沒有發現有大頭針的存在，這個人頓時也不感覺到疼痛了。

在亞伯丁馬歇爾學院，一名學生告訴宿管，他們將對他執行絞刑，把他綁起並蒙上眼睛，把他的頭摁在一塊石頭上，用溼布繞過他的脖子。讓他們吃驚的是，宿管竟真的死了。不久前，在法國對一犯人執行死刑。他得知消息後並沒有流露出害怕的神情，直到來到絞架面前，他抬頭一望，臉唰地一下就白了，身體一下便沒有了生命的跡象。他被抬到刀下，等了20秒刀才落下。鮮血並沒有像平常一樣噴湧而出，解剖專家發現，他心臟凝結了大量血塊，證明在刑刀落下之前，他就已經一命嗚呼了。

《無病呻吟》(*Le Malade Imaginaire*)是莫里哀(Moliere)最著名的作品之一，裡面一個角色得了憂鬱症，總是以為自己就快離世了。演出的第四天，莫里哀親自上陣，扮演那個無病呻吟的角色。貝爾說：「據說莫里哀在演出時太投入，等到演出結束後，竟然再也起不來了。」

很多時候病人在看到醫生的一剎那病也就好了一半了。這種情況在鄉下尤為明顯，因為他們要請到一個醫生並不容易。

被抓獲的德克薩斯人累得走不動了，而一旦聽說不走的人將被射死的消息，又持續多走了一整天。

安布魯瓦茲這樣評論西元1520年出現的彗星。他說：「當時人們對彗星的出現充滿了恐懼，很多人因此死了。有的是因為害怕死去，有的是因為生病。」

一個準備上吊自殺的窮人突然發現一瓦罐的金子。他於是把繩子扔掉，抱著金子急忙跑回了家。而那個把金子藏起來的人發現金子不見了，看到窮人留下的繩子，上吊自殺了。成功是活著的動力，失敗是憂鬱的根源。

心中有追求，身體才健康，生活也快樂。不僅是財富隱藏在心的所在，同樣健康也是。許多失去健康甚至奄奄一息的人，因為突然之間有了目標，又精力充沛起來，實現非凡的成就。同樣，如果一個需要人照顧的藥罐子突然之間失去了所有能夠照顧他的親人，失去全部家當，在環境的逼迫下，能夠做到曾經認為不可能的事情。

教育也是健康的保障之一。在學校上學的小孩往往身心都更為健康。因為健康和道德有著緊密的連繫。如同一個房子的兩個房間，不可能拆開單獨成為一間房子。一切放縱墮落都將破壞生命的協調。人的身體是精神的僕人，只有接受過良好教育、自制力強、處於一片和諧狀態的靈魂才能調理出健康的身體。純真、向上、高尚的思想能昇華人的心靈，提升生活的品質。高尚的理想和無私的奉獻，能增強人的體能，使肉體變得更加健康和迷人。

佩德羅一世在歐洲臥床養病，收到臨時代替他執政的女兒發來電報稱，她已經簽署了《巴西廢奴條約》。受到這條消息的鼓舞，佩德羅一世一生的夢想得以實現，他的病一下子就痊癒了。

人的精神力量是偉大的、不可思議的，使人戰勝環境，使人打敗疾病。在許多科學家、改革家以及政治家的身上，我們都看到了這種力量的存在。

一個貪吃、卑鄙、淫蕩的人，是不可能還擁有一副聖潔臉孔的。邪惡到了一定程度，總能從臉上看出來的。

一位處於憤怒中的母親的奶水含有毒素，能使襁褓中的嬰兒生病甚至痙攣。孕婦的情緒對胎兒的影響極大。著名馴馬師雷利說，如果對馬匹發火，牠們的脈搏一分鐘便加快至少十下。如果連牲畜都如此，何況人類呢？

過於強烈的情緒波動常常使人嘔吐。盛怒和過度的驚嚇能在很短時間內使人患上黃疸病。

《美國科學》記述了這樣一起病歷。在康乃狄克州布里奇波特有一位老太太自己吞下了一顆假牙。醫生趕到時發現她喉嚨處的肌肉劇烈抽動，好像要窒息而亡。醫生決定採取氣管切開手術。就在同時，另一位醫師感覺到床邊有異物，於是翻開床單一看，發現正是老太太不見的假牙。老太太一看到自己的假牙沒有卡進喉嚨，痙攣馬上就停止了。

著名女演員伯恩哈特夫人[380]說：「我在表演《菲德爾[381]》的時候從來沒有暈倒或者流血過。然而在第四幕出演狄奧朵拉時，我要殺死馬塞魯斯，就再也忍受不住激動的情緒跑到試衣間哭泣起來。如果我不跑到試衣間發洩情緒，肯定會忍不住把手頭能抓到的任何東西都摔到地上。」

韓弗理·大衛給一個中風病人治療時將溫度計插入他的嘴裡量體溫，病人就以為那是療程的一部分。一個長期臥病在床的病人在火災發生的時候，竟然能夠從病床上起來並協助其他人逃生，最後還幫助清理火災現場。有醫生認為，讓長期臥病在床的病人接受一些演練，讓他們有機會展現自己英勇的一面，將有助於他們身體的恢復。

費城在西元1794年黃熱病疫過後總結了一份醫療報告。報告寫道：「拉什醫生的出現就是一劑最好的藥劑。儘管藥物緊缺，他只要站在病人旁邊叮囑幾句話就能使病人退燒。」像拉什那樣的醫生煥發出一種精神的力量，比任何膏藥都更有效果。他是醫學界的國王，治癒了成百上千人的精神憂鬱症，最後自己卻病倒了。他遺失了宗教信仰，精神從此陷入一片混亂，不再相信牧師的安慰和布道了。

很多時候，因為遭受痛苦而心情煩躁、連篇抱怨的病人，也會因為朋友的一次拜訪，醫生的一個微笑而頓時心情開朗起來。身體的痛苦消失

---

380　伯恩哈特夫人（Sarah Bernhardt, 1844-1923），法國19世紀末20世紀初最有名的女演員。

381　菲德爾（Phèdre），法國劇作家讓·拉辛（Jean Racine）的最傑出的代表作品。

了，臉上重新煥發光彩，開心的笑容代替了陰沉的黑臉。病人完全變了個樣，不是藥物或者治療的效果，純粹是因為精神狀態好了，身體自然也就舒坦了。很多時候，叫人無法忍受的牙痛一旦到了牙醫面前，便即刻停止了。

鮑沃爾認為，我們應該拒絕生病，永遠不要跟別人說我們病了，也不要這樣告訴自己。疾病是所有人都應該拒之門外的惡魔。如果你想變得更強，就不要說自己很脆弱；如果你希望保持旺盛的精力，就不要說自己累了。如果你在心裡已經認為自己生病了，很快身體也就開始真的病了。

「在人類的七情六欲中，恐懼是最可怕的。」古時候人們甚至把恐懼這種情緒當作神靈來膜拜。然而到了今天，我們知道恐懼是人類進步的最大敵人。恐懼使我們的身體暴露在混亂和疾病之間。恐懼和焦慮的情緒可以殺死人體內的紅血球。紅血球一旦低於一定的含量，疾病和死亡便會接踵而至。然而沒有人能夠計算出恐懼究竟能化身成多少種形式。很多女孩正是因為從小被灌輸了肺結核的可怕印象，因為害怕死亡而死亡。

很多家庭成員便是因為接受不了突如其來的家庭變故患上絕症的。曾有新聞報導過，一名婦女聽到丈夫突然去世的消息後，全身痙攣不止，最後昏迷不醒。過度氣憤容易使人中風甚至死亡。僅僅是一個晚上的精神煎熬就足以使一個原本健康的人無可救藥地成為廢人。長期悲傷、怨恨、嫉妒、焦慮都有可能使人患上癌症。病態的思想和混亂的情緒都是滋養疾病的沃土，犯罪的行為最容易從這裡產生。恐懼實際上就是把我們置身於各種病態的思想當中，而不是想辦法像防止小偷和傳染病一樣去阻止他們的入侵。如此一來我們對疾病的免疫力便下降了不少。我們一生都必須對抗的敵人，竟然被我們以同情心對待，使之越加猖狂，我們越加恐懼。恐懼還可以導致一些疾病的發生，尤以心臟病最多。因為恐懼，心臟的搏擊力度減弱，身體也因為把太多注意力集中在一個器官而降低了其他功能的力量。醫生常常以為自己也患有心臟病，醫學院的學生也經常誤以為自己患上了自己學習的那種疾病。費城有一個發明家害怕自己得了心臟病，於是到醫院就診，醫生檢查後告訴他，他每次深呼吸聽到的刺耳聲來自他自己發明的背帶。

醫學專家告訴我們，那些過度自戀的人是不可能擁有健康的。因為這樣的人喜歡研究自己，只要有一點點變化便大驚小怪，以為自己得了什麼病，久而久之沒毛病也急出毛病來了。

沒有自主意識的人不是自己的主人，甚至連身體都不屬於自己。這樣的人很容易受到疾病的侵襲。他們很容易受人影響，一旦生病，別人推薦什麼藥就吃什麼，結果徒勞無益，反而損害了自己的身體健康。

突然的刺激很容易擾亂人的神經系統使其失去和諧。

英國一名銀行家遇到嚴重的金融危機，3 天時間就頭髮發白了。德國一名醫生過橋時看到橋底下有個男孩在水裡掙扎，等他下去救他時已經太遲了。醫生發現男孩竟是自己的兒子，一日內，悲傷讓他頭髮發白。瑪麗·安東妮在死刑執行前幾天頭髮全白了。佛蒙特的 P 船長在西元 1813 年被英國人抓獲，在得知自己第二天將被槍決的晚上，他烏黑的頭髮一夜之間便變成了銀絲。

來自東方的朝聖者在路上遇見「瘟疫」，問：「你要去哪裡？」「瘟疫」答：「我要去取 5,000 條人命。」幾天過後，這個朝聖者又遇見了回去的「瘟疫」，問：「你說你去巴格達取 5,000 條人命，怎麼那裡死了 5 萬人呢？」「瘟疫」說：「我確實只殺了 5,000 人，其他人是自己把自己嚇死的。」在醫生手裡經常可以看到這樣的病例，在大城市的貧民區，成千上萬的貧民在瘟疫盛行期間因為害怕而死。

嫉妒能使一個可愛的人變成惡魔。怨恨能讓一個快樂的家庭爭吵不斷。一份宣布親友死訊的假電報足以使人頓時虛脫無力。同樣，一個好消

息也能馬上讓人心情開朗。

一個畫家為畫中的可愛孩子痴迷不已。他把畫掛在自己的書房，每天看上幾個小時。無論是在悲傷還是在情緒激動的時候，他都要去看看那幅畫，這樣他的心也就寧靜下來了。一天，他突然想畫一幅和孩子的純潔相反的作品，可是找不到靈感。直到幾年過後，他在監獄看到一張絕望的臉，顯得十分醜陋和可怕。不久，畫家吃驚地發現，兩張完全不同的臉竟然屬於同一個人。那個曾經天真無邪的孩子後來由於揮霍過度，走上了不歸路。欲望將天使扭曲成魔鬼，隨著精神的墮落，孩子純真的臉孔也變得猙獰無比。

走在醫院的看護室裡，你會發現無論是開朗的病人還是滿臉哀愁的病人，對於醫生的態度都十分在意。醫生是微笑還是搖頭，或是表情冷淡，對於病人而言就是希望和絕望的區別。他們都想從醫生的一舉一動中看到一線治癒的希望！發燒的病人從醫生那裡得到鼓勵後原本乾燥的舌頭馬上便溫潤起來，眼睛重新煥發出光彩，又乾又熱的皮膚也變得溼潤清涼。任何藥物都無法施展這樣的魔術。病人的想法和感受一旦發生變化，身體也跟著改變。如果醫生流露出無奈和遲疑，病人的身體馬上滲出冷汗，絕望立即表現在病人的臉上。

就算是拉斐爾，也無法照著猶大的臉畫出耶穌。菲迪亞斯如果滿心裝著邪惡的思想，也不可能在大理石上雕刻出天使。思想出現的一點偏差都會表現在雕像上。沒有心懷遠大志向的人永遠不可能成就多大的事業。心理不夠正直健康的人永遠無法獲得健康的體魄。一個滿腦子想著要自殺或者犯罪的人怎麼可能擁有純潔澄淨的心靈？人的每一個想法都會進行自我複製，從而影響到人的精神狀態，再影響到人的身體健康。人的大腦會將所有聽見的，看到的都吸收進去，不論真假，不論好壞，也不論是引人向上還是墮落，不論是使自己變美麗還是扭曲，是帶來和諧還是混亂，是真理還是謬論。因此，我們應該做出慎重的選擇。

「一個人的心裡想什麼，他就會變成怎樣的人。」如果年輕女孩希望變漂亮，她便不願再看到或想到任何醜陋的形象，以免這些不好看的打扮影響到自己的品味。如果她想變成優雅的女性，也不會再笨手笨腳。認為自己生病的人永遠不會獲得健康。

我們必須保持身體的健康及和諧，抵制不協調的思想及引誘人犯罪的誘惑。不要總想著自己生病了，那也不是你所希望的。也不要把注意力集中在痛苦的事情上，糾結於所有的細節。不要閃過哪怕是一刹那的想法，認為你不是自己的主人。不要匍匐在消極情緒的力量之下，讓精神戰勝身體上的疾病吧。

我的小孩，我會從小教會他們養成健康的生活習慣，做一個樂觀向上、有抱負、正直的人。我會教他們如何面對疾病和死亡，如何防止如怨恨、嫉妒等負面情緒的發展。我會告訴他們，我們吃下、喝下甚至呼吸進肺裡的東西，都將構造成我們，化成我們的血和肉。我要告訴他們健康的思想是身體健康的保證，正如純潔是過上無汙點人生的前提。我會讓他們知道培養堅強意志力的重要性，讓他們學會自己對抗生活上的敵人。我會帶給生病的孩子以希望、信心以及快樂。因為我們的思想和想像力的局限性，限制了我們的發展。自信心不足的領域是不會有成功光臨的，因為我們自己給自己設置了屏障。任何負面的情緒都會不斷「繁殖」，並影響世界上其他甚至下一代人。

有良心的醫生和將要為人父母的人不會對身體濫用藥物，就像不會給自己設立太多規章制度一樣。準媽媽會用世上最偉大的萬靈藥——愛，代替所有憤怒、憎恨、惡意等負面情緒。好的醫生會讓病人培養開朗的心情，懷抱善良願望，從事高尚行為。他們除了給病人的身體開補藥，也不忘讓病人保持一顆快樂充實的心。

耶穌之所以能夠施展奇蹟，是因為他道德高尚，精神和肉體達到和諧統一的境界。耶穌被派到世界就是為了向人類展示完美人類的模範，幫助人們打敗人性弱點。他精神力量之強大，使他感覺不到肉體所受的折磨。在耶穌身上，各個器官和生理體系都完美無缺，小病小痛和身體的紊亂都可以得到自癒。耶穌告訴人們，精神的力量可以打敗肉體承受的痛苦，人格的力量可以超越極限，實現奇蹟。他讓人們看到，只有身體健康了，靈魂才會健康；只有靈魂健康了，身體才會諧和。耶穌向世人展示了精神對於身體的提升、淨化作用。

毫無疑問，精神的力量足以使人保持年輕和美麗，讓人體格強壯、健康。過去，越是長壽的人越是品格高尚，遠離所有使人精神混亂、削弱精神力量的負面情緒。

有文化、有知識、身體健康的人更容易頤養天年，他們不會衰老，身體和靈魂處於一片和諧美好的狀態中，一起隨著歲月更加成熟。這樣的人一定是性情溫和、品格高尚之人，因為他們不會允許任何邪惡的思想和行為玷汙自己神聖的靈魂殿堂。靈魂是肉體的天然保護者。造物主不可能創造了我們的肉體，又留給我們有限的藥物去治療。人類的一切疾病都是可以透過精神力量治療的。如果人人都通曉這點，並學會怎樣運用精神的力量治療肉體上的疾病，那麼全世界的醫生都要失業了。而我們也將更年輕，更加快樂地迎接即將到來的新紀元。

# 第二十二章
# 寬仁之心

當人人都在譴責詛咒一個人時，擁有寬仁之心的人便會站出來：「請大家不要只看到他壞的一面，在那人靈魂深處的某個地方，一定還殘存著人性。」

太陽從不吝嗇自己的陽光，無論是對陰暗的角落旮旯，還是遙遠的星球。只有自己發光發熱，才能站到更高處。

—— 愛默生

即使我講人話，甚至表現得像天使一樣，如果沒有一顆仁愛之心，也只是一把動聽的喇叭，叮噹作響的銅鈸。

—— 聖保羅

勇敢的戰士啊，你們與我並肩作戰，
假如人類的規定允許，
對於信仰不同的朋友，
我們是不是就可以拋棄之？

—— 莫爾

上帝是天父，全人類都是兄弟。

—— 拉馬丁[382]

對別人好也就是對自己好。

—— 富蘭克林

切莫刻意尋找別人的缺點，
就算你看到了，
也最好裝瞎子，
去發現他們身上的美德吧！

—— 艾拉·惠勒·威爾科克斯[383]

若我們能了解敵人成長的祕密，他們所經歷的悲傷和痛苦，足以讓我們同情、放下成見。

—— 朗費羅

仁慈之人富裕，貪婪之人貧窮。
詛咒他人即詛咒自己。
民主不是要實現「我過得跟你一樣好」，而是「你過得跟我一樣好」。

—— 西奧多·派克[384]

我們不是施與者，而是分享者；
天下不會無端掉下餡兒餅。

—— 洛威爾

在國家農業部種子供應室，一個身材苗條、頭髮有些花白的婦女，為了每週 9 美元的薪水辛勤工作。她的穿衣打扮以及氣質展現了她的學識及教育水準，然而，她似乎將全部精力都放在自己的職位上。有拉斯科祕書的書信為證。

382　拉馬丁（Alphonse Marie Louis de Lamartine, 1790-1869），法國詩人、歷史學家。
383　艾拉·惠勒·威爾科克斯（Ella Wheeler Wilcox, 1850-1919），美國詩人。
384　西奧多·派克（Theodore Parker, 1810-1860），美國先驗論者、社會改革家。

華盛頓安納科斯提亞，雪松山
西元1891年11月26日

J.M. 拉斯科部長，

部長閣下，我很榮幸可以提醒您關於××小姐的事情，我曾經在她的家裡擔當僕人。她家因爲大環境不好而沒落。××小姐希望能夠透過我的幫助找到一份工作補貼家用。人生際遇之變幻莫測讓人措手不及。我本來是僕人，她是主人，現在她卻需要我幫她謀得一份職位。我相信，××小姐在農業部一定會有出色的表現，證明自己的價值。我希望您能同意她的加入。您忠誠的部下。

法雷迪·道格拉斯

「本月 5 日在本店偷竊物品的朋友們請注意啦，本店店家真誠地希望能夠成為你的朋友。如果您是因為貧窮不得已才出此下策，本店店家一定為您嚴守祕密，並幫助您重新走回正道。」這則在革命戰爭期間登在費城報紙上的廣告吸引了很多人的眼球，但只有那個真正的盜賊知道登報的主人是一個名為威廉·賽弗里的貴格會信徒。晚上 9 點，威廉為一個猶豫小心的敲門聲打開了門，一個男人站在門口，眼瞼垂下地說道：「賽弗里先生，我是來把這些東西還給你的。我應該把它們放在哪裡？」威廉回道：「請稍等一會兒，我去把燈點亮，就和你一起到倉庫把東西放好。也許等會兒你能告訴我你為什麼要這樣做？」等他們把東西放回倉庫，賽弗里夫人已經準備了熱咖啡和食物。她說：「我的鄰居史密斯先生，吃點熱飯會讓你感覺好些的。」史密斯默默地轉過身子，過了一會兒哽咽地說道：「這是我第一次偷東西，我感覺糟糕極了。我也不知道是怎麼回事。我染上了酒癮，跟人吵架，任憑自己墮落，被人打罵。賽弗里先生，您是第一個給予我援手的人。上帝會保佑你的！我從您這裡偷來獸皮，本來是想轉賣賺錢。我說的都是真的，這是我第一次偷東西。」賽弗里說：「這是第一次也是最後一次，我的朋友。也是我和你之間的祕密。你還那麼年輕，請務必答應我一年之內不再沾染酒精。若是你能做到，我明天就請你到我的店鋪當夥計，我會付給你可觀的薪資。也許我還能幫助你的家人找到工作。但現在，請你坐下來吃點東西，喝口熱咖啡。堅強點吧朋友，就算是為了你的妻子和孩子。你會做到的。」說完，賽弗里跟他道了晚安，說道：「只要你有困難，隨時都可以來找我。」向我講述這個故事的先生最後講到了史密斯的結局。他第二天就到了賽弗里的店裡工作，做了許多年依然保持了誠實、忠實的素養。

愛默生說：「對我來說，每個人都是上帝之子，沒有誰天生就是別人的奴隸。」

在世紀之初，伊莉莎白・弗萊[385]將全部精力都奉獻給英國監獄裡的犯人。她的一位女同事說，在新門監獄，那裡的女犯人都將伊莉莎白當成朋友。當問及那些犯人都是因為犯了什麼罪被關監獄的，伊莉莎白回答：「我不知道，我從來不問她們這個問題。」

歌德說：「至今我還沒有聽說過，有哪一種罪惡是我沒有犯過的。」

貝爾白・波圖斯[386]感嘆道：「啊！為什麼高高在上的國王要忘記自己也是一個普通的人類？而普通老百姓要忘記他們跟國王一樣，是上帝之子？」

一位老太太說：「有人相信人類終會獲得拯救，而我則希望發生更好的事情。」這位可愛的怪老太不像別人一樣總是從原罪角度出發挖掘別人的缺點，她反而很高興看到人性的顯現。

克羅維斯望著嘉倫河邊上的富饒土地，恨恨地說：「這樣富饒的土地竟然屬於壞人，太可惜了。讓我們把它奪回來吧！」

富蘭克林寫道：「在太陽下山的時候，亞伯拉罕在帳篷門前坐下。這是一個上了年紀的老人，長途跋涉後坐下來休息。他看到迎面走來一人，

385　伊莉莎白・弗萊（Elizabeth Fry, 1780-1845），英國監獄制度改革者、社會改良家、慈善家。
386　貝爾白・波圖斯（Beilby Porteus, 1731-1809），英國國教主教。

便站起來打招呼道：『朋友，洗把臉吧，早早起床就趕路啦？』那人回答：『不是，我住在這棵樹下。』亞伯拉罕盛情邀請他一起到帳篷裡用餐，烤了麵包，兩人便一起吃了起來。亞伯拉罕發現那人吃飯前不做禱告，便問道：『你吃飯前為什麼不感謝萬能的上帝賜予我們這頓飯吃？』」

「男人回答道：『我不崇拜上帝，我自己就是上帝。我的一切都是我自己努力得到的。』亞伯拉罕氣憤不已，把男人攆了出去。午夜時候上帝造訪亞伯拉罕，問道：『亞伯拉罕，那個陌生的男人去哪裡啦？』亞伯拉罕答：『由於他不相信你，我把他趕出去了。』」

「上帝說道：『雖然知道他反對我，我還是為他提供吃穿。而你，竟然不能容納他一個晚上？』」

塔爾梅奇說：「某牧師對法國路易六世說：『請您製造一個鐵籠，將所有反對您的人都關進鐵籠，使他們不能躺下，永遠只能站著。』」過了不久，這名牧師得罪了國王，被判處在他建議製造的鐵籠裡關押 14 年。

山繆·詹森說：「除了美國人，我願意愛全部的人類。」

同年，伊莎貝拉女王資助哥倫布到西方尋找新大陸。她簽署文件宣布西班牙禁止信仰伊斯蘭教。伊莎貝拉女王一面是宗教獨裁的惡魔，一面又幫助了哥倫布發現了有宗教自由的新大陸。

培根在科學發明方面貢獻很大，卻是一個因為貪汙罪背叛入獄 10 年的犯人。

愛默生在佛蒙特州的米德爾伯里大學開講座，一位牧師說道：「主啊，請別再讓我們聽到這些形上學的廢話！」愛默生對此僅淡淡回應說，他認為這位牧師是一位工作勤懇，說話真誠的人。

威靈頓公爵建議牛津大學簽署 39 條約並要相信這些條約的作用。

布頓是一名卓越的醫生。一天，他受邀給法國首相看病，準備給他做一場大型手術。首相對布頓說道：「我是首相，你不能像對待普通病人一樣敷衍我，你要給予我特殊待遇。」布頓不卑不亢地答道：「首相大人，您口裡所說的普通病人，在我眼裡看來，和首相您是平等的。」

一個貧窮的婦人，得知戈德史密斯懂得醫術，並且仁愛為懷，便寫信向他求助。她的丈夫因為失去食慾處於非常悲慘的狀態。好心的詩人收到信後接待了婦人，並詳細詢問了她丈夫的病情。戈德史密斯免費給婦人的丈夫開了藥，回到家後將十個堅尼投入紙盒，寫道：「這個盒子將用來存放幫助窮人的錢。我們應該以善良之心對待他們。」

他甚至捐出部分自己的衣服。因為把床褥都捐給了窮人，他不得不爬到床單底下睡覺才能保暖。

一位法國婦女因為醫生誤割到她的動脈，失血過多在病床上奄奄一息。為了防止這個醫生危害到更多的人，她支付給他一筆很可觀的養老金，請求他不要再出來行醫害人了。一位波蘭公主也是因為醫生手術失敗無救身亡。她臨死前寫了一份遺囑道：「為了不讓別人重蹈覆轍，我希望支付給這位庸醫一筆足夠他下半輩子生活的金錢，以及我的房產。但願他不要再行醫害人。我真心原諒他，只希望同樣的事情不要發生在其他人身上。」

滑鐵盧戰役後，有人要求威靈頓處死拿破崙。這位鐵公爵答道：「如果我這樣做了，肯定給後世留下罵名。我們的子子孫孫會認為我們沒有資格當拿破崙的戰勝者。」

南北戰爭期間，弗雷德里克斯堡戰場上傷亡慘重，士兵因為負傷傳來痛苦的喊叫聲，與槍聲交織在一起。一個來自南方的士兵再也無法忍受受傷士兵的哀求，請求將軍允許他送水給他們。將軍說，你下去自己也會死的呀。但是聽到戰場上傷病的慘叫聲，將軍還是答應了。這名士兵冒著槍林彈雨的危險，逐個傷患去送水。北方聯軍為這個士兵的行為所感動，於是下令停火一個半小時。在這一個半小時內，這個士兵為每位傷患都送上了清水，雖然他們都是敵軍的人。他幫他們擺好姿勢，讓他們躺得舒服些，還將衣服毯子蓋在了他們身上。

羅莎·博納爾[387]買來一隻凶狠無比的獅子，並為牠取名為尼祿。當人們都認為這頭獅子無法馴服時，羅莎卻以真心相待的態度，贏得了獅子的信任和喜歡。後來她因為要外出旅行不能照顧尼祿，就把牠賣給了巴黎的自然博物館。兩年後，羅莎回來探望尼祿，竟發現尼祿雙眼失明，受盡了照顧者的虐待。尼祿淒慘地躺在籠子裡，對外面遊客的來來往往無動於衷。當羅莎輕聲喊道：「尼祿，尼祿。」這個百獸之王突然驚醒，瘋狂地奔向主人，似乎要以這種方法表達對主人回來的強烈喜悅。羅莎感動不已，決定重新把尼祿帶回家。尼祿死去的時候，兩隻大大的肉掌趴在牠最喜歡的主人身上，彷彿在請求羅莎不要再離開牠。羅莎後來說道：「想要獲得猛獸的愛，你必須真心愛牠們。」

帕里斯是一位德高望重的權威外科醫生，莫特去拜訪他的時候，他正在為一場即將進行的大手術感到緊張焦慮。因為在醫院找不到類似的病人，帕里斯說：「我的朋友，不用擔心，在監獄裡關了一個惡魔，你明天可以過來，我將拿他先練習。」莫特醫生拒絕了，他不願意去看一場冷血殘酷的活體實驗。

一個再惡毒的人，心中也有上帝；一個再慳吝的人，心中也有慈善家的一面；一個再膽小的懦夫，只要時候對了，也會呈現出英雄的一面。心中的貪婪、冰冷的法律，讓一顆高尚的心用自私自利的外殼保護起來。等到萬不得已的時候，這顆心才會衝破這層保護殼，展現出溫柔善良的一面。

當每個人都摒棄甚至詛咒一個人時，「仁慈」說：「不要著急下結論，

---

387 羅莎·博納爾（Rosa Bonhenr, 1822-1899），法國動物畫家。

上帝躲藏在他心中的某個角落裡，只是我們還沒有找到。」不要輕易批判別人，他們做事的動機也許是你們意想不到的。在費城，黃熱病暴發時，人們甚至連親友都拋下，恐懼地逃命去了。這時候，你有再多的錢也請不到護士看護你，人死了沒人埋葬，人病了沒人照顧。就在這種情況下，留下來照顧患者的竟是一個平時冷酷無情、鐵石心腸的人。他甘願冒著危險，不求回報地留下來當苦力，拯救同胞的生命。這個人在業內出了名地小氣，沒有朋友，從來不願意幫助別人，對於別人的遭遇也總是擺出一副大理石般的冷酷表情。就是這個大家公認沒愛心的人，反而留下來協助醫院照顧病人，安葬死者，沒日沒夜地工作。

新英格蘭威脅說要退出聯邦政府時，政府馬上籌集資金應對。籌集的 500 萬資金中有 20 萬是由一個冷酷、沒有什麼朋友的人捐獻的。這個人捐了 500 萬給費城的孤兒，剩下的 2,000 萬打算用在更高尚的事業上。

他曾說：「等我死後，世人自會根據我所做的一切對我做出客觀的評價。」

蘇格拉底說：「在愛與仁慈誕生之前，恐懼占領了世界。當愛出現在人世間，便孕育出了人類。」

波斯的一位作家說道：「我年輕時候曾非常虔誠。每天晚上都要讀《古蘭經》，並對著經書向主祈禱。一天晚上，我像往常一樣捧起了《古蘭經》，我父親被我驚醒了。他是一個很實際的人。我對他說：『當其他孩子因為沒有宗教信仰迷失在這個世界時，只有我依然虔誠地信奉著阿拉。』父親說：『我的兒，你竟然犧牲寶貴的睡眠時間在這裡數落你兄弟的不是？』」

挑別人的缺點非常容易，難的是怎樣從別人的錯誤看到自己的錯誤，從而改正它們。重擔背在別人身上便顯得沒那麼重。別人的悲傷我們容易忘卻，卻忘不了自己的悲傷。

馬拉松戰役勝利了，希臘重獲自由。每一個打了勝仗的將軍都自詡應該獲得頭等榮譽，只有米太亞德[388]得到全部人的肯定，被授予二等榮譽。

有人說，人類犯下了十四項錯誤：

一、憑藉自己的主觀思想設定對與錯的標準。

二、用這個標準評價他人。

三、以自己的喜好判斷別人的喜好。

四、試圖統一世人的觀點。

五、年輕時候看重別人的評價和經驗。

六、把世人看成沒有差異的整體。

七、喜歡糾結於瑣碎的小事。

八、追求完美。

九、操心沒有辦法改變的事實。

十、不懂得自我減壓。

十一、不願意讓利給弱者。

十二、還沒有嘗試就認為不可能。

十三、只相信自己親眼所見。

十四、嘗試理解所有事情。

加菲爾德死後獲得了生前沒有得到的榮譽。美國南方的媒體在他遭到槍擊後，稱他為「我們的總統」。就連一向都反對他的州縣，也登報對他稱讚不已。

耶穌的冠冕上，最閃耀的一顆星叫仁慈。

彼得大帝發現，每個人對某人的評價都是負面的。他於是忍不住打斷

---

388　米太亞德（Miltiades），古雅典統帥。

大家的口誅筆伐，問道：「難道這個人就沒有什麼值得你們誇讚的地方嗎？來，告訴我他的優點吧。」

賈斯特菲爾德公爵在他的遺囑裡提到自己的僕人，他把他稱為「生不逢時的朋友」，認為他「生來與眾生平等，是命運的不濟，使他成為低人一等的僕人」。

「我年輕的時候，」霍勒斯·沃波爾[389]說，「喜歡寫諷刺小說。然而到了現在這個年齡，我覺得自己應該為此寫一封道歉信。」

莎士比亞說：「我不會責怪異教徒。我能責怪的人只有我自己，因為我了解自己的所有缺點和不足。」

我們每一個人性格上都會有缺點，需要別人原諒；都會有一些特別的癖好，需要努力克制；都會對某些事情有些偏見，需要盡量避免；都會有一些無傷大雅的小習慣，需要別人包容；都會有自己對事件的一些看法，需要別人尊重；都會有一些特殊的感受，需要別人照顧到。

哈里特·比徹·斯托[390]說：「讓我們這樣解決這些問題吧。首先，學會沉默。其次，不要總挑別人的毛病。我們自己要做個開開心心的人，不要將自己的煩惱強加到別人的身上。最後，學會稱讚別人。」

古柏[391]說：「天！假如我最好的朋友將我忽略他的次數都統計起來，在審判日的時候當作判決我的證據，我該怎麼辦？我應該為他們祈禱，即使是敵人，也要祝福。」

莎士比亞說：「不要隨意批評別人，我們自己也是罪人。」

卡萊爾的一個朋友這樣評價卡萊爾：「他心中有一把用來測量人好壞的尺子，這把尺子便代表了卡萊爾的喜好和偏見。不論是活著的人還是已

389　霍勒斯·沃波爾（Horace Walpole, 1717-1797），英國作家。

390　哈里特·比徹·斯托（Harrite Beecher Stowe, 1811-1896），美國作家、廢奴主義者。代表作：《湯姆叔叔的小屋》。

391　古柏（William Cowper, 1731-1800），英國詩人、聖詩作者，他是浪漫主義詩歌的先行者之一。

經死去的人，他都用這把尺子來衡量。像拿破崙、克倫威爾等偉人，他將他們奉如神明。而那些不符合他心中標準的人，他將他們踩在腳底，毫不掩飾自己對他們的厭惡，還生怕別人不知道。」

《年輕之友》雜誌登了一則令人悲傷的小故事。話說有一個年輕美麗的女孩，她性格開朗，活潑可愛。這個女孩嫁給了一個窮人，並生育了四個孩子。她的丈夫一分錢都沒有留給女人就離開了人世。女人一個人又當爹又當媽，身兼數份工作，供她的孩子上寄宿學校，上大學。這則故事的結局寫道：「她的孩子們回來了，穿著時髦，舉止優雅，談論的都是當下時髦的話題。而他們的母親卻穿著打滿補丁的衣服，看上去就是一個與時代脫節的平凡婦女。她的孩子們都有了自己的追求和朋友，她就像一個格格不入的人，在他們身邊沉默了兩年，最終因為腦萎縮突然去世。她的突然離開驚醒了孩子們。他們悲傷地圍在失去意識的母親身邊。最年長的兒子握著母親的手哭道：『媽媽，您是世上最好的媽媽！』聽到這句話，她的臉上又有了血色，眼睛似乎微笑了起來，發出光彩。她用微弱的聲音說道：『約翰，你從來不曾對我說過這樣的話。』說完，她永遠地離開了。」

鮑沃爾說：「噢！這個醜陋的世界！到處都是誹謗和汙蔑！兩個蠢貨碰頭說起別人的壞話，然後一傳十十傳百。謠言就是這樣生成的呀！誰又能將其撲滅？」

比徹說：「在背後談論別人，有人說讚揚的話，有人說公正的評價，也有人故意誹謗汙蔑。故意誹謗汙蔑別人的人對邪惡有著天生的喜好，喜歡數落別人的不是。就算是耶穌也不會把別人的錯誤一粒粒撿起來，串成珠鏈四處炫耀。這種人極其可惡，與惡魔無異。」

據說提圖斯·維斯佩西安[392]在聽到別人說他壞話時，會過去修正他們的說法。但如果他們說的都是真實的，他會比說話人更生自己的氣。西奧

392 提圖斯·維斯佩西安（Titus Vespasian, 41-81），羅馬帝國弗拉維王朝的第二任皇帝。

多修斯[393]下令不許懲罰說他不是的人。他說:「對於那些拿我開玩笑的人，笑一笑就過去了；那些咒罵我的人，我會原諒他們；那些對我感到氣憤的人，我同情他們；那些說出真話的人，我謝謝他們。」

我們在批評別人的時候，是否也應該同時省視自己？切記，對別人評價中肯讚賞的人，都是心靈高尚的人。

威靈頓晚年寫信給朋友道:「我不喜歡在匆忙之間做出決定，也不喜歡在情緒激動時亂開口說話。因此，我一生都沒有和任何人吵過一場架。」

仁慈不是為了自己，是為了他人。自私的人永遠不可能真正富裕。金錢是山谷裡的泉水，只有噴湧而出才能灌溉花花草草。從山谷流下的泉水澆灌了草地，養育了花朵。將泉眼封起來，泉水會乾涸，花朵會凋零，小草會枯萎。一眼清澈的山泉水不再歡騰，變成一攤死水。就連小鹿也不再來到泉邊喝水。同理，財富只有花在有意義的事情上才能展現出價值。一副鐵石心腸，連同情心都枯竭了的靈魂就像一片沒有任何生命跡象的沙漠。

愛德華的墓誌銘上寫道：

我們給予多少，就擁有多少；
我們付出多少，就收穫多少；
我們留下多少，便失去多少。

「給予別人越多，自己得到的也越多。留給自己太多，最後反而一無所有。自由的靈魂被養得白白胖胖，澆灌別人的田地，也會得到別人的幫助。」「不要吝嗇自己，那樣你才會有收穫。己若不欲勿施於人。衡量別人的同時，也衡量衡量自己。」「播下的種子越少，收穫也就越少。」「一無所有的人，更加慷慨大方。」「支撐偉人的是他們的心靈，而不是錢

393　西奧多修斯（Theodosius, 347-395），羅馬帝國皇帝，將基督教定為國教。

包。」「越是有錢的人，越吝嗇自己的錢包。」

在闖蕩世界的時候，我們同時不要忘記回報社會。種瓜得瓜，種豆得豆，不管太陽有多溫暖，雨水有多溫柔，土地有多肥沃，種下瓜的種子是不可能收穫豆子的。

格萊斯通在工作的閒暇時間看到路邊一個男孩在哭泣。他走上去，靠近這個男孩，安慰他。在波士頓的貧民區裡，菲力浦斯·布魯克斯幫助一位出去透氣的母親照顧她的孩子。

「如果我們關上和別人溝通的門，也不可能打開通往天堂的門。」

關於給予，最美妙的事情是，我們得到的往往比我們付出的更多。我們付出行動，得到熱烈的反響。我們為窮人和不幸的人付出了時間和金錢，收穫的是更加珍貴的素養 —— 仁愛和慈善。

威廉·霍華德·拉塞爾[394] 在克里米亞的英軍營帳中寫道：「外面正下著傾盆大雨。天空就像墨汁一樣黑。風呼嘯著吹著帳篷，戰壕都變成了深水溝。帳篷也滲進了雨水，足足有一英尺深。士兵既沒有防水的雨衣也沒有保暖的大衣。他們要在戰壕邊上站崗十二個小時，忍受冬天的寒冷。然而，沒有一個人關心自己是否過得舒適，生命是否安全。英格蘭的百姓需要他們的保護啊。跟他們這些為了保衛祖國流血打仗的士兵相比，街上的乞丐過得簡直就像王子。生病的士兵之間互相照顧，死亡的人一個疊著一個，連塊墓地都沒有。」西元 1854 年，一場大雪突然降落，積雪高達三英尺，許多士兵凍死在自己的帳篷裡。一支擁有 4.5 萬人的軍隊，超過 1.8 萬人躺在醫院，死亡率高達 60%。

然而，天堂為這群飽受戰爭苦難的士兵送來了一位天使。她也是一個普普通通的人，有著一副血肉之軀，來自英格蘭最美麗的家園，一個家境

394　威廉·霍華德·拉塞爾（William Howard Russell, 1821-1907），英國《泰晤士報》記者，第一位著名的戰地記者。拉塞爾曾報導過克里米亞戰爭、南北戰爭和普法戰爭等。

富裕、長相俊俏的女孩。她的心聽到了上帝的聲音，南方的微風將戰士的呻吟聲吹到她的耳邊。她的名字是佛羅倫斯·南丁格爾，她帶領 34 名經過訓練的護士，來到了戰場，照顧傷兵。她來到霍亂橫行的營帳，那裡的空氣飄散著死人的臭味，水資源缺乏。因為資源供給不足，那裡的士兵沒有足夠的衣服穿，沒有足夠的糧食吃。骯髒、瘟疫橫行。南丁格爾自建了一間洗衣房，一間廚房，還為康復中的士兵準備了娛樂活動，在軍營裡建造排汙水管。對於重病患者，她還提供特殊細緻的照顧。所有的事情，都是她一個人在三十幾個護士姐妹的幫助下完成的。她溫柔地為即將死去的士兵打軟枕頭，替失去雙手的戰士寫信回家，在傷患的耳邊給他們說鼓勵的話語，對需要她的士兵報以富含同情的微笑。在飽受戰爭摧殘的士兵眼裡，她們如同上帝派來的天使，幫助他們減輕痛苦。在克里米亞醫院，對於那些躺在病床上的傷患而言，護士們燦爛的笑臉和輕柔的身影，便是最好的安慰了。

《泰晤士報》的一名記者寫道：「在疾病彌漫的土地，在死神包圍的戰場，一個婦女的身影隨處可見，她的出現，對於在戰爭中掙扎的靈魂，無疑是最大的慰藉。毫不誇張地說，她簡直就是醫院裡的天使。只要看到她纖瘦的身影走過，戰士們的臉龐就會變得溫柔起來。夜深人靜的時候，就連醫官都去睡覺休息了，她依然拖著孤獨的身影，一個人提著燈巡邏病房。」在一名傷兵的日記中寫道：「她走來和我們聊天，多次點頭和微笑。但她不可能照顧到每一個傷患，你要知道每天都有上百人被送進醫院。但我們即使只能抓住她的影子，也打心裡感到高興。我們親吻她的影子，心滿意足地躺下了。」

我常想，只要看到人間的疾苦，人類的自私和冷酷都不再存在。看到別人的不幸能夠激發我們想要幫助他們的決心。

貧窮和不幸為我們提供重塑人格的機會，是幫助我們成長的良師益友。幫助別人也就是幫助我們自己。我們能在幫助別人中完善自身的人格，鍛鍊自己的體魄。

動物學家路易·阿加西[395]說：「我 24 歲在朋友的幫助下，一個人到巴黎學習，卻因為生計問題決定放棄學業。當時，米修里希[396]教授正好到巴黎出差，他問我為什麼感到灰心喪氣。我答道，因為我身無分文了，不得不選擇離開。第二天早上，我在吃早餐的時候，在我下榻的旅館花園外，走來洪保德的僕人。他交給我一張字條，說裡面有答案，就走開了。我打開字條，看到裡面寫道：『朋友，我聽說你因為一些無可奈何的事情不得不離開巴黎。我卻認為沒有離開的必要。我希望你能繼續在這裡待下去，直到完成你的研究。這裡有一張 50 英鎊的支票請你收下，就當作是你跟我借的。等你有能力償還時再還給我。』」

只要點燃了一支蠟燭，便能用這支蠟燭點燃所有其他蠟燭。

耶穌在遭到辱罵時從不還口，相反更加奮力追求自己的目標：領導人類、愛人類。不論是過去，今天，還是將來，他影響力之大，全是因為他擁有完美的人格和純潔的靈魂。

鮑沃爾說：「每個人都應該照顧好自己的生活，背負起自己的責任。然而，如果我們能夠互相幫助，便實現了耶穌的遺願。」

如果我的一句話能夠使你的生活更加美好，如果我的一首歌能夠使你的心情更加輕鬆，那麼請上帝讓我說出這句話，唱出這首歌，迴盪在山谷，傳遍大地人間。

---

395　路易·阿加西（Louis Agassiz, 1807-1873），19 世紀瑞士裔美國植物學家、動物學家和地質學家，以冰川理論聞名。

396　米修里希（Eilhard Mitscherlich, 1794-1863），德國化學家，因於 1819 年發現類質同像現象而聞名。

# 第二十二章　寬仁之心

> 不要在心情不好的時候對別人的錯誤指手畫腳，
> 在上帝的榮光照耀下，
> 這個錯誤也許只是小小的疤痕，
> 你揪著這個小錯誤不放，傷害的只會是自己。
>
> ——阿德萊德·普羅科特[397]

397　阿德萊德·普羅科特（Adelaide Anne Procter, 1825-1864），英國詩人。

# 第二十三章
# 受詛咒的惰性

我們切莫浪費一分一秒的時間，要利用好哪怕只有一秒的時間創造出最大的價值。

懶惰是活人的墳墓。

—— 馬登

失業不是休息；精神空虛容易壓抑。

—— 考珀

失去的財富可以勤奮一點，再賺回來；失去的健康可以節制一點，再慢慢恢復；失去的知識可以透過學習，再找回來。面對流逝的時間，擦肩而過的機會，又有誰能再追得回來？

—— 西戈尼夫人

什麼都不做，就連犯錯的機會都沒有了。

—— 克拉福特斯

機器不工作會生鏽，比過度運轉壞得更快。

—— 富蘭克林

養成懶惰習慣的人即走向一條毀滅之路。嚴格來說，這還不是路，是不能回頭的懸崖險道。

—— 比徹

人的心上吊著一塊磨石，如果不放點東西進去給它磨，它就磨滅你的心。

—— 凡·洛高

工作是生命持續的動力。

—— 喬治·巴雷爾·愛默生[398]

就算沒有成功，工作依然是人類生命之源，
懶惰只能帶來絕望和自哀自憐，
給手錶上鏈吧，否則很快它就生鏽不走了。

—— 奧斯古德夫人

南方的土地上，生活著一種叫螢火蟲的小昆蟲，
牠們只有張開翅膀，才會發出光亮，
我們的大腦也是如此，
一旦停了下來，便漆黑一片。

—— 貝利

在古老的傳說裡，天使對瑪士撒拉說：「起床吧，瑪士撒拉，給你自己建一座房子吧，那樣你在剩下的 500 年就有新房子住了。」瑪士撒拉當時已經是 500 歲高齡了，他回答道：「如果我只剩下 500 年時間，那有什

398　喬治．巴雷爾．愛默生（George Barrell Emerson, 1797-1881），美國婦女教育先驅。

麼必要建新房子呢？」

斯珀吉翁在評價某人的缺點時，說：「他實在懶惰得可怕。」某神職人員說：「懶惰是萬惡之源頭。」「懶惰是滋養魔鬼的沃土」這句話說得太對了。誠然，人類做壞事是因為魔鬼誘惑的，魔鬼則是受了懶惰的驅使。

歌德說：「在自然界中，沒有什麼是靜止不變的。那些不想動的人注定要受到造物主的懲罰。」

康乃狄克州的一名犯人說道：「我從小到大從來沒有工作過一天。」難怪他會被關進監獄！

遊手好閒是滋生犯罪的溫床。

在法國監獄，一名犯人如是說道：「過去欺騙了我，現在折磨著我，未來使我感到恐懼。」他一生都在無所事事中度過，因而走上了犯罪的道路。

在麻薩諸塞州監獄，幾乎百分之九十的罪犯都是因為失業走向犯罪道路的。

瓦爾特·斯科特對他正在上學的兒子說道：「我只告訴你一件事，工作是上帝賜予我們的禮物。如果沒有它，人類什麼都不是。人類的知識是靠學習得來的，糧食是靠勞動種來的。如果春天時候我們不播種，到了夏天便不會有收穫。冬天來臨，年邁體衰的我們，得不到尊重，被世人拋棄。」

賀拉斯·維爾公爵說：「我弟弟因為無所事事而死。」斯皮諾拉侯爵回答：「那樣確實可以殺死任何一個人，就連將軍也不例外。」

埃普斯·薩金特[399]說：「一個認為沒有必要教育孩子工作的重要性的人，剛剛聽到他那三個兒子的消息。據說一個在運河划船，一個在馬路上

399　埃普斯·薩金特（Epes Sargent, 1813-1880），美國編輯、詩人、劇作家。

留宿被抓進警局，一個不得不給別人打石謀生。」

懶人抱怨沒有錢為家人買麵包。一個老實的工人回答：「是啊，我工作一天賺來的麵包又被我吃掉了。」

人在年輕時懶惰長大後也不會變得勤奮起來。好比一株彎曲的樹苗長大後無法挺直。懶惰一開始是張蜘蛛網，最後則變成鐵鍊。懶人一般都是窮人。休息和娛樂對於工作一天的人而言是快樂的滿足，而對於無所事事的人則是負擔。

年輕的朋友啊，你們在人生最精力充沛的時候，不靠自己的雙手吃飯，花別人用汗水賺來的錢財，不覺得羞愧嗎？要是綿羊拒絕把身上的毛剪下來給你做衣服，把身上的肉割下來給你吃，你憑什麼繼續遊手好閒地生活下去？

人的精力是有限的，但是生命力也是旺盛的。

在英國，乞討曾經是違法的。第一次乞討要受到鞭刑，第二次則被割耳朵，第三次就要坐牢了。

在古雅典，懶惰也是要受到法律懲罰的。雅典人不僅僅要求國民要勤奮工作，更要發揮出自己的天賦。在雅典，僅僅擁有一份職業是不夠的，最高法院會派人調查所有百姓的職業、財產以及工作是否認真努力等情況。

德國某年輕貴族在外旅行一趟回來後，便依靠家裡的產業生活，過起無所事事的生活。家裡的財產很快就被他揮霍殆盡，於是他告訴一個朋友，打算在第二天晚上自殺。他朋友不想費時間勸阻他，只是盡了最後一點朋友的情義，幫他物色了一份工作。這名貴族青年去了，一進門就被好幾個人抓住，硬把圍裙套在他身上。從此，貴族青年開始了辛苦勞累的工作。他工作一天後，和同事一起享用午餐，感到充實而幸福。其中一名工人得知他曾經想要自殺時說道：「兄弟，如果你是五個孩子的爸爸，親眼看著三個摔死，你會瘋掉的。當時我真想隨著他們一起摔死算了。但我還有兩個孩子呀，他們比我的生命還重要，我必須活著，必須工作養活他們。我就是這樣挺過來的，生活還是很美好的不是？」貴族青年很感謝工人告訴他這些，不久便找了一份很有意義的工作，並做了一輩子。

在德昆西的一幅畫中，一名婦女泛舟湖上，睡醒時發現自己脖子上戴著的珍珠項鍊沒有扣好，珍珠一顆一顆滑落水中，女人只能徒勞地試圖抓住。難道人生不也如此？時間就像這串逐一落水的珍珠，無論你怎樣努力，再也抓不住了。

賈斯特菲爾德公爵給兒子寫道：「在我看來，懶惰與慢性自殺無異，足以毀滅一個人的大好前程。」

沒有什麼比懶惰的名聲更可怕。而那些做事拖拖拉拉的人比懶人更可惡。一個年輕人如果想成功，就必須擁有一個好名聲。沒人願意和做事拖拉的人打交道。勤奮好學、做事果斷又精力充沛的人，會是一個很好的幫手。否則，成功離你太遙遠了。

有一個老船長很怕船員清閒下來。他知道，一幫年輕力壯的水手要是沒事做，便會惹出很多麻煩。所以，就算沒有工作要做了，他也會讓他們幫忙清潔船隻。

懶惰是一個狡猾的盜賊。他乘虛而入，偷走我們的時間。我們每天早上起來，決心今天不浪費一秒的時間，可到了晚上還是讓他偷偷潛入。他在你的腦裡施咒語，說：「就一分鐘，就休息一分鐘。」就這一分鐘的時間火車開走了，銀行關門了。幫房子買保險的事情又只能等到明天才解決，可是說不定今晚你家就火災了呢？因為它，你總告訴自己，晚一點再寫作業，結果第二天作業沒完成，好學生的名聲也壞了。

在房間掛上「時間盜賊」的清單對年輕人有好處。如拖拉、半途而廢、打瞌睡、沒有目標、睡懶覺、遊手好閒等。還有一些無聊人士上門拜訪，做白日夢、聊天、幻想、漫無目的的旅行也將浪費你很多寶貴的時間。

希拉德說：「我記得在一首諷刺詩裡，將撒旦比喻成釣魚人。他根據獵物的喜好投放誘餌，而懶人則是最容易上鉤的人群。他們甚至對沒有魚餌的鉤也投懷送抱。」懶惰便是最好的誘餌。

考驗一個人的情商高低，不在忙碌的白天，而是在夜晚和假日。

觀察一個人人品的好壞，最佳時間是在他空閒的時候。看他是把空閒的時間當作學習及自我提升的好機會，還是賭博玩樂的好時機。

很多人憑藉勤奮和節約獲得成功後，便開始享受成功帶來的財富。然而他們發現，自己盼望了那麼久的好生活，竟如此無聊。要麼重新開創新的事業，要麼無所事事地老死。有目標的人生才有價值，否則我們無法將生活進行下去。有多好的胃口說明你的消化系統有多健康，同理，對多少領域有興趣，說明你的成功有多大。

人的大腦必須處於啟動狀態，否則很快就會衰退。我們應該給自己找一份有意義且喜歡的工作，不讓自己有機會自哀自憐，不讓自己在挫折和打擊中丟掉夢想和快樂。

大自然是公平的。對於辛苦工作了一天的你，她會給予甜美的睡眠及一個好胃口作為回報。懶人永遠也無法體驗到工作後得到休息的幸福。

自行車一旦停下，便會倒下。人一旦沒有工作，便會墮落。

插起雙手閒蕩的人，總有一天會一無所有。

千萬不要置空任何東西，這樣做十分危險。置空大腦，你會變得愚蠢；置空土地，你會成為流浪漢；置空友情，你會變得自私；置空靈魂，你會成為魔鬼。

懶人比死人更無用，死人至少不會占用世間的空間和資源。懶人總是在等待運氣的降臨，最後把自己等到監獄裡去了。

卡萊爾說：「工作是神聖而高貴的。一個誠實、兢兢業業工作的人，即使不聰明，成就也不大，總是一個有希望的人。然而，懶惰者卻永遠處於絕望之中。」

「從事的工作再卑微，只要恪盡職守，靈魂便是和諧完整的。擁有工作的人，即使受到欲望、悲傷、悔恨、憤怒甚至絕望的圍攻，也能拿出勇氣面對，為了完成工作將這些負面情緒通通打跑。」

林肯說：「假如有一天，人民甚至政府都墮落了，只能說明工作少了，人們必須適應不用工作的生活。」

約翰·斯圖亞特說：「人生其實很簡單，不論你是怎樣的人，找到你能力所及的工作，做到最好。」有人告訴拉斯金某人天賦極高，拉斯金第一句話就問：「這個人有工作嗎？」

誠實的人寧願自斷雙手也不願意做出偷盜的行為。那些浪費別人時間的人，也浪費了國家的時間。

蘇格蘭某編輯的座右銘是：「世上最可怕的事情莫過於被一個無所事事的人騷擾。」

時間在不同人手中，會變化出不同的禮物。在智者手中，時間是祝福；在蠢人手中，時間是詛咒。對你而言，某段時間很寶貴，然而對你的鄰居而言，則什麼都不是。

約翰·拉斯金在一塊大大的玉石上刻下「今天」兩個字，並天天去看兩眼。

我想贈送年輕人一句話：切莫浪費一分一秒的時間，要利用好哪怕只有一秒的時間創造出最大的價值。

有意義地度過每一天。不管是天堂還是人間，都不能容納遊手好閒之輩。即便是財富和名聲也不能遮掩這種人的醜陋。寧願做個老實的漁夫或農夫，也不當皇宮裡的寄生蟲。

孩子，努力工作吧，不要害怕！
拿起你的鎚子，拿起你的鏟子，
不用臉紅，不用自卑。
—— 西戈尼夫人[400]

工作是受傷心靈的棲息所，
是瑣碎煩惱的避難所，
是與惡念交戰的戰場，
是抵制誘惑的盾牌。
工作吧，
帶著一顆堅強的心、堅定的意志！
—— 奧斯古德[401]

400　西戈尼夫人（Lydia Huntley Sigourney, 1791-1865），美國著名女詩人。
401　奧斯古德（Frances Sargent Osgood, 1811-1850），美國著名女詩人、作家。

# 第二十四章
# 社會大學和苦難老師

對一個民族而言，沒有比貧窮和苦難更好的老師了。沒有他們，很多人都不會取得現有的成就。想要在這個世界有所作為，就必須踏入社會學習，必須在社會中打滾磨練，鍛鍊自己、磨練自己。

社會是最好的學校，你若不是太蠢，都能從中學到東西。

——富蘭克林

一個偉大的母親勝過一百名老師。

——喬治·赫伯特

那些透過自身努力成就偉大事業的人物傳記，是很能激勵人鬥志並使人變得高尚。這種傳記便是爲了激勵更多人奮鬥成功。

——賀拉斯·曼恩

菲迪亞斯的芳名只隨他的名作名垂千古？
瞧，宙斯栩栩如生，
菲迪亞斯的創作思想昭然期間。
偉人的事蹟告訴我們，
我們同樣可以活出精彩。
在離開人世之後，
還在時間沙漏上留下足跡。

——朗費羅

我之所以爲我，是由環境塑造的。

——丁尼生

基督誕生200年前，埃及一個國王在亞歷山大附近的法羅斯島建造一座400英尺高的大理石塔，價值一百萬美元。國王命令工人將他的名字刻在塔的最頂端的醒目處。法羅斯塔建成後，被視為世界七大奇蹟之一。塔頂點亮了一盞燈，為在地中海出海的水手照明。直至今日，法羅斯塔依然迎來成千上萬為了一睹塔頂上寫著「托勒密二世」的旅客。

偉人在最輝煌的時候，是因為其所在的黨派或組織的強勢和支撐能力才脫穎而出的。然而當這些支撐力量減弱或消失時，偉人的光環很快就自動消失了。就像媽媽們總喜歡誇獎自己的孩子，他們深受群眾尊重和喜愛。

加菲爾德總統任職時做的第一件事就是親吻他的母親。他說：「我之所以有今天，多虧了我的母親。」

班傑明·韋斯特[402]說：「母親的親吻讓我感覺自己像一個畫家。」蘭代爾伯爵說：「沒有母親的世界便沒有光明。」

402　班傑明·韋斯特（Benjamin West, 1738-1820），英裔美國畫家，以繪製歷史畫和美國獨立戰爭場景知名。

歌德說：「我們一出生就面對這個世界，直至進入墳墓。」
約伯說：「和大地交流吧，她會告訴你世界的祕密。」
走出社區生活，傾聽樹木細語，
溪流歡騰，石頭說佛，
以及大自然的一切美好。

——莎士比亞

一個來自農村的孩子總覺得自己生不逢時，沒有像克萊、韋伯斯特等人擁有那麼多機會。陪伴他的，只有岩石、山脈、森林。他非常渴望擺脫農村，飛到充滿機會的城市。幾年過後，男孩因為自己的農村出身練就了勤奮誠實等素養，因為山裡的山山水水已經滲入到他的每一個細胞，他在幾次重大的立法任務中打敗了那些來自城市的對手。年輕時候的生活環境會塑造一個人。最好的教育來自大自然，生長在城市裡的孩子因為呼吸不到大自然的新鮮空氣，聽不見小鳥的啁啾，小溪的歡騰，聞不到花朵的芬芳，感受不到大山的雄偉，山谷森林的幽靜，沼澤山丘的靈氣，他們的成長缺失了許多東西。大自然是人類最好的老師，教會人們生命的真諦。在大自然，能找到治療疾病的藥物，任何惡行都會受到嚴厲的懲罰。沒有受過大自然的薰陶，視野狹小，人性有所缺失。不論在體格上，還是毅力、勇氣等精神層面，從小接觸大自然的孩子會具備優勢。城市生活容易使人墮落。生活雖然方便，但缺少活力；雖然文明，但不能持久；雖然優雅，但過於順利；雖然充斥著許多書籍，卻沒有知識。雖然教育發達，但缺少智慧；雖然資訊爆炸，但沒有實際工作能力；雖然天天有報讀，但記憶力越來越差；雖然社會活動更多了，但人與人之間不再真誠以對。

約翰·馬歇爾[403]感嘆維吉尼亞山脈的雄偉：「多麼偉大啊！多麼激動人

403　約翰·馬歇爾（John Marshall, 1755-1835），美國政治家、法律家，曾任美國眾議院議員、美國國務卿和美國首席大法官。

心，激勵人的思維！怪不得派翠克·亨利能夠成為如此了不起的雄辯家！因為他在這裡長大的呀！」

史蒂芬·艾倫[404]回憶起丹尼爾·韋伯斯特道：「我印象最深刻的，是和他一起回到家鄉，與他的親朋好友站在一起，看著撫養他長大的山川河水，明白了正是他生長的環境塑造了這樣的韋伯斯特呀！」

美國的地理和歷史影響了華盛頓國會議員的很多特性。我們在分析一位議員個性時，可以看出美國山川河流、沼澤大海對他產生的影響。國家的歷史、文學及傳說都深深印刻在他的腦海。環境塑造民族個性。一個在戈壁長大的人跟一個在海邊成長的人完全不一樣。從韋伯斯特身上，你能找到戈壁沙漠的粗獷，而在克萊和卡爾霍恩身上，你則能聞到陽光海灘的味道。

宇宙天地是人類成長的搖籃，萬事萬物都是一堂不一樣的課。大山教會我們沉穩和偉大，海洋教會我們包容和變化。森林、湖泊、河流、雲朵、微風、星辰、花朵、冰川、雪花以及各種各樣的動物，都在人類靈魂刻下永恆的印象。就連小小的蜜蜂和螞蟻都讓我們學會勤勞和節約的重要。

亞歷山大大帝說：「沒有父親，就沒有我。沒有老師，就沒有我的今天。」

一個剛剛提名總統的人到康乃狄克州諾里奇聽完林肯的演講後備受震動。他第二天在火車上遇見林肯，便向他請教演講的技巧。林肯答道：「是挫折鍛鍊了我的口才。我年輕時候到律師事務所工作，發現律師的工作大部分是證明一件事情的真假。我於是問自己，有那麼多事情可以得到證明嗎？有那麼多證據可以拿來使用嗎？你還記那個德國人的故事嗎？至少有 12 個品行端正的人證明他犯罪了。然而那個德國人反駁道：『那又怎

404　史蒂芬·艾倫（Stephen Allen, 1767-1852），美國政治家。

麼樣？我同樣可以找到一樣多的人證明我是無辜的，他們的證詞又有什麼可信的？』我當時聽完就思考這個問題，最後想通了。我對自己說，如果你不能判斷一件事情的真假，又有什麼資格待在律師事務所？我放棄當律師，跑回肯塔基老家。我回家後得到一份歐幾里得（Euclid）的手稿。當時我並不知道誰是歐幾里得，便決心自己弄明白。弄清楚歐幾里得還真不容易。他的書全是一些幾何圖，角度，平面、立體等。我拿著他的書一籌莫展，完全摸不著頭腦。後來我從最基本的理論開始學習，最後學會用解決幾何的邏輯表達自己的觀點。第二年春天，我把整本書都弄明白了，對自己說，你現在知道怎樣證明一件事了吧？我的心回答道，是的，我知道。於是我又重新回去當起了律師。」

沒有人能夠脫離社會獲得成長。社會環境對於每個人就像陽光和露水，而我們就像等待發芽的種子。我們在陽光和露水的澆灌下發芽、成長、舒展葉子。每個人都有長成大樹的機會，而如果脫離了社會大環境，種子只能永遠沉睡。

跟社會脫離的人總有一天會因為缺乏交流憂鬱而終。即使苟延偷生，也將變得冷血和沉悶。很多年前，我們就放棄單獨監禁犯人，因為如果犯人沒有社交機會，很容易發瘋，甚至死亡。

真正的力量不在書房裡，不在圖書館，也不在課堂上，而是在外面，在田野上，森林裡，在市場，在商店，在街上，在與人面對面的交流中。

想要在這個世界有所作為，就必須踏入社會學習，必須在社會中打滾磨練，鍛鍊自己、磨練自己。沒人能夠憑空想像出世界的複雜。懶惰的人在哪裡都會腐爛至死。只有融入社會、為生活奮鬥，才能有進步，才能成功。

斯特恩斯說：「你曾經問過自己這個問題嗎？此時此刻，是什麼力量激勵人們行動，是什麼力量推動人類命運前進？不論在哪個行業，這個問題的答案都是：工作。雖然世上還有許多同樣不可或缺的力量，但工作永遠至上。不論是普通的勞動者、機械工人、製造商還是學者、政治家、貴族、王子，都有要完成的工作。」

走正道賺錢的人都在追求夢想的途中學會尊重勞動，學會自制自律。路上收穫的知識遠比金錢本身重要。在工作中，人們不得不發揮出最大潛能，把自己最好的一面展現出來。為了融入環境，我們永不停息，更嚴格地要求自己。正因為如此，我們成長為更好的人。

失敗與挫折是人類的良師益友，沒有它們，我們不會鍛鍊出健碩的肌肉，強力的肌腱，以及能夠深謀遠慮的智慧。伯克說：「我不是在搖籃裡舒舒服服長大然後就當上議員的。像我這樣的人，『逆流而上，奮勇奮鬥』是激勵我成功的座右銘。」

貧窮用一副醜陋的面具隱藏自己的光芒，她是大自然請來幫助人類發掘出自身潛能的。懶惰是人類的天性，需要外界刺激他們克服惰性實現夢想。成功的欲望一旦減弱，成功的概率也就相應降低了。貧窮是激勵人類邁向成功的永恆寶貝。

不幸在人們不知不覺中將之推向成功的彼岸。「上帝教育人類的方法就是餓其體膚、勞其筋骨。只有為生活所迫了解世間疾苦的人，才更懂得什麼是永遠的慰藉。」

「不經歷一番社會洗禮的人，是不會學會果斷決定、勇敢行事、控制情緒以及堅持不懈的。」

艾略特說：「自由教育的精髓不在於知識的灌輸，而在於培養學生的學習能力和激發他們強烈的求知欲。」

愛默生將美國稱為「機會的國度」。生活在這樣一個國度，還有誰敢鬆懈半步？

# 第二十五章
# 書籍的力量

沒有什麼能夠像書籍一樣擁有幫助窮人擺脫貧困、幫助不幸者走出悲傷、幫助負重行走的人忘掉包袱、幫助病魔纏身的人忘記痛苦的力量。

書籍是年輕人的導師，年長者的伴侶。書籍在我們孤獨時陪伴我們，防止我們一個人時胡思亂想。

——傑里米·科利[405]

即使把印第安人的所有財寶都放在我的面前，我也不會把眼睛從手中的書籍中抬起來。

——吉朋

世上對待衆生最公平的是書籍，能夠接納所有人的是圖書館。

——蘭格福德醫生

直至今日，我最愛的伴侶依然是書籍。

——波普

即使用全世界國王的頂上皇冠交換我手上的書籍以及我對閱讀的熱愛，我選擇後者。

——費內倫

好書能夠點燃人類的希望，喚醒沉睡的勇氣和信念，撫慰傷痛，爲貧寒之家送去希望，在遙遠而陌生的土地上建立新的家園。爲此，我願主永遠保佑你，書籍。

——詹姆士·費里曼·克拉克[407]

沒有朋友的人，依然有書籍爲伴。

——喬治·希拉德[406]

霍勒斯·格里利說：「小時候，我喜歡跑到樹林裡讀書，到花園裡看書，到鄰居家朗讀書籍。我家很窮，我父親每天都讓我幫忙做很多工作，但是一到晚上，他費盡九牛二虎之力都不能使我乖乖上床睡覺。我將書放在床邊，每晚就躺在床上看書度過漫長嚴冬。靜靜閱讀的夜晚寂靜無聲，時間似乎停止了。我完全融入了書的世界中。」

相信許多人都有同感！在書裡找到最大的樂趣，忘卻現實的殘酷，忘記悲傷，融入書的快樂世界。

沒有什麼能比書更能使人忘記煩惱，忘記疼痛，忘記悲傷，幫助人們逃出貧窮，避免人們走向墮落。書籍是孤獨者的朋友，是被拋棄者的伴

405　傑里米·科利爾（Jeremy Collier, 1650-1726），英國戲劇評論家、主教、神學家。
406　喬治·希拉德（George Stillman Hillard, 1808-1879），美國律師、作家。
407　詹姆士·費里曼·克拉克（James Freeman Clarke, 1810-1888），美國神學家、作家。

侶，是灰心喪氣者的開心果，是無助者的希望。書籍為黑暗帶來陽光，為陽光製造影子。

我們也許貧窮，與上流社會毫無連繫，但也能在書中隨著主人公入住皇宮，和王子談心。

在梵蒂岡，一本希伯來文寫成的《聖經》價值 325 英鎊，如果整本書變成金塊，也不值那麼多錢。如果確認這本《聖經》是希伯來人的，它的價值將更高。如果它是原始孤本，那麼只能夠用價值連城來形容它了。

今天，多虧了印刷術的發展，人們可以花 50 美分買到一本《聖經》。儘管如此，以這本《聖經》對千千萬萬人的影響來看，它便是價值不菲。

現在的人類只要花一兩美元就能夠買到作者和出版商花費了 5,000 美元打造出來的書籍。而我們更是可以花一張郵票的價錢買到一群思想先鋒的觀點以及前線記者的報導。

富蘭克林兒時閱讀過科頓．馬瑟[408]的《做好事不難》並受益匪淺，影響一生。他後來建議年輕人在閱讀時隨身帶著一枝筆，好隨時記錄下讀後的感想。

比徹說拉斯金的作品改變了他看世界的角度，他認為只要閱讀了拉斯金的文章，便不會再以同樣的角度看待這個世界。撒母耳．德魯[409]說洛克的《人類理解論》將他從懵懂中驚醒，使他放棄了曾經有過的觀點。一名製革師父承認，要不是看了卡萊爾的書籍，他製造不出如此好的皮革。林肯從鄰居那裡借來了華盛頓和亨利．克萊的傳記，滿懷驚喜地通宵讀完，並激勵了自己。他年輕時候喜歡閱讀湯瑪斯．潘恩（Thomas Paine）的《理性時代》（*The Age of Reason*）和沃爾尼的《毀滅》。這兩本書對林肯的思想影響重大，致使他以後寫出了論證《聖經》造假的文章。一本書足以影

---

408　科頓．馬瑟（Cotton Mather, 1663-1728），美國著名作家、清教徒牧師。

409　撒母耳．德魯（Samuel Drew, 1765-1833），英國神學家、作家、歷史學家。

響一個人一生。我們早年閱讀過的書籍深深印刻在我們的腦海。加菲爾德到鄰居家借來《辛巴達海盜》及《海盜自傳》。這兩本書為林肯開闊了眼界，海盜的生活從此印刻在他的心裡。威廉·凱瑞在閱讀《船長庫克旅行日誌》後，決定開始了征服異教徒的旅程。約翰·衛斯理的性格深受泰勒的《聖靈和死亡》以及《基督耶穌》兩書影響。約翰·夏普說：「《莎士比亞和聖經》激勵我當上了紐約的大主教。」歌德的作詩靈感很多來自《威克菲牧師傳》一書。

爬滿苔蘚的窗戶邊，科爾里奇在東方童話故事集《一千零一夜》的陪伴下，度過了童年生活。他曾說，《一千零一夜》帶給他的童年很多靈感和快樂。他很珍視這本書，經常在早晨陽光的照射下閱讀，從中獲得靈感和心靈的震撼。

斯邁爾斯、托得、馬修斯、芒格、惠普爾、格基、賽耶等作家的書籍，鼓勵了很多本以為自己沒有機會的孩子有了夢想，並成就了一番偉大的事業。

書籍帶給我們的影響，不在於我們背下了多少知識，而在於我們因為閱讀一本書改變了思維。一本好書就像一根火柴，點燃我們心中沉睡的火藥。一本好書和一個良師益友就可以喚醒潛伏在我們身上的潛力。許多偉大的作家也是受到其他書籍的啟發，才寫出驚世之作。我們常常覺得作者道出了自己的心聲，只是我們不懂得表達。誠然，在書裡我們總能找到共鳴。我們在愛默生的作品中獲得啟發，在莎士比亞的戲劇裡得到靈感，在荷馬的《伊利亞德》中學習到一種表達，在但丁的《神曲》中感受到上帝的力量。我們的這些感受，形成了我們的個性。我們從朋友身上看到自身的優點，從敵人身上看到自己的缺點，從各類書籍裡看到各方各面的自己。我們因而全面了解自己，了解自己的不足、自己的觀點、自己的喜好、自己擅長不擅長的事情。

羅蘭夫人即使上教堂也要帶上普魯塔克（Plutarchus）的書籍，並在休息時間閱讀一兩頁。普魯塔克也是拿破崙最喜歡的作家之一。普魯塔克筆下的人物性格飽滿，栩栩如生。他從不描寫戰爭的場面。他的文字直指人類靈魂。莎士比亞從普魯塔克的作品裡學習到許多東西，有時甚至引用他的語言。庫蘭每年都要讀一次荷馬的書籍。

我們的觀點，很大程度上是受到我們喜歡閱讀書籍的影響。我們喜歡的作家就是最好的老師，我們透過他的眼睛看這個世界。因此，一本催人上進、有深度的好書能夠提升我們的思想境界，改善我們的品格；一本消極陰暗的書籍則會使我們墮落。書籍對我們的影響就像空氣一樣不可缺少。

在瑪利亞特[410]小說的影響下，許多男孩決定到大海流浪，成為水手。阿伯特的《拿破崙一生》深深影響了我認識的一個男孩，他年僅7歲就決定去當兵了。在監獄，很多犯人都是因為年輕時候受了一些壞書的影響才幹下犯法的事情。倫敦新門監獄的牧師在給市長的年終報導中寫道：「監獄裡的孩子毫無例外全部都喜歡閱讀路邊賣的一本廉價小刊物。」這種刊物是給男孩女孩娛樂消遣閱讀的。在英國，這類因為閱讀不良書刊墮落的案例不在少數。一本不良書刊對青少年的影響力是不可估量的。

據說伏爾泰5歲的時候因為閱讀了一首懷疑論派的詩歌，所以才會成為當代那麼出名的批評家。一個男孩把一本充滿褻瀆文字和圖片的書拿給另一個男孩看。這個男孩只是翻了幾頁。後來這個男孩長大後，在教堂當起了牧師，然而那本書上的文字和圖片還是會不時浮現在他的腦海。他告訴一個朋友，如果時光能夠倒流，他願意用一切來改變那天。他一定一眼都不會去看那本書。

詹姆士·菲爾德斯到監獄探望傑西·波默羅伊。波默羅伊因為犯下謀

---

410　瑪利亞特（Frederick Marryat, 1792-1848），英國皇家海軍軍官、小說家。

殺罪鋃鐺入獄。他告訴菲爾德斯自己曾經是《雷電下的血腥事件》系列故事的忠實讀者。他在書上讀到了 60 處剝人頭皮和其他的血腥殺人橋段。連他自己都說，自己的殺人行為便是受到書中描寫的殺人場景所影響的。

一個喜歡閱讀警匪書籍的年輕人，毫無疑問容易犯罪入獄。波特主教說：「喜歡閱讀什麼書籍，便是一個怎樣的人。」

英國警政廳一名官員宣稱，幾乎所有青少年罪犯都是受到一些不好的書籍影響才走上犯罪道路的。

好書可以催人奮進，激勵人成為一個更好的人。好書能夠提升一個人的精神境界，就好比良師益友鼓勵我們成為更高尚的人。因此，我們應該閱讀那些擁有引人向上力量的書籍，幫助我們實現自我，把握機會。

一個剛剛把荷馬的史詩《伊利亞德》（*The Iliad*）、《奧德賽》（*Odyssey*）仔細閱讀完畢的人說：「我讀完了那本書後走在街上，頓時覺得每個人都變得更加高大了。」

「在《一千零一夜》裡，主人公雖然獲得將世界所有財物收攬入懷的能力，卻在行人用駱駝馱著的一箱箱金銀珠寶前無動於衷。他表現出來的這種高貴素養啟發讀者思考人的靈魂價值。這是雅典人送給人類的禮物。雅典崇尚的自由和力量經歷 2000 年沒落了，人類淪為膽小的奴隸，文字也成為野蠻人的粗言陋語。在羅馬人、土耳其人以及蘇格蘭人的鐵蹄下，雅典帝國崩潰了，取而代之的是羅馬人的宗教神話。

德昆西說：「此時此刻，在喬叟的《坎特伯里故事集》（*The Canterbury Tales*）誕生 500 週年之際，地球上還沒有出現可以與之媲美的文字，甚至德萊頓、波普、華茲華斯都寫不出如此美妙的語言。此時此刻，距離奧維德（Ovid）寫出《變形記》（*The Metamorphoses*）1800 年，還沒有人能夠寫出與他作品中呈現的歡快氣氛以及優雅的語言相媲美的作品。」

格基[411]說：「你踏入圖書館，不需要擁有顯赫的背景，也不用害怕遭受拒絕。在茫茫書海中，你選擇自己喜歡的書籍，靜靜翻閱，不會因為身分的低微就不能閱讀。書集大師思想於一身，不論讀者的身分貴賤，一律一視同仁。你可以自由自在地與書交流，不用害怕自己的卑微，不用害怕遭受白眼。」威廉·沃勒[412]也說：「在書房，我一定是只跟先賢哲人交談。而一旦走出社會，就難免碰到許多愚人。」韋伯斯特說：「在知識的王國，我們收穫到的，將使我們受益終生。」

荷馬、柏拉圖、蘇格拉底和維吉爾一定也沒有想到，他們的文字會穿越時空，影響到現代人們的生活。每個美國人都有受到他們的影響。而耶穌對世界的影響力也從來沒有像今天那樣深遠。同樣，又有多少人因為受到惡人的影響作奸犯科，一遍遍地重複他們的罪行。

愛默生閱讀有三條規定：不讀新出版不到一年的書，不讀知名度不高的書，不讀不喜歡的書。他把普魯塔克的《傳記集》排在《聖經》之後的地位。

亞歷山大·埃弗雷特[413]說：「閱讀文學作品並不會使人脫離現實生活。」

「難道西塞羅喜歡哲學和文學，就不會懂得初為人父的快樂？難道凱撒、弗雷德里克、波拿馬、威靈頓以及華盛頓因為擅長寫評論，就不會領兵打仗？難道富蘭克林在研究科學的同時，就不能參與政治？有誰因為喜歡學習便成為懷疑論者？就算是培根、彌爾頓、牛頓、洛克，都不會建議你犧牲快樂勉強自己讀書。真正的快樂來自對身體的鍛鍊，對大腦的訓練，以及對精神的昇華。向他們複述海克力斯的故事吧，這個大力士為了成就美德犧牲了自己的美貌和力量。」

---

411 格基（John Cunningham Geikie, 1824-1906），英國作家。

412 威廉·沃勒（Sir William Waller, 1597-1668），英國內戰軍人並獲得騎士頭銜。

413 亞歷山大·埃弗雷特（Alexander Hill Everetl, 1792-1847），美國著名外交家、政治家、作家。

格基說：「怪不得西塞羅說，寧願與書為伴終生貧困潦倒，也不要抱著金磚沒有書看。也怪不得佩脫拉克臨死前還在看書。比德死前還在默書，萊布尼茲死前手裡也拿著一本書，克拉倫登伯爵在忘我看書中離世。斯科特死前坐在輪椅上被人推進圖書館時喜極而泣。索西老到不能閱讀時，還喜歡抱起一本本書撫摸和親吻。」

書中藏有黃金屋，出身貧寒的孩子能夠只花上幾便士就買到書中的知識，獲得與柏拉圖和蘇格拉底交談的機會。一個普通的工人也能透過書籍欣賞到柏拉圖寫出來的美妙文字。通溝渠的工人可以透過書籍跟隨凱撒和亞歷山大一起開始征服世界的旅程。最貧窮的機械工人也有機會跟隨李文斯頓和斯坦雷一起探索非洲大陸，跟隨拿破崙征服歐洲。出身低微的孩子可以和伽利略一起探索太空，和赫謝爾、普羅克特、休·米勒一起穿越時空，尋找遠古文明，和湯普森、愛迪生一起探索科學的奧祕。

彌爾頓來到貧民家中，為他們獻上《失樂園》；莎士比亞來到草屋門前，為裡面的孩子演繹《哈姆雷特》。因為有書，即使是最貧窮的孩子也能獲得和先哲賢人交流的機會。他們不用花費多少金錢，就能夠聆聽到各個年代的政治家、戰士、作家的聲音，學習到國家的歷史，為自由戰鬥的故事，美好的愛情故事，以及人類進步的軌跡。

圖書館對於人類不是一種奢侈品，而是一種必需品。沒有藏書甚至報紙雜誌的家庭就像是沒有窗戶的房屋。孩子們在閱讀中學習知識，吸收新知。在今天這個年代，不閱讀書籍的家庭很容易被世界淘汰。

用書籍裝飾你的家吧，這遠比放置一些無用的家具更實在。如果一間屋子裝潢豪華，掛滿了名人畫作，進口的壁毯，昂貴的地毯、壁畫等，卻沒有一間書房，則極不協調。在很多時候，去到一家裝飾高雅的房子，最好還是別問房子的主人有沒有英國名著的藏書。

我們可以在穿著打扮上省錢，但千萬不要在書籍上吝嗇。即使你沒有能力供你的孩子接受很好的教育，至少要為他們買書看。對於那些出身貧寒的孩子，大學即意味著能夠接觸到大量的書籍。

里頓說：「人類歷史有多長，書籍的歷史就有多長。」

人類的思想、感受以及經歷過的事情，都能在書上找到記述。一個國家的崛起和衰落，城市的消亡，帝國的沒落，都一一記錄在書中。曾經輝煌的希臘文明，也只在書中留下記載，軍隊不在了，建築物也倒塌了，只有部分雕塑作品留下。而希臘人的著作卻永遠留給了後人。

瑪麗·沃特利·蒙塔古夫人[414]說：「世上最廉價的消遣就是讀書了。而閱讀帶給人的樂趣也是最持久的。」好書能夠提升人的修養，提升人的品味，使人的思想跟生活都上升到一個更高的水準。閱讀一本激勵人向善向上的書後還小氣刻薄的人很少。跟閱讀廣泛的人聊天既受益匪淺，又能獲得快樂。飽讀詩書的人因為閱讀而散發氣質，卻不僅僅是個書蟲。

然而，沒有目的的閱讀卻百害無一利，反而是在浪費時間。我們應該為自己制訂一個讀書計畫，學習某個領域的知識。每個年輕人都應該對一個領域有所研究，掌握這個領域的知識。不是說通學就會獲得智慧。智慧的獲得需要將知識轉化為你自己的一部分，那就需要有系統地、深入地學習。

好書的定義是，能夠激發你的大腦，激勵你更加努力工作，樹立更崇高理想的書籍。被動閱讀不如不讀，不僅不能對事物獲得更深刻的理解，還浪費了時間，使大腦睏倦，變得更加懶惰。

閱讀和思考是大腦在健身。不同的是，大腦不需要健身器材。我們從書上記憶下來的知識並不是最重要的，書籍帶給我們最有價值的是一種力量和學習的能力。被動閱讀跟坐在健身房不運動沒什麼兩樣。我們的大腦需要鍛鍊，需要變得更有活力，更加堅強。

---

414　瑪麗·沃特利·蒙塔古夫人（Mary Wortley Montagu, 1689-1762），英國女作家，多產的書信作家。

美國大學生和英國大學生的區別是，後者讀的書少但是精通，前者只是泛泛地閱讀許多書籍，卻在任何領域都是半桶水。很多讀者也犯下了同樣的錯誤。他們以為讀得越多就越好，而且喜歡閱讀最新出版的書籍刊物。這種泛讀只能算是消遣。而英國人喜歡閱讀古書，閱讀那些探討人生意義的書籍。他們對最新出版的流行刊物並不熱衷。

不論你閱讀什麼書，都要全神貫注地閱讀，否則書於你又有何用？閱讀時學會吸收書本的精髓和靈魂，使之融入你自己的靈魂。最好的讀者是那些能夠消化最多的知識，並將之轉化為自己內涵的人。最壞的讀者是那些機械般死記硬背，什麼都沒有消化的人。他們用書本的內容填充自己的大腦，卻餓死自己的靈魂。真正的閱讀，是你讀過後獲得一種從來沒有的收穫。很少演員能夠真正理解自己飾演的角色，很少讀者能夠真正讀懂自己手上捧著的書籍。

泛讀一本書對於人並沒有多大的作用，反而使人失去專注和比較的能力。伊莉莎白·巴雷特·白朗寧說：「我們因為讀太多書所以犯錯。如果我沒有看過那麼多書，我還可以站得更高，獲得更大的力量。過量的閱讀反而使我們思想變得懶惰。」據說馬蒂諾夫人[415]一小時只讀一頁，而艾德蒙·伯克也喜歡慢慢地品味一本書，直到把書消化成自己體內的一部分。

約瑟夫·庫克[416]鼓勵年輕人在閱讀時做筆記。他本人就是這樣做的，在閱讀的時候在書的空白處記下一些感想和評論。他建議年輕人收藏書籍，這樣可以幫助複習曾經閱讀過的書籍。養成記筆記的習慣非常有益。讀完一本書或聽完一堂課，最佳的消化方式就是用筆寫下梗概和自己的感想。這個習慣可以鍛鍊人的思維和寫作能力。我們無法要求記下閱讀過的所有書籍，所以這些筆記可以幫助我們回憶。很多我們稱之為天才的人就是透過這種方式學習到很多東西的。每當你讀完一本書，或者聽完牧師的

415　馬蒂諾夫人（Harriet Martineau, 1802-1876），英國作家、社會學家。

416　約瑟夫·庫克（Joseph Cook, 1860-1947），澳洲第 6 任總理、自由貿易黨黨員、英聯邦自由黨黨員。

布道，名人的講座，學著寫下讀後感和聽後感。這樣做雖然有點難度，但皮茨、迪斯雷利、韋伯斯特、林肯以及克萊等成就了偉大事業的人都是這樣做的。

埃及人把書籍稱為人類靈魂的靈丹妙藥。

一天辛苦工作後，如果能夠坐下來看本書，跟古今偉人進行精神交流，該是多麼快樂啊！沒有什麼能比一本好書，更能重新啟動那個因爲一天工作而疲憊不堪的腦袋。

—— 亞歷山大·科伯恩

書籍是人類最好的朋友。只要你需要，它隨時給你滿足。就算你在閱讀時心不在焉，它也不會介意；就算你把注意力轉移到其他更有趣的事情上，它也不會嫉妒。它默默地爲人類靈魂服務，從來不求回報，甚至不介意得不到人類的愛護。它昇華人的精神，增加人的知識，深入人類靈魂，成爲人類精神世界的一部分。

—— 比徹

「書籍是一種奇怪的存在，它不會說話，也聽不見你說話，卻能對世界產生巨大的影響；
他們普普通通，沒有特異功能，卻能帶給人的思想和心靈巨大震撼；
閱讀書籍就像穿過一片草原，思想迸發出，點燃黑夜的火花。」
朋友之間會變得冷漠，戀人之間會變成陌生人。然而，只有書籍能夠不離不棄地帶給我們快樂，獻給我們最真摯的友誼，永遠點燃的希望。

—— 華盛頓·歐文

# 第二十六章
# 人人都能擁有自己的樂園

只有那些對美麗視而不見，對音樂聽而不聞，關閉所有感官拒絕體驗美好的人，才會連樂園都失去。

勞動帶來健康，健康帶來滿足感。

—— 貝托爾

健康的人才能得到祝福。

—— 湯普森

當一個人不能找到心中的寧靜，不論去哪裡心都是躁動不安的。

—— 法國諺語

眞正的快樂並不昂貴，而我們卻爲了假幸福付出昂貴的代價。

—— 何西阿·巴盧[417]

沒有什麼能比找到眞理更讓人高興。

—— 培根

所有的快樂必須與人分享才會備感快樂。

—— 拜倫

每天都用心寫道，今天是今年最美妙的一天。每一天都是比摩斯林更美麗的布料。我們不應該逃避那些被我們浪費的時間。

—— 愛默生

美德便是快樂的源泉，懂得這點，夠了。

—— 波普

快樂便是和上帝溝通。

—— 簡·英奇洛[418]

每個人的思想都是一個帝國。

—— 羅伯特·索斯維爾[419]

喬利伯伊：「早安，先生。」

比利爾斯：「你是誰呀？」

喬利伯伊：「我也不認識你呀，但是早安！」

某紳士問道：「是什麼讓你覺得快樂？」對方回答道：「當我幫助一個可憐的單親媽媽賣掉家具，幫她付了房租，得到她的祝福和感謝的時候。」

417 何西阿．巴盧（Hosea Ballou, 1771-1852），美國普進主義作家、牧師、神學家。

418 簡．英奇洛（Jean Lngelow, 1820-1897），英國詩人、小說家。

419 羅伯特．索斯維爾（Kobert Southwell, 1561-1595），英國羅馬教神父、詩人。

愛默生說：「沒有什麼比傳播快樂更能讓人快樂。」

朋友，如果你能減少世上的一滴眼淚，
增加世上的一個笑臉，
就算沒白活了。

在柏拉圖的《斐多篇》（*Phaedo*），蘇格拉底坐在床上等待死刑的執行。他輕輕地按摩自己的小腿，因為鐵鍊把它們弄疼了。面臨死亡的蘇格拉底沒有一句怨言，不論是命運的不公，還是判決的無理。他臨死前說道：「我的朋友，快樂是多麼不可思議啊！它的反面——痛苦，與快樂無法同時存在。所以我們要不追求快樂，要不只能痛苦。」

愛迪生說：「我曾經和一位玫瑰十字會的會員交談，他說人的心住在一塊綠寶石中，只要靠近它，就能變得完美。他說：『因為快樂，太陽變得更加明亮，鑽石更加光芒四射，金屬閃閃發光，即使是鉛塊也鍍上了黃金。快樂使煙霧燃起了火焰，火焰發出光亮，光亮變成一種榮光。一縷陽光足以驅散人的痛苦。』聽了他的話我才明白，快樂的祕密就在於滿足。」

人為了追求快樂而生活，許多哲學家甚至認為，快樂是人所有行為的最終動機。然而，每個人追尋快樂也有不一樣的方向。有人是向上的，有人則是向下的。有人追求靈魂的終極快樂，有人追求肉欲的快感。有人嚮往天堂的純潔高尚，有人則追尋地獄的肉欲橫流。不論我們追求什麼，想像的顏料總能為之染上色彩。很多人因為對快樂有著錯誤的理解，越是特意去尋找越是找不到。

布特勒主教說：「快樂跟人的性格天性以及環境相關。」

薩克雷說：「小時候我很喜歡吃太妃糖。一粒糖一先令，但我沒有錢。等我長大了，我有足夠的先令買很多太妃糖，卻已經不想吃了。」我們總是為快樂做著準備，殊不知在準備的過程中，快樂早已消逝。快樂不是我們能夠抓得住的東西。斯塔爾夫人擁有所有女人都想要的東西，她卻說，願意拿出這一切換取一樣東西，那就是女人的美貌。

喬治·麥克唐納講述了一個老人和他的兒子的故事。他們雖然是城堡的主人，卻非常貧窮，連買麵包的錢都沒有。在城堡裡埋藏了以前主人留下的珠寶，都是價值連城。因為不知情，這對父子距離寶藏如此近，卻一直忍飢挨餓。許多人就像這對父子，身處幸福卻不自知。

伯克說，即使是用糟糠來換取名利，他也不做。拜倫親口承認自己的生活一團糟。他渴望能夠深入戰場，在槍林彈雨中結束自己的生命。歌德擁有天賦和財富，卻認為自己快樂的時間加起來連五週都沒有。波斯有一位悲傷的國王，向占星師詢問去哪裡尋找快樂。占星師回答，找到國內最快樂的人，穿上他的衣服就能快樂。國王最終找到了那個最快樂的人，他只是一個普通的工人。然而，他沒有穿衣服。

人們又想喝到蜂蜜，又不想被蜜蜂螫。「安東尼在愛情裡找到了快樂，布魯特斯在榮耀裡找到了快樂，凱撒在征服中找到了快樂。然而，安東尼戴上了綠帽子，布魯特斯被世人指責，凱撒被親近的人背叛。」

人的快樂不是獨立存在的。如果為了追求一樣東西而放棄世界，是得不到快樂的。正如童話故事《鏡子》，白騎士出發開始旅行前，因為害怕老鼠肆虐，帶了鼠夾，因為害怕遇到蜜蜂，帶了蜂箱。很多人因為害怕遇見可能根本不會遇見的麻煩，把任何能想到的預防裝備都帶去旅行。

難道沒有遇到荊棘的人就是快樂的嗎？難道有錢人就快樂嗎？著名銀行家羅特希爾德那麼有錢，難道他就快樂了嗎？拜訪他的人看到他的豪宅，感嘆道：「擁有這些東西，您一定非常快樂。」這位資深放貸人說：「快樂？就在剛才，一個流氓寄給我一封信，威脅我明天之前給他寄去50英鎊，否則他就取我的命。快樂！」

世人通常有錢就有快樂，然而有錢人卻證明不是這麼回事。很難找到一個快樂的富翁，財富並沒有創造快樂的能力。相反，金錢常常奪走人的快樂。金錢使人放鬆對自己的要求，甚至不再有所追求，有的只是放縱揮霍。因為有錢，人失去了勤奮的動力，也不再提升自己的靈魂。這便是金錢的詛咒。只有永遠不滿足，才能驅使人們無止境地追求更好的生活。

某約克郡人認為快樂是「意外收穫多一點的回報」。不幸的是，這一點點意外的收穫，常常導致世人的悲傷。因為想要再大一點的權利，想要更多一點名聲，想要更多一點土地，想要更多一點金錢，人總是無法感到滿足，也就無法感到快樂。

財富和奢華不僅僅在 19 世紀是人們追尋的目標。但是，不論是哪個年齡階段的人，都無法在金錢裡找到真正快樂。

阿皮休斯揮霍了 250 萬美元，卻因為害怕剩下的 40 萬美元不夠他花而自殺身亡。克里奧派特拉將一顆價值 40 萬的珍珠融化在醋裡，只是為了討好安東尼。伊索普斯為了一場宴會花費 4,000 美元，卡利古拉為了一頓晚餐同樣花費 4,000 美元。盧庫勒斯每舉辦一次宴會，就要花費 10 萬美元，克羅伊斯雖然只擁有一個美國人一年的收入，但他比擁有軍隊、軍艦和整個國庫的澤克奇斯快樂百倍。

陽光滋養了花朵，孕育了果實；同樣，靈魂的陽光也能在人心上種出花朵，結出果實。一個悲傷的靈魂，不再相信人性的神聖，不再相信自己的力量，也不再履行身為人的使命。這樣的人變得毫無目標、毫無用處。脾氣暴躁的人就像一隻刺蝟，用自己的刺傷害自己。「寧願將玫瑰花的刺殘害自己的身體，也不願意享受玫瑰芬芳的人，是在自我折磨，對上帝忘恩負義。」

熱愛美好事物的人在任何地方都能發現美。靈魂裡有音樂的人走到哪裡都能聽到音樂。兩個生活在同一屋簷下，做著相同工作的人卻並不一定活在一樣的世界裡。一個可能只看得見醜，一個可能總能發現美。對於前者，世界沒有快樂可言，而對於後者，似乎人人都很和善，處處充滿美麗和和諧。他們戴上不同的眼鏡看這個世界。一個戴著迷霧鏡，世界萬物看上去都是悲傷和模糊的。另一個戴上玫瑰顏色的鏡片，世上所有東西都是可愛而美麗的。後者不需要到阿爾卑斯山也可以想像得出那裡的美景，而前者即使到了瑞士，看到的也只有辛苦種地的農夫。

別人對他說：「下雨天有利於草地的生長。」然而他回答道：「是的，但卻對玉米不利。」幾天過後，別人對他說：「現在剛好陽光明媚，你的玉米有福啦。」他回答：「但是麥子更喜歡陰冷的天氣。」某天早上，天氣非常涼爽，那人又說：「這種天氣最適合種麥子了。」他回答：「但是玉米和草地需要強烈的太陽光照射。」

科林伍德看見光禿禿的土地，便撒下一顆橡樹的種子。一粒橡果並不值錢，但它可以長成一棵橡樹。善意的話語也不需要花費你什麼，但能帶給別人快樂。個性陽光快樂的人能夠把什麼事情都做到盡善盡美。一個從屋頂摔下來摔斷腿的人高興地說道：「幸好沒有摔斷我的脖子。」他是那種能夠在烏雲上看到光亮的人。如果你遭遇不幸去尋求他的安慰，他會說：「不幸很快就會過去的，我來告訴你要怎樣度過吧。」有些人就算到了伊甸園，嘴裡還是會抱怨不停。而有些人去到任何地方，都是快樂的。

一個公爵說，當了 50 年的統治者，他真正快樂的日子只有 14 天。哈曼雖然位高權重，但他還不如守門人快樂。國王尼祿是一個被關在皇宮裡的可憐犯人。而真正身處囹圄的保羅，卻在監獄裡快樂地寫作。他說：「我擁有一切，我心滿意足。」

有兩樣東西我們沒有必要去操心，一樣是我們無能為力的事，另一樣是我們總能得到幫助的事。查爾斯．金斯萊說：「世上沒有比焦慮更不利於人身心健康了。」在美國科羅拉多州，巨大的紅色砂岩數千年來在風的侵

蝕下，被雕刻成各種各樣詭異的形狀。同樣，任憑你有多麼年輕俊俏的臉龐，長年的焦慮會使你變得醜陋。任何的可愛和快樂都會被摧毀。

我見識過最快樂的家庭，有學識，有教養，而且一家子和睦相處。這樣的家庭往往家境都不太好。他們沒有昂貴的地毯，沒有天價名畫，沒有鋼琴，沒有書房，沒有擺設藝術品。但是他們心滿意足，他們對家人忠心耿耿，無私付出。他們雖然貧窮，但依然重視文化教育，依然盡最大的力量幫助別人。認為自己快樂的人便是快樂的。沉浸在痛苦中的人，任何人都沒有能力幫助他走出痛苦。

世界和我們想像差距太大。除非你是逃避者，否則不要埋怨肩上的擔子太重。只要是你的本職工作，你能夠勝任，就不要計較別人是不是跟你一樣把工作做好。做好自己，對自己負責就好了。

愛默生說：「有一點我極為不解：為什麼大多數人臉上都寫著懷疑自己或在乎他人。美國的年輕人總希望看到沒有看過的東西，希望自己是別人而不是自己。」有些人總是重複自己的悲傷，乞求別人同情。這樣的人累了自己也累了別人。什麼事情都無法使他們滿足和開心。無論去到哪裡，他們留下的只有陰鬱和不滿。高福說：「陰沉的人能使葬禮變得更壓抑。」他們就算身處天堂也能找出一大堆毛病抱怨。他們看不到大自然的美麗和神奇。和他們相處，時間總是過得那麼慢，錢似乎永遠不夠用。他們永遠在尋找別人的過錯，卻從來看不見正面的東西。對於這類人，我們應該抱有同情的態度。他們是情緒的奴隸，甚至一頓難吃的飯菜都能使他們煩悶很久。強森博士說：「心理生病的人都是流氓。」

生活輕鬆就能夠快樂？伯特蘭·羅素（Bertrand Russell）到了 75 歲，擁有 7,500 萬美元的身家，還繼續工作。他說：「你們問我為什麼不退休享受生活，在我回答這個問題前你先回答我一個問題。你覺得我如果不工作，還有什麼事情能夠讓我保持良好的精神狀態？回答不出來吧？這個問題沒人可以回答。」

「快樂和自私是不可能並存的。」尼祿追求快樂是為了一己之私，所以他一生不得快樂。他追求自己的快樂，全然不顧別人的感受和利益。不論是議員還是奴隸，每個人都必須為別人服務。他增加稅收，把老百姓的血汗錢全部用來為自己服務，還禁止別人反對。他掌握著國民的生殺大權，只要喜歡，隨便就決定別人的命運。他 17 歲登上王位，在位 15 年。在他統治期間，他想盡了所有辦法享樂，放縱肉欲，獵奇獵豔。任何能夠激發他欲望和熱情的事情，他都嘗試過了。他用一把火把羅馬燒毀，然後建造黃金宮殿。他說：「我終於能夠像一個人那樣生活在自己的家裡了。」他為了追求自己的快樂，犧牲了別人。他的欲望越來越大，需要做出更多的努力才能夠滿足。最後，他終於惹怒老百姓，處於水深火熱當中的百姓憤起反抗。一個奴隸在他的要求下結束了他卑微的生命。

你認識一個像愛默生一樣，堅信世上一切錯誤都能夠得到修正，每一個靈魂都能夠得到滿足，相信人性本善，在別人都看到醜陋的時候能夠發現美的人嗎？這個人堅信真理總會戰勝謬論，相信和諧總會代替混亂，相信愛總會戰勝怨恨，相信善良總能打敗邪惡，相信光明總會覆蓋黑暗，相信生命將生生不息，綿延不絕。這樣的人才是真正的國家棟梁。

有沒有這樣的人，和菲力浦·阿莫爾一樣，關心別人勝過關心自己，下班後便不再談論工作的事情。他們是快樂且成功的。如果無時無刻都在埋怨工作的艱辛，只會讓我們的親友感到厭煩。心裡總放不下工作麻煩的人，不再是個可愛的人。把煩惱和不快帶回家只會讓你變得更加刻薄，更加惹人討厭。這些並不能幫助你減輕煩惱，反而使你大腦遲鈍，更加做不好工作。到時候你既失去朋友，又失去客戶。

面帶微笑開始一天的工作吧，沒人喜歡陰沉的人。如果你有家人過世，你的朋友會對你表示同情，但不會喜歡待在你的家裡。我們越早明白

這個道理越好，如果下班了，就不要再想著工作的事情，把煩惱都鎖在辦公室或者店裡吧。

沒有什麼傷痛和困難大到可以遮住人生的陽光。我們的不開心，都是因為生活上的一點小焦慮、小恐懼。我們因為一點小爭執、一次批評、一次責備、一句壞話，就使得整個家庭都不開心。同樣，一次善意的表現、一次禮貌的回答、一次友好的回應，都能溫暖別人，送給別人一天的快樂。

尚福[420]說：「沒有笑聲的一天，並沒有真正度過。」奧利弗·溫德爾·霍姆斯說：「快樂是上帝賜予人類的靈丹妙藥。我們每個人都應該快樂生活。」休謨在英格蘭國王愛德華二世的手稿中發現一條記敘：「能使國王開懷大笑的王冠。」萊克格斯在斯巴達的每間飯堂放置了一座雕像供奉快樂之神。笑聲是餐桌上最好的作料，能夠治療所有消化不良。和許多其他人一樣，幽默同樣伴隨了林肯一生。他說：「如果生活沒有幽默調劑，我很快就升天了。」愛迪生也說：「快樂的情緒能夠減輕病人的病情，減少窮人的苦難。」

從前有一個國王，非常愛他的小兒子。為了讓他的小兒子快樂，他買了一切能用金錢買到的東西給他，小馬駒、漂亮的房間、圖畫、書籍、玩具、最好的老師以及順從的夥伴。然而，年輕的王子並不快樂。他到哪裡都是一副愁眉苦臉的樣子，總是期望得到自己沒有的東西。一個魔法師看到王子的愁容後對國王說：「國王陛下，我有辦法使王子快樂。為此，你必須支付我一大筆費用。」國王說：「只要王子高興，你需要什麼隨時開口。」魔法師把王子帶到房間，讓他在一張白紙上寫字。魔法師給王子點燃了一支蠟燭，就走開了。王子把蠟燭放在白紙的下面，看到上面出現一句話：「每天做一件善事你就會快樂。」王子聽從了魔法師的建議，並找到

420　尚福（Nicolas Chamfort, 1741-1749），法國作家、幽默家。

了真正的快樂。

世界是由人創造的，不論好壞。如果你的心是國王，那你就住在皇宮裡。充滿陽光和快樂的心能夠驅散別人的陰霾，帶來天堂的美麗。

正如有人耳背聽不到某些聲音，有人色盲看不見某些顏色，總有人對快樂不聞不問。有人甚至懷疑我們是否應該快樂。

「人生最重要的是享受快樂。」不論我們生活在哪裡，都會有貧窮的地方，大自然也不總會創造奇蹟。然而，有思想的地方就不會貧瘠，有愛的地方就不會醜陋。即使用放大鏡看，也沒有一個地方只有悲傷沒有快樂。「即便是最艱巨的任務，沿途也有美麗的風景。」

沿路種下花朵吧，那樣你就不會走回頭路了。如果你回過頭，就會看見，每天綻放的花朵，也會因為沒人照料而枯萎。

史蒂芬·吉拉德說：「就我個人而言，我活得跟廚娘無異，天天工作，甚至沒得覺睡。我走在一天大小事務的迷宮中，家產沒有多少，對工作的熱愛是我人生的最高目標。」

蒙田說：「我高興起來，靈魂都跳出了肉體，任何痛苦都不能傷害到我。」

「綿羊說的話越多吃得就越少。人抱怨太多失去的祝福就越多。」

愛默生說：「不能滿足的人啊，你究竟想要什麼？付帳然後拿走就是了。」某富翁在自己的土地上豎起一張牌子，寫道：「我願意把我這片土地送給知足常樂的人。」很快就有人來要這片土地。富翁問道：「你是一個知足常樂的人嗎？」那人說：「是的。」富翁問：「那你為什麼想要我的土地呢？」那人回答不出就走了。

滿足不是給火添柴，而是取走更多的火。不是增加財富，而是減少欲望。適量便是最好的大餐，切莫給麵包塗太多奶油，免得吃不下去。

很少有人能夠感受到天堂般的快樂，從靈魂深處唱歌。我們從許多人身上看到思想的軌跡，看到恐懼，看到關心，看到貪心，看到刻薄，就是看不到快樂。一百個成功人士中連一個對自己的現狀感到滿意的都沒有。

快樂不是用權利和領土換來的。克倫威爾一生都活在恐懼中，他就算穿衣服也要套上盔甲，甚至害怕在同一間房間睡覺超過兩次。因為擔心遭到刺殺，他每天都裝著手槍。

特意去尋找快樂的人反而找不到快樂。他們忘記了，天堂就在我們的心中。快樂不在金錢裡，不在別墅裡，不在房產裡，也不在名氣裡。快樂不會為了自私的人放棄自己的財富，不會讓不乾淨的手抓到自己。天堂就在心中，不在別的地方。如果你心中充滿悲傷，就算走到天涯海角，也不會找到快樂的。

小鳥和陽光駐紮心中，<br>思想便如涓涓小河流淌。

心中懷抱著美好，便能聽到動聽的歌聲。魯本說：「心中有太陽，到哪裡都是晴天。」「快樂需要練習，就像學拉小提琴一樣。」事實上，快樂從來都不在大家都以為它在的地方。追逐它，它便像彩虹一樣消失。但如果我們盡職盡責完成工作，快樂便向你伸出雙手。快樂從來不可代替。

擁有高尚情操的人去到哪裡都能做別人的小太陽。對於窮人，這點陽光代表別人的同情；對於受苦受難的人，是憐惜；對於不幸的人，是幫助。是陽光，不是烏雲，滋養了花朵。一縷陽光便能衝破萬重愁雲慘霧，給人世間帶來希望。

霍勒斯·曼恩[421]說，我們身上潛伏著快樂的因數，等待轉化為生命的瞬間。我們還在娘胎的時候，便成了人形，我們的肌肉、大腦、肺部以及

421　霍勒斯．曼恩（Horce Mann, 1796-1859），美國教育改革家、被譽為「美國公立學校之父」。

所有的感覺器官都發育完全，需要呼吸外面世界的空氣，享受陽光。為了到達人生下一個階段，我們需要愛來澆灌，眼睛才會睜開，耳朵才會舒醒，心也才會更加暢快地跳動。為了將來看到更多美好的東西，我們必須忍受黑暗，必須乖乖生長。上帝賜予我們這些功能，讓我們感受到世界的美好和快樂。

「活在當下便是快樂。」

「快樂是四月的空氣，淨化人的身心。快樂是金銀製造的雙手，充滿善意，充滿快樂，充滿同情心，也充滿了希望。快樂是黑夜中引導水手的明星。」

# 成功路上闖過困難，實現夢想的人生指南：

## 在「社會」大學以「苦難」為師，奧里森·馬登的 26 堂人生課，跟著本書成為命運的建築師！

作　　者：[ 美 ] 奧里森·馬登（Orison Marden）
翻　　譯：孔謐
發 行 人：黃振庭
出 版 者：財經錢線文化事業有限公司
發 行 者：財經錢線文化事業有限公司
E-mail：sonbookservice@gmail.com
粉 絲 頁：https://www.facebook.com/sonbookss/
網　　址：https://sonbook.net/
地　　址：台北市中正區重慶南路一段六十一號八樓 815 室
Rm. 815, 8F., No.61, Sec. 1, Chongqing S. Rd., Zhongzheng Dist., Taipei City 100, Taiwan
電　　話：(02)2370-3310
傳　　真：(02)2388-1990
印　　刷：京峯彩色印刷有限公司（京峰數位）
法律顧問：廣華律師事務所 張佩琦律師



定　　價：520 元
發行日期：2023 年 06 月第一版
◎本書以 POD 印製

**國家圖書館出版品預行編目資料**

成功路上闖過困難，實現夢想的人生指南：在「社會」大學以「苦難」為師，奧里森 · 馬登的 26 堂人生課，跟著本書成為命運的建築師！/ [ 美 ] 奧里森 · 馬登（Orison Marden）著，孔謐 譯 . -- 第一版 . -- 臺北市：財經錢線文化事業有限公司 , 2023.06
　面；　公分
譯自 : Architects of fate
ISBN 978-957-680-649-0( 平裝 )
1.CST: 成功法 2.CST: 自我實現
177.2　　112006541

官網

臉書